云南交通职业技术学院
汽车运用技术专业工学结合系列教材编审委员会

主　任

杨维和

副主任

马　记　　杨宏进　　杨阳宇　　李银和

委　员

张发龙　　宋麓明　　邢忠义　　张嘉智　　冯　琰　　王文杰

钱锦武　　陈　原　　李佑慧　　宋　炯　　闫忠孝　　韦　峰　　梁新培

国家示范性高职院校建设项目成果

汽车运用技术专业工学结合系列教材

汽车底盘结构与原理

QICHE DIPAN JIEGOU YU YUANLI

主　编 ◎ 王文杰　吕庆志
副主编 ◎ 钱锦武　杨　楠　吕天星
主　审 ◎ 杨宏进

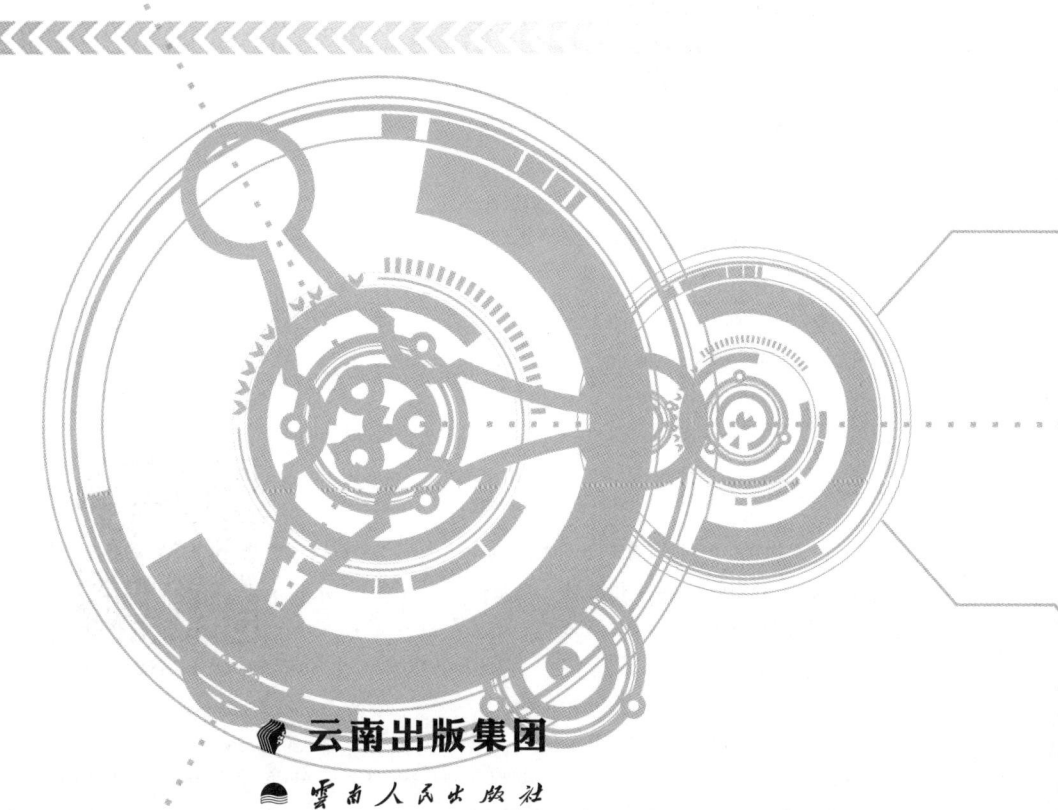

云南出版集团

云南人民出版社

图书在版编目（CIP）数据

汽车底盘结构与原理/王文杰，吕庆志主编. —昆明：云南人民出版社，2020.5

汽车运用技术专业工学结合系列教材

ISBN 978-7-222-19186-0

Ⅰ.①汽… Ⅱ.①王… ②吕… Ⅲ.①汽车–底盘–结构–高等职业教育–教材 Ⅳ.①U463.1

中国版本图书馆CIP数据核字（2020）第062392号

出 品 人：赵石定
组稿统筹：冯　琰
责任编辑：李　洁
助理编辑：谢筑娟
责任校对：胡元青
装帧设计：李　洁
责任印制：马文杰

汽车底盘结构与原理

主　编　王文杰　吕庆志
副主编　钱锦武　杨　楠　吕天星
主　审　杨宏进

出　版	云南出版集团　云南人民出版社
发　行	云南人民出版社
社　址	昆明市环城西路609号
邮　编	650034
网　址	www.ynpph.com.cn
E-mail	ynrms@sina.com
开　本	787mm×1092mm　1/16
印　张	17.5
字　数	430千
版　次	2020年5月第1版第1次印刷
印　刷	昆明瑆煋印务有限公司
书　号	ISBN 978-7-222-19186-0
定　价	43.00元

云南人民出版社微信公众号

如需购买图书、反馈意见，请与我社联系

总编室：0871-64109126　发行部：0871-64108507　审校部：0871-64164626　印制部：0871-64191534

版权所有　侵权必究　印装差错　负责调换

前　言

国家产业结构调整和各行业对高技能人才需求的发展，要求高职院校毕业生不仅要具有良好的科学文化水平、优良的职业道德和创新意识、精益求精的工匠精神，还要掌握扎实的专业知识和技能，具备较强的就业能力、学习能力和可持续发展的能力。

目前我国高技能人才培养的主要基地是职业院校。2019年以来职业教育1+X证书制度在我国试点推广，广泛鼓励学生在获得学历证书的同时，能够积极取得多类职业技能等级证书，进一步有效提高人才培养质量和就业能力，满足社会对高技能人才质量的期望和各产业可持续性发展的要求。

本教材结合职业教育的特点和1+X证书制度技能培训的要求，着力于提高汽车运用与维修专业职业技能人才培养质量。其主要内容包括概述、汽车传动系统的结构与原理、汽车行驶系统的结构与原理、汽车转向系统的结构与原理、汽车制动系统的结构与原理和汽车运用与维修1+X（底盘部分）职业技能基础等6个项目。教材力图将汽车底盘结构与原理的知识同1+X证书制度技能培训中汽车运用与维修相关模块的职业技能基础相结合，在教学课程设计上将职业技能等级标准的内容融入学生培养计划，使理论与实践教学有机融合，践行培养具有质量意识、环保意识、安全意识、信息素养、工匠精神和创新思维的复合型技术技能人才的目标。

本教材由云南交通职业技术学院王文杰和吕庆志担任主编，钱锦武、杨楠和吕天星担任副主编，杨宏进负责主审。

本教材的编写得到云南交通职业技术学院汽车学院及各个团队老师们给予的许多支持和帮助，在此表示衷心的感谢！由于编者水平有限，对 1+X 证书制度的技能等级要求和其如何与职业教育课程设计进行良好融合的教学教法还处于探究中，因此难免疏漏和不足之处。恳请读者不吝赐教，以修正错误并不断完善。

编 者

2020 年 4 月

目 录

项目1 概 述 ……………………………………………………………………… 1
　1.1 汽车及底盘的认识 …………………………………………………………… 1
　　1.1.1 汽车的基本构成 ………………………………………………………… 1
　　1.1.2 汽车底盘的构成与功用 ………………………………………………… 4
　1.2 汽车底盘的总体布置 ………………………………………………………… 6
　　1.2.1 发动机前置后轮驱动（FR） …………………………………………… 7
　　1.2.2 发动机前置前轮驱动（FF） …………………………………………… 7
　　1.2.3 发动机后置后轮驱动（RR） …………………………………………… 7
　　1.2.4 发动机中置后轮驱动（MR） …………………………………………… 7
　　1.2.5 全轮驱动（nWD） ……………………………………………………… 7
　　1.2.6 多轴（桥）驱动 ………………………………………………………… 7
　1.3 汽车行驶的基本原理 ………………………………………………………… 8
　　1.3.1 汽车的行驶阻力 ………………………………………………………… 8
　　1.3.2 汽车行驶的基本条件 …………………………………………………… 10
　1.4 汽车的主要技术与性能参数 ………………………………………………… 12
　　1.4.1 汽车的主要技术参数 …………………………………………………… 12
　　1.4.2 汽车的主要性能指标 …………………………………………………… 14

项目2 汽车传动系统的结构与原理 …………………………………………… 21
　2.1 汽车传动系统的类型 ………………………………………………………… 21
　　2.1.1 汽车传动系统的功用 …………………………………………………… 21
　　2.1.2 汽车传动系统的类型 …………………………………………………… 22
　2.2 离合器 ………………………………………………………………………… 24
　　2.2.1 离合器的功用 …………………………………………………………… 24
　　2.2.2 离合器的基本要求 ……………………………………………………… 25
　　2.2.3 离合器的类型 …………………………………………………………… 26
　　2.2.4 摩擦式离合器的基本结构 ……………………………………………… 28

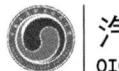

    2.2.5　摩擦式离合器的工作原理 …………………………………… 28
    2.2.6　离合器的自由行程 …………………………………………… 29
    2.2.7　离合器的通风及散热 …………………………………………… 30
    2.2.8　周布弹簧离合器结构 …………………………………………… 30
    2.2.9　膜片弹簧离合器结构 …………………………………………… 31
    2.2.10　从动盘和扭转减振器 ………………………………………… 34
    2.2.11　离合器的操纵机构 …………………………………………… 35
    2.2.12　离合器的常见故障与检修 …………………………………… 38
  2.3　手动变速器和分动器结构 ……………………………………………… 40
    2.3.1　变速器的功用和类型 …………………………………………… 40
    2.3.2　普通齿轮变速器传动机构 ……………………………………… 43
    2.3.3　同步器 …………………………………………………………… 46
    2.3.4　变速器的操纵机构 ……………………………………………… 51
    2.3.5　分动器 …………………………………………………………… 55
    2.3.6　手动变速器常见故障及检修 …………………………………… 57
  2.4　自动变速器结构与工作原理 …………………………………………… 60
    2.4.1　自动变速器的基本组成 ………………………………………… 60
    2.4.2　自动变速器的型式 ……………………………………………… 62
    2.4.3　液力变矩器的结构和工作原理 ………………………………… 64
    2.4.4　自动变速器的齿轮变速机构 …………………………………… 70
    2.4.5　换挡执行元件 …………………………………………………… 75
    2.4.6　自动变速器液压控制系统 ……………………………………… 79
    2.4.7　自动变速器电子控制系统 ……………………………………… 87
    2.4.8　其他类型自动变速器 …………………………………………… 92
    2.4.9　自动变速器维修常识 …………………………………………… 95
  2.5　万向传动装置 …………………………………………………………… 98
    2.5.1　万向传动装置及在汽车上的应用 ……………………………… 98
    2.5.2　刚性万向节 ……………………………………………………… 100
    2.5.3　挠性万向节 ……………………………………………………… 108
    2.5.4　传动轴和中间支承 ……………………………………………… 109
    2.5.5　万向传动装置常见故障及检修 ………………………………… 111
  2.6　驱动桥的结构与工作原理 ……………………………………………… 113
    2.6.1　驱动桥的结构类型 ……………………………………………… 114
    2.6.2　主减速器 ………………………………………………………… 116
    2.6.3　差速器 …………………………………………………………… 120

  2.6.4 半轴与桥壳 ……………………………………………………………… 124
  2.6.5 驱动桥的常见故障与检修 ……………………………………………… 127

项目3 汽车行驶系统的结构与原理 …………………………………………… 130
 3.1 汽车行驶系统的组成与功用 …………………………………………………… 130
 3.2 汽车的车架 ……………………………………………………………………… 130
  3.2.1 车架的功用与要求 ……………………………………………………… 130
  3.2.2 车架的类型和构造 ……………………………………………………… 131
  3.2.3 车架常见的损坏及检修 ………………………………………………… 135
 3.3 车桥和车轮 ……………………………………………………………………… 136
  3.3.1 车　桥 …………………………………………………………………… 136
  3.3.2 车轮定位 ………………………………………………………………… 140
  3.3.3 车轮和轮胎 ……………………………………………………………… 145
  3.3.4 车轮的构造 ……………………………………………………………… 145
  3.3.5 车桥与车轮常见故障及检修 …………………………………………… 157

项目4 汽车转向系统的结构与原理 …………………………………………… 161
 4.1 汽车转向系统的组成与功用 …………………………………………………… 161
  4.1.1 机械转向系统的组成与工作过程 ……………………………………… 161
  4.1.2 动力转向系统 …………………………………………………………… 162
 4.2 汽车转向系统参数 ……………………………………………………………… 163
  4.2.1 转向梯形机构与转向半径 ……………………………………………… 163
  4.2.2 转向盘自由行程 ………………………………………………………… 164
  4.2.3 转向系统角传动比 ……………………………………………………… 164
 4.3 汽车的转向特性 ………………………………………………………………… 165
 4.4 机械转向系统 …………………………………………………………………… 166
  4.4.1 转向器 …………………………………………………………………… 166
  4.4.2 转向操纵机构 …………………………………………………………… 168
  4.4.3 转向传动机构 …………………………………………………………… 172
 4.5 动力转向系统 …………………………………………………………………… 176
  4.5.1 动力转向系统的类型 …………………………………………………… 176
  4.5.2 液压助力转向系统的结构 ……………………………………………… 176
 4.6 转向系统常见故障及检修 ……………………………………………………… 184
  4.6.1 机械转向系统常见故障诊断 …………………………………………… 184
  4.6.2 动力转向系统故障诊断 ………………………………………………… 185

项目5　汽车制动系统的结构与原理 ··· 188
 5.1　制动系统的作用与工作原理 ··· 188
 5.2　制动系统的分类和组成 ·· 189
 5.3　对制动系统的要求 ·· 190
 5.4　制动器 ··· 191
  5.4.1　鼓式制动器 ·· 191
  5.4.2　盘式制动器 ·· 195
  5.4.3　驻车制动器及其操纵机构 ·· 198
  5.4.4　制动器间隙调整 ··· 201
 5.5　真空助力液压制动系统 ·· 204
  5.5.1　液压制动传动装置的管路布置形式 ··· 204
  5.5.2　真空助力液压制动系统的组成及工作原理 ·································· 205
  5.5.3　真空助力液压制动系统的主要部件结构及工作原理 ······················ 206
 5.6　气压制动系统 ··· 209
  5.6.1　气压制动系统的组成 ·· 209
  5.6.2　气压制动系统的工作原理 ·· 211
  5.6.3　气压制动系统主要部件结构及工作原理 ···································· 211
 5.7　制动力调节装置 ··· 218
  5.7.1　制动过程 ··· 218
  5.7.2　常用制动力调节装置 ·· 219
 5.8　辅助制动系统 ··· 222
  5.8.1　发动机缓速 ·· 223
  5.8.2　牵引电动机缓速 ··· 223
  5.8.3　液力缓速 ··· 224
  5.8.4　电磁缓速 ··· 224
  5.8.5　空气动力缓速 ·· 225
 5.9　电控制动防抱死系统 ··· 225
  5.9.1　制动力和附着力的关系 ··· 225
  5.9.2　滑移率及与附着系数的关系 ·· 226
  5.9.3　制动防抱死系统的组成及工作过程 ··· 227
 5.10　制动系统常见故障及检修 ·· 229
  5.10.1　真空助力液压制动系统常见故障诊断 ······································ 230
  5.10.2　气压制动系统常见故障诊断 ·· 231

项目6 汽车运用与维修1+X（底盘部分）职业技能基础 235

6.1 汽车零部件材料及应用 235
- 6.1.1 钢铁材料 235
- 6.1.2 轻金属材料 237
- 6.1.3 新型金属 238
- 6.1.4 塑料 240
- 6.1.5 汽车用其他材料 241

6.2 汽车燃料的标号、性能及应用 243
- 6.2.1 汽油及其使用性能 243
- 6.2.2 柴油及其使用性能 243
- 6.2.3 代用燃料 244

6.3 润滑油、润滑脂的性能及应用 244
- 6.3.1 发动机润滑油 244
- 6.3.2 车辆齿轮油 245
- 6.3.3 润滑脂 246

6.4 汽车常用工作液的性能及应用 247
- 6.4.1 汽车用制动液 247
- 6.4.2 冷却防冻液 247
- 6.4.3 液力传动油 248
- 6.4.4 动力转向传动液和减振器液压油 248
- 6.4.5 制冷剂 248

6.5 汽车零配件的分类及应用 249
- 6.5.1 汽车零配件分类 249
- 6.5.2 汽车零配件 249

6.6 常见汽车维修设备、工量具和仪器 250
- 6.6.1 举升和吊装设备 250
- 6.6.2 电动和气动工具 251
- 6.6.3 通用工具 251
- 6.6.4 专用工具 253
- 6.6.5 量具 254
- 6.6.6 检测设备与诊断仪器 256

6.7 汽车技术状况的判别 258
- 6.7.1 汽车的技术状况 258
- 6.7.2 汽车技术状况的判别 259

6.8　汽车底盘1+X考核项目技能实操 ………………………………………………… 260
　　6.8.1　悬架检测与维修 ………………………………………………………… 260
　　6.8.2　四轮定位平衡检测与维修 ……………………………………………… 261
　　6.8.3　汽车转向系统检测与维修 ……………………………………………… 262
　　6.8.4　汽车制动系统检测与维修 ……………………………………………… 263
　　6.8.5　离合器、手动变速器检测与维修 ……………………………………… 264
　　6.8.6　万向传动装置、驱动桥检测与维修 …………………………………… 265

参考文献 …………………………………………………………………………………… 266

项目 1 概 述

知识目标

1. 了解汽车的基本组成和功用;
2. 了解汽车底盘的基本组成和功用;
3. 了解汽车底盘的总体布置及其优缺点;
4. 了解汽车行驶的基本原理;
5. 了解汽车的主要技术参数与技术性能。

技能目标

1. 能够通过实车认识汽车的基本组成部分和底盘的布置形式;
2. 基本掌握汽车的受力和行驶的基本原理;
3. 能够测量汽车的主要技术参数和性能。

1.1 汽车及底盘的认识

1.1.1 汽车的基本构成

汽车是一件技术密集度相对较高的产品。一辆普通的小汽车大约由 20000 多个零件组合而成,当汽车运行时,有超过 1500 个零件会同步运转。但无论是构造简单还是复杂的汽车,其基本结构一般都由发动机、底盘、车身和电气系统等 4 个部分构成,见图 1-1。

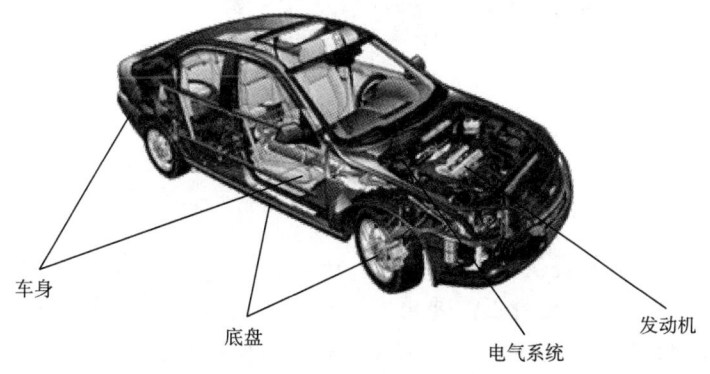

图 1-1 汽车的总体构造

1. 发动机。

发动机是汽车的动力装置，见图1-2。现代汽车发动机广泛采用的是往复活塞式内燃机，目前仍然是以汽油或者柴油内燃机为主，但是随着汽车技术的进步，逐渐有油电混动、增程式和纯电动等动力系统出现，从而形成替代传统内燃机的发展趋势。

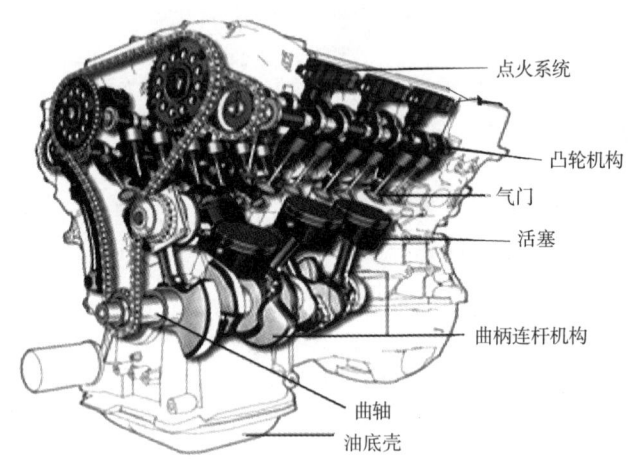

图1-2 汽车的发动机

2. 底盘。

作为汽车的基体，发动机、车身、电气设备及各种附属设备都直接或间接地安装在底盘上，见图1-3。底盘通过接受发动机的动力，使汽车运动并按照驾驶员的操作而正常行驶。汽车的底盘由传动系统、行驶系统、转向系统和制动系统四大部分组成。

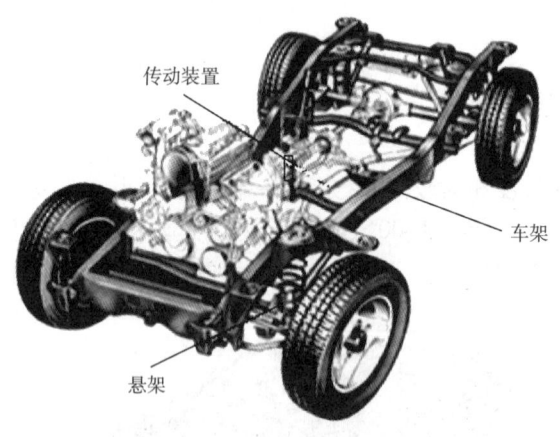

图1-3 汽车的底盘

3. 车身。

车身是为乘客和货物提供空间的部件，分为承载式［见图1-4（a）］和非承载式［见图1-4（b）］。承载式车身不需要再安装车架，它本身就起着承受汽车载荷的作用，并能传递和承受路面作用于车轮的各种力和力矩。非承载式车身则只起车身作用，不能承受汽车载荷，因此它必须支撑在车架上。中级和大部分小轿车的车身均为承载式，除了给乘员提供空间外，还是车辆其他部件安装的载体。非承载式车身常用于货车、越野车、中高级轿车和一部分客车。货车车身由驾驶室和货厢（或封闭式货厢）两部分组成。

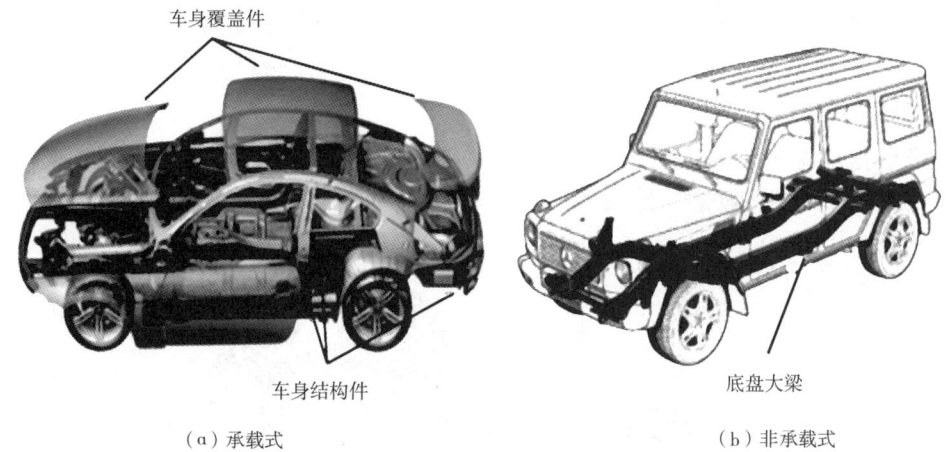

图1-4 汽车的车身

车身为全体乘员提供安全、舒适的乘坐环境，应具有隔声、减振、保温、安全等功能。同时，车身的外形应能保证汽车在高速行驶时空气阻力小、造型美观，能反映当代车身造型的发展趋势。车身内部有内饰、座椅、仪表板等，外部装有各种灯具、后视镜及其他附件，车门上装有门把和门锁等。

4. 电气系统。

汽车电气系统由电器设备和电子设备两部分组成，见图1-5。电器设备包括电源（蓄电池、发电机）以及用电设备（喇叭、雨刮器、车灯、空调等）；此外，现代汽车用得越来越多的电子控制技术和智能技术，例如发动机的电子控制、变速器的电控自动换挡装置、制动器的制动防抱死装置（anti-lock brake system，简称ABS）、导航系统、人机交互系统以及网络系统等，也都属于电子设备的范畴。

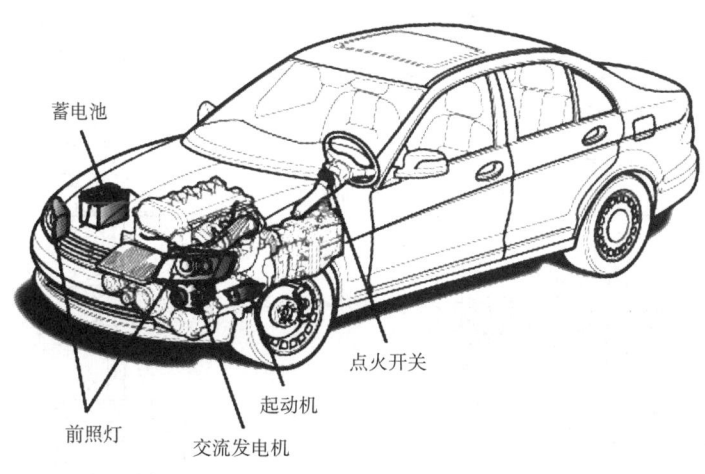

图1-5 汽车电气系统

1.1.2 汽车底盘的构成与功用

汽车底盘是整个汽车的基体，支承发动机、车身等各个总成和零部件，同时将发动机的动力进行分配和传递，并按照驾驶人的意图而进行正常的操纵行驶，如加速、减速、转向和制动等。

汽车底盘由传动系统、行驶系统（悬架系统）、转向系统和制动系统等四大系统组成，其功用为接受发动机的动力，使汽车运动并保证汽车能够按照驾驶人的操纵正常行驶，汽车底盘构成如图1-6所示。

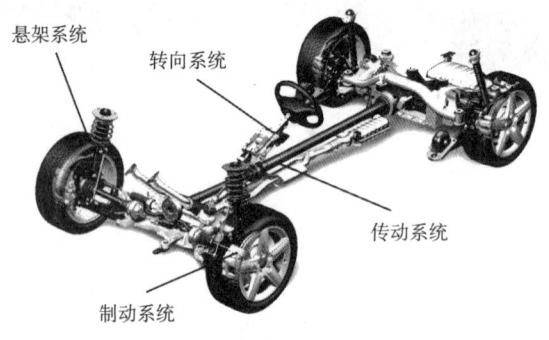

图1-6 汽车底盘的构成

1. 传动系统。

汽车传动系统的作用是将发动机发出的动力传递给驱动车轮，使路面对驱动车轮产生一个牵引力推动汽车行驶。传动系统具有减速、变速、倒车、中断动力、轮间差速和轴间差速等功能，与发动机配合工作，能保证汽车在各种工况条件下的正常行驶，并具有良好的经济性和动力性。

不同的汽车，其传动系统的组成（见图1-7）稍有不同。如对于载货汽车及部分轿车，其传动系统一般是由离合器、手动变速器、万向传动装置、驱动桥等组成；而现在轿车中采用自动变速器的越来越多，其传动系统包括自动变速器、万向传动装置、驱动桥等，即用自动变速器取代了离合器和手动变速器；如果是越野汽车（包括部分SUV，即运动型多功能车）还应包括分动器。

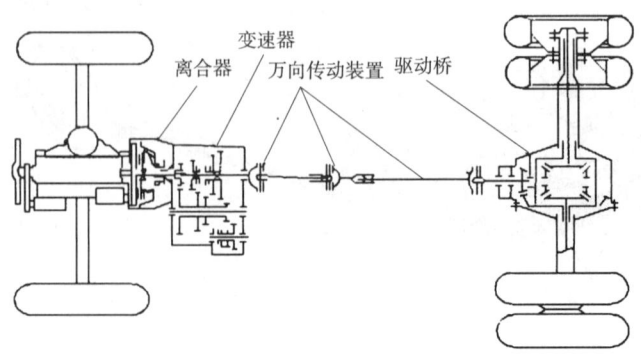

图1-7 汽车传动系统构成示意图

2. 行驶系统（悬架系统）。

汽车行驶系统的作用是把来自传动系统的转矩转化为地面对车辆的牵引力；承受外界对汽车的各种作用力和力矩；减少振动，缓和冲击，保证汽车正常、平顺地行驶。车架（车身）、车桥、车轮和悬架等部件组成汽车的行驶系统，如图1-8所示。

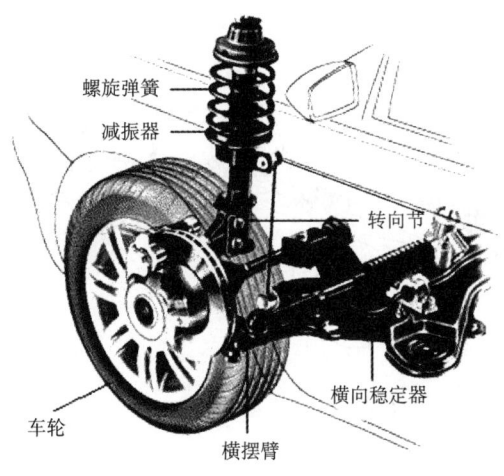

图1-8　汽车行驶系统的结构

3. 转向系统。

转向系统的功用是保证汽车能够按照驾驶人选定的方向进行直线或转向行驶。汽车的转向系统主要由转向操纵机构、转向器、转向传动机构组成，现在的汽车普遍采用动力转向装置。汽车动力转向系统如图1-9所示。

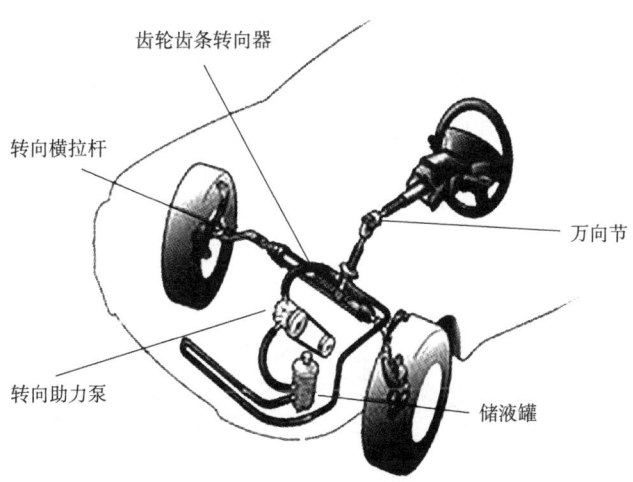

图1-9　汽车转向系统结构

4. 制动系统。

制动系统的功用是根据需要使汽车减速、停车和可靠地驻车，以保证行车的安全，使驾驶人敢于发挥汽车高速行驶的能力，从而提高汽车运输的生产率，又能使汽车可靠地停放在不同的道路上。

汽车的制动系统应至少包括行车制动装置和驻车制动装置等两套相互独立的系统，每套系统都包括制动器和制动传动机构。较完善的制动系统还具有制动力调节装置、报警装置、压力保护装置和防抱死装置等附加机构。现在汽车的行车制动系统一般都装配了制动防抱死系统（ABS），如图 1-10 所示。

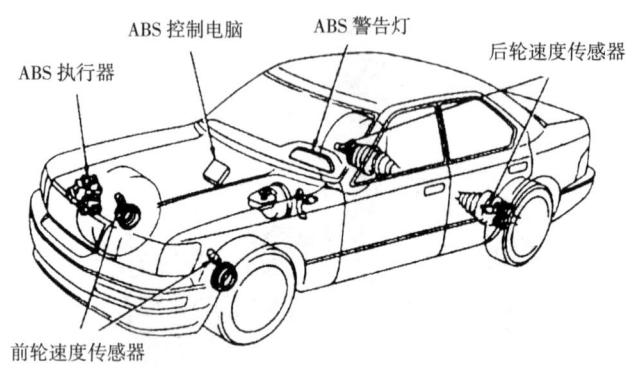

图 1-10　汽车 ABS 系统组成

现代汽车中电子控制技术的应用越来越广泛，底盘中普遍采用了电子控制自动变速器（EAT 或 ECT）、电子控制防滑差速器（EDL）、电子控制制动防抱死系统（ABS）、电子控制悬架系统（ECS）、电子控制转向系统等技术。

1.2　汽车底盘的总体布置

发动机输出的动力并不是直接作用于车轮上来驱动汽车行驶的，而是需要经过一系列的动力传递机构。其应保证汽车具有在各种行驶条件下所必需的牵引力、车速以及它们之间的协调变化等功能，使汽车具有良好的动力性和燃油经济性。

汽车底盘的布置形式与发动机相对于各总成的位置和驱动方式有关，发动机可以布置在汽车的前、中、后等位置。一般有发动机前置后轮驱动、发动机前置前轮驱动、发动机后置后轮驱动、发动机中置后轮驱动、发动机前置全轮驱动以及重型货车的多轴驱动等，如图 1-11 所示。

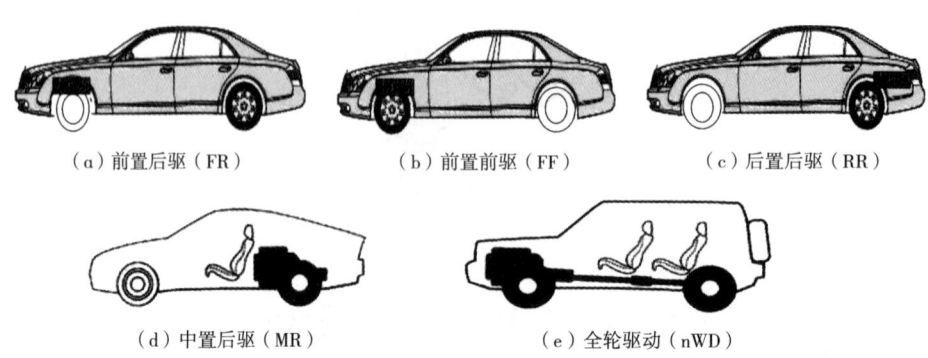

图 1-11　汽车底盘布置形式

1.2.1　发动机前置后轮驱动（FR）

这种布置形式多为载货汽车和客运汽车所采用，如图 1-11（a）所示。前置后驱的优点是操纵方便、发动机有异响时能及早发现、冬季取暖也比较方便。驱动桥后置时，载货后驱动车轮与地面的附着能力较好。其缺点是远距离传动增加了汽车的质量和制造成本。

1.2.2　发动机前置前轮驱动（FF）

轿车上普遍采用的布置形式，如图 1-11（b）所示。具有结构紧凑、减小轿车的质量、降低地板高度、改善高速时的操纵稳定性等优点。其缺点是起动、加速或爬坡时，前轮负荷减少，导致牵引力下降。同时，前桥既是转向桥，又是驱动桥，结构复杂，维修保养成本高。

1.2.3　发动机后置后轮驱动（RR）

发动机后置有利于汽车前部高度降低，可改善驾驶员视野；客厢内地板比较平整，改善了乘客的出入条件以及乘客座椅能够布置在舒适区内；上坡行驶时，驱动轮上附着力增加，爬坡能力提高；发动机布置在轴距外时，汽车轴距短，机动性能好。发动机后置后轮驱动的主要缺点是后桥负荷重，使汽车具有过多转向的倾向；前轮附着力小，高速行驶时转向不稳定，影响操纵稳定性；水箱布置困难，不利于发动机的散热；因动力总成在后部，距驾驶员较远，所以操纵机构复杂。目前这种布置形式多为大、中型客车采用，如图 1-11（c）所示。

1.2.4　发动机中置后轮驱动（MR）

发动机放置在前、后轴之间，同时采用后轮驱动，如图 1-11（d）所示。其优点是轴荷分配均匀，具有很好的操控性。

1.2.5　全轮驱动（nWD）

其特点是有多个驱动桥，在变速器后加了一个分动器，如图 1-11（e）所示。其作用是把变速器输出的动力经几套万向传动装置分别传给所有的驱动桥，并可以进一步降速增矩，提高汽车的行驶能力。

1.2.6　多轴（桥）驱动

大吨位载重汽车，为了降低车轮对地面的负荷，提高汽车的承载能力，必须采用多轴传动。用得较多的为三轴汽车,也有用到四轴的。三轴或四轴汽车,其驱动轴数可以是全部也可以是其中一部分。多轴驱动汽车的各驱动桥布置有非贯通式和贯通式两种,见图 1-12 所示。

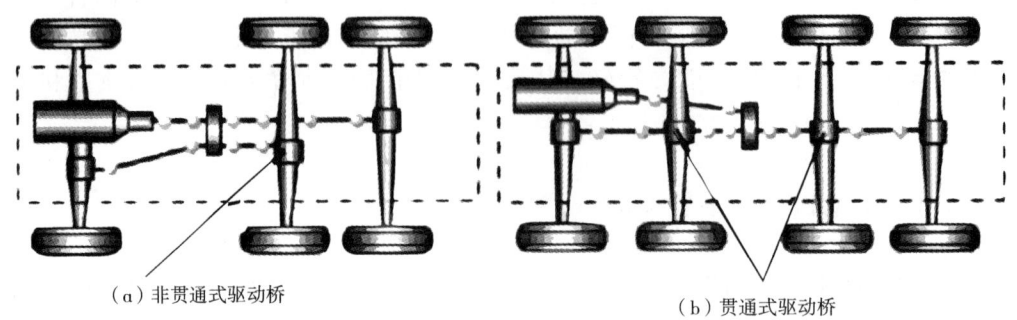

(a) 非贯通式驱动桥　　　　　　(b) 贯通式驱动桥

图 1-12　多轴驱动汽车的驱动桥布置形式

1.3　汽车行驶的基本原理

1.3.1　汽车的行驶阻力

汽车行驶必须有克服各种阻力的驱动力,也就是说,汽车在行驶中所需要的功率和能量取决于它的行驶阻力。

汽车的行驶阻力可以分为稳定行驶阻力和动态行驶阻力。稳定行驶阻力包括滚动阻力、空气阻力以及坡度阻力;动态行驶阻力通常指汽车起步或加速时,需要克服其整体质量惯性力的加速阻力。

1. 滚动阻力。

车轮滚动时,轮胎与地面的接触区域会产生轮胎与支承路面的变形(当弹性轮胎在硬路面上滚动时,轮胎的变形是主要的),由此而引起的地面对轮胎的阻力就是滚动阻力 F_f,见图 1-13 所示。滚动阻力等于滚动阻力系数 f 与车轮负荷 W 的乘积,即 $F_f = Wf$。

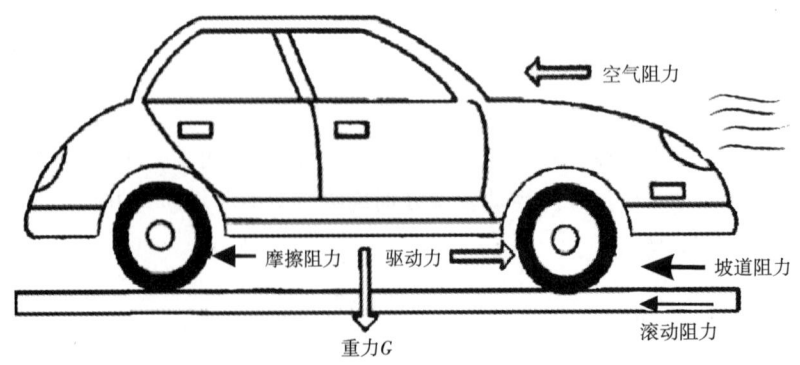

图 1-13　汽车车轮受力分析

滚动阻力系数 f 由试验确定。滚动阻力系数与路面性质、汽车行驶速度以及轮胎的构造、材料、气压等有关，见表 1-1。

表 1-1 滚动阻力系数 f 的数值

路面类型		滚动阻力系数	路面类型	滚动阻力系数
良好的沥青或混凝土路面		0.010～0.018	泥泞土路（雨季或解冻期）	0.100～0.250
一般的沥青或混凝土路面		0.018～0.020	干砂	0.100～0.300
碎石路面		0.020～0.025	湿砂	0.060～0.150
良好的卵石路面		0.025～0.030	结冰路面	0.015～0.030
坑洼的卵石路面		0.035～0.050	压紧的雪道	0.030～0.050
压紧土路	干燥的	0.025～0.035		
	雨后的	0.050～0.150		

2. 空气阻力。

汽车直线行驶时受到的空气作用力在行驶方向上的分力称为空气阻力。空气阻力分为压力阻力与摩擦阻力两部分，见图 1-14 所示。作用在汽车外形表面上的法向压力的合力在行驶方向的分力，称为压力阻力；摩擦阻力是由于空气的黏性在车身表面产生的切向力的合力在行驶方向的分力。

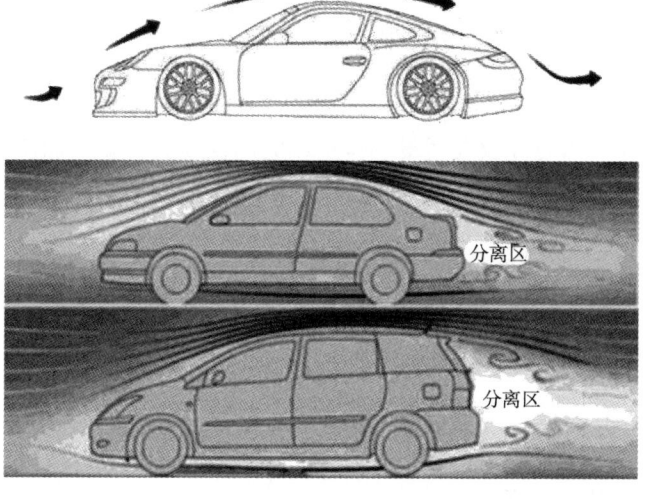

图 1-14 空气阻力

汽车在无风的条件下，汽车行驶速度 u_a，迎风面积 A，C_D 为空气阻力系数，则空气阻力的大小为：

$$F_W = \frac{C_D A u_a}{21.15}$$

表1-2 汽车的空气阻力系数与迎风面积

车型	迎风面积（m²）	空气阻力系数 C_D
典型轿车	1.7～2.1	0.30～0.41
货车	3～7	0.6～1.0
客车	4～7	0.5～0.8

3. 坡度阻力。

当汽车上坡行驶时，汽车重力沿坡道的分力表现为汽车坡度阻力，见图1-15所示，即

$$F_i = G\sin\alpha$$

式中，G 为作用于汽车上的重力，$G = mg$，m 为汽车质量，g 为重力加速度。

图1-15 汽车的坡度阻力

4. 加速阻力。

汽车加速行驶时，需要克服其质量加速运动时的惯性力，就是加速阻力 F_j。汽车的质量分为平移质量和旋转质量两部分。为了便于计算，一般把旋转质量的惯性力偶矩转化为平移质量的惯性力。

$$F_j = \delta \frac{G_a dv}{g dt}$$

式中，δ——汽车旋转质量换算系数；

G_a——汽车总质量（kg）；

g——重力加速度（m/s²）；

$\dfrac{dv}{dt}$——行驶加速度（m/s²）。

1.3.2 汽车行驶的基本条件

要使汽车行驶，必须具备两个基本行驶条件，即驱动条件和附着条件，见图1-16所示。

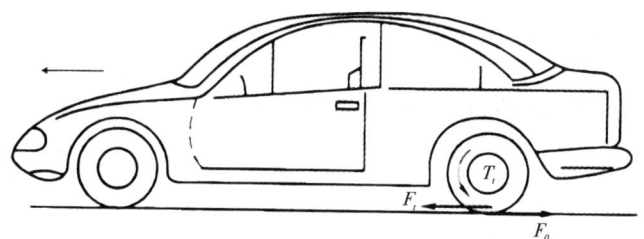

图 1-16 汽车驱动力的产生

1. 驱动条件。

汽车必须有足够的驱动力以克服各种阻力。汽车的驱动力由发动机产生。发动机发出的转矩经传动系统传到车轮上的转矩 T_t,力图使车轮旋转,见图 1-17 所示。由此,在驱动轮与地面接触处向地面施加一个力 F_0,与此同时,地面对车轮施加一个与 F_0 数值相等、方向相反的反作用力 F_t,F_t 就是驱动力。其数值为 T_t 与车轮半径 r 之比:

$$F_t = \frac{T_t}{r}$$

式中,T_t 为作用于驱动轮上的转矩,r 为车轮半径。

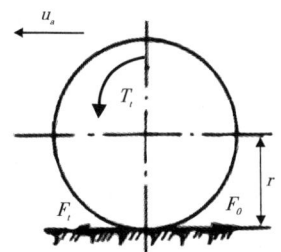

图 1-17 汽车的驱动力

作用于驱动轮上的转矩 T_t 是由发动机产生的转矩经传动系统传至车轮上的。若令 T_tq 表示发动机转矩,i_g 表示变速器的传动比,i_0 表示主减速器的传动比,η_r 表示传动系统的机械效率,则有驱动力为

$$F_t = \frac{T_t q i_g i_0 \eta_r}{r}$$

汽车的行驶总阻力 $\sum F$,包括滚动阻力、上坡阻力、加速阻力和空气阻力:

$$\sum F = F_f + F_i + F_j + F_w$$

汽车行驶的过程,是驱动力能否克服各种阻力的交替变化过程:当 $F_t = \sum F$ 时,汽车匀速行驶;当 $F_t > \sum F$ 时,汽车速度增加,同时空气阻力也随车速的增加而急剧增大,在某个较高速度处达到新的平衡,然后匀速行驶;当 $F_t < \sum F$ 时,汽车减速乃至停驶。这时,如果要维持较高的车速,就需要加大发动机的输出功率或将变速器换入较低挡位以维持较大的驱动力。

2. 附着条件。

驱动力的最大值一方面取决于发动机可能发出的最大转矩和变速器换入最低挡位时的传动比,另一方面又受轮胎与地面的附着作用限制。

当汽车在平整干硬路面上,车轮的附着作用是由于轮胎与路面存在着摩擦力。这个摩擦力阻碍车轮的滑动,使车轮能够正常地向前滚动并承受路面的反作用力——驱动力。如果驱动力大于摩擦力,车轮与路面之间就会发生滑动。在松软地面上,除了轮胎与地面的摩擦之外,还加上嵌入轮胎花纹凹部的软地面凸起部所起的抗滑作用。由附着作用决定的阻碍车轮滑动的力的最大值称为附着力,用 F_ϕ 表示。附着力与车轮承受垂直于地面的法向力 G(称为附着重力)成正比:

$$F_\phi = \phi G$$

由此可知,附着力是汽车所能发挥驱动力的极限,其表达式如下:

$$F_t \leq F_\phi$$

此式称为汽车行驶的附着条件。

在冰雪或泥泞地面上,由于附着力很小,汽车的驱动力受到附着力的限制而不能克服较大的阻力,导致汽车减速甚至不能前进,即使加大节气门开度或换入低挡位,车轮只会滑转而驱动力不会增大。为了增加车轮在冰雪路面上的附着力,可采用有特殊花纹的轮胎、镶钉轮胎或在普通轮胎上绕装防滑链,以提高对冰雪路面的抓着作用。

对于两轮驱动的汽车,只有作用在驱动轮上的反作用力才能产生附着力。而该反作用力与汽车整体重力在两车轮上的分配比例有关。全轮驱动汽车的所有车轮都是驱动轮,附着力最大。

1.4 汽车的主要技术与性能参数

1.4.1 汽车的主要技术参数

1. 尺寸参数。

汽车的尺寸参数指汽车的长、宽、高、轴距、轮距、前悬、后悬、最小转弯直径、通道圆以及外摆值等,见图 1-18 和图 1-19。国家标准 GB 1589《道路车辆外廓尺寸、轴荷及质量限值》和 GB 7258《机动车运行安全技术条件》均对我国道路车辆的极限尺寸做了规定:货车、乘用车及二轴客车的长度不大于 12 米,宽度不大于 2.5 米,高度不大于 4 米。

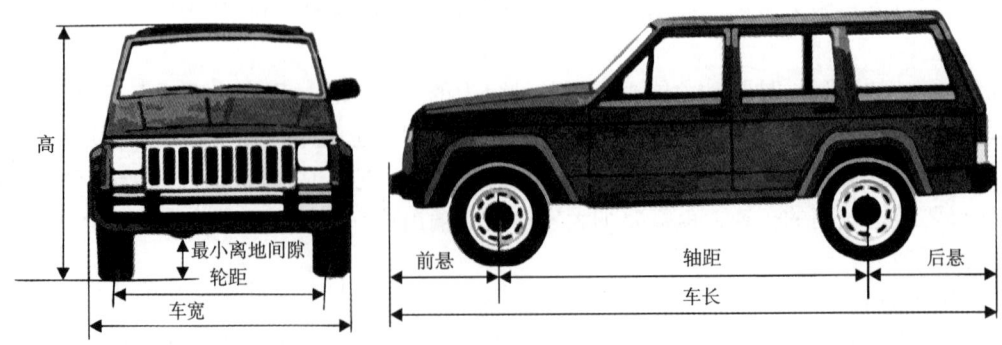

图 1-18　汽车车身外部几何参数

图 1-19 汽车的通过性能参数

2. 质量参数。

(1) 轴荷。轴荷是指汽车满载时各车轴对地面的垂直载荷。

国家标准 GB 1589《道路车辆外廓尺寸、轴荷及质量限值》和 GB 7258《机动车运行安全技术条件》均规定：二轴货车的最大允许轴荷不得超过 10t，客车及三轴以上（含三轴）货车的最大允许轴荷不得超过 10t。

(2) 汽车总质量。汽车总质量是指装备齐全时汽车的自身质量与按规定装满客（包括驾驶员）、货时的载质量之和，也称满载质量。

即：总质量 = 自身质量（整备质量）+ 载质量

(3) 载质量。汽车载质量是指在硬质良好的路面上行驶时所允许的额定载质量。当汽车在碎石路面上行驶时，载质量应有所减少（约为好路的 75%~80%）。越野汽车的载质量是指越野行驶或在土路上行驶的载质量。

轿车的装载量是以座位数表示的。城市公共汽车的装载量等于座位数并包括站立乘客数（一般按每人不小于 0.125m² 面积计），其他城市客车按每人不小于 0.15m² 面积计。长途客车和旅游客车的装载质量等于座位数。

(4) 汽车质量利用系数。这是一项针对载货汽车的评价指标，见图 1-20。指汽车载质量与汽车干重之比。所谓汽车干重就是指汽车无冷却液、燃油、机油、备胎及工具和附件时的空车重量。显然，在载质量相同的情况下，干重越小，则汽车的质量利用系数也越高，其运输效率也越高。如 EQ1092F 的质量利用系数为 1.22 左右。随着汽车材料技术和制造、设计技术的发展，汽车质量利用系数有不断提高的趋势。

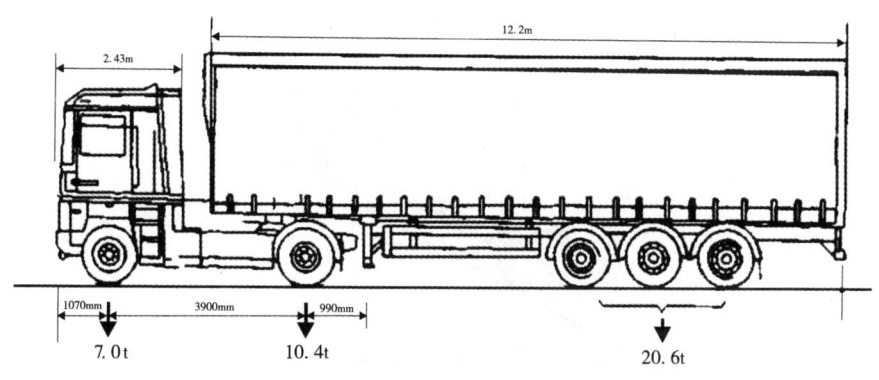

图 1-20 总质量 38t 厢式半挂汽车列车轴载质量分配

1.4.2 汽车的主要性能指标

1. 动力性

汽车运输效率的高低在很大程度上取决于其动力性，它是汽车各种性能中最基本、最重要的性能。汽车的动力性系指汽车在良好路面上直线行驶时由汽车受到的纵向外力决定的、所能达到的平均行驶速度。汽车的动力性通常用最高车速、加速能力、爬坡能力三个指标来评定。

（1）汽车的最高车速指汽车满载时，在平直良好的路面（水泥路面和沥青路面）上所能达到的最高行驶速度。

（2）汽车的加速能力指汽车在行驶中迅速增加行驶速度的能力。汽车的加速能力常用汽车的原地起步加速性和超车加速性来评价，如图 1-21 所示。

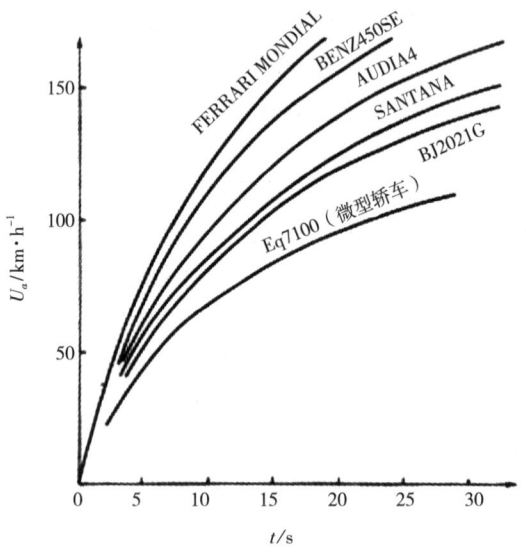

图 1-21 汽车原地起步加速过程曲线

（3）汽车的爬坡能力指汽车满载时，在良好的路面上以最低前进挡所能爬行的最大坡度（货车约为 30%，即 16.5°；越野车约为 60%，即 30°左右），如图 1-22 所示。

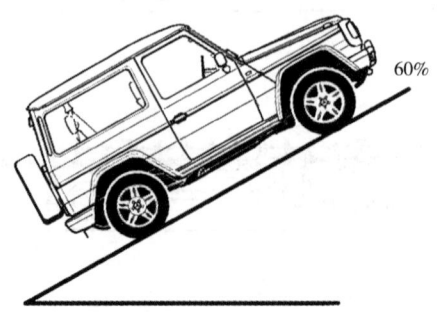

图 1-22 汽车的爬坡能力

2. 燃油经济性。

汽车在一定的使用条件下，以最小的燃油消耗量完成单位运输工作的能力。经济性的评价指标主要是单位行驶里程的燃料消耗量。

L/100km——我国与欧洲采用。同排量汽车，其数值越小，燃油经济性越好。

L/100t·km——货车采用。不同的载质量的汽车，其数值越小，表明燃油经济性越好。

3. 制动性。

汽车行驶时能在短时间内停车且维持行驶方向稳定性和在下长坡时能维持一定车速的能力，称为汽车的制动性。汽车的制动性主要从制动效能、制动抗热衰退性能和制动时汽车的方向稳定性三个方面来评价。

（1）制动效能

制动效能指汽车迅速降低行驶速度直至停车的能力。制动效能是制动性最基本的评价指标，它是由一定初速度下的制动距离、制动减速度和制动时间来评定的，见图1-23所示。

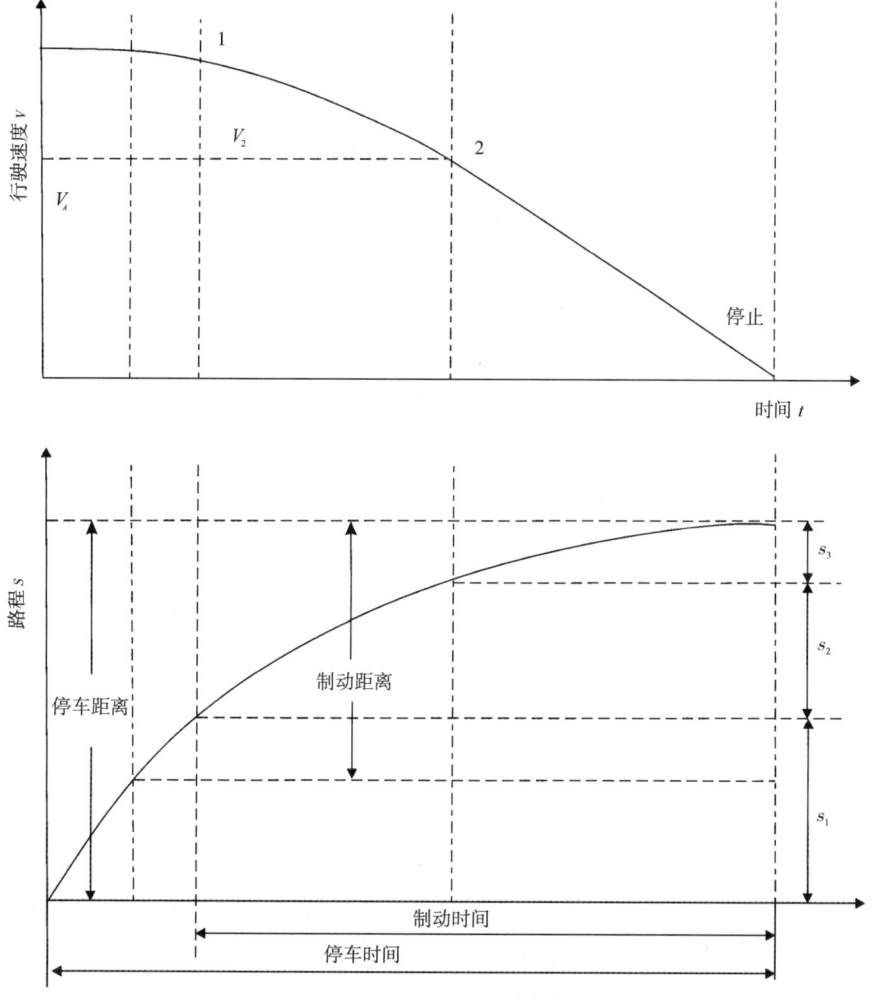

图1-23 汽车的制动过程

(2) 制动抗热衰退性

"热衰退"就是人们常说的刹车热衰减，是由于刹车长时间在高负荷状态下工作或者是在连续刹车的情况下发生的，随着刹车次数的增加而导致制动力不足，以致刹车距离变长的一种现象，主要是发生在大货车行驶于长陡下坡的路段时，如图1-24。抗热衰退性指汽车高速制动、短时间多次重复制动或下长坡连续制动时制动效能的热稳定性。

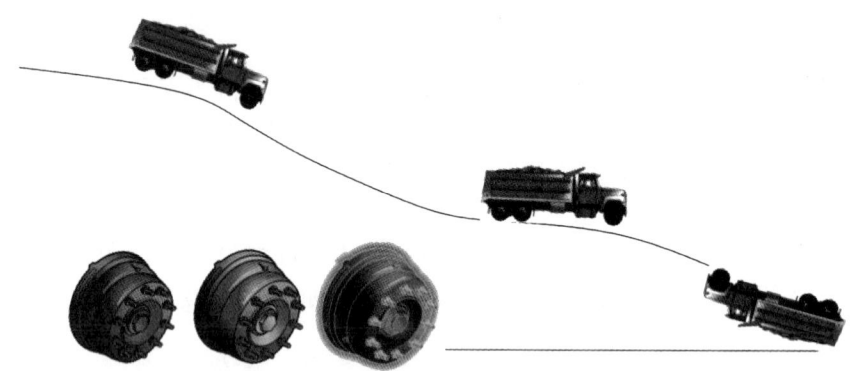

正常120℃　　最高250℃　　大于300℃制动失效

图1-24　发生制动"热衰退"的货车

(3) 制动时汽车的方向稳定性

制动时汽车的方向稳定性指汽车在制动时按指定轨迹行驶的能力，即不发生跑偏、侧滑或失去转向的能力，见图1-25所示。通常规定一定宽度的试验通道，制动稳定性良好的汽车，在试验时不允许产生不可控制的效能使它偏离这条通道。

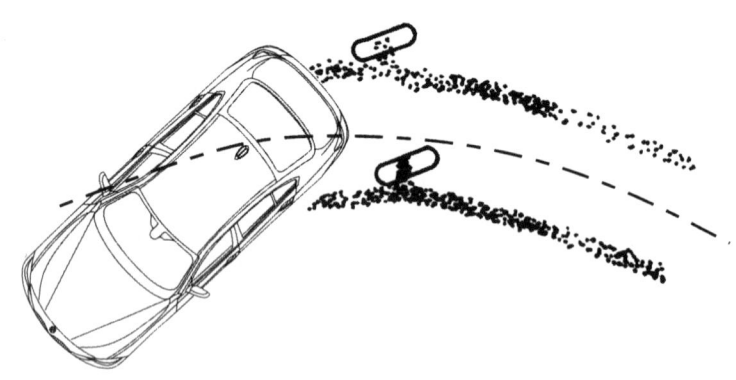

图1-25　制动时汽车的方向稳定性

4. 操纵稳定性。

汽车操纵稳定性指在驾驶员不感觉过分紧张、疲劳的条件下，汽车能按照驾驶员通过转向系统及转向轮给定的方向（直线或转弯）行驶；且当受到外界干扰如道路不平、侧风、货物或乘客偏载时，汽车能够抵抗干扰且保持稳定行驶的性能，见图1-26所示。汽车的操纵稳定性包含着互相联系的两部分内容，一个是操纵性，另一个是稳定性。汽车的三种稳态转向响应如图1-27所示。

图 1-26 汽车的操纵稳定性

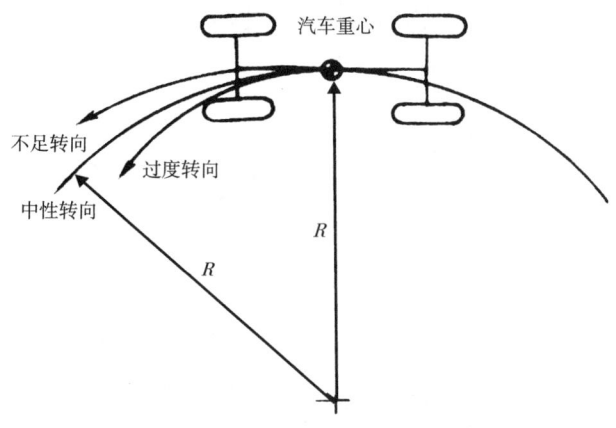

图 1-27 汽车的三种稳态转向响应

5. 行驶平顺性。

行驶平顺性指汽车在一般行驶速度范围内行驶时,避免因汽车在行驶过程中所产生的振动和冲击,使人感到不舒服、疲劳,甚至损害健康,或者使货物损坏的性能。汽车的平顺性主要是根据乘员的舒适程度来评价的,所以又称为乘坐舒适性,如图 1-28 所示。

路面不平度达到一定程度时,将使乘客感到不舒适和疲劳,或是运载的货物损坏。路面不平度激起的振动引起的附加动载荷将加速有关零件的磨损,缩短汽车的使用寿命。车轮载荷的波动会影响车轮与地面之间的附着性能,关系到汽车的操纵稳定性。

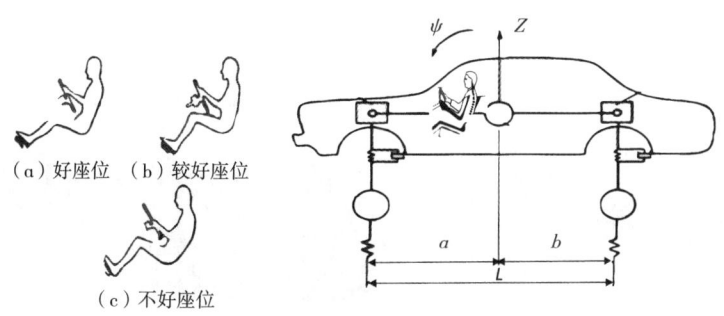

图 1-28 汽车平顺性模型

汽车的振动随行驶速度的提高而加剧。在汽车的使用过程中，常因车身的强烈振动而限制了行驶速度的发挥。

6. 排放污染物。

汽车排放是指从废气中排出的 CO（一氧化碳）、HC + NOx（碳氢化合物和氮氧化物）、PM（微粒、碳烟）等有害气体，如图 1 - 29 所示。

汽车排放污染物是发动机在燃烧做功过程中产生的有害气体。这些有害气体产生的原因各异，氧气不充足时会产生 CO，混合气浓度大及混合气不均匀都会使排气中的 CO 增加。HC 是燃料中未燃烧的物质，由于混合气不均匀、燃烧室壁冷等原因造成部分燃油未来得及燃烧就被排放出去。NOx 是燃料（汽油）在燃烧过程中产生的一种物质。PM 也是燃油燃烧时缺氧产生的一种物质，其中以柴油机最明显。因为柴油机采用压燃方式，柴油在高温高压下裂解更容易产生大量肉眼看得见的碳烟。另外发动机曲轴箱排放物和燃料蒸发排放物也会对环境产生有害作用。

图 1 - 29 汽车的排放污染

7. 噪声。

汽车噪声，即汽车行驶在道路上时，发动机、喇叭、轮胎等都会发出大量的人类不喜欢的声音，会严重影响人的身体健康，如图 1 - 30 所示。按照噪声产生的过程，汽车噪声源大致可分为与发动机转速有关的声源和与车速有关的声源，主要来源于发动机噪声、传动系统噪声、进气系统噪声、排气系统噪声、轮胎噪声、制动系统噪声和空气动力学噪声等。

图 1 - 30 汽车的噪声

8. 汽车的通过性能。

在一定载质量下，汽车能以足够高的平均车速通过各种坏路及无路地带和克服各种障碍的能力，称为汽车的通过性。它可分为轮廓通过性和牵引支承通过性。前者指车辆通过坎坷不平路段和障碍如陡坡、侧坡、台阶和壕沟等的能力；后者是指车辆能顺利通过松软土壤、沙漠、雪地、冰面、沼泽等地面的能力。

汽车通过性的几何参数是与防止间隙失效有关的汽车本身的几何参数，如图1-31所示，主要包括最小离地间隙、接近角、最大涉水深度、纵向通过角、最大爬坡度等。另外，汽车的最小转弯直径和内轮差、转弯通道圆及车轮半径也是汽车通过性的重要轮廓参数。

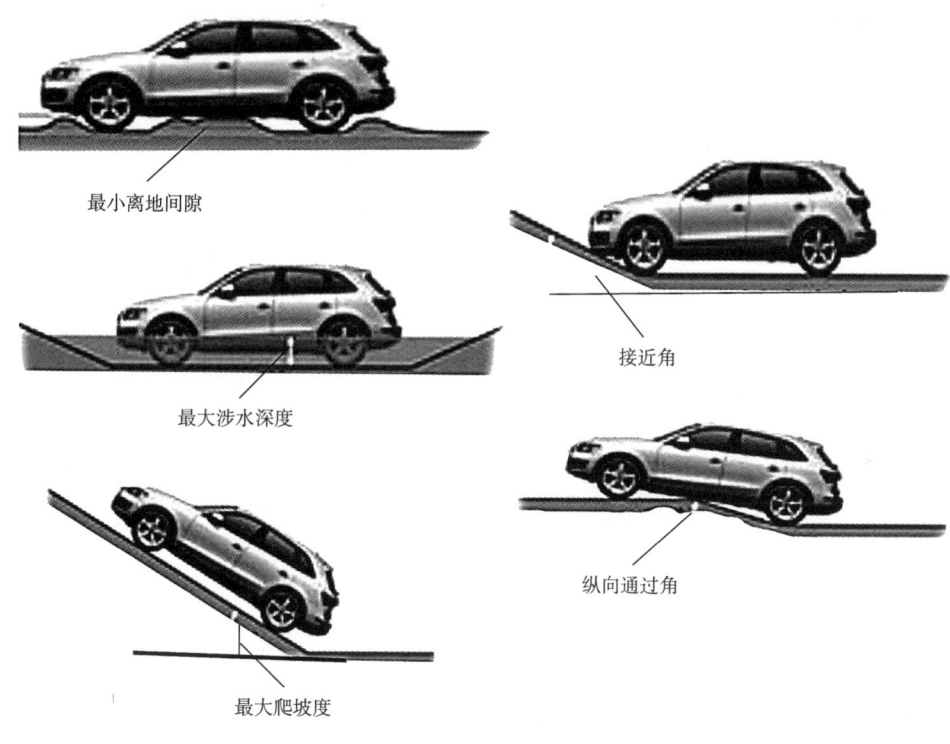

图1-31 汽车通过性的几何参数

思考与练习题

一、判断题

1. 四轮驱动是指汽车前后轮都有动力，可按行驶路面状态不同而将发动机输出扭矩按不同比例分布在前后所有的轮子上，以提高汽车的行驶能力。　　　　（　　）

2. 大吨位载重汽车，为了降低车轮对地面的负荷，提高汽车的承载能力，必须采用多轴传动。　　　　（　　）

3. 前置前驱的车辆上坡时驱动轮与地面的附着效果非常好。　　　　（　　）

4. 汽车的制动系统至少包括行车制动装置和驻车制动装置。　　　　（　　）

5. 汽车传动系统的作用是将发动机发出的动力传递给驱动轮，使路面对驱动轮产生一个牵引力推动汽车行驶。　　　　　　　　　　　　　　　　　　（　　）

二、选择题

1. 汽车底盘由（　　）、行驶系统、转向系统和制动系统四大系统组成。

A. 车架　　　　　　B. 传动系统　　　　C. 万向传动装置　　　D. 驱动桥

2. 汽车的行驶总阻力包括：（　　）。

A. 滚动阻力　　　　B. 空气阻力　　　　C. 坡道阻力　　　　　D. 加速阻力

三、简述题

1. 汽车的底盘有哪几种布置形式？各有什么特点？
2. 简述汽车行驶的基本条件。

项目2　汽车传动系统的结构与原理

▶知识目标

1. 掌握离合器的功用、结构和工作原理；
2. 掌握手动变速器、自动变速器的结构特点和工作原理；
3. 掌握驱动桥的功用、结构和工作原理；
4. 了解分动器的功用、结构和工作原理；
5. 了解自动变速器的结构和工作原理。

▶技能目标

1. 能够对离合器进行拆装、检修和维护保养；
2. 能够对手动变速器进行拆装、检修和维护保养；
3. 能够对驱动桥进行检修；
4. 能够对自动变速器进行故障诊断和检修。

2.1　汽车传动系统的类型

2.1.1　汽车传动系统的功用

发动机输出的动力并不是直接作用于车轮上来驱动汽车行驶的，而是需要经过一系列的动力传递机构。汽车发动机与驱动轮之间所有的动力传递机构总称为传动系统。从根本上说，传动系统主要用途有：连接和分离发动机传到车轮的动力，选择不同的传动比，提供倒车的方法和控制驱动轮的动力使汽车平稳转向。汽车的传动系统应保证汽车具有在各种行驶条件下所必需的牵引力、车速以及它们之间的协调变化等功能，使汽车具有良好的动力性和燃油经济性。

驱动汽车所用的传动系统取决于汽车是前轮驱动、后轮驱动还是四轮驱动。现今，有很多小汽车采用前轮驱动，传动系统把发动机的动力通过离合器或液力变矩器、变速箱，然后经过前差速器、驱动轴，最后从前轮输出。

2.1.2 汽车传动系统的类型

汽车的传动系统通常可分为四类:
1. 机械式传动系统。

机械式传动系统通过各种机械传动元件来传递动力和实现传动系统的各种功能,如图2-1所示。主要由离合器、变速器、万向传动装置、主减速器、差速器和半轴组成。其特点是结构简单、工作可靠、维修方便、制造成本低、传动效率较高,广泛应用于各种类型的汽车。但机械传动系统的体积和质量较大,一般不能实现无级传动。

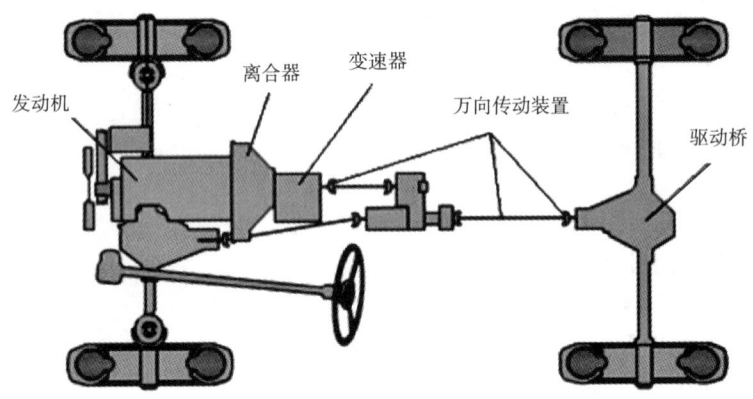

图2-1 汽车机械式传动系统示意图

2. 液力机械式传动系统。

液力机械式传动系统是将液力传动与机械传动有机地组合在一起,以液体为传动介质,利用其在主动元件和从动元件之间循环流动过程中动能的变化来传递动力,如图2-2所示。

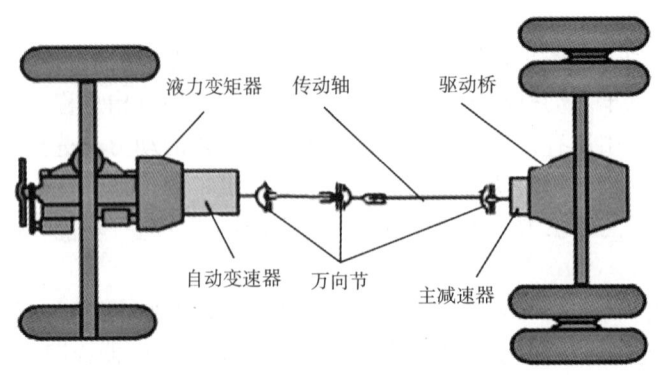

图2-2 汽车液力机械式传动系统示意图

3. 静液式传动系统。

它是将发动机的机械能转换成液体的压力能(高压油)来驱动液压马达,由液压马达将液体的压力能又变成机械能,再传给驱动桥,经主减速器、差速器和半轴传至驱动车轮,如图2-3所示。

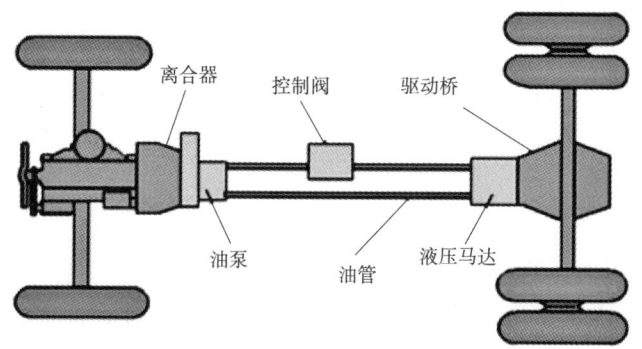

图2-3 汽车静液式传动系统示意图

这种传动系统的最大特点是无级变速,另外由于在此传动系统中不需要使用机械传动系统中的离合器、变速器和万向传动装置,使汽车自重有所降低。这种传动系统的缺点是传动效率低,由于输出油压高、机件制造精度要求高、密封要求严,故造价高、工作可靠性差、寿命也不够理想,所以这种传动系统未得到普遍应用。

4. 电力式传动系统。

电力式传动系统是发动机驱动发电机,发电机将电能输给电动机,变成机械能后通过减速器传给驱动轮驱动汽车行驶,如图2-4所示。由于电动机的扭矩小、转速高,不能直接驱动车轮,所以要经过减速器降低转速增大扭矩,以使汽车正常行驶。再驱动车轮。

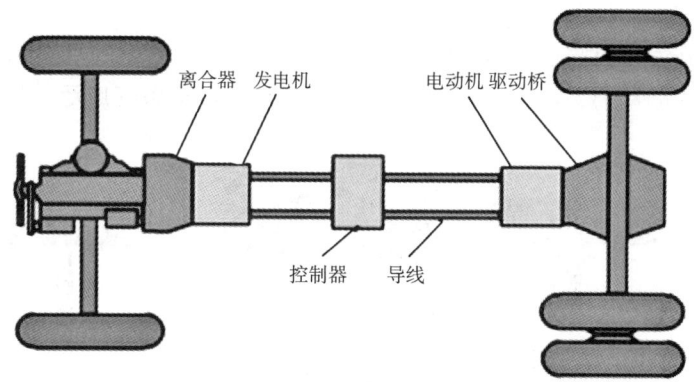

图2-4 汽车电力式传动系统示意图

□思考与练习题

一、判断题

1. 液力机械式传动系统的特点是综合运用液力传动和机械传动,结构复杂,传动效率高。 (   )

2. 汽车电力式传动系统是发动机驱动发电机,发电机将电能传给电动机,电动机直接驱动车轮使车辆行驶。 (   )

3. 液力变矩器不但可以传递转矩,还可以改变转矩的大小,实现无级变速。因此,可以直接驱动驱动轮。（　　）

二、选择题

1. 汽车传动系统的首要任务是与发动机协同工作,保证汽车在各种条件下正常行驶,并具有良好的动力性和经济性。因此传动系统应具有如下功能:(　　)。

　　A. 减速增矩　　　　　　　　B. 汽车倒驶
　　C. 必要时中断传动　　　　　D. 差速作用
　　E. 万向传动

2. (　　)传动系统由离合器、变速器、万向传动装置和驱动桥等部分构成。

　　A. 机械式　　　　　　　　　B. 液力机械式
　　C. 静液式　　　　　　　　　D. 电力式

三、简述题

1. 汽车传动系统的基本功用是什么?
2. 简述汽车传动系统的类型和各自的特点。

2.2　离合器

2.2.1　离合器的功用

离合器安装在发动机与变速器之间,是汽车机械式传动系统中的重要部件,其主要功用是传递动力和切断动力,如图2-5所示。汽车机械式传动系统广泛采用摩擦式离合器,其具体的功能如下:

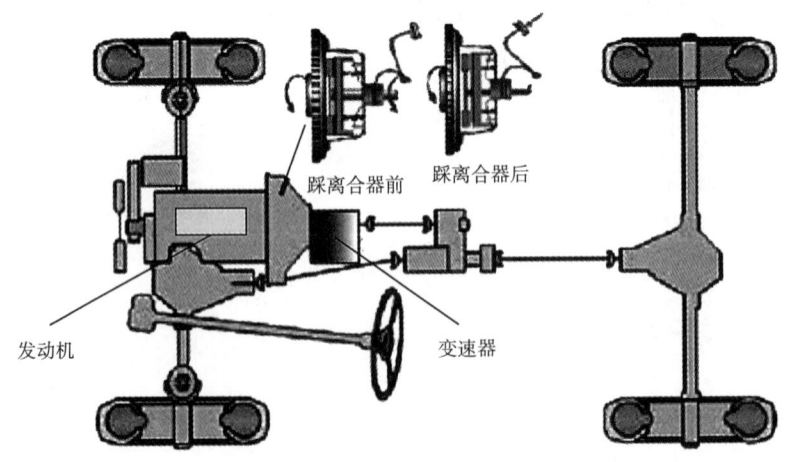

图2-5　机械式传动系统的离合器

1. 传递转矩。

发动机转矩利用离合器的摩擦力矩传递给驱动轮。

2. 平顺地接合动力，保证汽车平稳起步。

通过在发动机与传动系统之间装有离合器，起步前先踏下离合器踏板，使发动机与传动系统分开，待挂上适当的挡位后，再慢慢抬起离合器踏板，适当加大油门，让离合器的主、从动部分在相对滑转的状态下逐渐接合，使发动机传给驱动车轮的扭矩平稳增加，从而使汽车平稳起步。可避免静止的汽车突然接上动力，瞬间猛烈前冲产生很大的惯性力所导致的发动机转速急剧下降到最小稳定转速（300~600r/min）以下而熄火的现象。

3. 临时切断动力，使变速器顺利换挡。

汽车在行驶过程中，需要经常变换变速器的挡位，以适应不同行驶条件的工况。普通齿轮式变速器的换挡通过拨动换挡机构来实现，即原挡位的啮合齿轮副脱开，新挡位的齿轮副开始啮合。

换挡时，如果离合器没有将发动机与变速器之间的动力暂时切断，原挡位的啮合齿轮副因压力过大而很难脱开，新挡位的齿轮副因两者圆周速度不等而难以进入啮合，即使能进入啮合，也会产生很大的冲击和噪声导致机件损坏。装设了离合器后，换挡前，先踩下离合器，使其分离，暂时切断动力传递，然后再进行换挡操作，以保证换挡操作过程的顺利进行，可极大地减轻或消除换挡的冲击。

4. 防止传动系统过载。

汽车紧急制动时，车轮突然急剧降速，若发动机与传动系统刚性连接，将迫使发动机转速也急剧降低，其所有运动件将产生远大于发动机正常工作时所输出最大转矩的惯性力矩，这一力矩作用于传动系统，会造成传动系统过载而使其机件损坏。有了离合器，当传动系统承受载荷超过离合器所能传递的最大转矩时，离合器即会自动打滑，从而起到过载保护传动件的作用。

5. 减振作用。

大多数离合器上还装有扭转减振器，能衰减发动机和传动系统的扭转振动。

2.2.2 离合器的基本要求

1. 可靠地传递发动机最大转矩。

离合器的工作状态由摩擦力矩的大小所决定，也就是取决于摩擦力和摩擦片的平均半径。由于离合器在使用中会出现磨损，从动盘变薄，导致压紧弹簧伸长和压紧力减小；同时在离合器主、从动部分滑磨的过程中，会产生大量的热，使其温度升高，一方面使压紧弹簧受热退火，弹力下降，另一方面使摩擦片烧蚀、硬化。这些因素均使摩擦力减小，使离合器传递扭矩的能力逐渐被削弱。故此，在设计离合器时，要使其所能传递的扭矩大于发动机发出的最大扭矩，大于的倍数，即为离合器的储备系数，用 β 表示。

即：$M_e = \beta M_{emax}$

式中 M_{emax}——发动机发出的最大扭矩。

储备系数 β 值越大，离合器所能传递的扭矩越大，这对离合器的工作可靠性是有好处的；但是 β 值过大，将使传动系统在汽车紧急制动（未踏离合器踏板）时承受的载荷增大，削弱了离合器防止传动系统过载的功能，有可能导致机件的损坏。为满足两方面的要求,一般载重汽车 β 值为 1.60~2.25,小客车 β 值为 1.3~1.75。

2. 离合器分离彻底、接合平顺。

分离彻底是指踩下离合器踏板后,离合器主、从动部分完全脱离摩擦,否则将造成换挡困难,齿轮受到冲击,离合器摩擦片也加速磨损。

接合平顺是指离合器主、从动部分能逐渐接合。如果接合过猛,不仅使汽车起步时产生窜动,而且会使传动系统机件受到冲击而加速损坏,也使乘车人员和驾驶员受到剧烈的振动。

3. 从动部分的转动惯量尽可能小。

离合器在分离时,发动机飞轮的惯性力矩不会作用在传动系统中,但是离合器的从动部分仍然有一定惯性力矩作用在变速器的齿轮上。因此,为减轻换挡时齿轮受到的冲击力矩,便于换挡,要求从动部分的转动惯量尽可能小。

4. 散热性能好。

由于离合器在接合过程中,主、从动部分之间的滑磨,将产生大量的热,使温度升高,因此必须通风良好,加速散热。

5. 操纵轻便、可靠。

汽车在行驶过程中需要经常根据不同的工况起步或是换挡操作,要求离合器工作性能稳定,操纵轻便,以减轻驾驶员的疲劳,延长离合器的使用寿命。

2.2.3 离合器的类型

汽车离合器按结构原理不同可分为摩擦式和液力式,如图 2-6 所示。由于摩擦式离合器结构简单,接合后传递动力时几乎没有功率损失,所以被各种类型的汽车广泛采用。配用机械变速器的汽车多采用摩擦式离合器。液力式离合器主要依靠主动件之间的液体介质进行转矩传递,有液力耦合器和液力变矩器,主要用于自动变速器。

(a) 摩擦式离合器　　　　　　　(b) 液力式离合器

图 2-6　汽车的离合器

摩擦式离合器结构类型较多,且可有多种组合,按其结构和工作特点可分成下列类型:

1. 按摩擦表面的工作条件分。

按摩擦表面的工作条件不同,摩擦式离合器可分为干式和湿式两种。干式离合器结构简单,广泛用于汽车上,如图 2-7 所示。湿式离合器用油液冷却和冲洗摩擦表面,散热良好,摩擦表面工作性能稳定,经长期使用磨损小。但结构复杂,质量大,成本高。

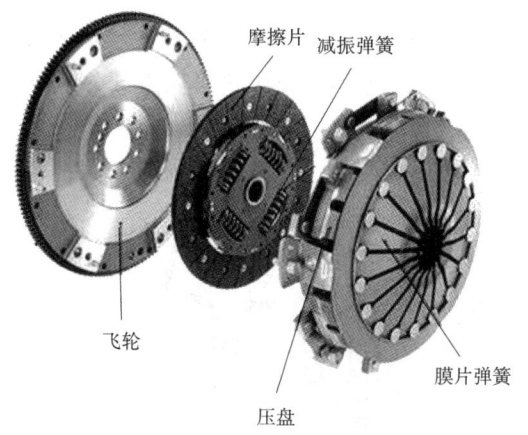

图 2-7 干式离合器

2. 按从动盘的数量分。

摩擦式离合器按从动盘的数量分为单片式、双片式和多片式。单片式离合器结构简单,分离彻底,散热良好,从动部分转动惯量小。双片式和多片式离合器接合平顺,但中间压盘不易散热,分离不易彻底,从动部分转动惯量大,双片式离合器如图 2-8 所示。

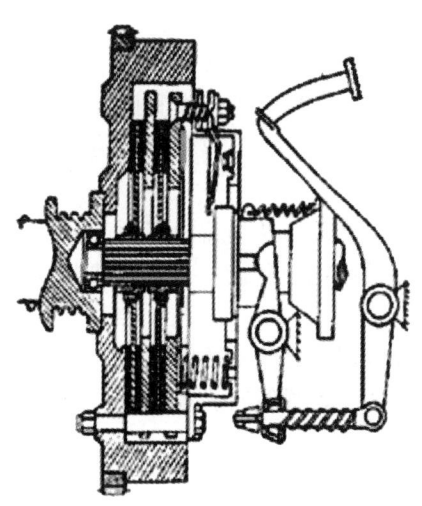

图 2-8 双片式离合器

3. 按压紧弹簧和布置形式分。

摩擦式离合器按压紧弹簧和布置形式的不同,分为周布弹簧式、中央弹簧式、膜片弹簧式和斜臂弹簧式。

4. 按操纵机构不同分。

摩擦式离合器按操纵机构不同,可分为机械式(杆式和绳式)、液压式、气压式和空气助力式等。

2.2.4 摩擦式离合器的基本结构

摩擦式离合器依靠相互压紧的主动和从动部分摩擦表面之间产生的摩擦作用来传递转矩。由主动部分、从动部分、压紧装置和操纵机构四大部分组成，如图2-9所示。

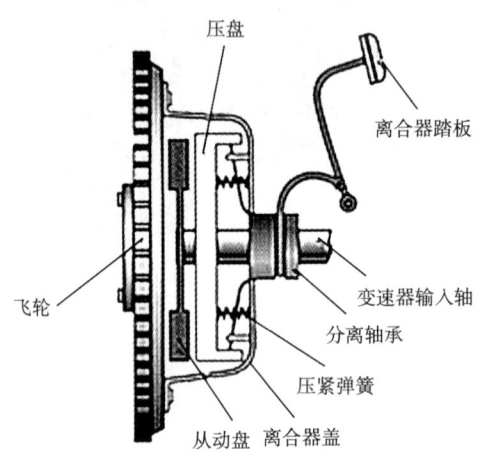

图2-9 摩擦式离合器基本结构

1. 主动部分。

主动部分包括飞轮、离合器盖和压盘。离合器盖用螺钉固定在飞轮上，压盘在驱动销或卡铁的带动下随飞轮一起转动，在离合器分离和接合过程中，压盘能做轴向移动。只要曲轴旋转，发动机发出的动力就可经飞轮、离合器盖传给压盘，使它们一起旋转。

2. 从动部分。

从动部分包括从动盘和离合器轴。从动盘两端面上铆接或黏结摩擦衬片，安装在飞轮和压盘之间。从动盘与离合器轴用花键联接，并可在轴上做轴向移动。

3. 压紧装置。

压紧装置为装在压盘与离合器盖之间的压紧弹簧，用于对压盘产生压紧力，将从动盘夹紧在飞轮与压盘之间。常见的压紧弹簧有膜片弹簧、中央螺旋弹簧及沿圆周均布的螺旋弹簧等。

4. 操纵机构。

操纵机构由长短可调节的拉杆、分离叉、分离拉杆、分离杠杆、分离轴承座、分离轴承和回位弹簧等组成。分离轴承及其轴承座在分离叉作用下可做轴向移动。分离杠杆铰接在离合器盖上，通过分离拉杆与压盘连接。操纵离合器踏板可使离合器接合或分离。

2.2.5 摩擦式离合器的工作原理

1. 接合状态。

离合器处于接合状态时，踏板处于最高位置，分离杠杆与分离轴承之间存在间隔，离合器的从动盘被离合器弹簧压紧在飞轮与压盘工作表面之间,发动机转矩通过摩擦表面间的摩擦作用从飞轮和压盘经从动盘传到离合器轴。这时主、从动部分形成一个整体,见图2-10(a),此为离合器的接合状态。

2. 分离过程。

当踩下离合器踏板时,通过拉杆带动分离叉,分离轴承座在分离叉的拨动下向左移动。先消除分离轴承端面与分离杠杆头部的自由间隙,接着推压分离杠杆头部,使分离杠杆绕支点摆动,分离杠杆的另一端通过分离拉杆带动压盘右移,进一步压缩离合器弹簧。这样在飞轮、压盘与从动盘摩擦表面之间产生分离间隙 $\Delta1 + \Delta2$,切断了发动机和变速器的动力传递,离合器处于分离状态,见图2-10(b)。

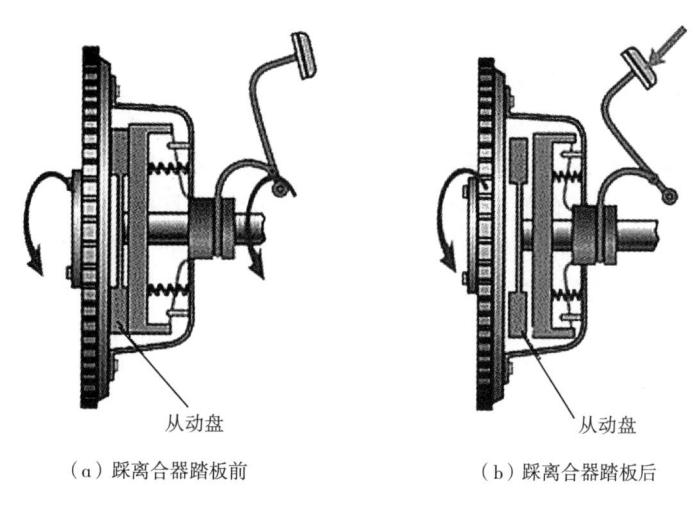

(a) 踩离合器踏板前　　　　　　(b) 踩离合器踏板后

图2-10　离合器工作原理简图

当踏板逐渐松开时,被压缩的离合器弹簧随之逐渐伸展,在其作用下将压盘向左推动,并将从动盘重新压紧在飞轮工作表面上,离合器又恢复到接合状态。与此同时,在回位弹簧作用下,分离杠杆头部与分离轴承端面又出现应有的自由间隙。这种离合器经常处于接合状态,故称为常接合式离合器。

2.2.6　离合器的自由行程

在离合器分离过程中,自由行程和工作行程两部分组成离合器踏板的总行程,如图2-11所示。用以消除各连接杆件运动副的间隙和自由间隙的踏板行程称为踏板自由行程,对应于离合器分离间隙的踏板行程称为踏板工作行程。

当从动盘摩擦衬片磨损变薄时,自由间隙减小,踏板的自由行程也随之减小。自由间隙过小时,当摩擦衬片再稍有磨损,分离杠杆的头部将向右移动顶住分离轴承端面,使离合器弹簧压紧力减小,造成离合器打滑;因为踏板总行程是一定的,自由间隙过大,踏板自由行程变大,致使工作行程减小,造成离合器分离不彻底。因此,应有适当的自由间隙。此外,在安装时各个分离杠杆的端头应保持在同一回转平面上,否则也会影响离合器彻底分离。为了保证有适当和均匀的自由间隙,离合器上设有调整机构进行调整。

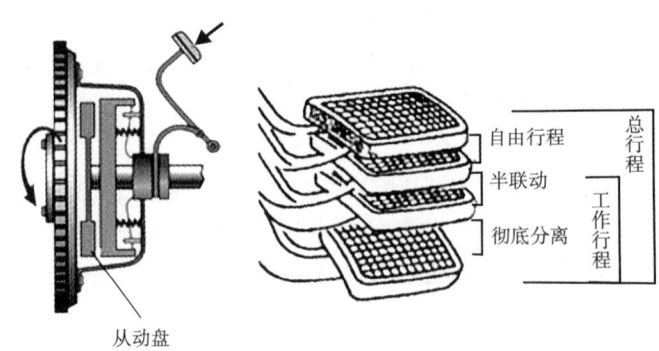

图 2-11 离合器踏板行程

2.2.7 离合器的通风及散热

摩擦式离合器在接合或分离过程中,都要经过滑动摩擦阶段,这个过程会产生大量的热。热量若不能及时散发,有关零件会因温度过高,产生不良的后果。如摩擦片温度过高时摩擦性能变坏使离合器打滑,不能完成传递扭矩的功能,甚至造成摩擦片烧损;压紧弹簧将因温度过高而退火,致使弹力减小,造成离合器打滑,导致恶性循环。若从动盘本体是一个圆盘整体,可能会因温度过高而变形,影响离合器的正常工作。因此,离合器在设计上应采取散热和通风措施,阻止或减小因温度过高产生的不良后果。如压盘的弹簧座与压紧弹簧之间装有石棉隔热垫,以阻止压盘上的热向压紧弹簧传递;在离合器从动盘本体上径向开窄切口,预留热变形的余地;离合器盖用钢板冲压成一定的形状,并在侧面与飞轮接触处留有几个缺口,当离合器旋转时,通过空气的循环流动,将离合器内的热量及时散发出去,如图 2-12 所示。

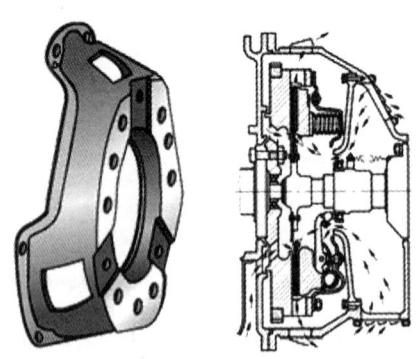

图 2-12 离合器盖的通风散热

2.2.8 周布弹簧离合器结构

周布弹簧离合器属于单片、干式、弹簧压紧摩擦式离合器,也是由主动部分、从动部分、压紧装置和分离操纵机构 4 部分组成,如图 2-13 所示。主动部分有离合器盖和压盘,从动部分采用的是带扭转减振器的从动盘,压紧装置是采用 16 个周向均匀分布的圆柱螺旋弹簧将从动盘压紧在飞轮与压盘之间。分离操纵机构由分离杠杆、分离轴承、分离叉和踏板等组成。

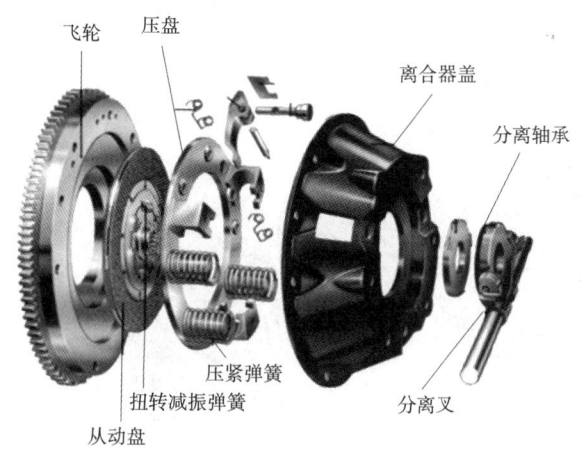

图 2-13　周布弹簧离合器部分零件结构

某些重型汽车的传动系统传递的转矩较大，为了增大离合器传递动力的能力，并考虑到飞轮的径向尺寸有限，有些离合器配置为双从动盘，如图 2-14 所示。

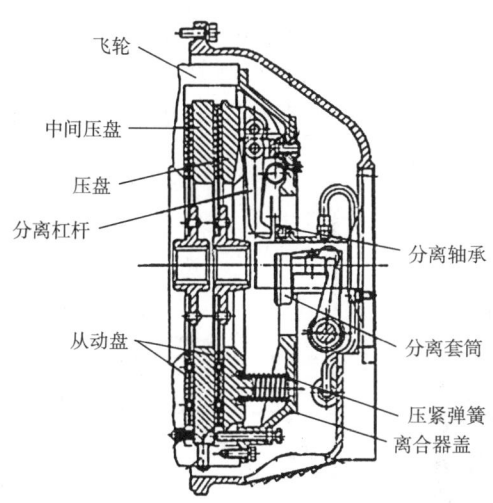

图 2-14　双盘周布弹簧离合器

2.2.9　膜片弹簧离合器结构

汽车膜片弹簧离合器是采用膜片弹簧作为压紧元件的离合器，如图 2-15 所示。其优点是，由于膜片弹簧的轴向尺寸较小而径向尺寸很大，有利于在提高离合器转矩容量的情况下减小离合器的轴向尺寸。膜片弹簧离合器不需要专门的分离杠杆，使结构简化，零件数目减少，重量减轻，维修保养方便。由于膜片弹簧与压盘以整个圆周接触，使压力分布均匀，摩擦片的接触良好，磨损均匀。由于膜片弹簧轴向尺寸小，所以可以适当增加压盘的厚度，提高热容量；而且还可以在压盘上增加散热肋及在离合器盖上开设较大的通风孔来改善散热条件。膜片弹簧的安装位置对离合器轴的中心线来说是对称的，因此它的压力不受离心力的影响，这一点对高速车辆十分重要。

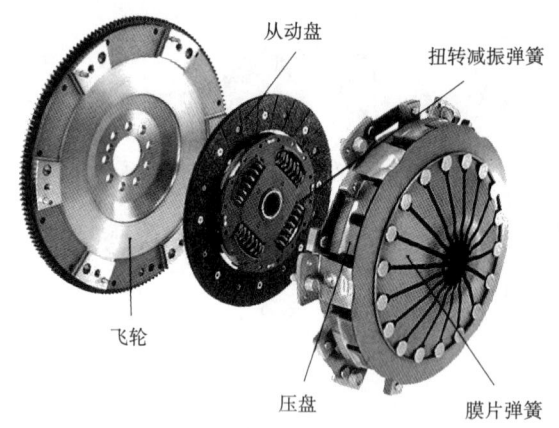

图 2-15 膜片弹簧离合器

膜片弹簧是一个用薄弹簧钢板制成的带有锥度的弹簧。形状为碟形，凹面进行喷丸处理，其上有径向切槽，切槽内端开通，外端为圆孔，形成多个弹性杠杆，既是压紧杠杆，又是分离杠杆。膜片弹簧特性优越，具有操纵轻便的特点，使离合器的压紧力实际上几乎可以保持不变，并且膜片弹簧离合器具有自动调节压紧力的特点，在正常磨损情况下，其工作很可靠，见图 2-16。膜片弹簧离合器不仅在轿车上，而且在轻型、中型货车上，甚至在重型货车上得到了应用。

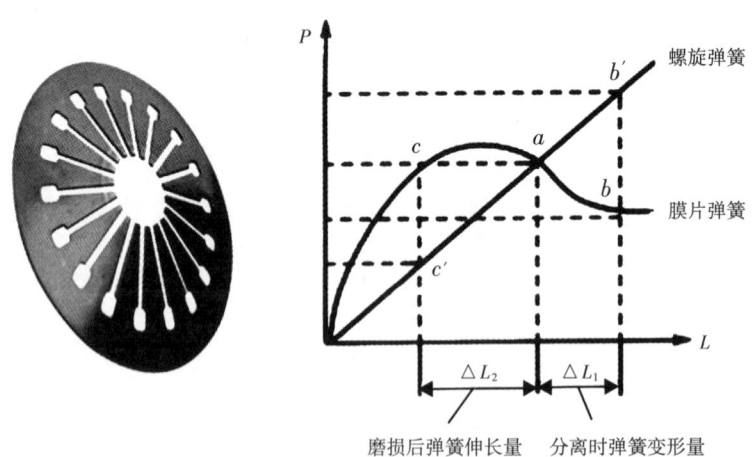

图 2-16 膜片弹簧和圆柱螺旋弹簧特性的比较

膜片弹簧离合器同样也是由主动部分、从动部分、压紧装置和分离操纵机构四部分组成。膜片弹簧离合器可分为推式膜片弹簧离合器和拉式膜片弹簧离合器两种形式，见图 2-17（a）、(b)。

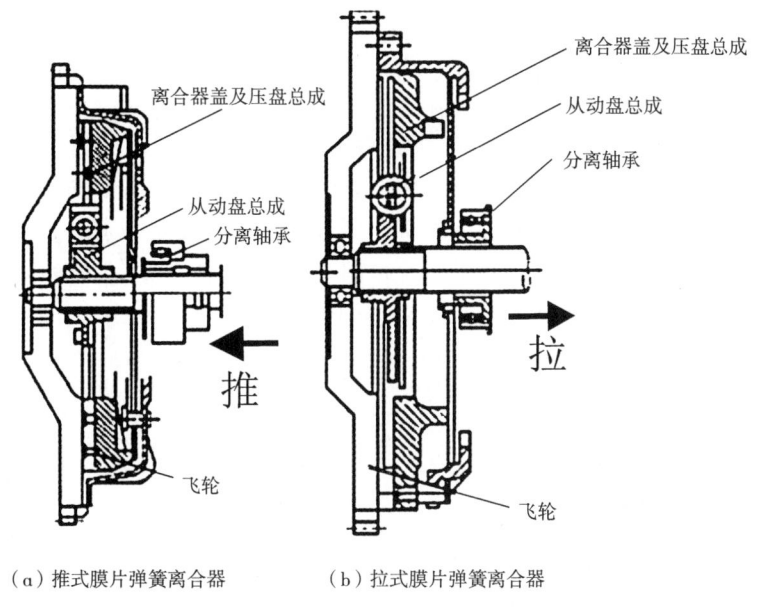

图 2-17 膜片弹簧离合器的结构

（1）推式膜片弹簧离合器是指离合器分离时，分离杠杆的内端所受的力为推力，如图 2-18（a）所示。

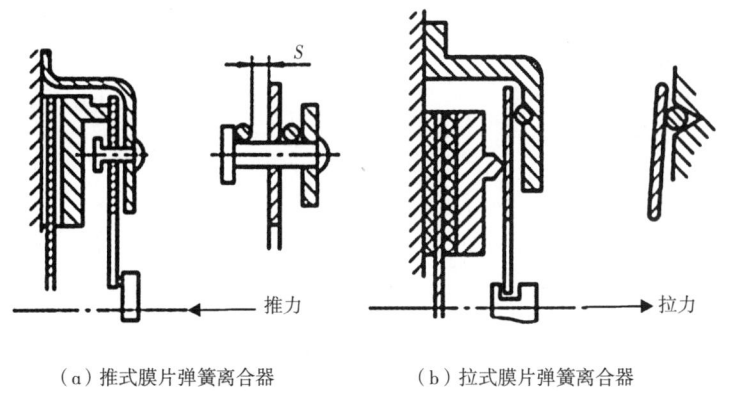

图 2-18 推式膜片弹簧离合器与拉式膜片弹簧离合器的结构特点

（2）拉式膜片弹簧离合器的结构特点与推式膜片弹簧离合器的结构形式大体相同，只是将膜片弹簧反装，其支撑点和力的作用点的位置有所改变，支撑点由原来的中间支撑环处移至膜片弹簧大端外径的边缘处，支撑在离合器盖上，如图 2-18（b）所示。离合器分离时，必须通过分离套筒将膜片中央部分向后拉。

与推式膜片弹簧离合器比较，其支承结构大为简化，提高了压紧力和转矩，增强了离合器盖的刚度，提高了分离效率，改善了操纵的轻便性。而且，由于离合器盖中央窗孔可以做得较大，进一步改善了离合器的通风散热条件。在同样磨损情况下，膜片弹簧仍能保持与支承环接触，而不会产生间隙。

2.2.10 从动盘和扭转减振器

1. 从动盘。

从动盘有带扭转减振器和不带扭转减振器的两种。它们主要由从动片、摩擦衬片和从动盘毂三个基本部分组成。它们的差别在于，带扭转减振器的从动盘，其从动片和从动盘毂之间是通过减振弹簧弹性地连接在一起，见图2-19（a）；而不带扭转减振器的从动盘中的从动片是直接铆在从动盘毂上的，见图2-19（b）。

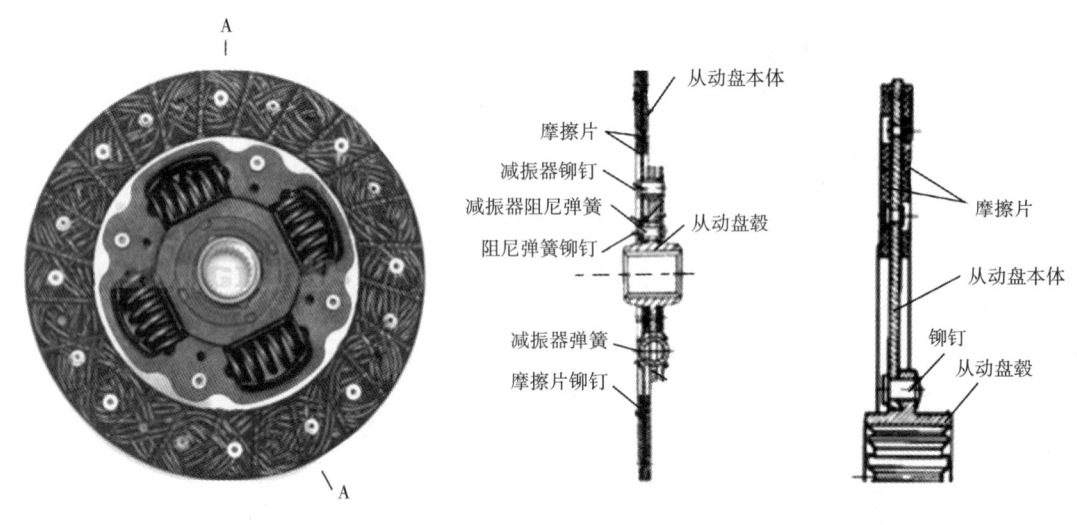

(a) 带扭转减振器的从动盘　　　　(b) 不带扭转减振器的从动盘

图2-19　离合器从动盘结构特点

不带减振弹簧的从动盘，其结构简单，质量较轻，双盘（片）离合器多采用这种结构。汽车大多采用带扭转减振器的从动盘，以避免汽车传动系统的共振，并缓和冲击，延长系统零件寿命，使汽车起步平稳。

2. 扭转减振器。

发动机传到汽车传动系统中的转矩是周期地不断变化着的，这就使得传动系统产生扭转振动。如果这一振动的频率与传动系统的自振频率相同，就将发生共振，对传动系统零件寿命有很大影响。此外，在不分离离合器的情况下进行紧急制动或猛烈结合离合器时，瞬时将对传动系造成极大的冲击载荷，缩短零件的使用寿命。为了避免共振，缓和传动系统所受的冲击载荷，在多数汽车传动系统中装设扭转减振器。

带扭转减振器的从动盘的工作原理如图2-20所示。从动盘不工作时，从动盘本体、盘毂及减振器盘三者的窗孔是相互重合的。从动盘工作时，由摩擦片传递的转矩首先通过波形片传到从动盘本体和减振器盘上，再经六个减振弹簧传给从动盘毂，这时弹簧被压缩，借此缓和冲击。

·项目2 汽车传动系统的结构与原理·

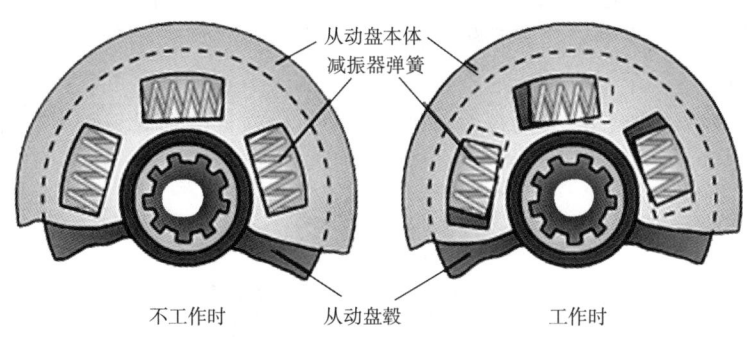

图2-21 扭转减振器工作原理

传动系统中的扭转振动将导致从动盘本体及减振器盘同从动盘毂之间的相对往复扭转。装于其间的摩擦垫圈和摩擦板都是阻尼组件，相对往复扭转的结果是使阻尼组件两侧面产生摩擦，从而吸收了扭转振动能量，使振动迅速衰减。有些汽车离合器从动盘采用两组或两组以上不同刚度的减振器弹簧，并将装弹簧的窗孔长度做得尺寸不一，使弹簧起作用的时间不一致以获得变刚度特性，从而使其振动频率不断变化，避免了传动系统的共振。另外，少数减振器中采用橡胶弹性组件，可同时起缓冲和减振作用。

2.2.11 离合器的操纵机构

1. 离合器操纵机构的功用和类型。

离合器操纵机构是驾驶员借以使离合器分离，而后又使之柔和接合的一套机构。常用的有机械式、液压式和气压式三种。为了降低踏板力，在机械式和液压式操纵机构中，有时采用各种类型的助力器。

2. 离合器操纵机构的构造。

（1）机械式操纵机构由于其结构简单、制造成本低、工作可靠而广泛用于汽车上。机械式操纵机构有杆系传动和绳索传动两种形式。

①杆系传动机构，如图2-21所示。其结构简单、工作可靠，但杆件间铰接多，摩擦损失大，车架或车身变形以及发动机位移时会影响其正常工作。在平头车、后置发动机汽车等离合器需要远距离操纵时，合理布置杆系比较困难。

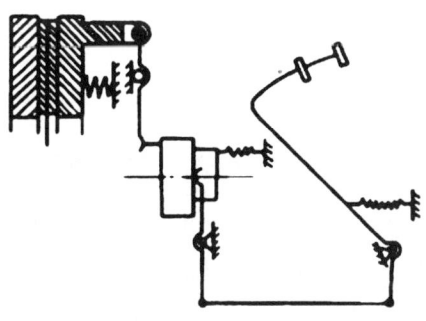

图2-21 离合器杆系传动机构

· 35 ·

②绳索传动机构，如图 2-22 所示。这种传动方式可消除杆系传动机构的一些缺点，并能采用便于驾驶员操纵的吊挂式踏板。但绳索寿命较短、拉伸刚度较小，故只适用于轻型、微型汽车和某些轿车。机械式绳索传动装置中的关节点较多，摩擦损失较大，随着使用次数的增加，磨损加剧，最大踏板力将会增加，且因拉伸变形导致踏板行程损失过大。

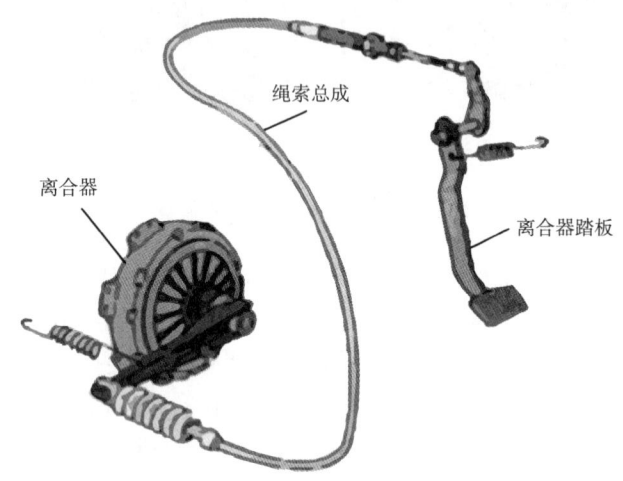

图 2-22　离合器绳索传动机构

（2）液压式操纵机构主要由主缸、工作缸及管路系统组成，见图 2-23。液压式操纵机构具有摩擦阻力小、质量小、布置方便、接合柔和等优点，并且不受车身车架变形的影响，因此应用日益广泛。

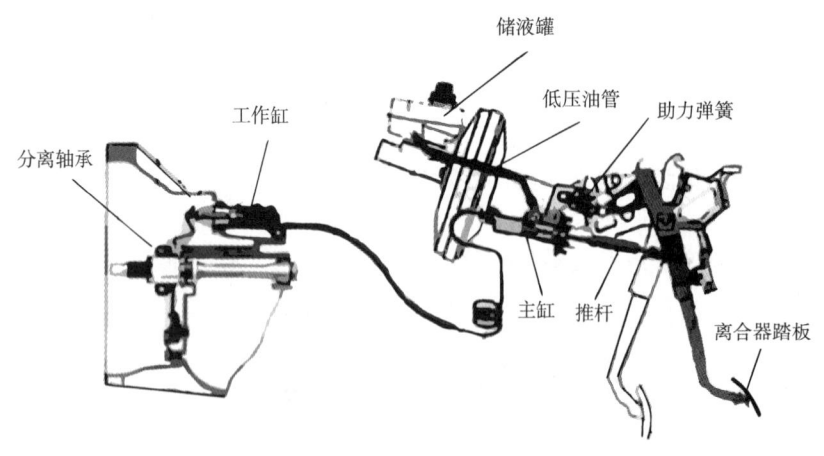

图 2-23　离合器液压式操纵机构

主缸上部是储液罐，主缸体通过补偿孔、进油孔与储油室相通。主缸体内装有活塞，活塞中部较细，以形成油室，活塞两端装有密圈和皮碗。活塞顶有沿圆周均布的六个小孔，回位弹簧将皮碗、弹簧片压向活塞，盖住小孔，形成单向阀，并把活塞推向最右位置，使皮碗位于补偿孔与进油孔之间，两孔都开放，如图 2-24 所示。

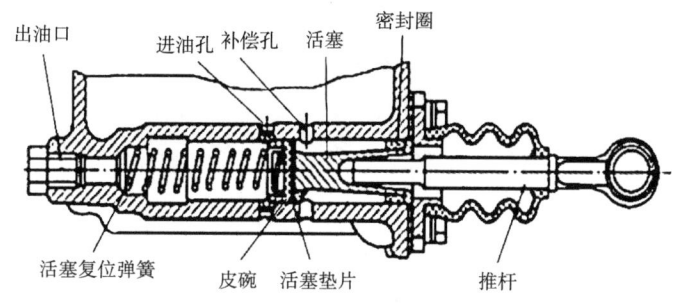

图 2-24 离合器主缸

离合器工作缸内装有活塞、皮碗和活塞限位块,为防止活塞自工作缸体内脱出,在缸体右端装有挡环,如图 2-25 所示。在缸体左端装有进油管接头和放气螺钉,当管路内有空气存在而影响离合器操纵时,则可拧出放气螺钉进行放气。

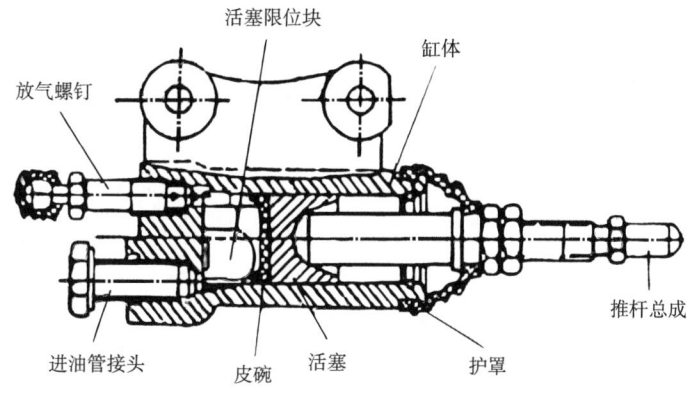

图 2-25 离合器工作缸

当踩下离合器踏板时,通过主缸推杆使主缸活塞向左移动,回位弹簧被压缩,皮碗将补偿孔关闭后,管路中油液受压,压力升高。在油压作用下,工作缸活塞被向右推移,并推动分离叉推杆,使分离叉转动,从而带动分离套筒、分离杠杆等使离合器分离。

(3) 气压式操纵机构主要由控制阀、工作缸、储气筒和管路系统组成,如图 2-26 所示。其突出的优点是离合器操纵轻便,但结构不如液压式简单,通常在重型货车上采用。

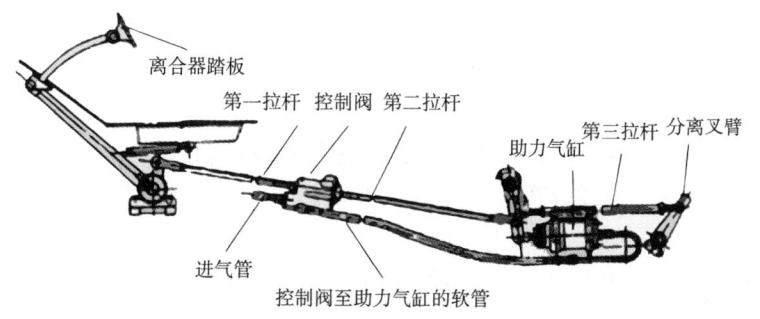

图 2-26 离合器气压式操纵机构

2.2.12 离合器的常见故障与检修

离合器的主要故障现象有离合器打滑、噪声、分离不彻底和起步发抖、离合器踏板沉重等。

1. 离合器打滑。

现象：汽车起步时很困难，离合器踏板抬得很高才能勉强起步；行驶中发动机加速时，车速却不能随之提高及行驶无力，载重上坡时打滑更为明显，严重时离合器内散发出焦臭味。这些都属离合器打滑现象。

原因：

（1）多数是离合器踏板自由行程太小或没有，分离轴承经常压在分离杠杆或膜片弹簧上，使压盘处于半分离状态。

（2）摩擦片磨损变薄、烧蚀硬化、铆钉外露或沾有油污。

（3）离合器和飞轮连接螺栓松动。

2. 离合器发生异响。

现象：离合器在接合或分离的过程中以及转速变化时有不正常的响声。

原因：

（1）分离轴承磨损严重或缺油，轴承回位弹簧过软、折断或脱落，造成离合器分离不彻底，产生异响。

（2）从动盘铆钉松动或减振弹簧折断，会产生扭转振动噪声。

（3）踏板回位弹簧过软、脱落或折断。

（4）分离杠杆（或膜片弹簧分离指端）不在同一平面时，易使减振弹簧折断，起步时将产生连续打滑，引起振动。

（5）从动盘毂或离合器从动轴花键磨损。

（6）离合器、变速器、发动机曲轴、主轴、颈轴线没对准。

3. 离合器分离不彻底。

现象：发动机怠速运转时，踩下离合器踏板，挂挡有齿轮撞击声，且难以挂入；虽强行挂入，但不放松踏板，汽车就向前驶动或造成发动机熄火。变速时挂挡困难或挂不进挡，并从变速器端发出齿轮撞击声。

原因：

（1）离合器踏板自由行程过大。

（2）膜片弹簧指端不处在同一平面上。

（3）离合器从动盘翘曲，铆钉松脱或更换的摩擦片过厚。

（4）从动盘毂键槽与变速器输入轴键锈蚀，使从动盘移动困难。

（5）分离杠杆调整不当或分离杠杆弯曲、变形。

4. 离合器发抖。

现象：起步时不能平稳结合，汽车不是逐渐而平滑地增加速度，而是间断起步，甚至使汽车产生抖动，直至离合器完全接合。

原因：

（1）主、从动盘间压力分布不均。压盘和从动盘发生翘曲，或从动盘铆钉松动。

（2）变速器与飞轮壳或者离合器盖与飞轮固定螺栓松动。

（3）离合器扭转，减振弹簧弹力变弱，离合器压紧弹簧弹力变弱，膜片弹簧产生裂纹等。

（4）离合器衬片接触不良，表面硬化粘上胶状物。

（5）离合器操纵机构被锁紧或连接松动，离合器片花键毂严重磨损，变速器一轴弯曲等。

（6）发动机安装松动或变速器一轴与发动机曲轴的中心线不同心时。

（7）从动盘毂铆钉折断或松动，从动盘钢片断裂，转动件动平衡不符合要求等。

5. 离合器踏板沉重。

现象：装有气压助力器或油气助力器的离合器，踩离合器踏板沉重。

原因：助力系统工作不良，管路系统漏气。气缸活塞密封圈磨损，排气阀密封不严等，从而使助力作用减弱。

思考与练习题

一、判断题

1. 在摩擦面压紧力、摩擦面的尺寸、材料的摩擦系数相同的条件下，双盘离合器比单盘离合器传递的转矩要大。（　　）
2. 摩擦片沾油或磨损过甚会引起离合器打滑。（　　）
3. 离合器在使用过程中，不允许出现摩擦片与压盘、飞轮间有任何相对滑移的现象。（　　）
4. 离合器主、从动部分常处于分离状态。（　　）
5. 离合器从动部分的转动惯量应尽可能大。（　　）
6. 离合器的摩擦衬片上沾有油污后，可得到润滑。（　　）
7. 汽车离合器有摩擦式、液力耦合式和电磁式等几种。（　　）
8. 汽车离合器应具有合适的转矩储备能力，在保证能传递最大转矩而不打滑的同时，能防止传动系统过载。（　　）

二、选择题

1. 东风EQ1090E型汽车离合器盖用钢板冲压而成，在其侧面与飞轮接触处有四个缺口，制成这四个缺口的主要目的是（　　）。

   A. 减轻离合器总成的质量　　　　B. 使离合器通风散热
   C. 检查离合器零部件　　　　　　D. 更换离合器片

2. 当离合器处于完全接合状态时，变速器的第一轴（　　）。

   A. 不转动　　　　　　　　　　　B. 大于发动机曲轴转速
   C. 与发动机曲轴转速相同　　　　D. 小于发动机曲轴转速

3. 离合器分离轴承与分离杠杆之间的间隙是为了（　　）。
A. 实现离合器踏板的自由行程　　　B. 减轻从动盘磨损
C. 防止热膨胀失效　　　　　　　　D. 保证摩擦片正常磨损后离合器不失效
4. 膜片弹簧离合器的膜片弹簧起到（　　）的作用。
A. 压紧弹簧　　　　　　　　　　　B. 分离杠杆
C. 从动盘　　　　　　　　　　　　D. 主动盘
5. 学生 A 说：汽车在紧急制动时，要马上踩住离合器，防止传动系统过载而发动机的机件损坏。学生 B 说：汽车在紧急制动时不用踩住离合器，离合器有传动系统过载保护功能。他们说法正确的是（　　）
A. 只有学生 A 正确　　　　　　　　B. 只有学生 B 正确
C. 学生 A 和 B 都正确　　　　　　　D. 学生 A 和 B 都不正确
6. 下列说法正确的是（　　）。
A. 离合器机械式操纵机构有杆式传动和绳索式传动两种形式
B. 液压式离合器操纵机构在大修加油后不用进行排空气就可工作
C. 离合器踏板没有自由行程
D. 带扭转减振器的离合器可避免传动系统的共振

三、简述题

1. 简述摩擦式离合器的主要功用、基本组成和工作原理。
2. 在汽车传动系统中为什么要装离合器？摩擦式离合器分为哪些类型？
3. 简述离合器操纵机构的类型，各有何特点？
4. 说明扭转减振器的结构和工作原理，它主要起什么作用？
5. 为什么要求离合器的从动部分的转动惯量要尽可能小？

2.3　手动变速器和分动器结构

2.3.1　变速器的功用和类型

汽车广泛使用活塞式内燃机作为动力，其输出转矩和转速变化范围很小，而汽车在行驶时所遇到的复杂道路条件和使用条件要求汽车的驱动力和车速能在相当大的范围内变化。为此，在汽车的传动系统中设置了变速器，其功用如下：

（1）改变传动比，使之随汽车行驶条件变化，扩大驱动轮转矩和转速的变化范围，以适应经常变化的行驶条件，如起步、加速、上坡等，同时使发动机在动力性和经济性比较有利的工况下工作。

（2）实现倒车，利用倒挡，在发动机旋转方向不变的前提下，使汽车能倒向行驶。

（3）中断动力，利用空挡，中断动力传递，以使发动机便于启动、急速、换挡和进行动力传输。

现代汽车上所采用的变速器有多种结构形式，一般可以按照传动比和操纵方式进行分类：

（1）按操纵方式，变速器可分为手动变速器、自动变速器和半自动变速器三种。

①手动变速器，由驾驶员直接操纵变速杆换挡，这种变速器换挡机构简单、工作可靠、制造工艺成熟，目前为大多数汽车所采用，如图 2-27 所示。

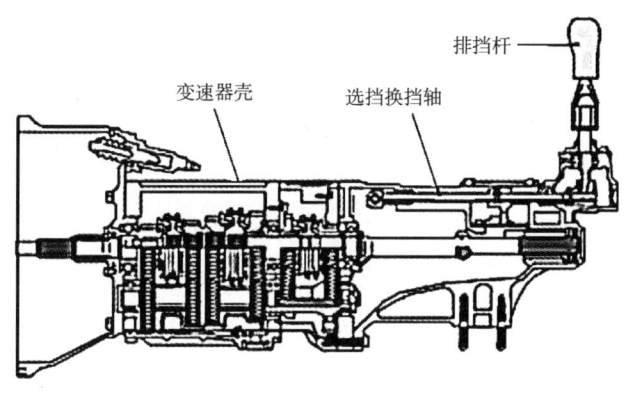

图 2-27　手动变速器的构成

②自动变速器的结构相对复杂，如图 2-28 所示。工作过程是由控制系统自动进行的。借助于反映发动机负荷和车速的传感器信号，电子控制单元计算出换挡时刻后，将控制信号输出给执行元件来实现机械变速器的换挡，驾驶员只需操纵加速踏板，即可控制车速。

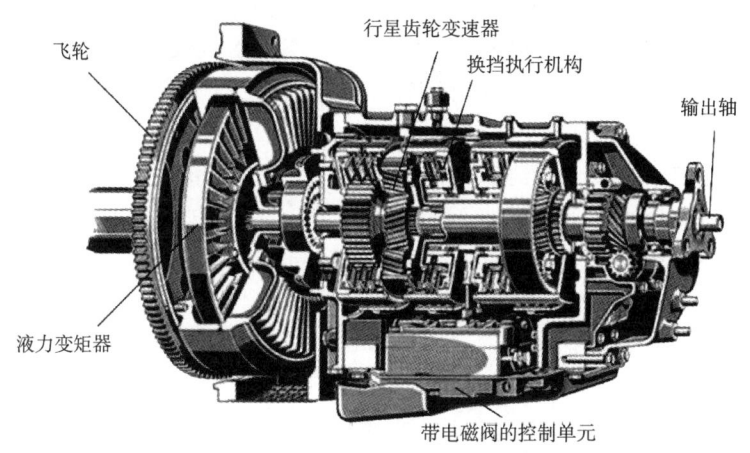

图 2-28　自动变速器的构成

③半自动变速器，又称为电控机械式自动变速器，由电子系统完成操作离合器和选挡两个动作，在最大限度上降低了驾驶者的操作强度，如图 2-29 所示。有两种形式：一种是常见的几个挡位自动操纵，其余挡位则由驾驶员操纵；另一种是预选式，即驾驶员预先用按钮选定挡位，在踩下离合器踏板再松开加速踏板时，接通自动控制和执行机构进行自动换挡。

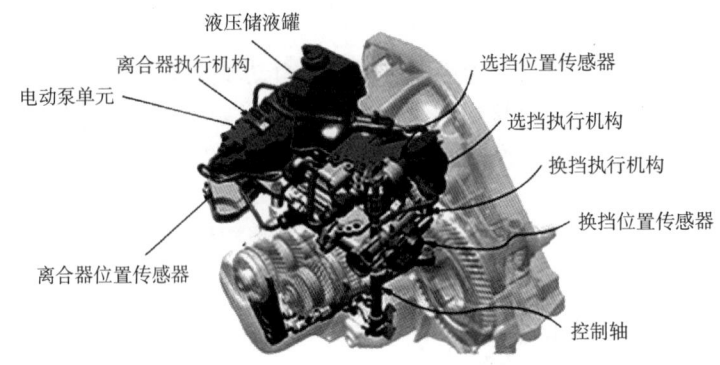

图 2-29 半自动变速器的构成

（2）按传动比变化方式，变速器可分为有级式、无级式和综合式三种。

①有级式变速器。有级式变速器采用齿轮传动，具有若干个数值一定的传动比，从传动比等于1的直接挡（或小于1的超速挡）到传动比最大的最低挡（一挡），速比成阶梯式的变化。按所用轮系形式不同，有轴线固定式变速器（普通齿轮变速器）和轴线旋转式变速器（行星齿轮变速器）两种。普通齿轮变速器按在前进挡时传递动力的轴数又可分为两轴式和三轴式。其中两轴式变速器广泛用于发动机前置前轮驱动的乘用车，三轴式变速器一般用于发动机前置后轮驱动的汽车。行星齿轮变速器在传动系统中一般不单独采用，常与液力变矩器一起组成液力机械变速器。

变速器的挡数是指前进挡的数目，不包括倒挡。挡位越多越能更充分地利用发动机的功率，提高汽车动力性能和经济性能，但变速器的尺寸也会越大，结构也越复杂。对于重型和超重型汽车，为了得到更多的挡位，又不使变速器体积和质量过大、结构复杂、拆装困难，将变速器做成主、副变速器两个部分，主变速器挡数较多，一般有 4~5 个挡；副变速器挡数少，一般有 2~4 个挡，没有倒挡。这样就使整个变速传动系统得到 8~20 个挡位，这种变速器称为组合式变速器。

②无级式变速器。无级式变速器也就是 CVT（continuously variable transmission），CVT 的传动比在一定范围内可无限多级地连续变化，如图 2-30 所示。如液力式传动系统采用的液力变矩器、电力传动系统中的直流串激电动机等均为无级变速传动元件。

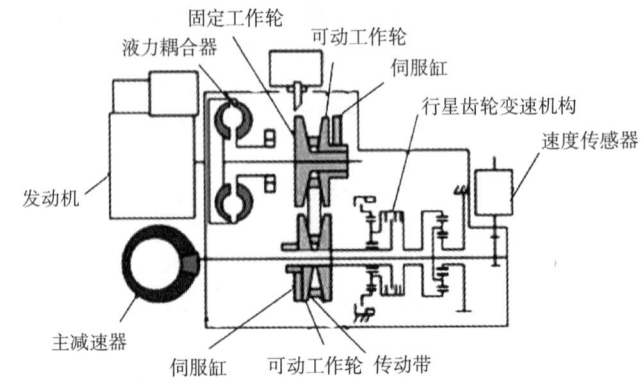

图 2-30 CVT 与液力耦合器组成的无级变速传动系统

③综合式变速器。综合式变速器一般指由液力变矩器和齿轮式有级变速器组成的液力机械式变速器，其传动比在几个区段内无级变化，为部分无级式。这种结构既可得到较大的传动比，又可实现无级变速，目前应用较多。

2.3.2 普通齿轮变速器传动机构

变速器的基本构造包括：变速传动机构和操纵机构两部分。变速传动机构的主要作用是改转矩的数值和方向；操纵机构的作用是实现传动比的变换，即换挡。在多轴驱动的汽车上，变速器之后还装有分动器，以便把转矩分别输送给各驱动桥，如图2-31所示。

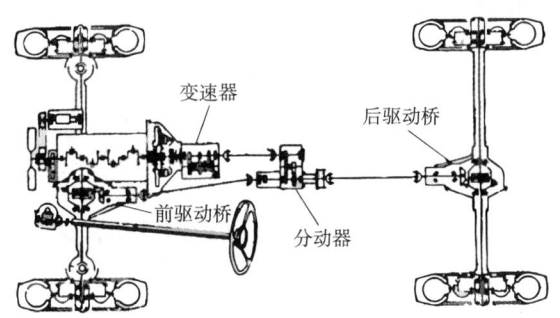

图2-31 分动器传动系统

1. 变速器的工作原理。

齿轮变速器是采用大小不同的齿轮啮合传动来改变转速和转矩的。主动齿轮转速与从动齿轮转速之比值称为传动比，用 i_{12} 表示，即

$$i_{12} = \frac{n_1}{n_2} = \frac{z_2}{z_1}, \quad n_1 = n_2 \cdot \frac{z_2}{z_1}$$

式中，n_1、z_1——主动齿轮的转速、齿数；

n_2、z_2——被动齿轮的转速、齿数。

如图2-32（a）所示，当小齿轮为主动齿轮，带动大的从动齿轮转动时，则输出轴的转速就降低，即 $n_2 < n_1$，$i_{12} > 1$，称为减速传动；如图2-32（b）所示，当大齿轮为主动齿轮，带动小的从动齿轮转动时，则输出轴的转速就升高了，即 $n_2 > n_1$，$i_{12} < 1$，称为加速传动。这就是齿轮变速的基本原理。

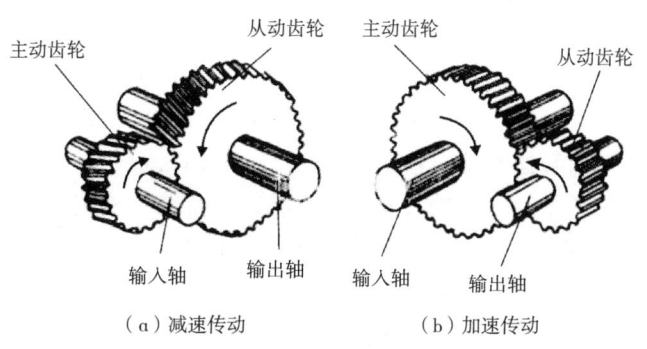

(a) 减速传动　　　　　　(b) 加速传动

图2-32 齿轮传动原理

多级齿轮传动的传动比为：

$$i = \frac{\text{所有从动齿轮齿数的乘积}}{\text{所有主动齿轮齿数的乘积}}$$

发动机的功率

$$P = \frac{nM}{9550}$$

功率 P 的单位为 kW，转速的单位为 r/min。

如传动无效率损失，根据能量守恒定律，输入轴（主动齿轮）的功率应等于输出轴（从动齿轮）的功率。则传动比还可以表示为

$$i_{12} = \frac{n_1}{n_2} = \frac{M_2}{M_1}$$

式中，M_1——主动齿轮转矩；

M_2——被动齿轮转矩。

由上式可知，当 $i_{12} > 1$，$n_2 < n_1$，$M_2 > M_1$，降速则增矩；反之，增速则降矩。齿轮变速器在改变转速的同时也改变了输出转矩，传动比既是变速比也是变矩比，汽车变速器就是利用这一原理，通过改变各挡传动比来改变输出转速，从而改变其输出转矩，以适应汽车行驶阻力的变化。

变速器的挡位数是指前进挡位的数目，一般变速器有 4~6 个挡位。汽车手动变速器通过多组一对或一对以上不同齿数的齿轮啮合来实现传动比的变化。变速器传动比小的挡位称为高挡，传动比大的挡位称为低挡。

对于重型和超重型汽车，为了得到更多的挡位，采用组合式变速器，变速器分为主、副变速器两部分。

2. 普通齿轮变速器的变速传动机构。

变速器在构造上包括变速传动机构和操纵机构两大部分，变速传动机构的主要作用是变速、变矩和换向；操纵机构的作用是实现换挡。

各种汽车变速器构造虽不相同，但变速传动机构主要都是由齿轮、轴、壳体和支承件等组成的。按传动齿轮轴的数量（不包括倒挡轴）可分为两轴式变速器和三轴式变速器（也称为中间轴式变速器）。

（1）两轴式变速器

两轴式变速器多应用在发动机前置前轮驱动的轿车上。这种变速器为单级齿轮传动，它由输入轴和输出轴及轴上各齿轮副组成，见图 2-33。各前进挡都由一齿轮副啮合传动，其主动齿轮都安装在输入轴上，从动齿轮都安装在输出轴上，各挡的传动比都等于该挡从动齿轮齿数与主动齿轮齿数之比值，输出轴旋转方向与输入轴旋转方向相反；倒挡则是在输入轴与输出轴之间加装了一根倒挡轴和倒挡齿轮，使其输出轴旋转方向与在前进挡时的旋转方向相同，从而可以使汽车倒向行驶。其特点是结构比较紧凑、机械效率高、噪声小。

・项目 2　汽车传动系统的结构与原理・

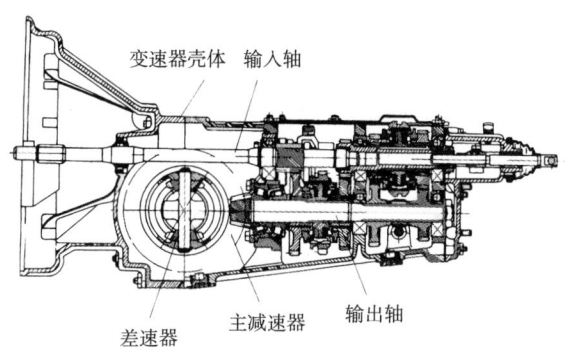

图 2-33　桑塔纳 2000 型轿车两轴式变速器

由于前置发动机有纵向布置和横向布置两种形式，故与其配用的两轴式变速器也有两种不同的结构形式：当发动机纵置时，主减速器齿轮和差速器齿轮就布置在离合器和变速器之间，主减速器齿轮为一对圆锥齿轮，如奥迪 100 型轿车、桑塔纳 2000 型轿车的传动系统，见图 2-34。

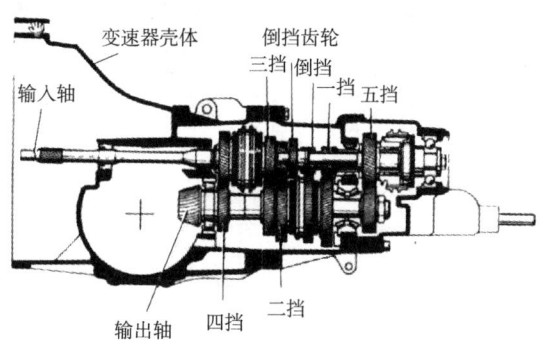

图 2-34　两轴五挡变速器传动机构（发动机纵置）

当发动机横置时，由于主减速器的主动齿轮和从动齿轮轴线平行，故采用一对圆柱齿轮，如夏利轿车、捷达轿车的传动系统，见图 2-35。

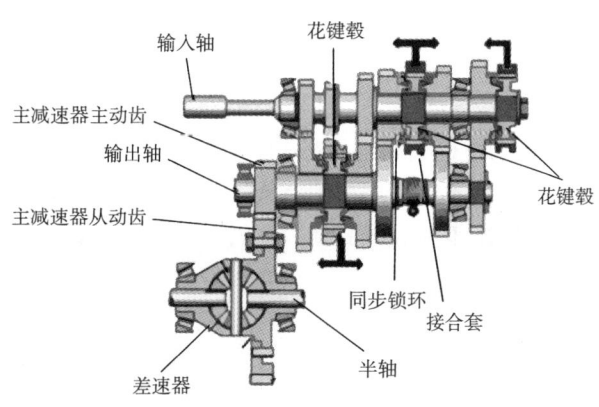

图 2-35　两轴五挡变速器传动机构（发动机横置）

在前置发动机横向布置与纵向布置相配合使用的两轴式变速器中,在变速器输入轴上固定一、二、三、四挡主动齿轮,与之常啮合的4个从动齿轮则通过轴承空套在输出轴上。前驱动桥主减速器的主动圆柱齿轮直接装在输出轴的伸出端上。当接合套向左或向右移动到与相应的接合齿圈接合时,便得到相应的挡位。变速器中的5个前进挡全部采用同步器操纵换挡。

(2) 三轴式变速器(双级齿轮传动)

如图2-36所示,其前进挡由输入轴、输出轴和中间轴三根基本轴及其轴上的齿轮副组成,通常输入轴与输出轴同在一条轴线上。输入轴上只有一个齿轮,为主动齿轮,这个齿轮与中间轴上的齿轮(从动齿轮)常啮合,构成第一级齿轮传动;中间轴上的其他齿轮均作为主动齿轮,分别与输出轴上相应的齿轮(从动齿轮)相啮合,构成第二级齿轮传动,即每一挡位都由两对齿轮啮合实现双级齿轮传动。

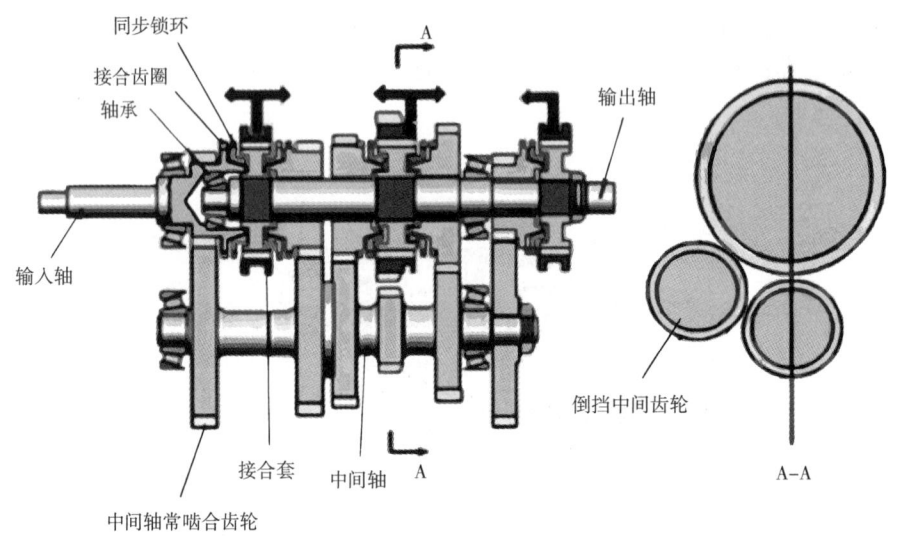

图2-36 三轴五挡变速器传动机构

三轴式变速器前进挡的输入轴与输出轴转向相同,其倒挡则是在中间轴与输出轴之间加装一根倒挡轴和倒挡齿轮,使输出轴与输入轴转向相反,从而可使汽车倒车行驶。

3. 变速器的润滑。

变速器中各齿轮副、轴与轴承等运动部件均有较高的运动速度,因此,必须要具有可靠的润滑。手动变速器一般采用飞溅润滑,依靠齿轮旋转将润滑油甩到各运动零件的工作表面。一些重型汽车为了润滑可靠也采用压力润滑。壳体一侧有加油口,壳体底部有放油螺塞。为了防止变速器工作时由于油温升高使气压过大而造成润滑油渗漏,在变速器盖上装有通气塞。

2.3.3 同步器

要使变速器换挡平顺无冲击,变速器中准备进入啮合的一对齿轮圆周速度必须在相等或接近相等的条件下,才能实现平顺无冲击的啮合,也就是所谓的"同步"。同步器的功用是使接合套与待啮合的齿圈迅速同步,并阻止二者在同步前进入啮合,从而消除换挡时的冲击,缩短换挡时间,使换挡操作简捷轻便,并可延长变速器的使用寿命。

同步器有多种结构形式,可分为常压同步器、惯性式同步器(锁环式、锁销式)和自增力式同步器三类。常压式同步器工作可靠性不高,目前已较少采用。

1. 惯性式同步器。

惯性式同步器是利用摩擦原理实现同步的,从结构上可以保证待啮合的接合套与接合齿轮的花键齿在达到同步之前不可能接触,惯性式同步器能使接合套与待啮合齿圈迅速同步,缩短换挡时间,同时防止啮合时齿间冲击。

惯性式同步器在现代汽车上得到了广泛使用,通常有锁环式惯性同步器和锁销式惯性同步器两种形式,其结构主要由同步装置、锁止装置和接合装置构成。

(1) 锁环式惯性同步器

该同步器结构如图 2-37 所示,它由锁环、滑块、弹簧圈、花键毂及接合套等组成。

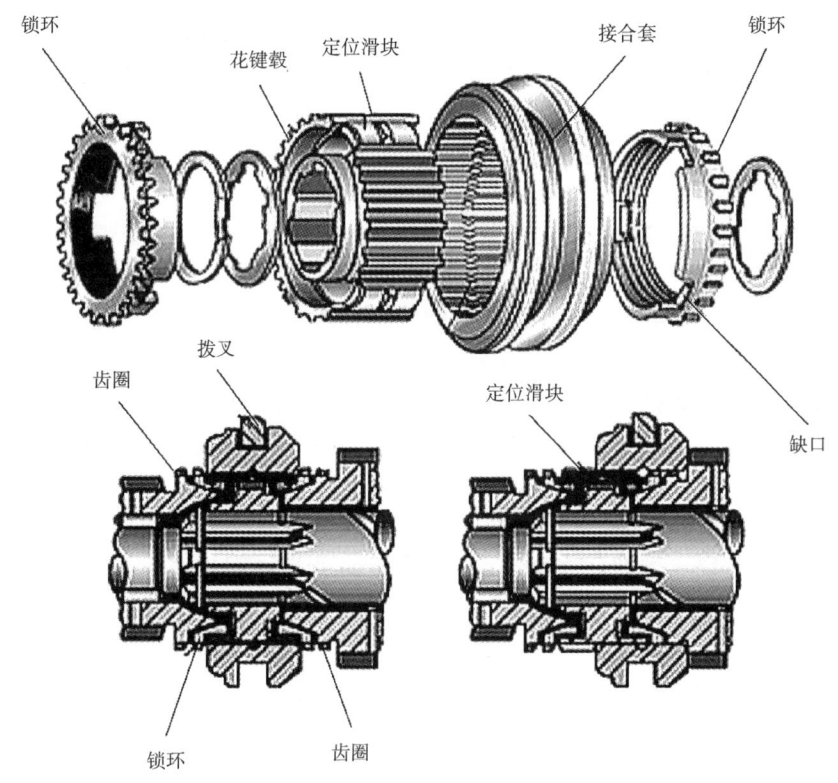

图 2-37 锁环式惯性同步器

接合套的外圆柱面加工有与换挡拨叉配合的环槽,在换挡拨叉的拨动下,接合套可以沿花键毂轴向移动。

同步器花键毂的内孔和外圆柱面上都加工有花键,内花键与轴上键配合,用垫圈和卡环轴向固定。同步器接合套的内花键齿与花键毂的外花键滑动配合,接合套可沿轴线移动,如图 2-38 所示。

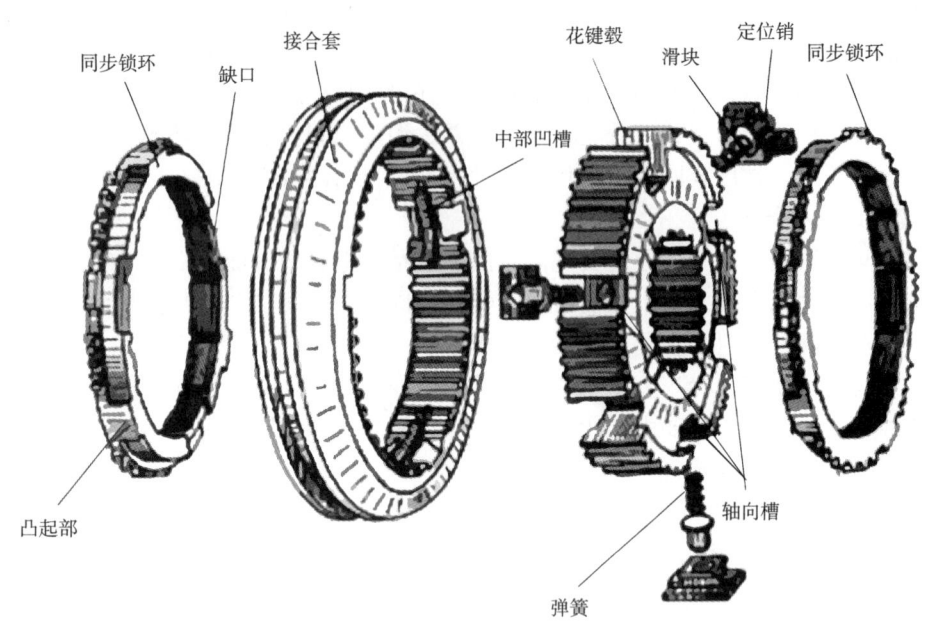

图 2-38 锁环式惯性同步器结构

在花键毂两端与齿圈之间，各有一个青铜制成的锁环（同步环），锁环上花键齿的断面齿廓、尺寸及齿数与齿圈及花键毂的外花键均相同，两个锁环上的花键齿，在对着接合套的一端都有倒角（又称锁止角），且与接合套齿端的倒角相同。锁环具有与齿圈上的锥形面锥度相同的内锥面，锥面上制出细牙的螺旋槽，以便两锥面接触后能破坏油膜，增加锥面间的摩擦，缩短同步时间。

三个滑块分别嵌合在轴向槽中，并可沿轴向移动。滑块的中部有凸起，在两个弹簧圈的径向弹力作用下，将滑块压在接合套的内表面上，使滑块中部凸起正好嵌在接合套中部的内环槽中。此外，滑块的两端伸入锁环的缺口中，只有当滑块位于缺口的中央时，接合套方能穿过锁环挂挡。

以变速器由五挡换入六挡（直接挡）为例，锁环式惯性同步器的工作过程如图2-39所示。

当接合套刚从五挡退到空挡时，如图2-39（a），齿圈和接合套（连同锁环）都在本身及其所联系的一系列运动件的惯性作用下，继续沿原方向（如图中箭头所示）旋转。齿圈的转速大于锁环的转速，即 $n_3 > n_4$。锁环在轴向是自由的，其内锥面与齿圈的外锥面并不接触。

拨叉继续拨动接合套，并通过定位销带动滑块一起向左移动。当滑块左端面与锁环的缺口（图2-39）的端面接触时，便推动锁环移向齿圈，使具有转速差的两锥面一经接触便产生摩擦作用，如图2-39（b）所示。齿圈即通过摩擦作用带动锁环相对于接合套超前转过一个角度，直到锁环的凸起部与花键毂通槽的另一侧面接触时，锁环便与接合套同步转动。

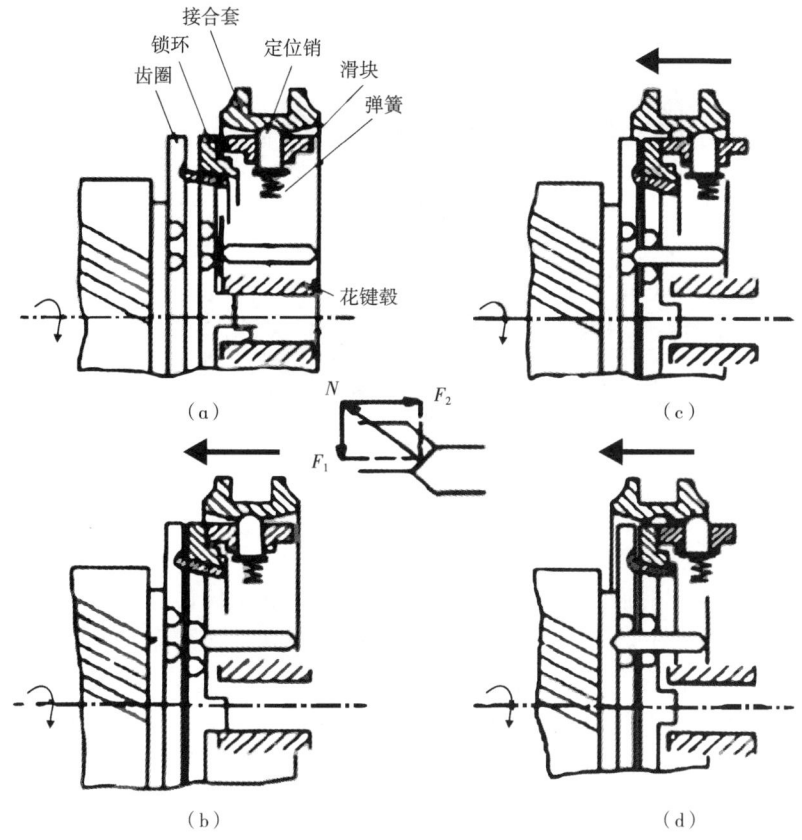

图 2-39 锁环式惯性同步器工作过程

由于驾驶员始终对于接合套施加一个轴向力，使接合套齿端倒角压紧锁环齿端倒角，于是在锁环的锁止角斜面上作用有法向压力 N。力 N 可分解为轴向力 F_1 和切向力 F_2。切向力 F_2 所形成的力矩力图使锁环相对于接合套向后退转，称为拨环力矩。轴向力 F_1 则使锁环与齿圈二者的锥面产生摩擦力矩，使二者转速迅速接近。

只要驾驶员继续施力于接合套上，摩擦作用就迅速使齿圈转速降到与锁环转速相同，而后二者保持同步旋转。由于轴向力 F_1 的作用，两个摩擦锥面还是紧密接合着的。此时接合套压下定位销继续左移，而与锁环的花键齿圈进入接合，如图 2-39（c）所示，锁环的锁止作用立即消失。

接合套与锁环接合后，轴向力 F_1 不再存在，锥面间的摩擦力矩也就消失了。作用在齿圈花键齿端斜面上的切向分力，使齿圈及其相连零件相对于锁环及接合套转过一个角度，使接合套与齿圈进入接合，如图 2-39（d）所示，而最后完成了换入高挡（由低速挡换入高速挡）的全过程。

（2）锁销式惯性同步器

如图 2-40 所示为锁销式惯性同步器，它主要由输入轴齿轮、摩擦锥盘、摩擦锥环、接合套及花键毂等组成。锁销式惯性同步器的优点是零件数量少，摩擦锥面平均半径较大，使转矩容量增加。在传力较大的变速器中，可采用锁销式惯性同步器，它不仅能使齿轮结构更加合理，还因在摩擦锥面上可产生更大的摩擦力矩，使得同步时间得以缩短。

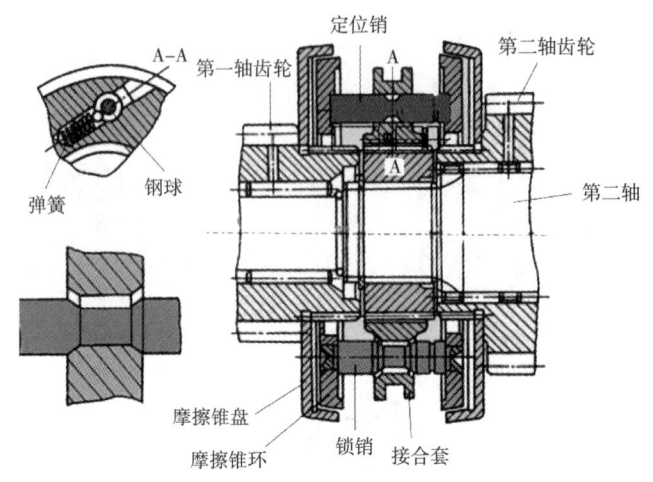

图 2-40 锁销式惯性同步器结构

当接合套受到向左的轴向换挡力时,通过定位钢球和定位销将摩擦锥环推向左方,使之与摩擦锥盘接触,具有转速差的摩擦锥环和摩擦锥盘在锥面摩擦力作用下可使锥环与锁销一起相对于接合套偏转一个角度,从而使锁销的轴线与接合套上销孔的轴线发生偏移,锁销中部倒角与销孔端部倒角相互抵触,在惯性作用下产生锁止效应。此时,锁止面上法向压力的轴向分力使锥环压向锥盘,从而使接合套与待接合齿轮迅速同步。此后,输入轴齿轮上起锁止作用的惯性力矩消失,锁销锁止面上法向压力的切向分力使摩擦锥环、摩擦锥盘和齿轮一起相对于接合套退让一个角度,使锁销的轴线与接合套上销孔的轴线重合,接合套便能沿锁销轴向移动,实现换挡。

2. 自增力式同步器。

(1) 自增力式同步器的结构

自增力式同步器也利用摩擦原理实现同步,但它同步所需要的摩擦力矩是由同步环内弹簧片的增力作用产生的。

如图 2-41 所示为保时捷自增力式同步器,它主要由接合套、同步环、滑块、接合齿圈及花键毂等组成。

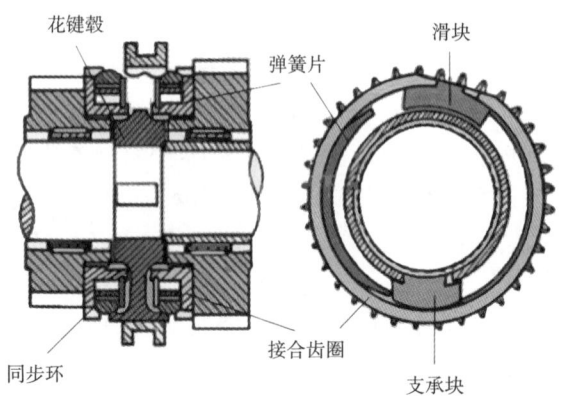

图 2-41 保时捷自增力式同步器

(2) 自增力式同步器工作原理

两个齿轮通过轴承空套在第二轴上，而花键毂与第二轴固定连接，毂的外缘有三个凸起的轴向键，与接合套上的三个相应键槽配合。接合套与毂一起转动，并可相对于毂轴向移动。

接合齿圈与常啮合齿轮固定连接。弹性的开口同步环、滑块、支承块及两个弹簧片均装在接合齿圈内，并用挡片加以轴向限位。滑块的凸起部插于同步环的开口处，处于空挡时两侧有间隙。支承块内圆上的凸起则嵌入接合齿圈轴颈上相应的槽中，槽比凸起稍宽些。同步环外表面沿轴向两端制出外锥面，而接合齿圈和接合套的两侧齿端也制出与其配合的内锥面。

只要接合套与待啮合齿轮之间存在转速差，弹簧片的支承力就会阻止同步环直径缩小，因而也就阻止了接合套移动。在二者的转速差为零（同步）时，弹簧片卸除载荷，即以右弹簧片的上端为支点，弹簧片伸张，其下端顶住支承块凸起右侧，推动接合齿圈连同低挡齿轮一道沿顺时针方向转动一个角度，使弹簧片松弛，于是阻止同步环直径缩小的支承力消失。

此时，在不大的换挡力作用下，接合套便可压缩同步环，与右侧的接合齿圈接合，而同步环处于接合套的屋顶状凹槽里，被可靠地定位。因此，在挂挡位置，不须采用一般变速器所必须设置的自锁装置。

在图 2-42 所示的右视图中，该齿轮接合齿圈内左右各有一个弹簧片，在上述换挡过程中仅由右侧的弹簧片起作用。当从下一个挡位换到该挡时，便由左侧的弹簧片施加径向力，加速同步过程。由于弹簧片的增力作用，故这种同步器能使换挡更为省力并且迅速。

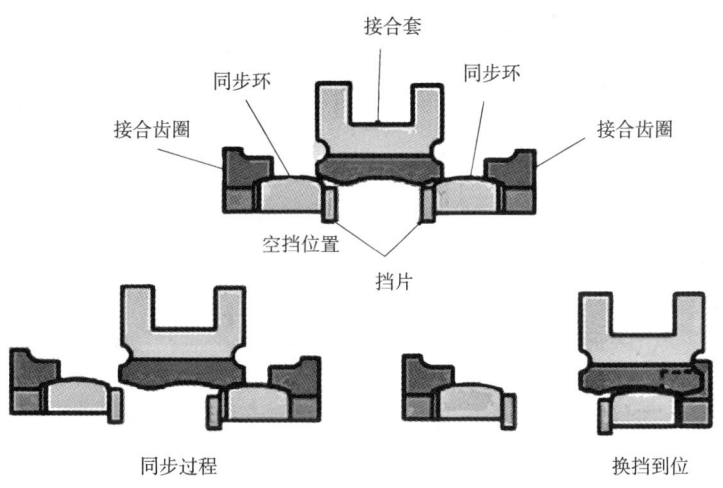

图 2-42　自行增力式同步器工作过程

2.3.4　变速器的操纵机构

1. 变速器操纵机构的功用及要求。

变速器操纵机构应保证驾驶员能准确可靠地使变速器挂入所需要的任一挡位工作，并可随时使之退到空挡。

变速器操纵机构的功用是进行挡位变换。为了保证在任何情况下变速器都能准确、安全、可靠地工作，变速器操纵机构必须满足以下要求：

（1）设自锁装置，能够防止变速器自动脱挡，并保证各挡啮合齿轮以全齿宽啮合。同时使驾驶员在挂挡时对是否挂入挡位具有"手感"。为此，在操纵机构中应设有自锁定位装置。

（2）设互锁装置，应保证不会同时挂入两个挡位，以免造成两挡齿轮因其传动比不同而互相运动干涉、卡住，甚至损坏零部件。为此，在操纵机构中必须设有互锁装置。

（3）设倒挡锁，防止汽车在前进中因误挂倒挡而造成极大的冲击，使变速器零件损坏。为此，在操纵机构中应当设有倒挡锁。

2. 变速器操纵机构的结构。

变速器操纵机构通常由换挡拨叉机构和定位锁止装置两部分组成。根据操纵杆与变速器的相互位置不同，它可分为直接操纵式和远距离操纵式两种类型。

（1）直接操纵式

汽车变速器布置在驾驶员座位附近，变速杆由驾驶室底板伸出，驾驶员可直接操纵。这种操纵机构一般由变速杆、拨块、拨叉、拨叉轴以及安全装置等组成，多集装于变速器上盖或侧盖内，其结构简单、操纵方便，如图 2-43 所示。

一至六挡拨叉轴及倒挡拨叉轴两端均支承于变速器盖上相应的孔中，可以轴向滑动。所有的拨叉和拨块都以弹性销固定在相应的拨叉轴上。三、四挡拨叉的上端有拨块。拨叉和拨块的顶部有凹槽。变速器处于空挡时，各凹槽在横向平面内对齐。叉形拨杆下端的球头即伸入这些凹槽中。选挡时可使变速杆绕其中部球形支点横向摆动，则其下端推动叉形拨杆绕换挡轴的轴线转动，从而使叉形拨杆下端球头对准所选挡位相应的拨块凹槽，然后使变速杆纵向摆动，带动拨叉轴及拨叉向前或向后移动，即可实现挂挡。

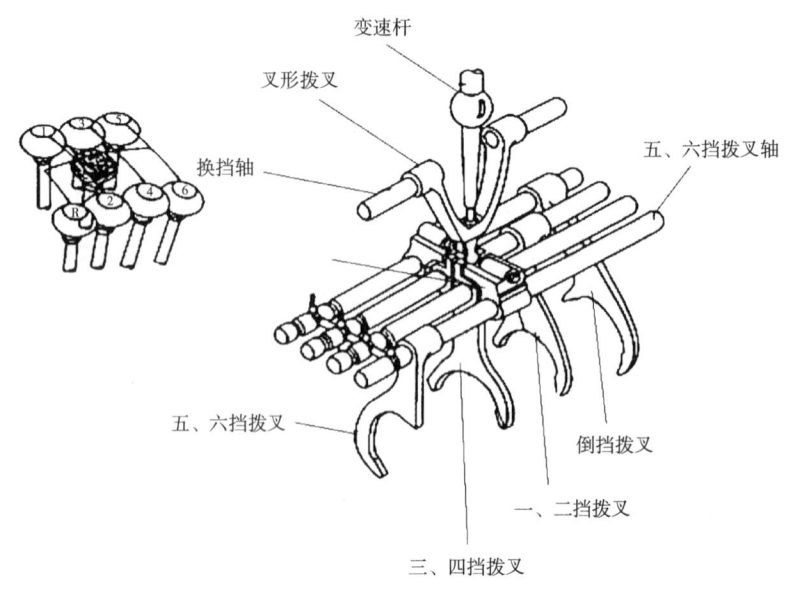

图 2-43 六挡变速器操纵机构

（2）远距离操纵式

当驾驶员座位离变速器较远或变速杆布置在转向盘下方的转向管柱上时，要在变速杆与拨叉之间加装一些辅助杠杆或一套传动机构，组成远距离操纵机构。图 2-44 所示为一种远距离操纵机构。该操纵机构应有足够的刚性，且各连接件间隙不能过大，否则换挡"手感"不明显。发动机后置的汽车变速器必须采用远距离操纵式。

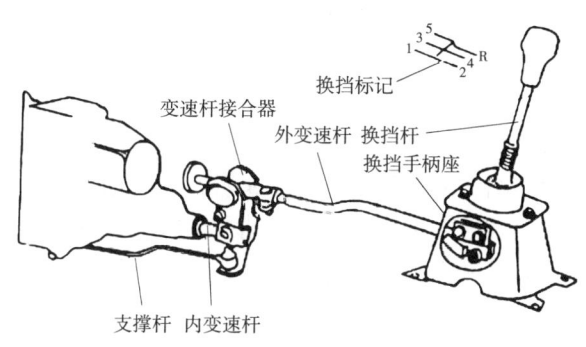

图 2-44　杆件式操纵机构

3. 手动变速器的安全装置。

为保证变速器在任何情况下都能准确、安全、可靠地工作，对变速器操纵机构应设置安全装置。

（1）自锁装置

在挂挡过程中，若操纵变速杆推动拨叉前移或后移的距离不足时，齿轮将不能在全齿宽上啮合而影响齿轮的寿命。即使达到全齿宽啮合，也可能由于汽车振动等，齿轮产生轴向移动而减少了齿的啮合长度，甚至完全脱离啮合。为防止上述情况，应设置自锁装置。

多数变速器的自锁装置由自锁钢球和自锁弹簧组成（如图 2-45）。每根拨叉轴的上表面沿轴向分布有三个凹槽，当任何一根拨叉轴连同拨叉向移动到空挡或某一工作挡位时，必有一个凹槽正好对准自锁钢球。于是自锁钢球在自锁弹簧压力作用下嵌入该凹槽内，拨叉轴的轴向位置即被固定，从而拨叉连同接合套也被固定在空挡或某一工作挡位上，不能自行脱出。换挡时，驾驶员对拨叉轴施加一定的轴向力，克服自锁弹簧的压力，将钢球由拨叉轴的凹槽中挤出推回孔中，拨叉轴和拨叉方能再进行轴向移动。

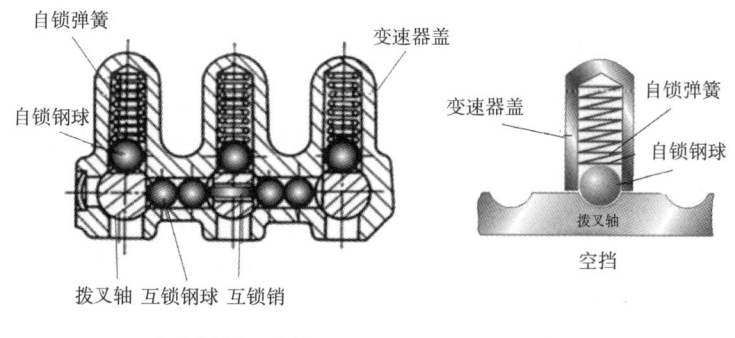

图 2-45　变速器自锁和互锁装置结构

(2) 互锁装置

如果变速杆能同时推动两个拨叉，即同时挂入两个挡位，则必将造成齿轮间的机械干涉和冲击，变速器将无法工作甚至损坏。为此，应设置互锁装置，当驾驶员用变速杆推动某一拨叉轴时，自动锁止其他所有拨叉轴。

图 2-45（a）所示为锁球式互锁装置，主要由互锁钢球和互锁销组成。每根拨叉轴朝向互锁钢球一侧的表面上均制出一个深度相等的凹槽，任一拨叉轴处于空挡位置时，其侧面凹槽都正好对准互锁钢球。两个互锁钢球直径之和正好等于相邻两轴之间的距离加上一个凹槽的深度。中间拨叉轴上两个侧面凹槽之间有孔相通，孔中有一根可以移动的互锁销，销的长度等于拨叉直径减去一个凹槽的深度。

互锁装置的工作情况如图 2-46 所示。当变速器处于空挡位置时，所有拨叉轴的侧面凹槽同钢球、互锁销都在一条直线上。当移动中间拨叉轴时，其两内侧的钢球从侧凹槽中被挤出，而两外侧钢球则分别嵌入拨叉轴一和拨叉轴三，刚性地锁止在其空挡位置。若要移动拨叉轴三，则应先将中间拨叉轴二退回到空挡位置。于是，在移动拨叉轴时，钢球便从拨叉轴凹槽中被挤出，同时通过互锁销和其他钢球将拨叉轴一和二均锁止在空挡位置。同理，当移动拨叉轴一时，拨叉轴二和三被锁止在空挡位置。

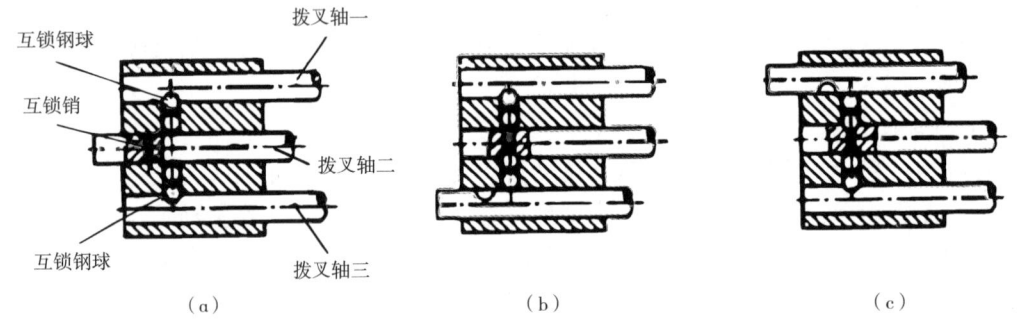

图 2-46 变速器互锁装置工作原理

(3) 倒挡锁

汽车在行进中若误挂倒挡，变速器轮齿间将发生极大冲击，导致零件损坏。为此，应设有倒挡锁。驾驶员挂倒挡时，必须对变速杆施加较大的力，才可换上倒挡，起提醒作用，以防误挂倒挡。

变速器的倒挡锁主要由倒挡锁销和倒挡锁弹簧组成，如图 2-47 所示。倒挡锁销的杆部装有倒挡锁弹簧，右端的螺母可调整弹簧的预紧力和倒挡锁销的长度。驾驶员要挂倒挡时，必须用较大的力使变速杆的下端压缩倒挡锁弹簧，将倒挡锁销推向右方后，才能使变速杆下端进入倒挡拨块的凹槽内，以拨动倒挡拨叉轴而推入倒挡，如图 2-48 所示。

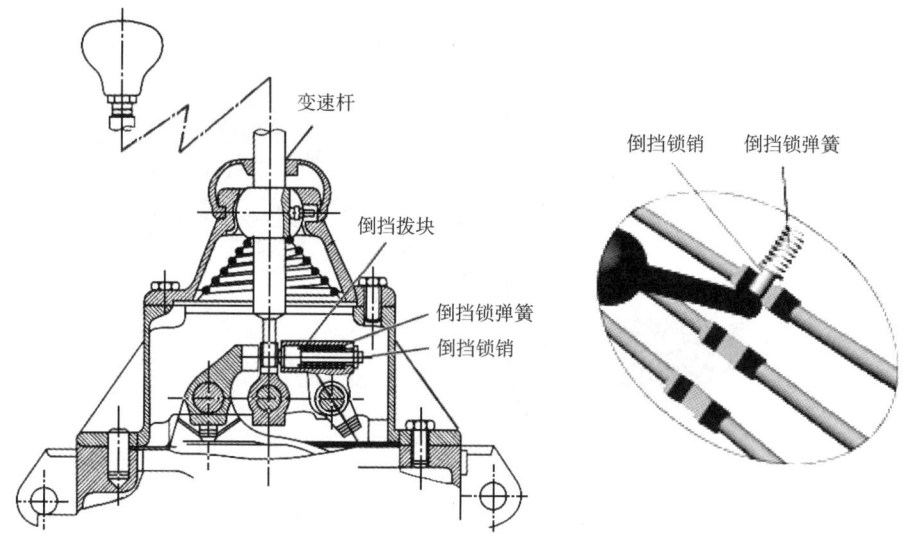

图 2-47　东风 EQ1090E 型汽车五挡变速器倒挡锁装置

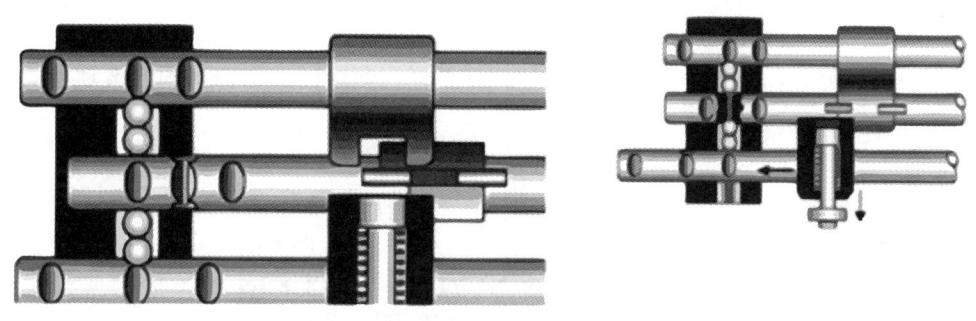

(a) 中间拨叉轴移动　　　　　　　　(b) 倒挡拨叉轴移动

图 2-48　倒挡锁装置工作示意图

2.3.5　分动器

1. 分动器的功用。

在多轴驱动的汽车上，为了将变速器输出的动力分配到各驱动桥，一般装有分动器。分动器的基本结构也是一个齿轮传动系统，其输入轴直接或通过万向传动装置与变速器第二轴相连，而其输出轴则有若干个，分别经万向传动装置与各驱动桥连接。分动器一般都设有高低挡，以进一步扩大传动比增大扭矩。与变速器一样，其也由齿轮传动机构和操纵机构两部分组成，如图 2-49 所示。

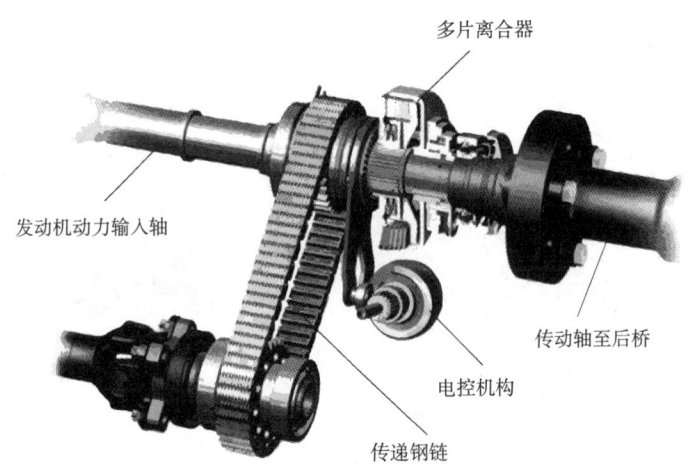

图 2-49 智能全时四驱系统分动器示意图

2. 分动器齿轮传动机构。

分动器的齿轮传动机构由一系列齿轮、轴和壳体等零件组成。如图 2-50 所示为东风 EQ2080 型越野汽车装用的三输出轴式分动器。分动器单独安装在车架上,其输入轴通过万向传动装置与变速器第二轴连接。输出轴共有三根,即通往后驱动桥的输出轴、通往中驱动桥的输出轴和通往前驱动桥的输出轴。

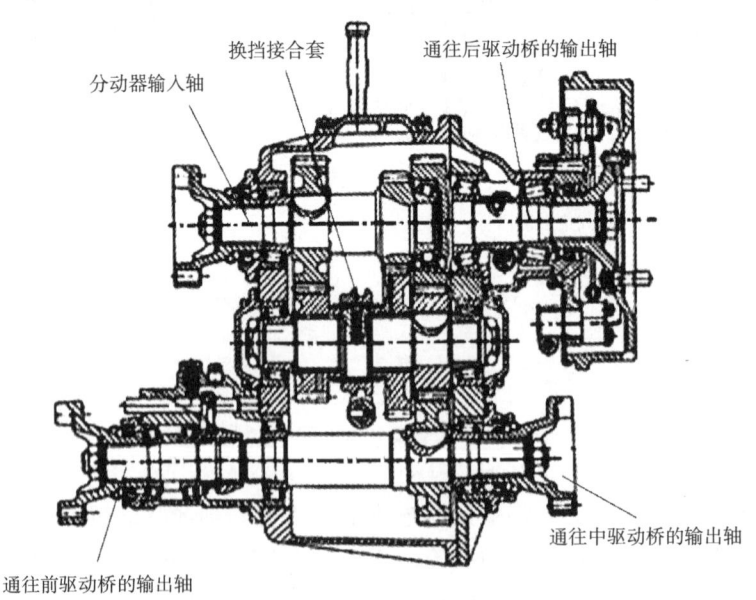

图 2-50 东风 EQ2080 型越野汽车分动器结构

当多轴驱动的汽车在良好路面上行驶时,应以后桥驱动为主,尽量不用前桥参与驱动,且要尽量使用分动器的高速挡,以减少功率损耗并减轻轮胎及传动系零件的磨损。在坏路或无路情况下行驶或爬陡坡时,为了提高汽车的驱动力,则应使前桥参加驱动,使用分动器低速挡。而且，因为分动器挂入低速挡工作时，其输出扭矩较大，为避免中、后驱动桥超负荷，此时必须使前桥参加驱动，分担一部分载荷。

3. 分动器的操纵机构。

分动器的操纵机构由操纵杆、拨叉、拨叉轴和一系列传动杆件以及自锁和互锁装置等组成。其操纵杆包括高低挡换挡操纵杆和前桥摘挂操纵杆，自锁装置的结构原理与变速器自锁装置的相同。

由于分动器在挂入低速挡工作时的输出扭矩较大，为了避免后驱动桥超负荷，必须使前桥参加驱动，让前桥分担一部分载荷。因此，要求分动器操纵机构必须保证：非先挂上前桥，不得挂入低速挡；非先退出低速挡，不得摘下前桥。分动器互锁装置的作用就是保证实现上述要求的。

北京 BJ2020 型汽车分动器所采用的球销式互锁装置如图 2-51 所示。在两根拨叉轴之间装有互锁销，图示位置前桥未接合，由于互锁销的锁止作用，高低挡换挡拨叉轴只能向右移动，挂入高速挡，而不能向左移动挂入低速挡，因而保证了未挂前桥不能挂低速挡的要求。当将前桥接合拨叉轴向右移动挂上前桥后，轴上方的凹槽对准了互锁销，高低挡变速叉轴便可向左移动，将互锁销从轴的长凹槽中挤出而推入轴的凹槽中，从而可以挂入低速挡。同时，轴便被锁住而不能摘下前桥。只有将轴再向右移动至空挡或高速挡时，互锁销又伸入轴的长凹槽中，才能移动前桥接合叉轴摘下前桥。这就保证了摘下前桥之前必须先退出低速挡的要求。

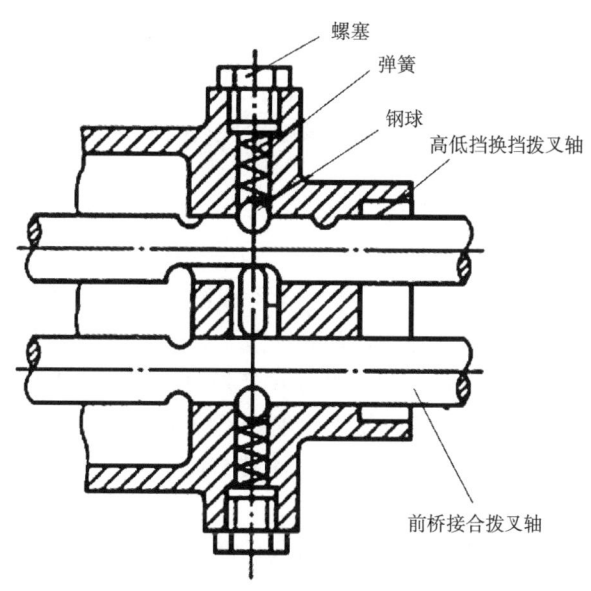

图 2-51 分动器球销式互锁装置结构简图

2.3.6 手动变速器常见故障及检修

变速器内零部件在工作时，其相互间的相对运动很频繁，本身又承受了各种力的作用。随着汽车行驶里程的增加，变速器内各零部件的磨损和变形也随之增多，造成零部件配合的失准，导致一系列的故障发生。

因此，应对变速器常见故障进行分析，找出零部件损坏的原因和部位，加以适时的维护修理，保持变速器总成状态的完好，满足汽车在各种条件下行驶的需要。

汽车变速器随着行驶里程的增加，以及不正常的操作，使其零部件磨损、变形，这样会出现异常响声、挂挡困难、跳挡、发热、漏油等一些常见故障。

1. 变速器异响。

现象：变速器的异响是指变速器工作时发出的不正常声响，如金属的干摩擦声、不均匀的碰撞声等。

原因：

（1）变速器轴承经常处在高速、重负荷条件下工作，并承受较大的交变负荷。轴承使用日久或维护不当，轴承的滚球或滚柱与滚道会产生疲劳磨损、斑点、剥落、烧蚀及破裂等现象，使轴承的轴向和径向间隙增大，发生撞击而产生响声。

（2）齿轮在啮合传动时，从齿轮的齿顶到齿根存在着滑动摩擦，不可避免地存在磨损。由于存在齿轮的磨损，导致啮合齿轮中心距或间隙变大，运转时有冲击，齿轮齿面有金属剥落或个别齿损坏折断等。因此，车辆在行驶中，如起步、换挡时轮齿会产生撞击声响。

（3）其他原因也会导致变速器异响，如变速器缺油，润滑油过稀、过稠或质量变坏，变速器内掉入异物，某些紧固螺栓松动。另外，驾驶员操作不当，如起步过猛、换挡时手与脚配合不当，均会在传动中引起较大的冲击负荷，导致轮齿断裂或破碎后产生异响。

2. 变速器跳挡。

现象：汽车在行驶中，变速杆从挂挡位置自动跳回到空挡位置，使动力不能传递。这种情况一般是在中高速或负荷突然变化以及剧烈振动时出现。

原因：

（1）变速杆没有调整好。

（2）齿轮或接合套沿齿长方向磨成锥形。当磨损成锥形的啮合齿相互作用而传递转矩时，就会产生轴向力，这个轴向力随着啮合齿磨成锥形的程度增加而加大，也随着传递转矩的增加而增大，当轴向力超过自锁装置的锁紧力时，即造成变速器跳挡。

（3）拨叉轴凹槽或自锁钢球磨损，自锁弹簧弹力不够，使锁紧定位作用减弱；拨叉轴凹槽位置不正确及拨叉磨损、弯曲，使齿轮啮合不完全。

（4）变速叉与齿轮槽接合端磨损过大，使其与齿轮槽的配合间隙过大，使换挡齿轮换上挡位后，轴向失去约束而产生跳挡。

（5）轴、轴承或齿轮严重磨损，使轴或齿轮工作时前后窜动或晃动。

（6）变速器壳松动或与离合器壳没有对准。

3. 变速器乱挡。

现象：在离合器技术状况正常的情况下，变速器同时挂上两个挡，或虽能挂上挡但却不能挂入所需要的挡位，或者挂入后不能退出。

原因：

（1）变速杆球头定位销磨损松旷、折断或球孔、球头磨损。

（2）变速杆下端工作面磨损或拨叉轴上导块的导槽磨损过度。

（3）拨叉槽互锁销、球磨损严重或漏装。

（4）在三轴变速器中，当第二轴前端滚针轴承烧结，将使变速器第一、第二轴连成一体，会造成仅有空挡与直接挡，其余挡位不能转动。

4. 变速器换挡困难。

现象：在进行正常变速操作时，变速杆不能挂入挡位，或者勉强挂上挡后又很难摘下来。

原因：

（1）离合器分离不彻底，不能完全切断动力。

（2）换挡拨叉弯曲、松脱或拨叉轴与导向孔严重锈蚀。

（3）拨叉的固定螺栓松动。

（4）同步器磨损过度或安装不正确。

思考与练习题

一、判断题

1. 变速器的挡位越低，传动比越小，汽车的行驶速度越慢。（　）
2. 变速器倒挡传动比数值设计得较大，一般与一挡传动比数值相近。这主要是为了倒车时，汽车应具有足够大的驱动力。（　）
3. 同步器能够保证：变速器换挡时，使待啮合齿轮圆周速度迅速达到一致，以减少冲击和磨损。（　）
4. 超速挡主要用于汽车在良好路面上轻载或空载运行，以提高汽车的燃料经济性。（　）
5. 变速器在换挡时，为避免同时挂入两挡，必须装设自锁装置。（　）
6. 互锁装置的作用是当驾驶员用变速杆推动某一拨叉轴时，自动锁上其他所有拨叉轴。（　）

二、选择题

1. 两轴式变速器的特点是输入轴与输出轴（　　），且无中间轴。
   A. 重合　　　　　　　　　　B. 垂直
   C. 平行　　　　　　　　　　D. 斜交

2. 三轴式变速器包括（　　）等。
   A. 输入轴　　　　　　　　　B. 输出轴
   C. 中间轴　　　　　　　　　D. 倒挡轴

3. 下面 A、B、C、D 是某三挡变速器的各挡传动比，则最有可能是倒挡传动比的是（　　）。
   A. $I = 2.4$　　　　　　　　B. $I = 1$
   C. $I = 1.8$　　　　　　　　D. $I = 3.6$

4. 在变速器中保证工作齿轮在全齿宽上啮合的是（　　）。
A. 自锁装置　　　　　　　　　B. 互锁装置
C. 倒挡锁　　　　　　　　　　D. 差速锁

5. 为增加传动系统的最大传动比及挡数，绝大多数越野汽车都装用两挡分动器，使之兼起（　　）的作用。
A. 变速器　　　　　　　　　　B. 副变速器
C. 安全装置　　　　　　　　　D. 主减速器

6. 在手动变速器中有一对传动齿轮，其中主动齿轮齿数 A 大于从动齿轮齿数 B，此传动的结果将会是（　　）。
A. 减速、减扭　　　　　　　　B. 减速、增扭
C. 增速、减扭　　　　　　　　D. 增速、增扭

7. 对于重型和超重型车，为了得到更多的挡位，采用组合式变速器，变速器分为主副两部分，若主变速器挡位数为5，副变速器挡位数为2，这样可使变速器得到（　　）挡位？
A. 7个　　　　　　　　　　　B. 10个
C. 12个　　　　　　　　　　D. 15个

8. 现代汽车手动变速器均采用同步器换挡，同步器的功用就是使（　　）迅速同步，实现无冲击换挡，缩短换挡时间。
A. 接合套与接合齿圈　　　　　B. 接合套与花键毂
C. 花键毂与接合齿圈　　　　　D. 花键毂与倒挡中间齿轮

9. 为了提高汽车的经济性，变速器宜采用（　　）。
A. 2个挡位　　　　　　　　　B. 3个挡位
C. 挡位数越少越好　　　　　　D. 适当增加挡位数

10. 倒挡轴的倒挡中间齿轮的主要作用是（　　）。
A. 增加倒挡变速比　　　　　　B. 减小倒挡变速比
C. 改变输出轴的旋转方向　　　D. 以上都不是

三、简述题

1. 变速器的功用是什么？
2. 两轴式和三轴式变速器各有何特点？各用于什么场合？
3. 同步器的作用是什么？试分析锁环式惯性同步器的工作原理。
4. 对变速器操纵机构有哪些要求？各由什么装置和措施来保证？
5. 分动器的作用是什么？对具有高低挡的分动器的操纵机构应满足什么要求？

2.4　自动变速器结构与工作原理

2.4.1　自动变速器的基本组成

自动变速器（AT）是指汽车行驶时，变速器的操纵全部或部分实行自动化的变速器。

与手动变速器相比，自动变速器具有操作简单省力，行车安全性、舒适性好，部件使用寿命长及动力性能、排放性能好等优点；但自动变速器也存在结构复杂、成本高、传动效率低、维修困难等缺点。

自动变速器一般由液力变矩器、齿轮变速机构、换挡执行机构、液压操控系统、电子控制系统五部分组成，如图2-52所示。

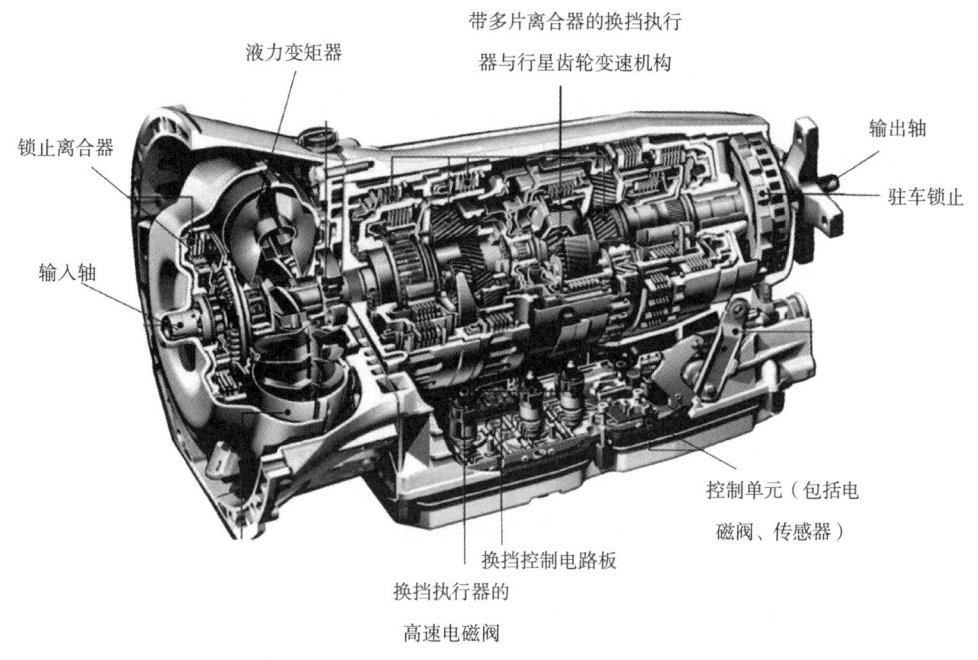

图2-52 自动变速器结构组成

（1）变矩器。变矩器位于自动变速器的最前端，安装在发动机的飞轮上，其作用类似于普通汽车中的离合器。利用油液循环流动过程中动能的变化，将发动机的动力传递给自动变速器的输入轴，并能根据汽车行驶阻力的变化，在一定范围内自动、无级地改变传动比和转矩比，具有一定的减速增矩功能。

（2）齿轮变速机构。齿轮变速机构通过形成不同的传动比组成变速器不同的挡位。目前绝大多数自动变速器采用行星齿轮机构进行变速。

（3）换挡执行机构。换挡执行机构主要是用来改变行星齿轮中的主动元件或限制某个元件的运动，改变动力传递的方向和速比。它主要由多片式离合器、制动器以及单向离合器等组成。

（4）液压控制系统。液压控制系统由各种控制阀和相应的油路所组成。各种控制阀和油路设置在一个板块内，称为阀板总成。

（5）电子控制系统。电子控制系统由信号输入装置、电子控制单元（ECU）、执行器三部分组成。信号输入装置主要包括各种传感器和部分控制开关。ECU根据各传感器及控制开关的信号和设定的控制程序，通过运算分析，向各个执行器输出控制信号，从而实现对自动变速器的控制。

2.4.2 自动变速器的型式

汽车自动变速器有多种不同型式。按变速方式不同其可分为有级变速器和无级变速器两种，有级变速器是具有几个有限的定值传动比（一般有3~5个前进挡和1个倒挡）的变速器，无级变速器是能使传动比在一定范围内连续变化的变速器。按汽车驱动方式，它可分为后驱动自动变速器和前驱动自动变速器。按自动变速器前进挡的挡位数不同，一般的有4~6个前进挡，高级车甚至有8挡和9挡的，挡数越多，制造精度和复杂程度越高。挡数越向上，越省油，可提高汽车的燃油经济性。按齿轮变速器的类型，其可分为普通齿轮式和行星齿轮式两种。行星齿轮式自动变速器结构紧凑，能获得较大的传动比，为绝大多数轿车所采用。按变矩器的类型，它可分为有锁止离合器和无锁止离合器两种。还有按控制方式不同，其可分为液力控制自动变速器（液力自动变速器）和电子控制自动变速器（电控自动变速器）两种等。

不同车型所装用的自动变速器在型式、结构上往往有很大的差异，常见的汽车自动变速器有以下几种型式：

1. 液力机械自动变速器，简称 AMT（automated mechanical transmission）。

AMT 是由液力变矩器、行星齿轮和液压操纵系统等组成，如图2-53所示，通过液力传递和行星齿轮组合的方式来变速变矩。其中液力变矩器是 AMT 最重要的部件，它由泵轮、涡轮和导轮等构件组成，兼有传递转矩和离合的作用。

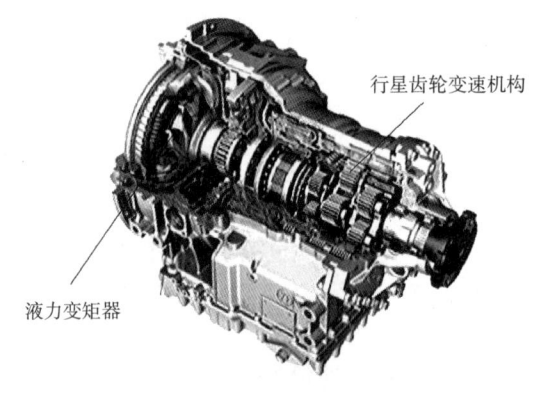

图2-53 液力机械自动变速器

电控液力自动变速器是在液力机械自动变速器基础上增设电子控制系统而形成的。它通过传感器和开关监测汽车和发动机的运行状态，接受驾驶人的指令，并将所获得的信息转换成电信号输入电控单元。电控单元根据这些信号进行运算处理，通过电磁阀控制液压控制装置的换挡阀，使其打开或关闭通往换挡离合器和制动器的油路，从而控制换挡时刻和挡位的变换，以实现自动变速。

2. 机械无级自动变速器，简称 CVT。

无级变速器与有级式的主要区别在于：它的速比不是间断的，而是一系列连续的值，譬如传动比可以从3.455一直连续变化到0.85。CVT 结构比传统变速器简单，体积更小，它主要靠主、从动轮和金属带来实现速比的无级变化,如图 2-54 所示。其变速过程极为平顺,完全没有其他变速器存在的换挡冲击问题,而且行驶时能在发动机的转速不发生变化的情况下变化车速,这就使发动机能一直工作在最佳转速区间,同时也省去发动机在换挡时转速不断起起落落的过程,极大地降低了油耗。但是 CVT 受到钢带传动的限制,不能承受较大的载荷,只能配备在动力输出较低的发动机上,过高的动力输出会使钢带打滑甚至损坏钢带,因此 CVT 变速器主要应用于中小排量的车型上。

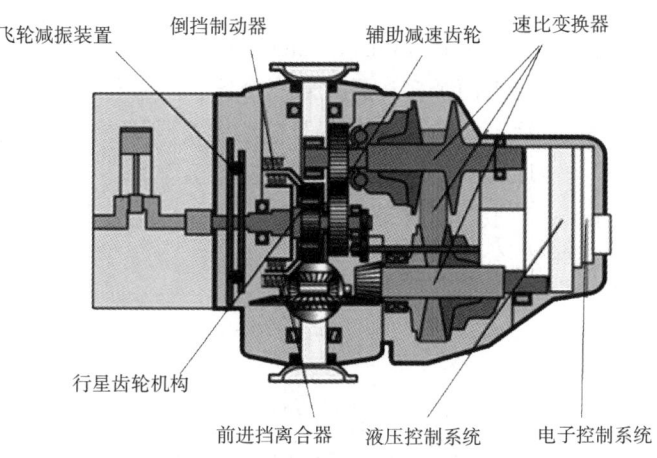

图 2-54　奥迪 01J 型汽车 CVT 的基本组成

3. 手动/自动变速器,也称为手自一体变速器。

这是将汽车的手动换挡和自动换挡结合在一起的变速方式。这类变速器结合了自动变速器和手动变速器的优点,最大限度地减少了变速系统的功率损耗。手动挡可以根据驾驶员的主观意愿,自由调节挡位及转速。有别于纯手动挡的汽车,手自一体汽车的结构中虽有离合器装置,但并不需要驾驶员操纵,也就是自动离合。手自一体的汽车在用手动挡时,只需拨到手动挡,随着时速的变化,向上或向下调节挡位。如果速度跟不上相应的挡位,那么挡位会自动往下调;如果速度高于所在的挡位,则需要手动向上拨,如图 2-55 所示。

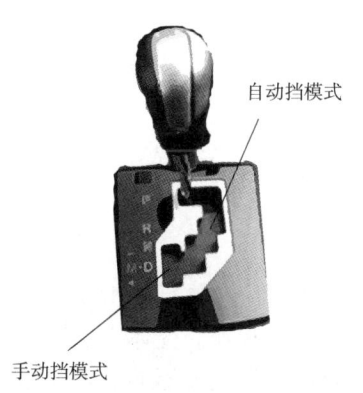

图 2-55　手动/自动变速器操纵方式

在结构上,手自一体变速器主要由普通的齿轮箱(和手动变速器的一样)、电子控制离合器、自动换挡操纵机构和电子控制部分等组成。电子控制离合器的作用是根据需要自动地使离合器分离、接合或者"吊"离合器,工作时由变速器 ECU 控制步进电机推动离合器拨叉,使离合器分离或接合。自动换挡操纵机构的作用是根据需要自动地挂入相应的挡位,一般设置两个步进电机,都由变速器 ECU 来控制。其排挡杆的设置和普通自动变速器相似,没有离合器踏板。使用手动模式工作实际上是利用自动控制部分来模拟人工的换挡工作。

4. 双离合器自动变速器,简称 DCT(dual clutch transmission,或德国大众的叫法 DSG)。

双离合器自动变速器主要由两个多片湿式双离合器、三平行轴式齿轮变速器、自动换挡机构组成,如图 2-56 所示。所谓"双离合器自动变速器"指的是变速器内含有两台自动控制离合器,由电子及液压共同控制驱动。当变速器工作时,一组齿轮啮合工作,而当发动机接近换挡转速时,另一组挡位被提前预选,由另一台离合器负责推动其接合,而之前那台离合器负责将现有挡位分离。

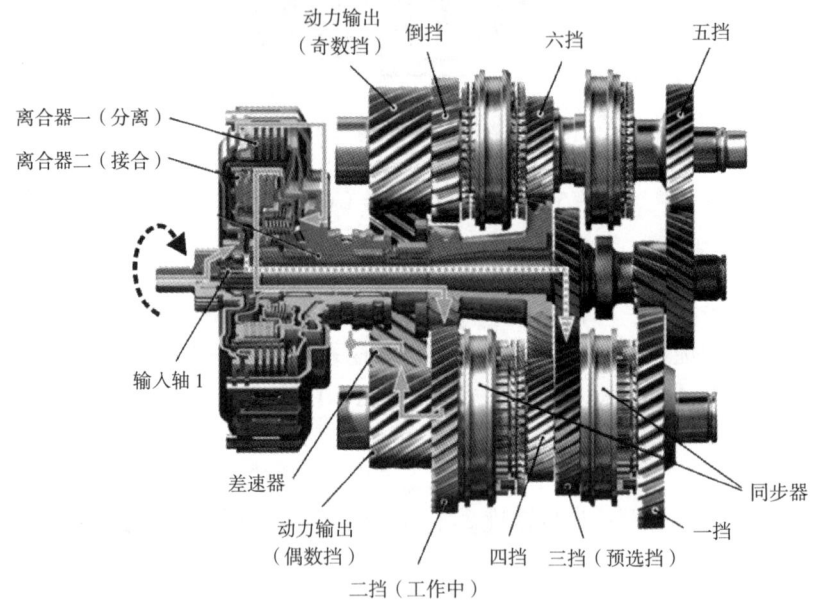

图 2-56 双离合器自动变速器

2.4.3 液力变矩器的结构和工作原理

1. 液力变矩器的结构。

液力变矩器由泵轮、涡轮和导轮三个基本部件组成,如图 2-57 所示。其中泵轮、涡轮和导轮分别与输入轴、输出轴和壳体相连。壳体用螺栓与发动机飞轮连接在一起,壳体内焊有泵轮叶片。涡轮用花键与行星齿轮变速器的输入轴相连。导轮通过导轮轴固定在变速器外壳上而悬浮在泵轮和涡轮之间。泵轮、涡轮和导轮的叶片端面留有一定的间隙,三者间没有机械联系。

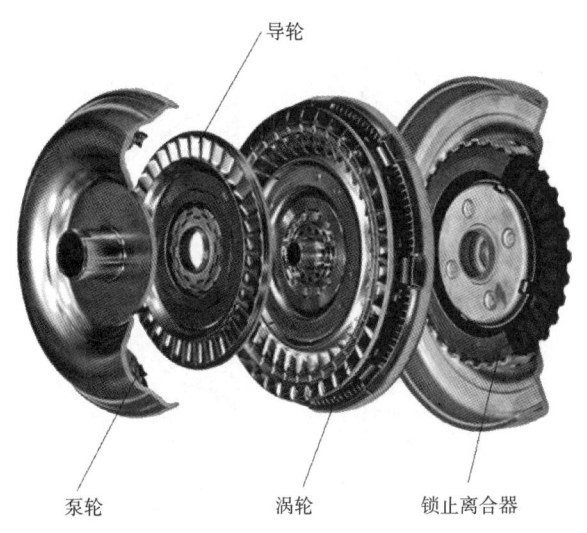

图 2-57 液力变矩器的构成

2. 液力变矩器的变矩原理。

液力耦合器中没有导轮，泵轮与发动机曲轴刚性连接。转动时，离心力使油液向外甩，冲击涡轮叶片，涡轮从动，涡轮回流的液体又冲击泵轮，阻碍了泵轮转动，降低了转动效率，如图 2-58 所示。

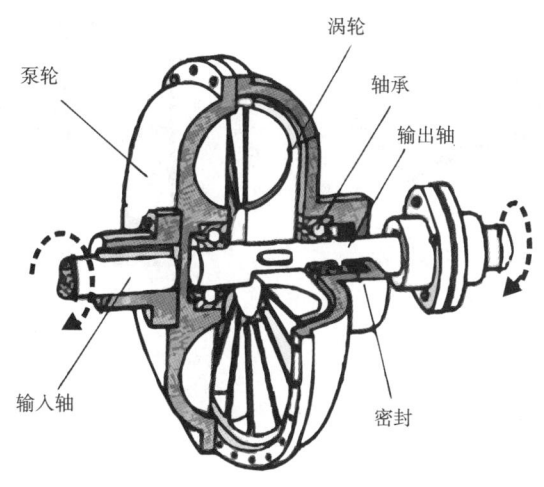

图 2-58 液力耦合器的构成

与耦合器不同的是，在增加了导轮的液力变矩器中，油液从涡轮流入导轮后方向会改变，当油液再流回泵轮时，其流动方向变得与泵轮运动方向相同，这就加大了泵轮的转动力矩，进而也就增大了涡轮的输出转矩，这就是液力变矩器可以增大转矩的原因，如图 2-59 所示。导轮能根据发动机转速和车速自动改变流向泵轮的油液方向，使液力变矩器的输出扭矩可高于或低于输入扭矩，这是变矩器得名的由来。为保证油液的良好循环，泵轮、涡轮和导轮的叶片弯曲成一定的弧度并径向倾斜排列。

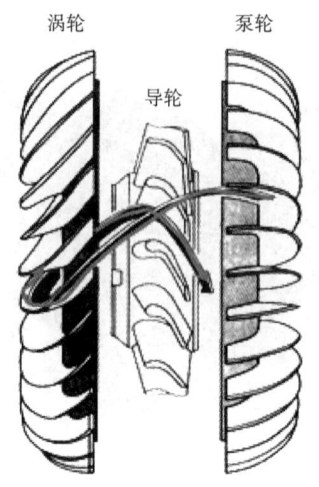

图 2-59 液力变矩器的工作过程

如图 2-60 所示，输出扭矩与输入扭矩的比值称为变矩系数，输出转速为零时的零速变矩系数通常为 2~6。变矩系数随输出转速的上升而下降。

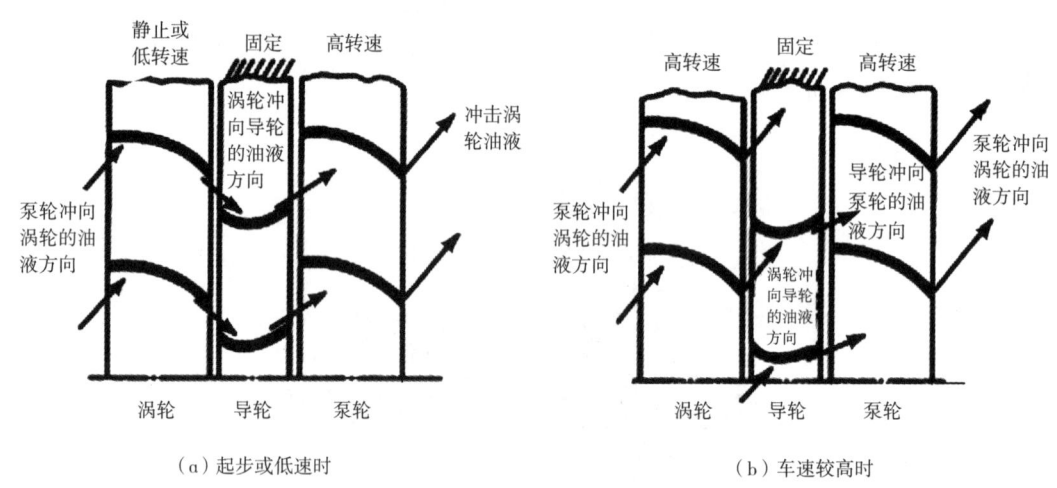

图 2-60 液力变矩器展开原理图

增扭：涡轮速度低时，涡流速度大，环流速度小，合成液流的方向冲击导轮正面，经导向顺着泵轮叶片槽冲击涡轮，涡轮的输出转矩增大。

$$M_W = M_B + M_D$$

式中，M_W——涡轮转矩；M_B——泵轮转矩；M_D——导轮转矩。

耦合：随着涡轮转速的增加，当泵轮与涡轮转速接近时，涡流速度最小，环流速度最大，合成液流的方向正好与导轮叶片相切，$M_D = 0$，此时相当于耦合器，对应的转速称为耦合工作点。

$$M_W = M_B$$

降速：涡轮速度增大，其转速高于泵轮转速，涡流速度小，环流速度大，合成液流的方向冲击导轮背面，导轮的转矩反向，涡轮的输出转矩减小。

$$M_W = M_B - M_D$$

失速：涡轮负载过大而停转（如怠速时），泵轮仍旋转但转速低，变矩器只输入，不输出，涡轮得到的转矩不足以克服阻力矩。涡流速度最小，环流速度最大，合成液流的方向垂直冲击导轮背面，导轮的转矩反向且基本等于泵轮的转矩，涡轮的输出转矩最小，仍用于克服摩擦力，如怠速。

$$M_W = 0$$

如图 2-61 所示，从变矩器的特性曲线可以看到，变矩器的运行具有双重特征，在耦合点之前（即低速时），变矩器具有扭矩增大功能，而达到耦合点后，不再具有扭矩增大功能，变成了耦合器。变矩器的扭矩输出特性，能够适应汽车使用要求，当汽车起步时，驱动轮需要较大的扭矩，而高速行驶时仅需要较小的扭矩。

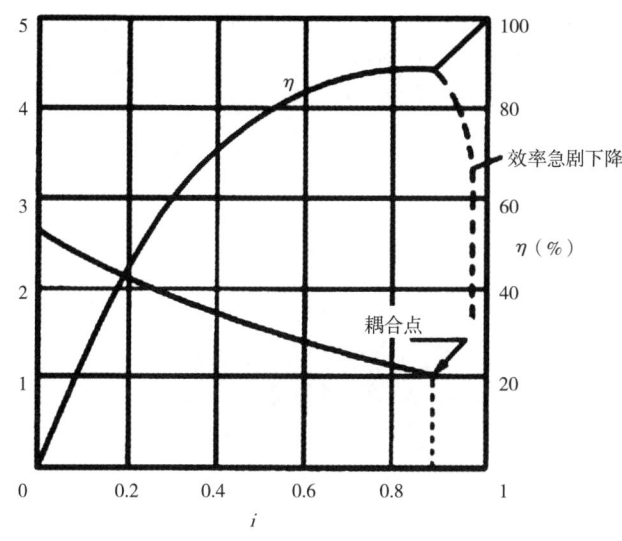

K—增矩比；η—传动效率；i—涡轮/泵轮速比。

图 2-61 变矩器特性曲线

3. 综合式液力变矩器。

对于导轮固定的一般式液力变矩器，只在中等传动比范围内具有较高效率，但汽车经常需要在高传动比情况下行驶，此时液力变矩器的效率反而下降，这对于使用是很不利的，为了避免这一缺陷，目前汽车上装用的大都是综合式液力变矩器。它和普通的液力变矩器的不同在于它的导轮不是完全固定不动的，而是通过单向超越离合器支承在固定于变速器壳体的导轮固定套上。单向超越离合器使导轮可以朝顺时针方向旋转（从发动机前面看），但不能朝逆时针方向旋转。

当涡轮的转速较低时，由涡轮流出的液压油从正面冲击导轮叶片，对导轮施加一个逆时针方向的力矩，但由于单向超越离合器在逆时针方向具有锁止作用，将导轮锁止在导轮固定套上固定不动，此时该变矩器的工作特性和普通液力变矩器的相同，涡轮上的输出转矩大于泵轮上的输入转矩,即具有一定的增扭作用。当涡轮转速增大到某一数值时,液压油对导轮的冲击方向与导轮叶片之间的夹角为零,此时涡轮产生的输出转矩等于泵轮上的输入转矩。若涡轮转速继续增大,液压油将从反面冲击导轮,对导轮产生一个顺时针方向的转矩。由于单向超越离合器在顺时针方向没有锁止作用,因此导轮在液压油的冲击作用下开始朝顺时针方向旋转。由于自由转动的导轮对液压油没有反作用力矩,液压油只受到泵轮和涡轮的反作用力矩的作用。此时该变矩器不能起增扭作用,其工作特性和液力耦合器的相同。这时涡轮转速较高,该变矩器亦处于高效率的工作范围。

导轮开始空转的工作点称为耦合点。由上述分析可知,综合式液力变矩器在涡轮转速由零至耦合点转速的工作范围内按液力变矩器的特性工作,在涡轮转速超过耦合点转速之后按液力耦合器的特性工作。因此,这种变矩器既利用了液力变矩器在涡轮转速较低时所具有的增扭特性,又利用了液力耦合器涡轮转速较高时所具有的高传动效率的特性。

单向离合器常用的有滚柱式和楔块式两种结构。

(1) 滚柱式单向离合器

滚柱式单向离合器利用弹簧把滚柱固定在离合器内外座圈之间的适当位置,如图2-62所示。当某一座圈固定,而另一座圈以一定方向转动时,滚柱楔紧在缺口滚道的狭窄端,则旋转座圈也锁止。当该座圈朝相反方向旋转时,滚柱朝缺口滚道较宽端运动,滚柱和缺口滚道无楔紧趋势,该座圈能自由转动。

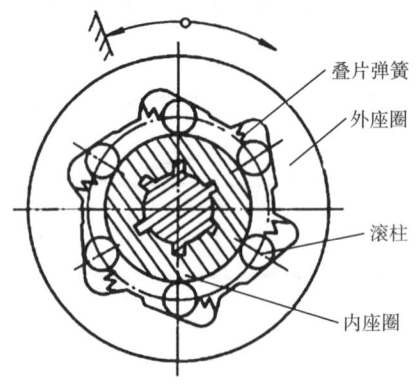

图2-62 滚柱式单向离合器

(2) 楔块式单向离合器

楔块式单向离合器包括内外座圈和介于座圈间的8字形的金属凸块。当其中一个座圈固定,而另一座圈往某一方向旋转时,其结果使8字形楔块竖起,楔紧内外座圈表面,则旋转座圈锁止。当该座圈以相反方向旋转,使楔块倒下,没有楔紧内外座圈表面的趋势,那么该座圈可以自由转动。

导轮装在单向离合器的外轮上,单向离合器的内轮与导轮轴用花键联结,如图2-63所示。当涡轮转速低时,作用在导轮叶片正面的液体通过单向离合器锁止使导轮固定,产生增大扭矩的效果。当涡轮转速升高到某一个值时,液流作用在导轮叶片的背面,此时单向离合器外圈被释放,导轮空转,导轮不产生反作用转矩,扭矩不能增大,变矩器如同耦合器,但可增加变矩器高速时的传动效率。

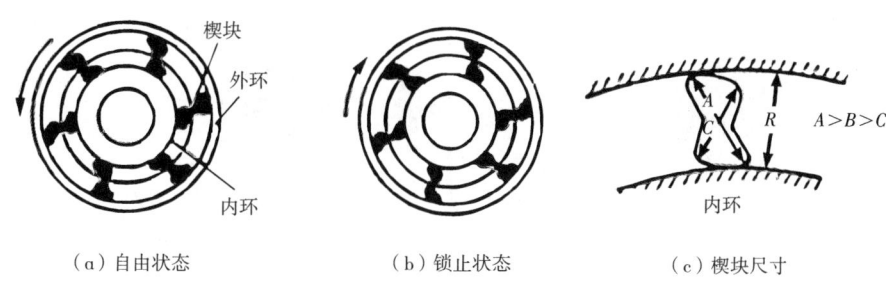

(a) 自由状态　　　　　(b) 锁止状态　　　　　(c) 楔块尺寸

图 2-63　楔块式单向离合器

4. 锁止式液力变矩器的结构与工作原理。

在汽车低速行驶时，利用变矩器低速扭矩增大的特性，提高汽车起步和坏路行驶时的加速性；在高速行驶时，变矩器锁止离合器发挥作用，用机械方式使泵轮和涡轮连接成为一体，以实现100%的动力直接传递，使液力耦合的"软连接"变换为直接机械传动的"刚性连接"，提高传动效率，降低燃油消耗。

锁止离合器位于涡轮前端，由锁止活塞、涡轮传动板、扭转减振器等组成，如图2-64所示。锁止活塞和扭转减振器用键连接，可前后移动。扭转减振器和涡轮传动板通过减振弹簧固定，能衰减离合器啮合时的扭振。涡轮传动板用铆钉铆在涡轮壳上，前盖后面与锁止活塞前面均附着摩擦材料。

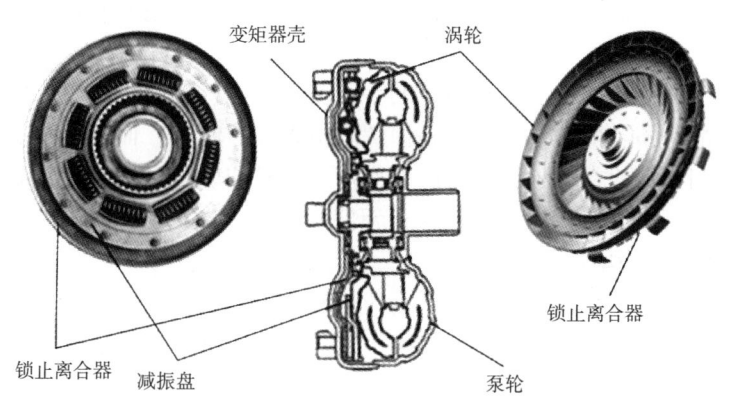

图 2-64　锁止离合器结构示意图

自动变速器电脑根据相应的控制参数，按照设定的锁止控制程序向锁止电磁阀发出控制信号，操纵锁止控制阀，以改变锁止离合器压盘两侧的油压，从而控制锁止离合器的工作。车速低时，变矩器处于变矩工况，由液压操控系统控制变速器油液从输入轴中心油道进入锁止离合器活塞前部，在油压作用下，活塞向后移动，锁止离合器分离。

当车速较高时，变矩器进入耦合工况，在操控系统的控制下，变速器油液由导轮轴套上的油道进入变矩器内到达活塞的后部，活塞前部的油液从输入轴中心油道排出，流向与锁止离合器分离时相反，在油压作用下活塞前移，锁止离合器处于锁止状态，见图2-65(a)，泵轮和涡轮作为一个整体旋转，提高了变矩器在高速时的传动效率。

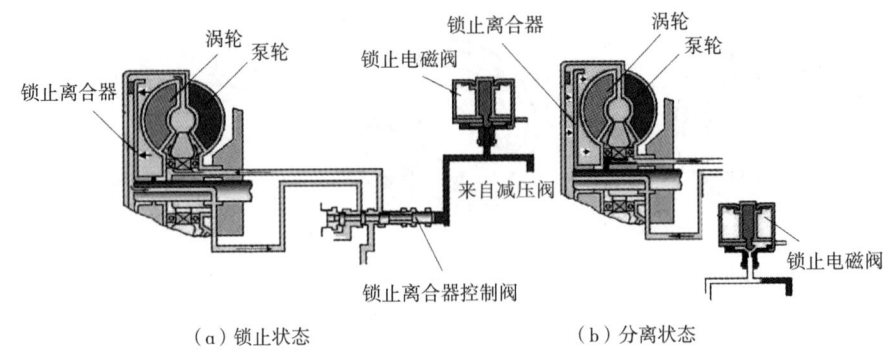

(a) 锁止状态　　　　　　　　　　(b) 分离状态

图 2-65　锁止离合器工作原理

在锁止过程中，为了吸收传动系统的振动和冲击，在离合器总成上设置了多个扭振弹簧和窗口，敷设阻尼材料，通过扭振弹簧的变形进行吸收。

2.4.4　自动变速器的齿轮变速机构

变矩器虽然能够在一定的范围内实现无级变速，但由于变矩器只有在输出转速接近输入转速时才具有较高的传动效率，并且它的增矩作用不够大，只能增加2.6倍左右，远不能满足汽车使用性能的要求。因此，在汽车的自动变速器中设置了齿轮变速机构，以进一步增大转矩。齿轮变速机构有行星齿轮式和固定轴线式，目前绝大多数自动变速器采用行星齿轮式。

自动变速器中的齿轮变速机构和传统的手动齿轮变速机构一样，具有空挡、倒挡及多个不同传动比的前进挡，但挡位变换不是由驾驶员直接控制的，而是由液压控制系统或电子控制系统来控制换挡执行机构，从而改变变速齿轮机构的传动比，实现自动换挡。齿轮变速机构主要包括行星齿轮机构和换挡执行元件两部分。

1. 单排行星齿轮机构。

简单行星齿轮机构由太阳轮、齿圈、行星架和支承在其上的行星齿轮共同组成，见图2-66。其中的太阳轮、齿圈及行星架有一个共同的固定轴线，行星齿轮支承在固定于行星架的行星齿轮轴上，并同时与太阳轮和齿圈啮合。具有固定轴线的太阳轮、齿圈和行星架称为行星排的三个基本元件。

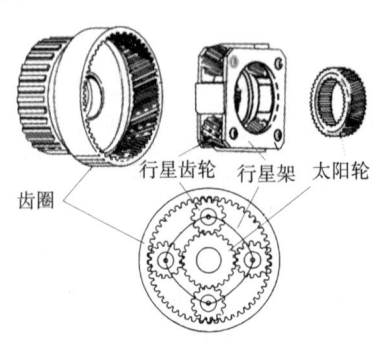

图 2-66　自动变速器的行星齿轮机构

行星齿轮机构的啮合方式有内啮合和外啮合两种。行星齿轮的个数取决于变速器的设计负荷，行星轮一般有 3～6 个，均匀或对称布置，个数愈多所承担负荷愈大。当行星齿轮机构运转时，空套在行星架的行星齿轮轴上的几个行星齿轮一方面可以绕着自己的轴线旋转，另一方面又可以随着行星架一起绕着太阳轮回转，兼有自转和公转两种运动状态。

(1) 单排行星齿轮的传动原理

由于单排行星齿轮机构有两个自由度，因此它没有固定的传动比，不能直接用于变速传动。为了组成具有一定传动比的传动机构，必须将太阳轮、齿圈和行星架这三个基本元件中的一个加以固定，或使其运动受到一定的约束，或将某两个基本元件互相连接在一起，使行星排变为只有一个自由度的机构，获得确定的传动比，见图 2-67。

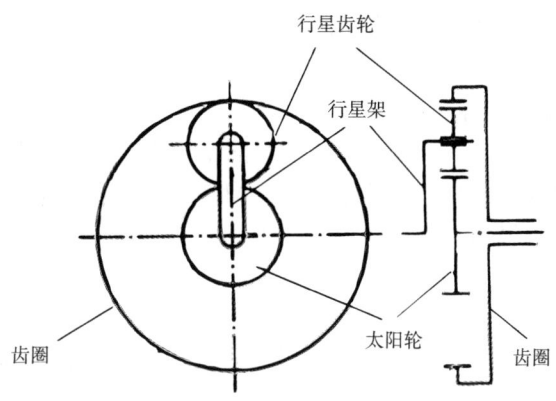

图 2-67　行星齿轮机构传动

太阳轮的齿数为 z_1，齿圈齿数为 z_2，太阳轮、齿圈和行星架的转速分别为 n_1、n_2、n_3，并设齿圈与太阳轮的齿数比为 α，即 $\alpha = z_2/z_1$

则行星齿轮机构的一般运动规律可表达为：

$$n_1 + \alpha n_2 - (1 + \alpha) n_3 = 0$$

此为单排行星齿轮机构的特性方程式。

(2) 行星齿轮变速情况分析

根据行星齿轮机构的特性方程式，在太阳轮、齿圈和行星架三个基本元件中，可任选两个分别作为主动件和从动件，而使另一个元件固定不动（使该元件转速为零），或使其运动受一定约束（使该元件的转速为某一定值），则整个轮系即以一定的传动比传递动力。

传动比 i = 主动齿轮转速/从动齿轮转速。不同连接和固定方案可得到不同的传动比。

①齿圈固定

若太阳轮为主动件，行星架为从动件，传动比 $i = 1 + \alpha$，$i > 1$，因此，从动件行星架的旋转方向与主动件相同，且是减速传动。

若行星架为主动件，太阳轮为从动件，传动比 $i = 1/(1 + \alpha)$，$0 < i < 1$，因此，从动件太阳轮的旋转方向与主动件相同，且是增速传动。

②太阳轮固定

若齿圈为主动件，而行星架为从动件，传动比 $i = (1 + \alpha)/\alpha$，$i > 1$，因此，从动件行星架的旋转方向与主动件相同，且是减速传动。

若行星架为主动件，齿圈为从动件，传动比 $i = \alpha/(1+\alpha)$，$0 < i < 1$，因此，从动件齿圈的旋转与主动件同方向，且是增速传动。

③行星架固定

若太阳轮为主动件，齿圈为从动件，传动比 $i = -\alpha$，$i < 0$，其绝对值 >1，因此，从动件齿圈的旋转与主动件反向，且是减速传动。

若齿圈为主动件，太阳轮为从动件，传动比 $i = -1/\alpha$，$i < 0$，其绝对值 <1，因此，从动件太阳轮的旋转与主动件反向，且是增速传动。

④不固定任何构件

太阳轮、行星架和齿圈三个构件都不固定，且无任何两个构件被连锁成一体，各元件都可做自由转动，当输入轴转动时，输出轴可以不动，此时机构不能传递动力，而得到空挡。

⑤连锁三个构件中的任意两个构件

当太阳轮、行星架和齿圈三个构件中的任意两个被连锁成一体时，第三个构件的转速必然与前二者的转速相等。该行星齿轮中的所有构件之间，都无相对运动，整个行星齿轮机构成为一个整体旋转，得到直接挡传动，$i = 1$。

以上单排行星齿轮机构的传动规律见表 2-1。

表 2-1 单排行星齿轮机构的传动规律

组合方案	固定件	主动件	从动件	传动比 i	输出转速	主从动件旋转方向	转矩	相当传动挡
1	齿圈	太阳轮	行星架	$1 + \alpha > 1$	下降	相同	增大	一挡
2	齿圈	行星架	太阳轮	$0 < 1/(1+\alpha) < 1$	上升	相同	减小	
3	太阳轮	齿圈	行星架	$(1+\alpha)/\alpha > 1$	下降	相同	增大	二挡
4	太阳轮	行星架	齿圈	$0 < \alpha/(1+\alpha) < 1$	上升	相同	减小	超速挡
5	行星架	太阳轮	齿圈	$-\alpha < 0$	下降	相反	增大	倒挡
6	行星架	齿圈	太阳轮	$-1/\alpha < 0$	上升	相反	减小	
7	所有构件都不固定							空挡
8	无	连锁任意两个	另一个	1	相等	相同	相等	直接挡

2. 双排行星齿轮机构。

单排行星齿轮机构的变速范围有限，不能满足汽车的实际要求，为了获得多个前进挡位，实际应用中的行星齿轮变速器都是由多排行星齿轮组成的，结构比单排的复杂，传动比可根据单排行星齿轮的运动方程来推导。

现代汽车电控液力自动变速器上使用的行星齿轮机构，大部分是辛普森式和拉维纳式两种。

(1) 辛普森式三挡行星齿轮变速器的结构及工作原理

辛普森式行星齿轮变速器的特点是：有前、后两排相同齿轮参数的行星齿轮机构，且共用一个加长太阳轮，它的前行星架和后齿圈为同一构件，并且和输出轴连接，通过换连主动件，可使两个行星排组成三个前进挡和一个倒挡，见图2-68、图2-69。其结构简单紧凑、传动效率高、换挡平稳，每次换挡也仅需要一个操作件。辛普森式行星齿轮机构挡位见表2-2。

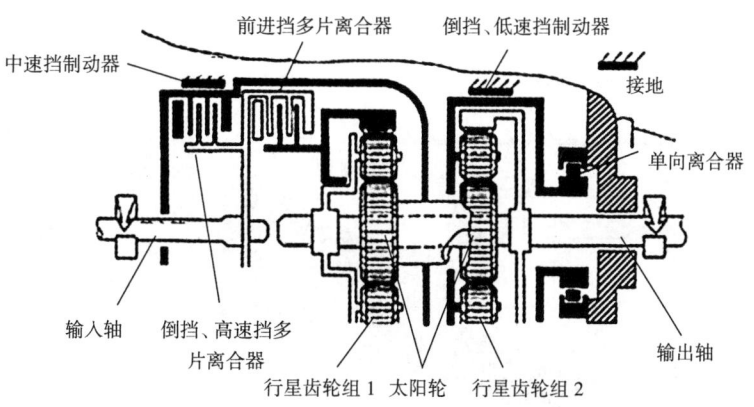

图2-68 辛普森式行星齿轮机构组成

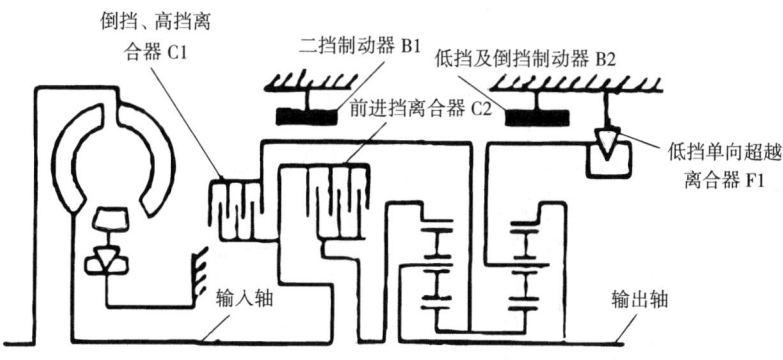

图2-69 辛普森式三挡行星齿轮变速器换挡元件

表2-2 辛普森式行星齿轮机构变速器执行元件的工作规律

操纵手柄位置	挡位	变速执行元件				
		C1	C2	B1	B2	F1
D	一挡		●			●
	二挡		●	●		
	三挡	●	●			
R	倒挡	●			●	
S, L或2, 1	一挡		●		●	
	二挡		●	●		

注：●表示接合、制动或锁止。

（2）拉维纳式行星齿轮变速器结构和工作原理

拉维纳式行星齿轮机构由双排的行星齿轮机构组成，具有大、小两个太阳轮，三个长行星轮和三个短行星轮并用同一行星架，仅有一个齿圈并和输出轴连接，见图2-70所示。图2-71所示为拉维纳式行星齿轮啮合原理。

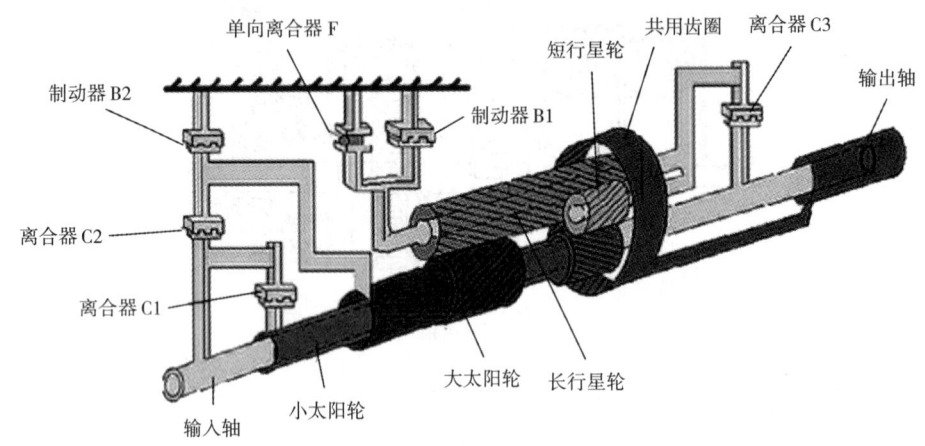

图2-70 宝来01M型拉维纳式行星齿轮变速器结构

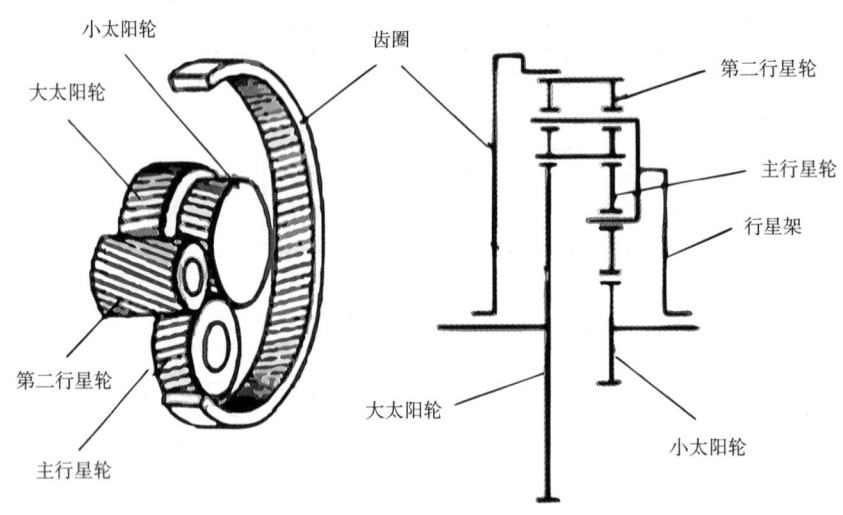

图2-71 拉维纳式行星齿轮啮合原理

拉维纳行星齿轮机构可以组成三个前进挡及一个倒挡。它的前排是一个简单行星齿轮机构，而后排则是一个双行星轮的齿轮机构。图2-72所示为拉维纳行星齿轮机构和变速执行元件之间的关系。该机构的变速执行元件有五件，前多片离合器C1、后多片离合器C2、前制动带B1、后制动带B2、单向离合器F1。执行元件状态和挡位间的关系见表2-3。

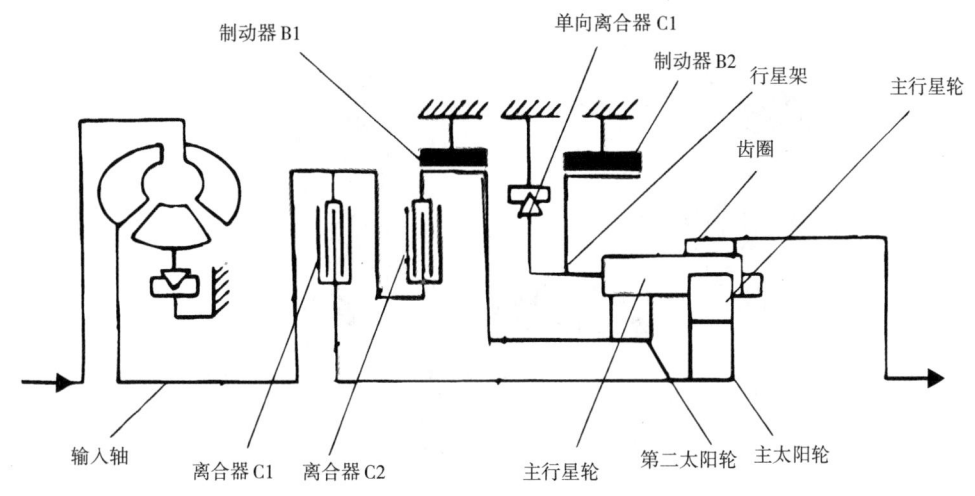

图 2-72 拉维纳式行星齿轮变速器换挡元件的关系

表 2-3 拉维纳式行星齿轮机构变速器执行元件的工作规律

操纵手柄位置	挡位	变速执行元件				
		C1	C2	B1	B2	F1
D	一挡	●				●
	二挡	●		●		
	三挡	●	●			
R	倒挡		●		●	
S,L 或 2,1	一挡	●			●	
	二挡	●		●		

注：●表示接合、制动或锁止。

2.4.5 换挡执行元件

行星齿轮变速器的换挡执行机构由离合器、制动器和单向离合器三种不同的执行元件组成。它有三个基本作用，即连接、固定和锁止。

1. 离合器。

行星齿轮变速器换挡执行机构中的离合器，按工作原理的不同，有片式离合器和爪式离合器之分。其中片式离合器较为常用，而且较多地使用多片湿式离合器。

图 2-73 所示为多片湿式离合器，这种换挡离合器因其位于变速器内部，径向尺寸受到严格限制，而传递的转矩又很大，故制成多片式。在主动片的两面烧结有摩擦材料，与从动钢片组成摩擦副。为保证其柔和结合和散热，离合器的摩擦片都浸在油液中工作，因而称为湿式离合器。

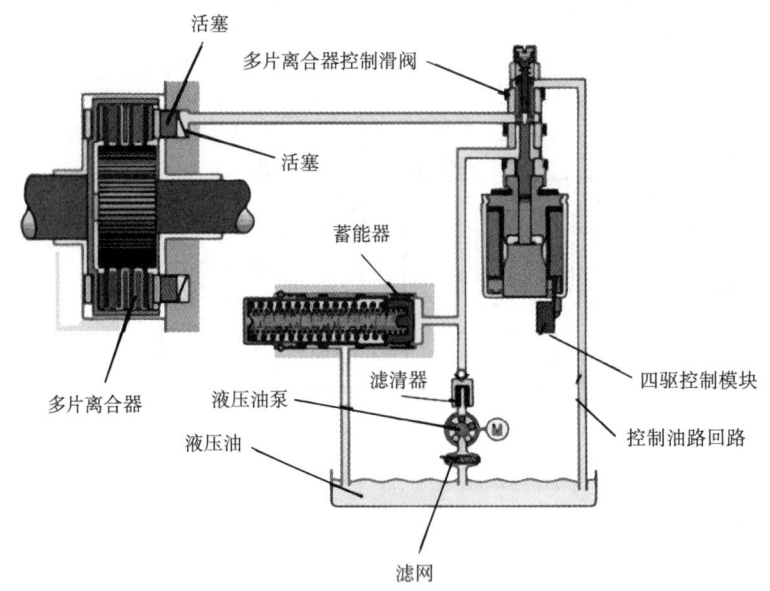

图 2-73　多片湿式离合器工作原理

油压通过离合器毂内的活塞作用,把摩擦片和钢片紧压在一起,使离合器处于结合状态。如果油压被消除,则回位弹簧使活塞回位,而使离合器处于分离状态。当离合器接合时,主动件通过多片离合器把动力传递给从动件。

当离合器处于分离状态时,为了解除活塞上的残留油压,在离合器上设置一个离心式单向阀,通过离心力把单向阀打开,使部分残留油压迅速地从这里泄出,防止片间的拖滞现象发生。当压力油进入活塞时,单向阀自行关闭,建立压力使多片离合器接合,见图 2-74。

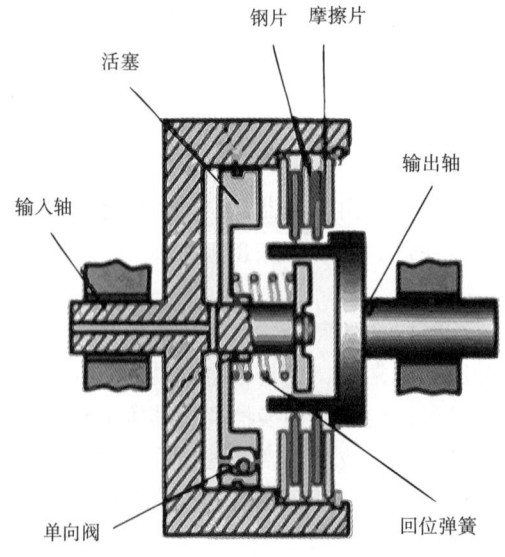

图 2-74　离合器中的离心式单向阀

2. 制动器。

制动器是一种起制动约束作用的机构，它将行星齿轮机构中的太阳轮、齿圈和行星架这三个基本元件之一与变速器壳体相连，使该元件被约束固定而不能旋转。制动器也是由液压操纵的，目前最常见的是带式制动器和片式制动器两种。

（1）带式制动器

带式制动器又称为制动带，它主要由制动鼓、制动带、液压缸及活塞等组成，如图2-75所示。

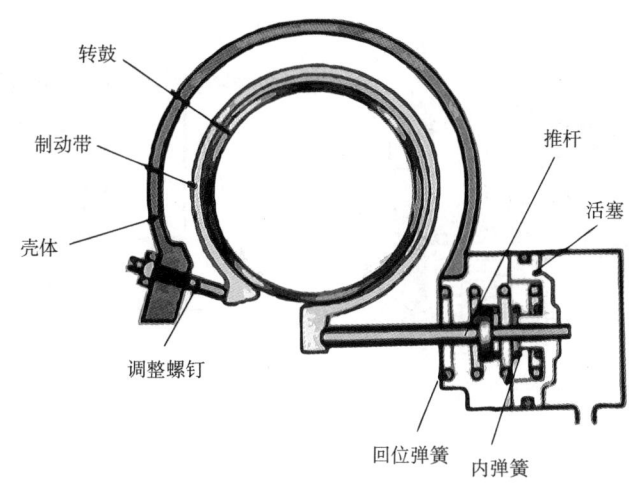

图2-75　带式制动器的组成

制动带是一种围绕在制动鼓外面可收拢的制动组件，制动鼓与行星齿轮机构的某一元件连成整体，制动时就是固定行星齿轮机构的一个构件。当伺服油缸进油时，制动带箍紧制动鼓，行星齿轮机构某一构件的旋转也随之被固定。油缸回油时，活塞在回位弹簧的作用下回到初始位置，制动解除，见图2-76所示。

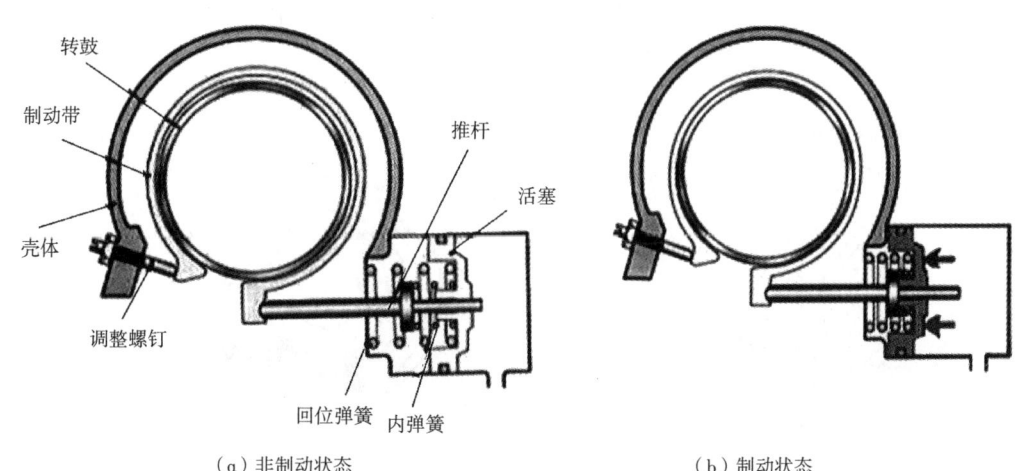

（a）非制动状态　　　　　　　（b）制动状态

图2-76　带式制动器的工作过程

（2）片式制动器

片式制动器由制动毂、制动器活塞、回位弹簧、钢片及摩擦片等部件组成。它的工作原理和多片湿式离合器的基本相同，但片式制动器的制动毂（相当于离合器鼓）固定在变速器壳体上，见图2-77。当制动器不工作时，钢片和摩擦片之间没有压力，制动毂可以自由旋转。当制动器工作时，来自控制阀的液压油进入制动器的液压缸中，油压作用在制动器活塞上，推动活塞将制动器摩擦片和钢片紧压在一起，与行星排某一基本元件连接的制动毂被固定而不能旋转。

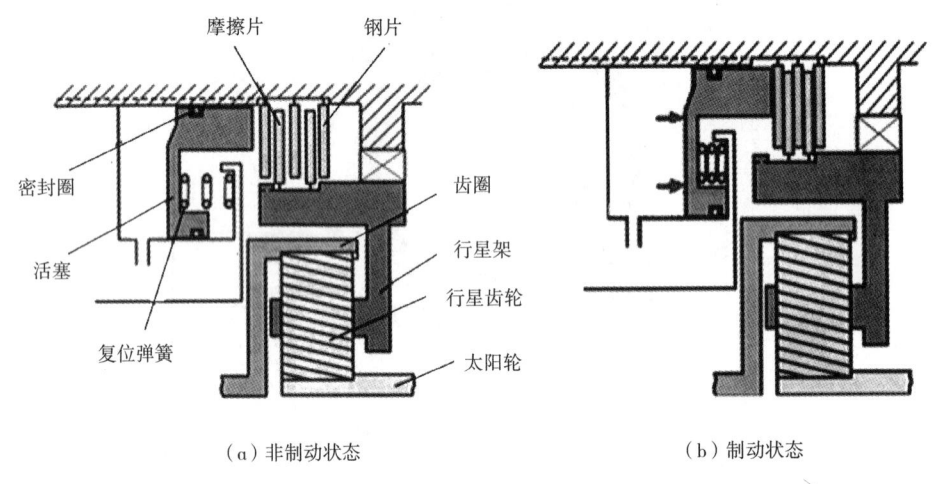

图2-77 片式制动器工作过程

3. 单向离合器。

单向离合器有滚柱式和楔块式（见图2-78）两种。单向离合器只能在某个方向上锁止，而在另一方向上则能自由转动，其内外圈中有一件是直接固定在壳体上的，而另外一件则和行星齿轮机构的某一构件连接。与其他离合器的区别是，单向离合器不需要控制机构，它是依靠其单向锁止原理来发挥固定或连接作用的，力矩的传递是单向的，其连接和固定完全由与之相连接元件的受力方向所决定。

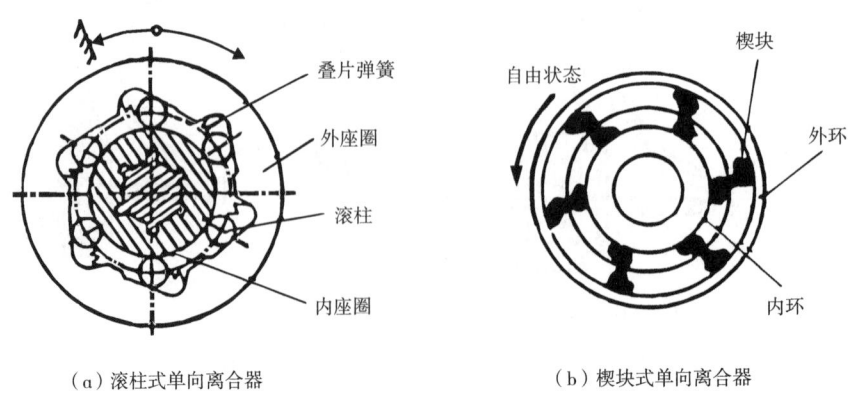

图2-78 两种单向离合器

2.4.6 自动变速器液压控制系统

自动变速器液压控制系统的主要任务是控制油泵的泵油压力，使之符合自动变速器各系统的工作需要；根据操纵手柄的位置和汽车行驶状态实现自动换挡；控制液力变矩器中液压油的循环和冷却，以及控制液力变矩器中锁止离合器的工作等。

1. 液压控制系统的组成。

自动变速器的液压控制系统包括动力源、执行机构和控制机构等零部件，由以下几部分组成：

（1）油压提供和限制部分。自动变速器内的零部件需要有液压油的压力作用才能有效地工作，提供自动变速器所需油压的部件是液压油泵，液压油泵由变矩器壳驱动，其转速与发动机转速相同。为防止油压过高，设有限制油压的限压阀，以控制系统中的最高压力。

（2）油压调节部分。自动变速器在不同工况下工作时，所需要的油压是不同的。因此，在液压控制系统中有多个压力调节阀对油压进行调节，以便满足使用要求。

（3）联动控制部分。驾驶员可以通过改变换挡手柄、加速踏板的位置或改变一些开关的位置，来实现对自动变速器的人为控制，当然这种控制需要通过油压的变化来实现。

（4）换挡控制和变矩器锁止控制部分。这两个部分是液压控制系统的核心，通过换挡阀和锁止阀位置的移动，来实现挡位的变换和变矩器锁止离合器的控制。

（5）其他部分。为配合上述几部分的工作，液压控制系统中还有一些起辅助作用的元件，如液压油散热器、蓄压器等。

2. 液压油泵的构造。

自动变速器的变速执行元件的动作、液力变矩器的正常工作以及油液在自动变速器内部的循环都需要一定的油压，这个油压由油泵来提供。油泵通常安装在变矩器的后方，由变矩器壳后端的轴套驱动。

自动变速器采用的油泵常见的有两种形式，一种是月牙形的定量泵，另一种是叶片式的变量泵。所谓定量泵就是指油泵的输入轴每转一圈，它的液体排量是恒定的。而变量泵则指随着主回路的油压变化，油泵排量会自动调节，且它会随着油压上升而逐渐降低。变量泵的应用对于降低燃油消耗，减少油液升温是十分有利的。

（1）月牙形油泵

这种油泵实际上属于齿轮泵，其中一个是内齿轮而另外一个是外齿轮，两齿轮的接合区域形成了月牙状的空腔，月牙形腔内还设置了一个月牙形的隔离块，如图2-79所示。

在齿轮旋转时，齿轮的轮齿由啮合到分离的那一部分，其容积由小变大，称为吸油腔；齿轮由分离进入啮合的那一部分，其容积由大变小，称为压油腔。吸油腔和压油腔互相密封。

当发动机运转时，驱动轴带动外齿轮和内齿轮同时沿顺时针方向运转，此时，在吸油腔内，由于外齿轮和内齿轮不断退出啮合，容积不断增加，以致形成局部真空，使液压油从进油口吸入，且随着齿轮旋转，齿间的液压油被带到压油腔；在压油腔，由于外齿轮和内齿轮不断进入啮合，容积不断减少，使液压油从出油口排出。内外齿轮不断地进入和脱离啮合，进行泵油。

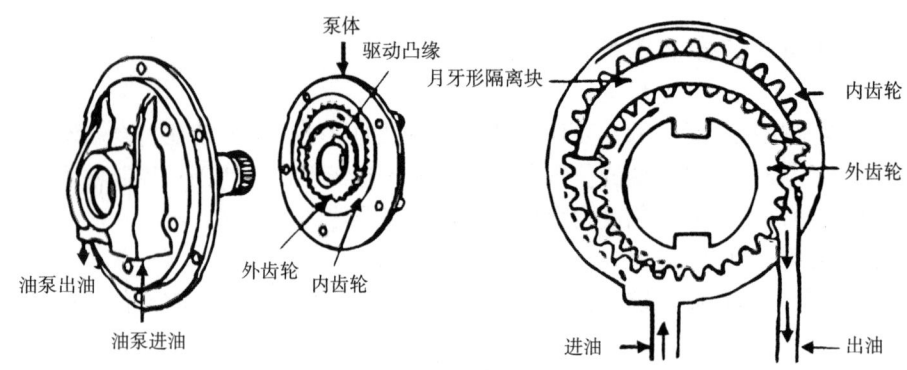

图 2-79 月牙形油泵结构与工作原理

月牙形油泵属于一种定量泵,输出油液的流量随发动机的转速而变化。月牙形油泵具有轴向安装尺寸小、重量轻、自吸能力强、流量波动小、噪声低等特点,在后轮驱动的自动变速器中广泛采用。

(2) 叶片式变量油泵

叶片式变量油泵的结构见图 2-80。油泵的转子和叶片被装在滑座孔内。滑座可在销轴上回转摆动,其位置决定了油泵的输出,当滑座在弹簧力的作用下,其中心与转子中心的偏心量最大时,是最大的排量输出位置。当转子和叶片在滑座孔内转动时,由于工作腔的容积从大到小变化,从进油口吸入叶片间的油液被运送到出油口。

当主油路油压升高,使滑座克服弹簧力朝中心摆动时,偏心量逐渐减小,大量的油液从出口侧流回入口侧,排量减少。当滑座与转子同心时,油泵不能泵出油液。变量泵的输出取决于自动变速器的需要,而不是依据发动机的转速,因此它比定量泵节省能量。在油泵转速低,而又需要油液流量大时,变量泵能够大流量输出。反之,当油泵转速高,而需要的流量较小时,变量泵可以相应地减小输出。一旦满足变速器的需要,变量泵就仅输出保持调节油压所需要的流量,这样就控制了油泵的排量。

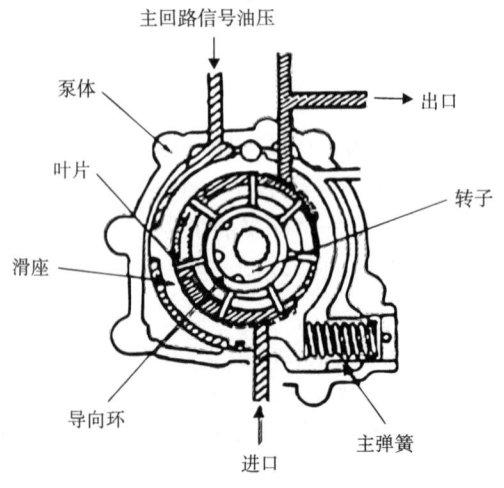

图 2-80 叶片式变量油泵结构

3. 液压阀的结构和工作原理。

如图2-81所示，自动变速器液压控制系统有三项需要控制的油压：主回路油压、节气门开度油压和速度油压。这些油压都是由调压阀、节气门开度阀和速度阀（调速阀）调节的。

主回路油压是调节油泵输出压力后形成的，主要用于驱动制动器和离合器。经过第二调压阀再次减压的油压则用于变矩器工作、润滑变速器以及控制滑阀的移位。速度油压是根据车速变化调节的油压。节气门开度油压是根据发动机负荷或节气门开度变化调节的油压。节气门开度油压和速度油压综合作用于控制变速器换挡。

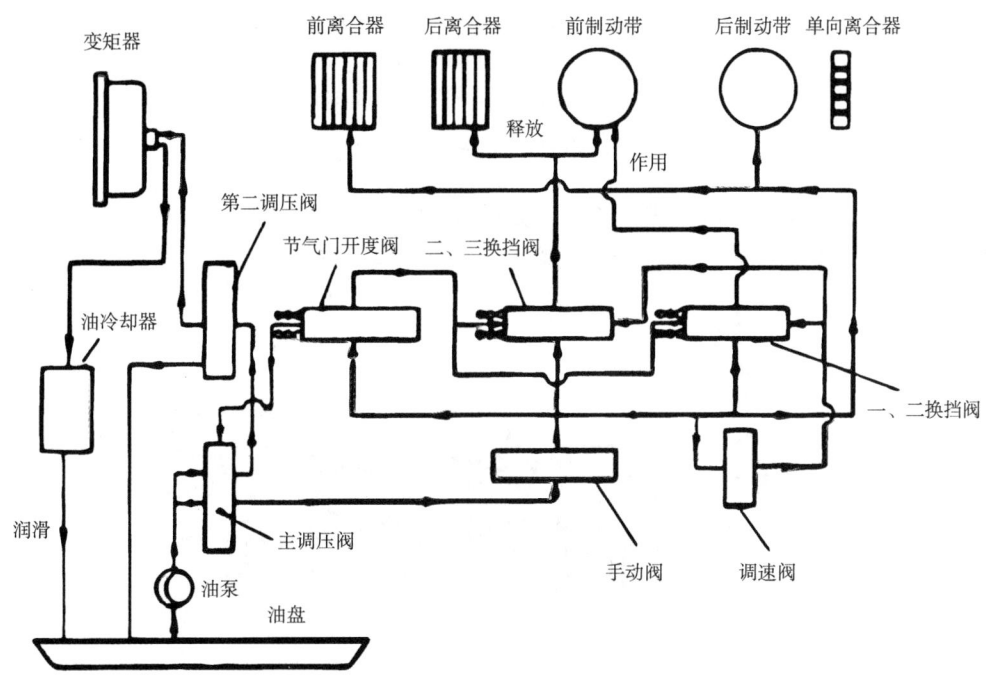

图2-81 自动变速器液压控制系统油路原理

（1）主油路调压阀

由于发动机怠速工况下的转速和最高转速之间相差很大，当发动机高速运转时，油泵的泵油量将大大超过自动变速器各部分所需要的油量和油压，导致油压过高，增加发动机的负荷，并造成换挡冲击。因此，必须在油路中设置一个油压调节装置，在发动机高速运转时让多余的液压油流回油底壳，使油泵的泵油压力维持在一定范围内。

油压调节阀也称为主油路调压阀或一次调压阀。其作用是根据汽车行驶速度和节气门开度的变化，自动调节流向各液压系统的油压，保证各系统液压的稳定，使各信号阀工作平稳。主油路调压阀一般由阀芯、阀体和弹簧等主要元件组成，如图2-82所示。

（2）节气门开度阀

节气门开度阀用于产生节气门开度油压，以便控制系统根据节气门开度的大小改变主油路油压和挡位，使自动变速器的主油路油压和换挡规律满足汽车的实际使用要求。节气门开度阀将负荷（节气门开度）的大小转变为节气门开度油压，节气门开度油压与负荷成正比。

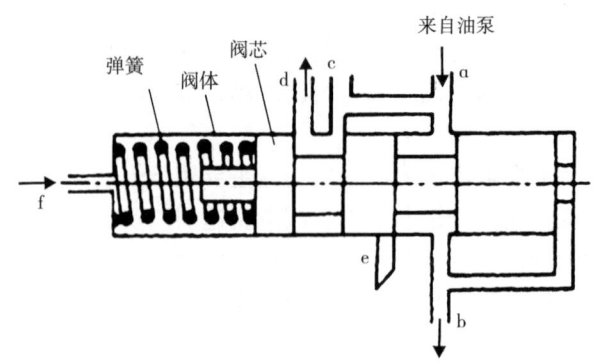

a—来自油泵的压力油进口；b—输往选挡阀的出油口；c—和 a 连通的进油口；
d—输往变矩器的出没口；e—泄油道；f—节气门调节压力的进油口。

图 2-82 主油路调压阀结构

图 2-83 所示是一种机械式节气门开度阀的结构简图。它由柱塞、阀芯、弹簧和阀体等组成。在阀体上有进油口、出油口、泄油口、强制降挡油口。

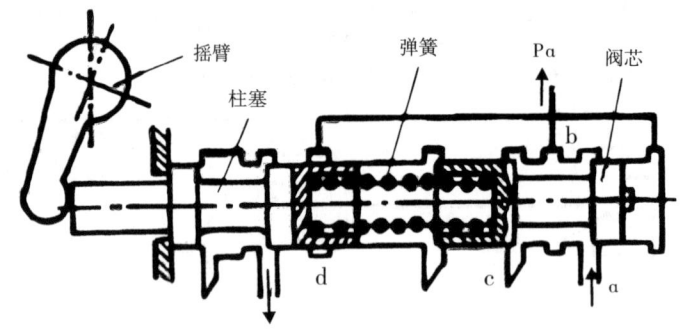

a—进油口；b—出油口；c—泄油口；d—强制降挡油口。

图 2-83 机械式节气门开度阀结构

（3）调速阀（速度阀）

自动变速器液压控制系统调速阀一般装在输出轴上，使调速阀能够感应车速的变化，以得到和车速相对应的输出油压，从而控制自动变速器的换挡时机。

调速阀有单锤式、双锤式和复锤式等。图 2-84 所示为在自动变速器中应用最广的复锤式速度调压阀。它有两个大小不同的重锤，但只有一个双边节流阀。两个重锤在不同转速范围内所起的作用也不同：在低速范围内，大、小两个重锤的离心力都作用在滑阀上；在高速范围内，只有小重锤的离心力继续作用在滑阀上。复锤式速度调压阀的输出信号油压出现不同的两个阶段，所以这种速度阀也称为两级式速度阀，而把单锤式速度阀称为单级式速度阀。

复锤式速度调压阀的结构特点是大、小重锤和滑阀布置在变速器输出轴的两侧，通过拉杆相连。大重锤是个套筒，当输出轴旋转时，在离心力作用下，它能在阀体内沿轴线方向滑动。在其内部，通过弹簧将离心力传给小重锤。两重锤的离心力又通过拉杆传递给在输出轴另一侧的滑阀。大、小重锤在甩动外移时,其移动距离受锁止环的限制。这种复锤式速度调压阀的信号油压,可以在较大的车速范围内满足换挡控制的要求。

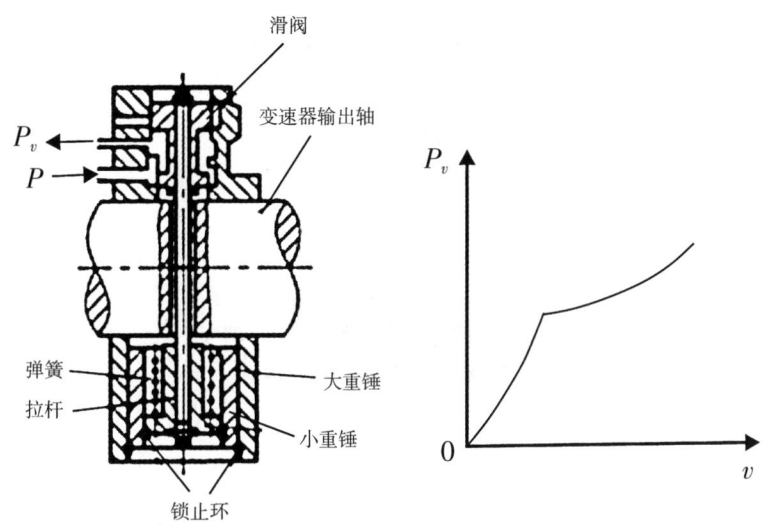

图 2-84　复锤式速度调压阀结构简图

(4) 手动阀

手动阀又称选挡阀,是一种手动控制的多路换向阀,位于控制系统的阀板总成中,经机械传动机构和自动变速器的操纵手柄相连,由驾驶员手动操作。根据自动变速器操纵手柄的位置,使自动变速器处于不同的挡位状态。

手动阀的结构由几段直径相同的阀芯组成,控制阀体上不同油道的开通和关闭。手动阀所处的位置与选挡手柄的位置相同,手动阀的进油口与主油路调压阀相通,出油口与各换挡阀、顺序动作阀等相通,如图 2-85 所示。

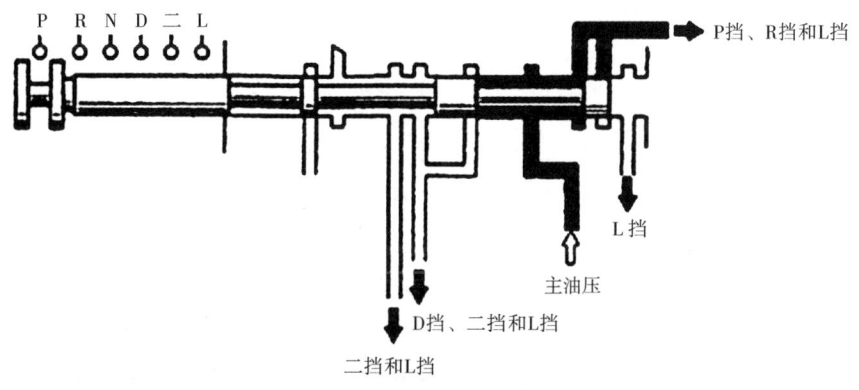

图 2-85　手动阀的结构及工作原理

(5) 换挡控制阀

换挡控制阀(简称换挡阀)是一个二位换向阀,如图 2-86 所示。它根据发动机负荷或车速的变化,自动控制挡位的升降,使自动变速器处于最适合汽车行驶状态的挡位上。

自动变速器都有一个或几个换挡制阀，其数目根据变速器前进挡位数而定。

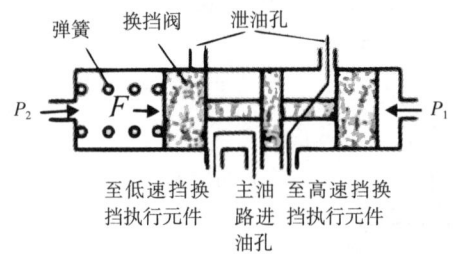

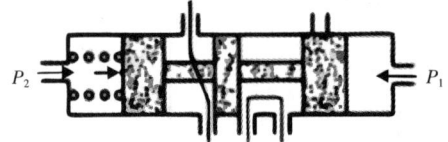

图 2-86 换挡阀工作原理

电控液力自动变速器换挡阀的工作完全由换挡电磁阀控制。其控制方式有两种：一种是泄压控制，即通过开启或关闭换挡阀控制油路的泄油孔来控制换挡阀的工作；另一种是加压控制，即通过开启或关闭换挡阀控制油路的进油孔来控制换挡阀的工作。

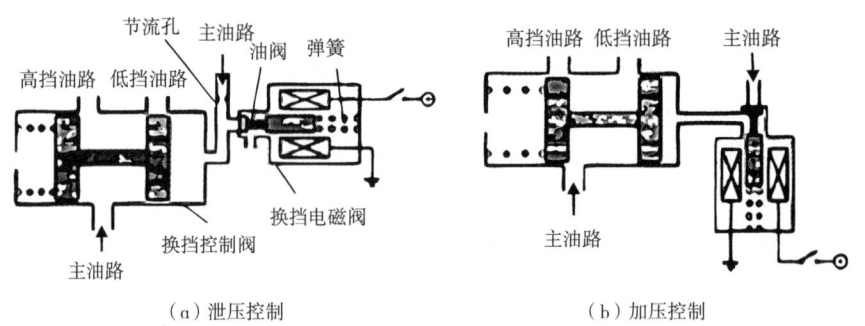

图 2-87 换挡控制阀和换挡电磁阀

泄压控制方式工作原理如图 2-87（a）所示，换挡电磁阀不通电时，油阀关闭，主油路油压经节流孔后加在换挡控制阀的右侧，于是柱塞左移，主油路与高挡油路接通，此时为高挡状态。换挡电磁阀通电时，油阀打开，主油路油压经节流孔后，再经油阀泄压，柱塞右侧压力下降，柱塞右移，主油路与低挡油路接通，此时为低挡状态。

加压控制方式工作原理如图 2-87（b）所示，换挡电磁阀不通电时，油阀关闭，柱塞在弹簧的弹力作用下右移，主油路与低挡油路接通，此时为低挡状态。换挡电磁阀通电时，油阀打开，主油路油压进入柱塞右侧，柱塞左移，主油路与高挡油路接通，此时为高挡状态。

另外，在一些自动变速器中还装有强制降挡阀。强制降挡阀用于节气门全开或接近全开时，强制性地将自动变速器降低一个挡位，以获得良好的加速性能。

强制降挡阀主要有两种类型。一种类似于节气门阀，由控制节气门阀的节气门拉索和节气门阀凸轮控制其工作，如图 2-88（a）所示；另一种强制降挡阀采用的是电磁阀，由安装在加速踏板上的强制降挡开关控制，如图 2-88（b）所示。

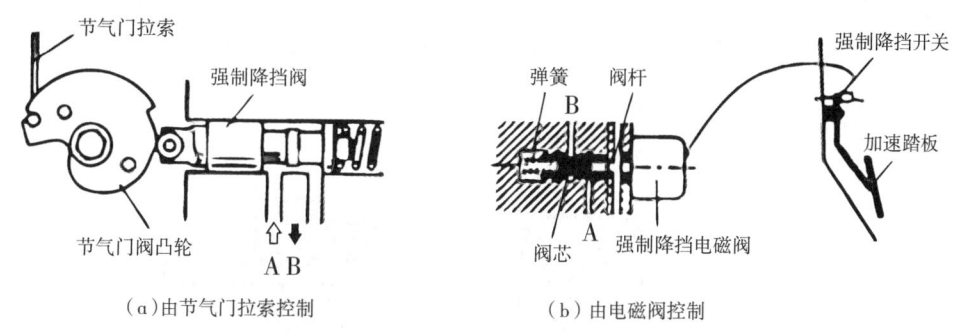

图 2-88 强制降挡阀

(6) 锁止离合器控制阀

目前许多新型电子控制自动变速器采用脉冲线性电磁阀作为锁止电磁阀，如图 2-89 所示。当作用在锁止电磁阀上的脉冲电信号的占空比为 0 时，电磁阀关闭，没有油压作用在锁止离合器控制阀右端，此时锁止离合器活塞左右两侧的油压相同，锁止离合器处于分离状态；当作用在锁止电磁阀上的脉冲电信号的占空比较小时，电磁阀的开度、作用在锁止离合器控制阀右端的油压以及锁止控制阀左移打开的排油孔开度均较小，锁止离合器活塞左右两侧油压差以及由此而产生的锁止离合器接合力也较小，使锁止离合器处于半接合状态。脉冲电信号的占空比越大，锁止离合器左右两侧的油压差以及锁止离合器的接合力也越大。当脉冲电信号的占空比达到一定数值时，锁止离合器即可完全接合。这样，ECU 在控制锁止离合器接合时，可以通过电磁阀来调节其接合力和接合速度，让接合力逐渐增大，使接合过程更加柔和。

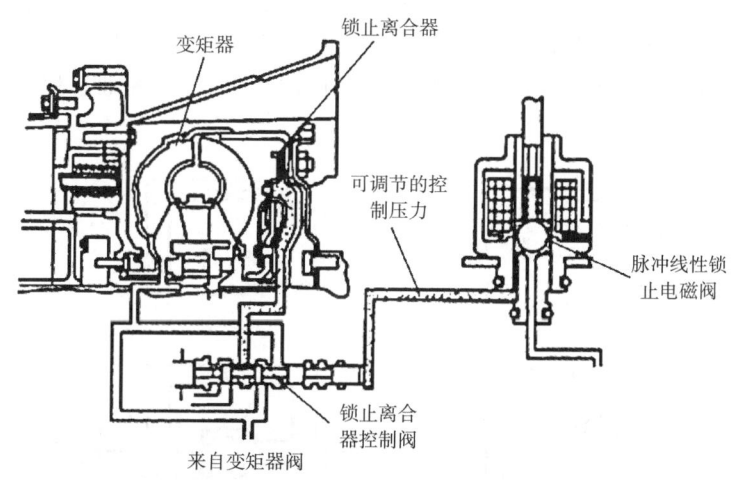

图 2-89 锁止离合器控制阀工作原理

(7) 蓄能器

蓄能器又称蓄压器或储能器。自动变速器控制系统中采用的一般是弹簧式蓄能器，它由缸筒、活塞和弹簧组成，蓄能器可以只在活塞无弹簧的一侧进油，也可以从活塞两侧都进油。图2-90所示为在油路中设置了蓄能器和带式制动器的工作情况示意图。蓄能器使制动器接合平稳、时机合适，减小了接合冲击。由于蓄能器在系统中提供了额外的油量，制动器液压活塞往回运动的速率减慢，使制动器放松的速率减缓。

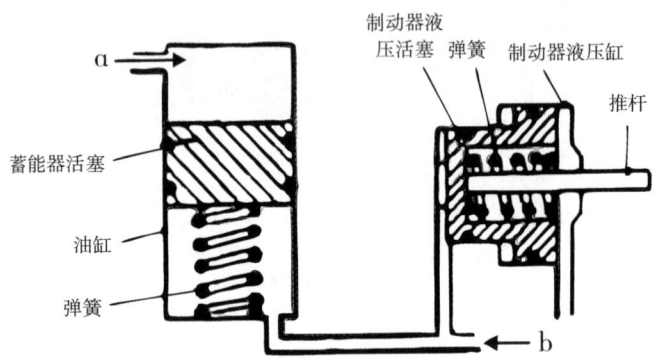

a—来自油泵的主油路压力；b—来自换挡阀的主油路压力。

图2-90　蓄能器工作情况示意图

(8) 单向节流阀

单向节流阀布置在换挡阀至换挡执行元件之间的油路中。其作用是对流向换挡执行元件的液压油产生节流作用，在换挡执行元件接合时降低油压增大的速率，以减小换挡冲击；在换挡执行元件分离时，单向节流阀对换挡执行元件的泄油不产生节流作用，以加快泄油过程，使换挡执行元件迅速分离。

单向节流阀有两种形式：一种是弹簧节流阀式，如图2-91（a）所示。在充油时，节流阀关闭，液压油只能从节流阀中的节流孔通过，从而产生节流效应；在回油时，液压油将节流阀推开，节流孔不起作用。另一种是球阀节流孔式，如图2-91（b）所示。在充油时，球阀关闭，液压油只能从球阀旁的节流孔经过，减缓了充油过程；回油时，球阀开启，加快了回油过程。

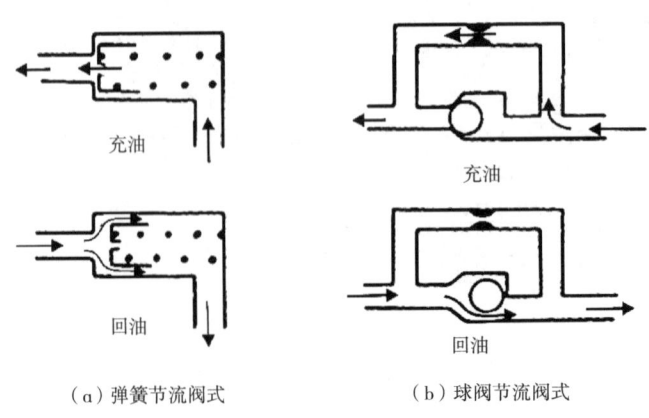

（a）弹簧节流阀式　　　（b）球阀节流阀式

图2-91　单向节流阀

2.4.7 自动变速器电子控制系统

电子控制系统由电子控制装置和阀板两大部分组成。无论是控制原理还是控制过程，与传统的液压控制系统相比，都有很大的不同，越来越多轿车的自动变速器目前采用这种控制系统。

电子控制装置是利用电子自动控制的原理，通过传感器将汽车行驶速度和发动机负荷等参数转变为电信号。电脑根据这些电信号作出是否需要换挡的判断，并按照设定的控制程序发出换挡指令，操纵各种电磁阀（换挡电磁阀、油压电磁阀等）去控制阀板总成中各个控制阀的工作（接通或切断换挡控制油路），驱动离合器、制动器、锁止离合器等液力执行元件，从而实现对自动变速器的全面控制。

电控液力自动变速器电子控制系统分为输入装置、电子控制单元（ECU）和执行器三部分。输入装置将信号传给 ECU，ECU 控制执行器工作进行换挡。

1. 输入装置。

电控液力自动变速器的输入装置由各种传感器和相应的开关信号组成，主要有：车速传感器、输入轴转速传感器、节气门位置传感器、油温传感器、油压传感器、换挡规律选择开关、空挡启动开关、制动开关、超速挡开关等。由于各种汽车控制系统的装备不一样，因此传感器的数量和品种有所区别。

（1）车速传感器

安装在自动变速器输出轴附近，与在发动机控制上用的转速传感器结构和原理都相同，用于检测自动变速器输出轴的转速，电脑根据车速传感器的信号计算出车速，作为其换挡控制的依据。车速传感器有三种形式：电磁式、霍尔式和光电式，用来产生与车速成正比的频率信号，送至 ECU，作为确定换挡点和变矩器锁止时机的基本依据信号之一，来代替液控自动变速器中的调速阀。图 2-92 所示为电磁式，通常安装在变速器的壳体上，在变速器的输出轴上安装一个齿轮，随输出轴一起旋转，在传感器线圈中产生信号而检测车速。

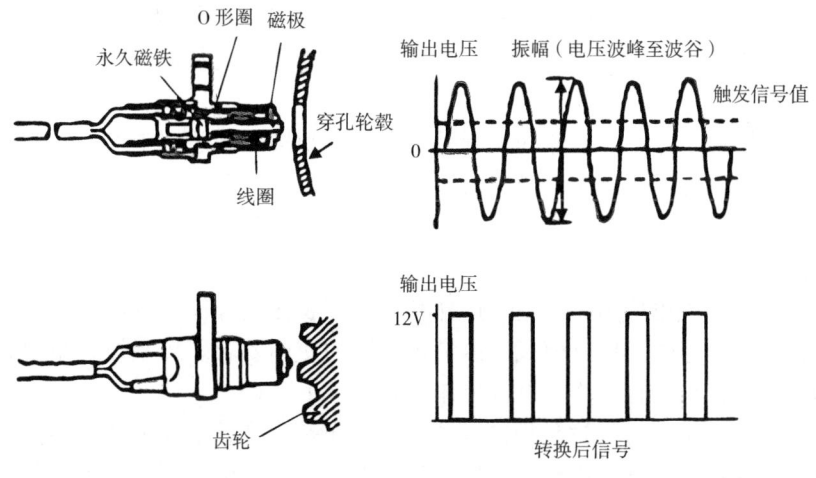

图 2-92 车速传感器

(2) 输入轴转速传感器

输入轴转速传感器结构、工作原理与车速传感器相同。它安装在行星齿轮变速器的输入轴或与输入轴连接的离合器鼓附近的壳体上（如图2-93），用于检测输入轴转速，并将信号送入电脑，使电脑更精确地控制换挡过程。此外，电脑还将该信号和来自发动机控制系统的发动机转速信号进行比较，计算出变矩器的传动比，使油路压力控制过程和锁止离合器控制过程得到进一步优化，以改善换挡感觉，提高汽车的行驶性能。

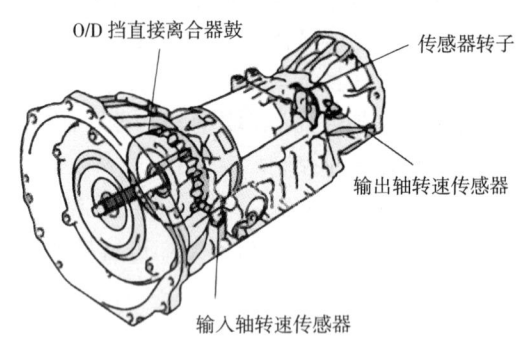

图 2-93 输入轴转速传感器

(3) 节气门位置传感器

与电控发动机共用一个，它提供自动变速器的主要控制信号，作为确定换挡点和变矩器锁止时机的基本依据信号之一。其类型、结构和原理与发动机控制用的相同。

(4) 油温传感器

在电控液力自动变速器中，油温传感器都采用负温度系数热敏电阻器。一般安装在自动变速器油底壳内的阀板上，传感器完全浸没在变速器的油液中，其电阻值随温度上升而下降。它用于检测自动变速器液压油的温度，作为 ECU 帮助控制换挡品质、油压控制和锁止离合器控制的依据，因为变速器油液的特性会随油温而变化。

(5) 油压传感器

它是主要反映液压回路油压大小的感应元件，在电控液力自动变速器采用压力传感器的目的主要是把多片离合器和伺服油缸的工作状态输入 ECU，从而判断是否需要调节主回路油压。

除上述传感器外，自动变速器的控制系统还将发动机控制系统中的一些信号，如发动机转速信号、发动机冷却液温度信号、大气压力信号、进气温度信号等，作为控制自动变速器的参考信号。

(6) 换挡规律选择开关

换挡规律选择开关也称为驱动模式选择开关，安装在组合仪表盘或选挡操纵手柄支架上。用来选择自动变速器的控制模式，以满足不同的使用要求。控制模式主要是指自动变速器的换挡规律。常见的自动变速器的控制模式有以下几种：

①经济模式（economy）：这种控制模式是以汽车获得最佳的燃油经济性为目标来设计换挡规律的。在这种模式下工作时，其换挡规律应能使发动机在汽车行驶过程中经常处在经济转速范围内运转，提高了燃油经济性。

②动力模式（power）：在这种模式下，自动变速器的换挡规律能使发动机在汽车行驶过程中经常处在大功率范围内运转。计算机指令压力控制电磁阀让主回路油压更高，防止多片离合器和制动带打滑。当变速器提升到下一个更高挡位时，计算机命令延长换挡时间来提供汽车更大的加速度，提高了汽车的动力性和爬坡能力。

③标准模式（normal）：在这种模式下工作时，换挡规律介于经济模式和动力模式之间，兼顾了动力性和经济性。

（7）空挡启动开关

此开关的功用是当选挡操纵手柄拨到停车挡P或空挡N时，发动机才能被启动。

（8）制动灯开关

其安装在制动踏板下面的支架上，当踩下制动踏板时，制动开关接通，ECU接收到高电平信号，此时ECU立即发出解除液力变矩器锁止的指令，解除锁止离合器的接合，防止突然制动时发动机熄火。

（9）超速挡开关

控制自动变速器能否升到超速挡。一般为按钮式，设在选挡操纵手柄上。

2. 电子控制单元。

电子控制单元（ECU）根据传感器传来的电信号（车速和发动机负荷等参数转变的电信号），按照设定的换挡程序对这些信号进行比较计算，作出是否需要换挡的判断。当需要换挡时通过电磁阀操纵液压的换挡阀去控制执行装置（换挡离合器和换挡制动器等）的油路，实现换挡。

在ECU的存储器中，存储了理想的换挡规律和执行的逻辑程序，它们提供了最佳换挡时刻，而且可以设置多种换挡规律，来满足汽车不同使用工况下的最佳换挡点。

不同的车型会有不同的换挡规律，通常轿车都设置了两种以上的换挡规律模式。它包括经济模式（economy）、动力模式（power）、标准模式（normal）。

将不同节气门开度和车速下的换挡点绘成曲线即为换挡图，典型自动换挡图见图2-94。图中实线为升挡线，虚线为降挡线。节气门开度越小，汽车的升挡车速和降挡车速越低；反之，节气门开度越大，汽车的升挡车速和降挡车速越高。

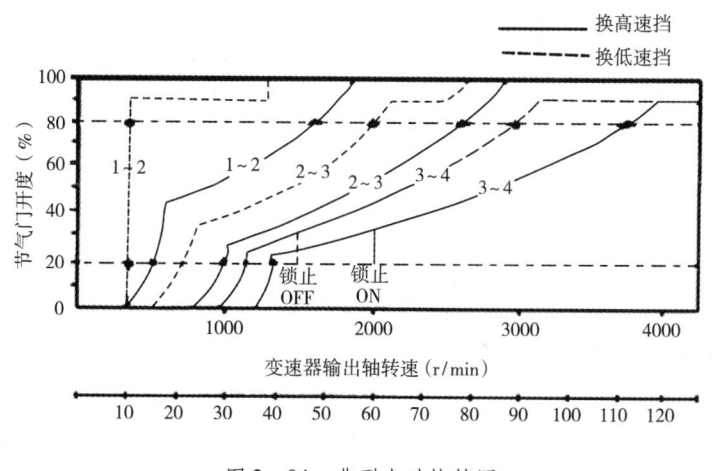

图2-94 典型自动换挡图

自动变速器 ECU 还可以实现以下的功能：失效保护、换挡的适应性、故障的诊断能力等。

3. 执行器。

电子控制装置中的执行器是各种电磁阀。常见的有开关式电磁阀和脉冲线性式电磁阀两种。

(1) 开关式电磁阀

开关式电磁阀作用是开启或关闭液压油路，通常用于控制换挡阀及变矩器锁止控制阀的工作。开关式电磁阀由电磁线圈、衔铁、回位弹簧、阀芯和阀球所组成，见图 2-95。它有两种工作方式：一种是让某一条油路保持油压或泄空，如图 2-95 (a) 所示，即当电磁线圈不通电时，阀芯被油压推开，打开泄油孔，该油路的液压油经电磁阀泄空，油路压力为零，当电磁线圈通电时，电磁阀使阀芯下移，关闭泄油孔，使油路油压上升；另一种是开启或关闭某一条油路，即当电磁线圈不通电时，油压将阀芯推开，阀球在油压作用下关闭泄油孔，打开进油孔，使主油路压力油进入控制油道，如图 2-95 (b) 所示，当电磁线圈通电时，电磁力使阀芯下移，推动阀球关闭进油孔，打开泄油孔，控制油道内的压力油由泄油孔泄空，如图 2-95 (c) 所示。

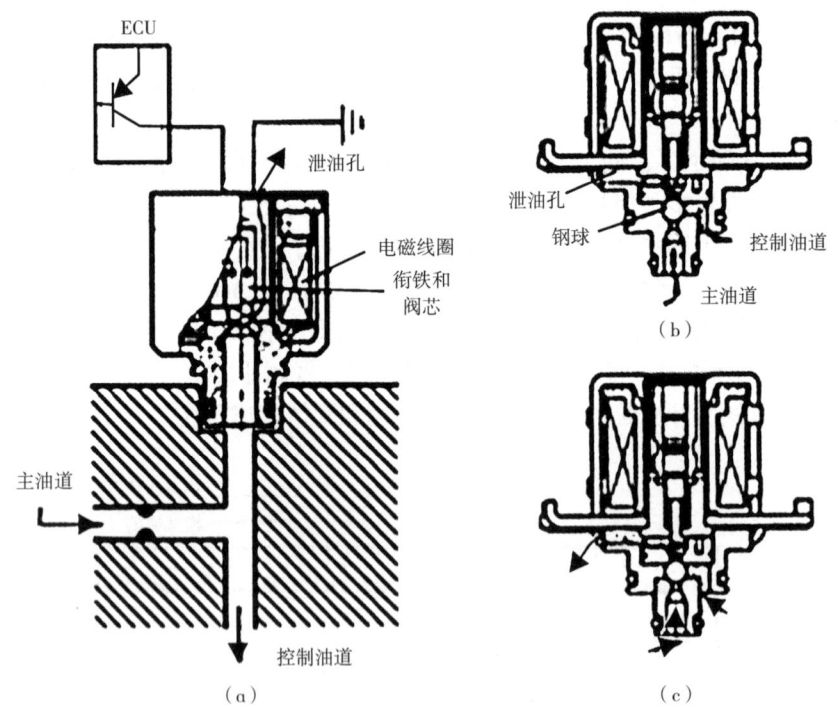

图 2-95 开关式电磁阀

换挡电磁阀的结构见图 2-96。它实际上是一种常开的两位两通电磁阀，即断电时通道是打开的，当通电时，通道关闭。当然它也可以是一种常闭的两位两通电磁阀，那么工作状态正好相反。通过两位两通电磁阀的通/断电的变化，就能实现换挡阀位置变化，从而实现升降挡。目前大部分的电控变速器的换挡电磁阀都采用这种结构。

·项目2 汽车传动系统的结构与原理·

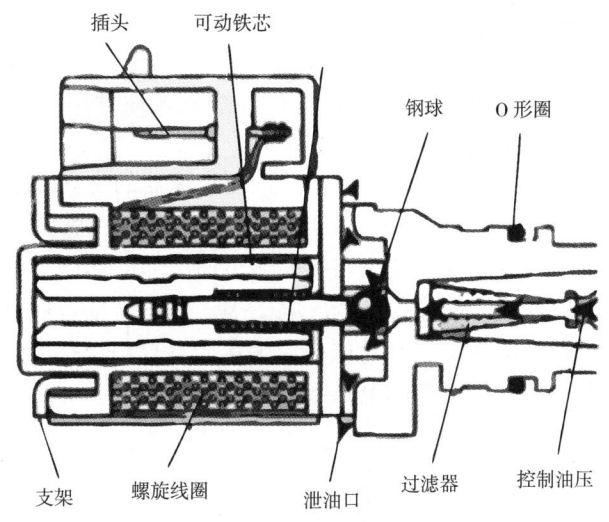

图 2-96 换挡电磁阀

（2）脉冲线性式电磁阀

脉冲线性式电磁阀结构与开关式相似，也是由电磁线圈、衔铁、阀芯或滑阀等组成（如图 2-97 所示）。它通常用来控制油路中的油压。当电磁线圈通电时，电磁力使阀芯或滑阀开启，液压油经泄油孔排出，油路压力随之下降。当电磁线圈断电时，阀芯或滑阀在弹簧弹力的作用下将泄油孔关闭，使油路压力上升。

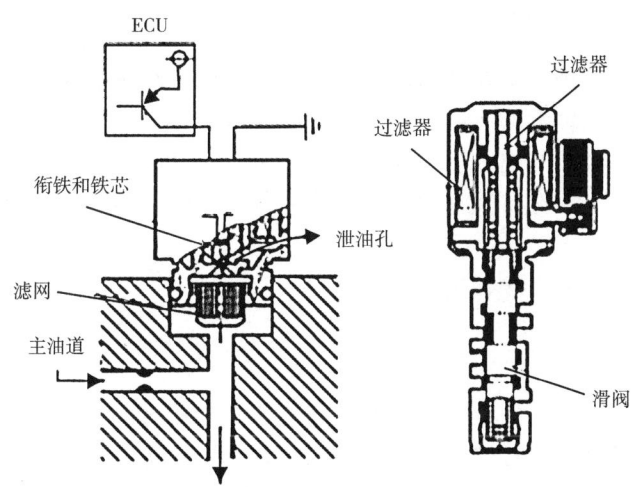

（a）普通的脉冲线性式电磁阀　　（b）带润滑的脉冲线性式电磁阀

图 2-97 脉冲线性式电磁阀

脉冲线性式电磁阀和开关式电磁阀的不同之处在于控制它的电信号不是恒定不变的电压信号，而是一个固定频率的脉冲电信号。电磁阀在脉冲电信号的作用下不断反复地开启和关闭泄油孔，电脑通过改变每个脉冲周期内电流接通和断开的时间比率（称为占空比，变化范围为0~100%),改变电磁阀开启和关闭时间的比率,来控制油路的压力。占空比越大,经电磁阀泄出的液压油越多,油路压力就越低。脉冲线性式电磁阀一般安装在主油路或减振器背压油路上,电脑通过这种电磁阀在自动变速器升挡或降挡的瞬间使油压下降,进一步减少换挡冲击,使挡位的变换更加柔和。

压力控制电磁阀根据流经线圈的电流大小,控制变速器的主回路油压,其输出特性曲线见图2-98。当电流增大时,由线圈产生的磁力,推动柱塞克服弹簧力进一步离开泄油口,增大电流,泄油口的开度增大,使主回路的输出油压降低。调节过的主回路油压和电流成反比。计算机根据各种输入信号控制调压电磁阀,这些信号包括节气门开度、油液温度、进气歧管绝对压力和挡位状态。ECU根据以上信号计算出与控制的目标油压相适应的占空比,输出相应的占空比信号来控制电磁阀线圈的通电。

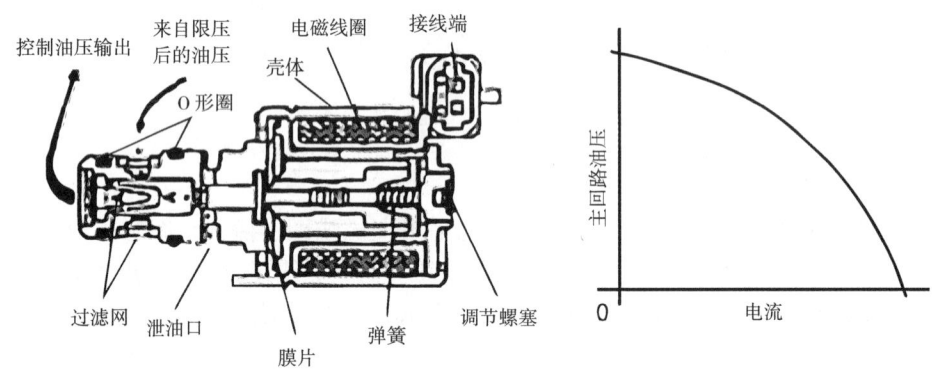

图2-98 压力控制电磁阀和输出特性曲线

当送给压力控制电磁阀一个较高的占空比信号,那么电磁阀线圈就得到一个较大的电流,压力电磁阀就产生比较大的泄油口,使主油路的油压降低。相反,使主油路的油压升高。占空比信号主要受到节气门开度的影响,并且和节气门开度成反比,当节气门开度增加,ECU通过减小占空比,从而减小输送到压力控制电磁阀的平均电流。

2.4.8 其他类型自动变速器

1. CVT无级变速器。

相比普通自动变速器,能连续换挡的无级变速器(简称CVT),能够更好地解决传动系统和发动机工况的匹配问题,提高整车的燃油经济性和动力性,得到了很快的发展。CVT在燃油经济性、汽车动力性、排放和传动效率以及成本等方面均优于液力机械自动变速器。

(1) CVT基本结构

图2-99所示为奥迪01J金属带式无级变速器,它将轿车传动系统的离合器、变速器、主减速器及差速器等装配成一个整体结构,由金属传动带、主动滑轮、从动滑轮、离合器和控制系统等组成。其动力传递路线是:发动机→动力输入轴→离合器→辅助减速齿轮→主动滑轮→金属传动带→从动滑轮→主减速器→差速器→半轴→驱动轮。

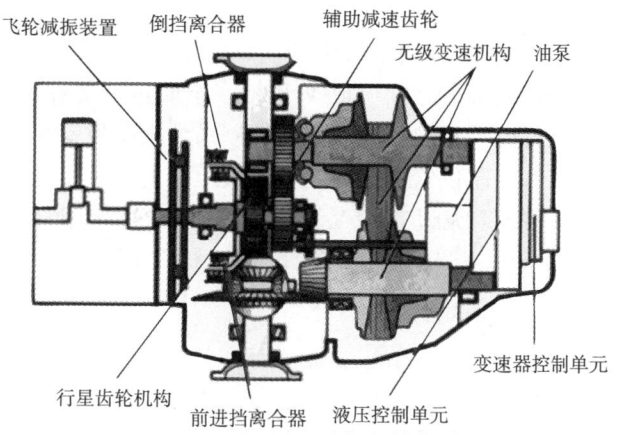

图 2-99　奥迪 01J 无级变速器结构

金属传动带结构如图 2-100 所示，由多个（280~400 片）金属片和两组金属环组成。金属传动带是在两侧工作轮挤压力的作用下实现动力传递的。

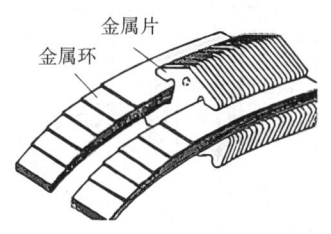

图 2-100　金属传动带的组成

（2）CVT 变速原理

如图 2-101 所示，工作轮的固定部分和可动部分之间形成 V 形槽，金属传动带在槽内与工作轮相啮合。当工作轮的可动部分做轴向移动时，即可改变金属传动带与主、从动工作轮的工作半径，从而改变金属传动带的传动比。主、从动工作轮可动部分的轴向移动是根据汽车的行驶工况，通过液压控制系统进行连续调节而实现无级变速传动的。

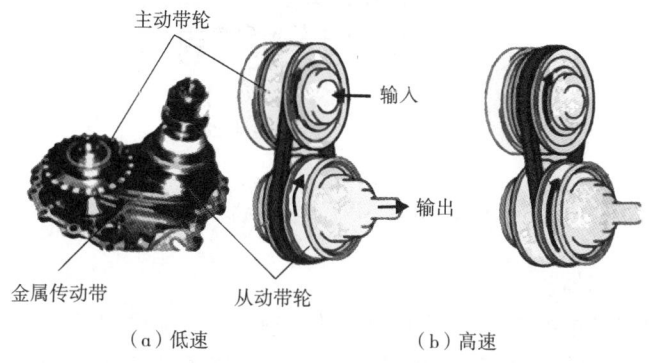

（a）低速　　　　　　（b）高速

图 2-101　CVT 变速原理

(3) CVT 控制系统

如图 2-102 所示,该变速器传动系统中的主、从动带轮均由固定部分和可动部分组成。工作轮的固定部分和可动部分之间形成 V 形槽。金属传动带在槽内与工作轮相啮合,可动锥面盘不能旋转,只可以沿轴向移动。液压控制系统根据发动机节气门开度、发动机转速、传动比等输入信号来控制供给主、从动带轮液压室的油压,调整带轮可动锥面盘的轴向位置,进而改变主动带轮和从动带轮 V 形槽宽度,实现传动比的变化。液压室油压的调整分别由换挡控制阀和压力调节阀来进行。也有的 CVT 可动锥面盘的移动依靠电动机驱动来进行。

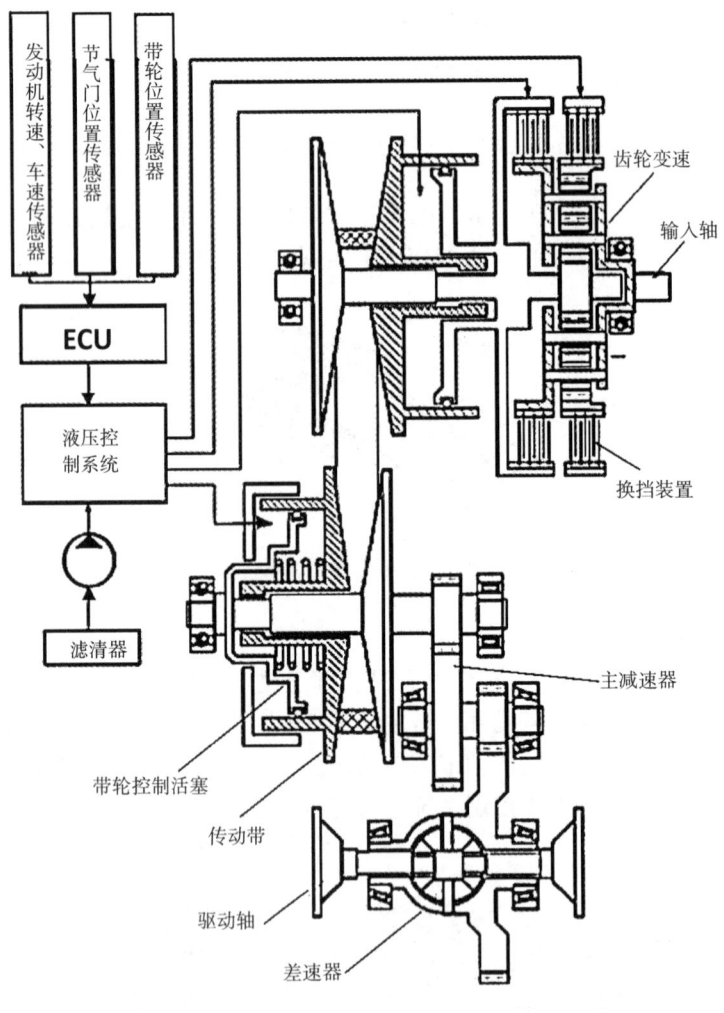

图 2-102 CVT 自动变速器结构

2. DSG 双离合变速器。

DSG 双离合变速器的换挡原理类似于手动变速器,也是通过改变齿轮传动比来变换挡位的,所不同的是升、降挡过程自动控制,并且是由两个离合器来接驳输入动力的。DSG 双离合变速器融合了手动变速器、传统自动变速器的优点,具有换挡效率高、动力几乎无中断的特点，带来更好的燃油经济性。

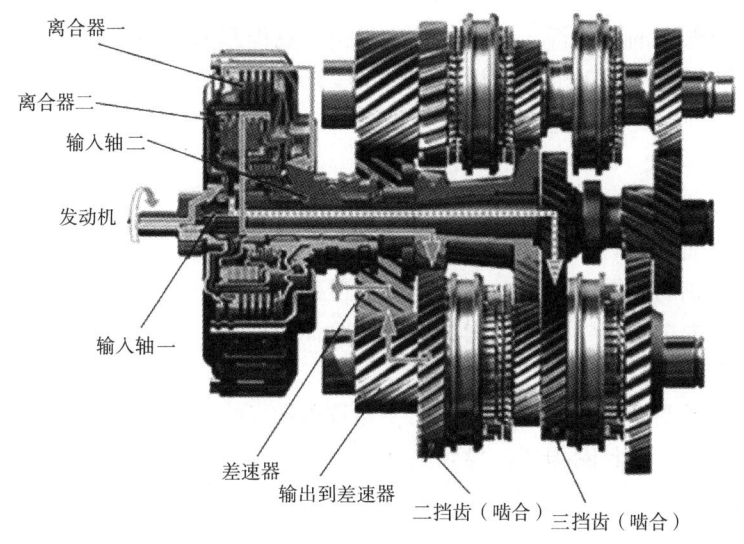

图 2-103　DSG 双离合器变速器结构和工作原理

如图 2-103 所示，DSG 双离合变速器工作时，离合器一负责一挡、三挡、五挡和倒挡，离合器二负责二挡、四挡和六挡。挂上奇数挡时，离合器一接合，输入轴一工作，离合器二分离，输入轴二不工作，即在 DSG 双离合变速器的工作过程中总是有两个挡位是接合的，一个正在工作，另一个则为下一步做好准备。在手动模式下可以进行跳跃降挡：如果起始挡位和最终挡位属于同一个离合器控制，则会通过另一个离合器控制的挡位转换一下，如果起始挡位和最终挡位不属于同一个离合器控制，则可以直接跳跃降至所定挡位。

DSG 变速器的离合器分为湿式和干式两种。

湿式双离合器，其双离合器为一大一小两组同轴安装在一起的多片式离合器。湿式是指双离合器安装于一个充满液压油的封闭油腔里。这种湿式结构具有更好的调节能力和优异的热容性，因此能够传递比较大的扭矩。

干式双离合器，其双离合器由三个尺寸相近的离合器片同轴相叠安装组成。因为它不是像湿式双离合器那样安装于封闭油腔里，所以，被称为干式双离合器。干式双离合器结构简单，因而效率更高。但是干式离合器自身结构的固有特性使它能够承受的最大扭矩比湿式离合器要低。

2.4.9　自动变速器维修常识

自动变速器是由液力变矩器和行星齿轮式自动变速器组合起来的。常见的组成部分有液力变矩器、行星齿轮机构、离合器、制动器、油泵、滤清器、管道、控制阀体、速度调压器等，结构较为复杂，故障原因涉及面广，常见的故障多集中在液压控制系统的堵、漏、卡和执行元件的磨损或失调等方面。

1. 自动变速器打滑。

现象：

（1）起步时踩下油门踏板，发动机转速很快升高但车速升高缓慢。

（2）在行驶过程中踩下油门踏板加速时，发动机转速升高但车速没有很快提高。

（3）上坡加速时无力，且发动机转速很高。

原因：

（1）液压油油面过低。

（2）液压油油面太高，运转中被行星排剧烈搅动后产生大量气泡。

（3）离合器或制动器摩擦片、制动带磨损过甚或烧蚀。

（4）油泵磨损过甚或主油路泄漏，造成油路油压过低。

（5）单向离合器打滑。

（6）离合器或制动器活塞密封圈损坏，导致漏油。

（7）减振器活塞密封圈损坏，导致漏油。

2. 换挡冲击过大。

现象：

（1）起步时，由停车挡或空挡挂入倒挡或前进挡时，汽车振动较严重。

（2）行驶中，在自动变速器升挡的瞬间汽车有较明显的窜动。

原因：

导致自动变速器换挡冲击大的故障原因很多，主要原因在于调整不当、机构元件性能下降或损坏、电子控制系统有故障，具体原因有如下几种：

（1）发动机怠速过高。

（2）节气门拉索或节气门位置传感器调整不当，使主油路油压过高。

（3）升挡过迟。

（4）真空式节气门阀的真空软管破裂或松脱。

（5）主油路调压阀有故障，使主油路油压过高。

（6）减振器活塞卡住，不能起减振作用。

（7）单向阀钢球漏装，换挡执行元件（离合器或制动器）接合过快。

（8）换挡执行元件打滑。

（9）油压电磁阀不工作。

（10）电脑有故障

3. 不能升挡。

现象：

（1）在汽车行驶中，自动变速器始终保持在一挡，不能升入二挡和高速挡。

（2）在行驶中，自动变速器可以升入二挡，但不能升入三挡和超速挡。

原因：

（1）节气门拉索或节气门位置传感器调整不当。

（2）调速器有故障。

（3）调速器油路严重泄漏。

（4）车速传感器有故障。

(5) 二挡制动器或高速挡离合器有故障。
(6) 换挡阀卡滞。
(7) 挡位开关有故障。

4. 跳挡。

现象：

汽车以前进挡行驶时，即使油门踏板保持不动，自动变速器仍会经常出现突然降挡现象；降挡后发动机转速异常升高，并产生换挡冲击。

原因：
(1) 节气门位置传感器有故障。
(2) 车速传感器有故障。
(3) 控制系统电路接地不良。
(4) 换挡电磁阀接触不良。
(5) 电脑有故障。

5. 自动变速器异响。

现象：
(1) 在汽车运转过程中，自动变速器内始终有异常响声。
(2) 在汽车行驶中自动变速器有异响，停车挂空挡后异响消失。

原因：
(1) 油泵因磨损过甚或液压油油面高度过低、过高而产生异响。
(2) 变矩器因锁止离合器、导轮单向离合器等损坏而产生异响。
(3) 行星齿轮机构异响。
(4) 换挡执行元件异响。

思考与练习题

一、判断题

1. 液力变矩器在一定范围内，能自动地、无级地改变传动比和转矩比。（　）
2. 液力耦合器在正常工作时，泵轮转速总是小于涡轮转速。（　）
3. 只有当泵轮与涡轮的转速相等时，液力耦合器才能起传动作用。（　）
4. 液力变速器的变矩作用主要是通过导轮实现的。（　）
5. 一般来说，综合式液力变矩器比普通液力变矩器的传动效率低。（　）
6. 汽车在运行中，液力耦合器可以使发动机与传动系彻底分离。（　）

二、选择题

1. 下列部件属于汽车自动变速器液力变矩器组成部分的是（　）。
A. 飞轮　　　　　　　　　　B. 导轮
C. 涡轮　　　　　　　　　　D. 行星齿轮

2. 汽车液力自动变速器的液力变矩器中，当锁止离合器工作时，下列哪两个部件被连接在一起？（   ）。

A. 太阳轮　　　　　　　　　　B. 行星齿轮

C. 泵轮　　　　　　　　　　　D. 涡轮

3. 行星齿轮机构的主要组成部件是（   ）。

A. 导轮　　　　　　　　　　　B. 行星齿轮

C. 行星架　　　　　　　　　　D. 太阳轮

4. 在行星齿轮机构中，如果太阳轮固定，齿圈输入，行星架输出，那输出轴的运动特点将是（   ）。

A. 减速　　　　　　　　　　　B. 增速

C. 输出与输入同向　　　　　　D. 输出与输入反向

5. 学生 a 说：在未应用变矩器锁止离合器之前，自动变速器在高速状态时，泵轮和涡轮之间产生的滑转现象导致传动效率下降，是配置自动变速器的轿车油耗高的主要原因所在。学生 b 说：自动变速器不但使用方便、安全，而且使用自动变速器可以降低发动机的排放污染。下列说法正确的是（   ）。

A. 只有学生 a 正确　　　　　　B. 只有学生 b 正确

C. 学生 a 和 b 都正确　　　　　D. 学生 a 和 b 都错误

三、简述题

1. 简述液力变矩器传动的优缺点。
2. 行星齿轮变速器的换挡执行元件有哪些？各有何作用？
3. 简述自动变速器的组成和控制原理。
4. 电控自动变速器电子控制系统输入装置产生的信号一般有哪些？
5. 简述自动变速器电子控制系统的工作原理。

2.5　万向传动装置

2.5.1　万向传动装置及在汽车上的应用

在汽车的传动系统中，主动轴和从动轴不在一条直线上的情况很多，它们常常相交成一定的角度，而且交角的大小还经常变化。万向传动装置的功用就是在汽车上任何一对轴线相交且相对位置经常变化的两轴之间传递动力。万向传动装置在汽车上主要用于：

1. 连接变速器与驱动桥。

对于发动机前置后轮驱动的汽车，变速器常与发动机、离合器连成一体支承在车架上。而驱动桥则通过弹性悬架与车架连接。变速器输出轴的轴线与驱动桥的输入轴轴线难以布置得重合，并且在汽车的行驶过程中，由于不平路面冲击等因素，弹性悬架系统产生振动，使两轴相对位置经常变化，故变速器的输出轴与驱动桥的输入轴不可能刚性连接，而必须采用一般由两个万向节和一根传动轴组成的万向传动装置，见图 2-104（a）。

在变速器与驱动桥距离较远的情况下，为避免因传动轴过长而产生的自振，提高传动轴的临界转速和工作的可靠性，还应将传动轴分成两段，即主传动轴和中间传动轴，用三个十字轴万向节，且在中间传动轴后端设置了中间支承，见图2-104（b）。

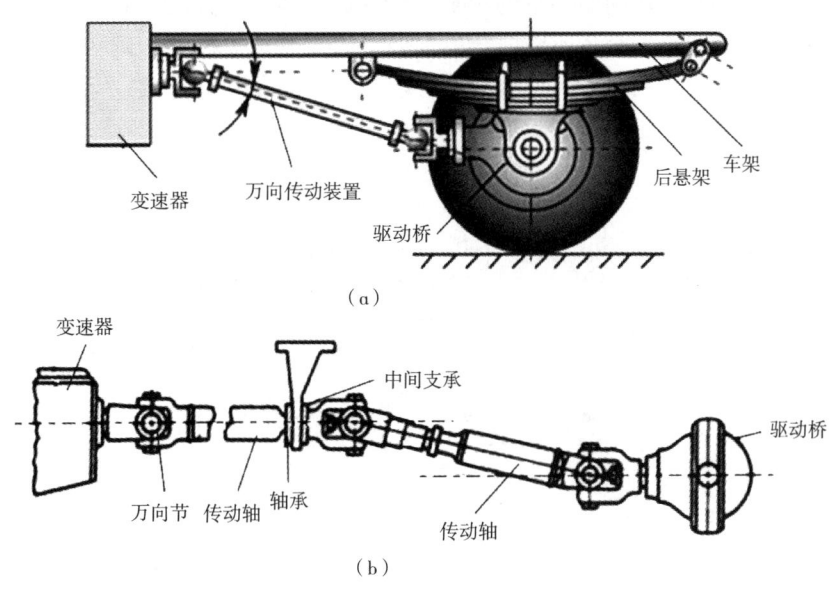

图2-104 变速器与驱动桥之间的万向传动装置

2. 连接变速器与分动器。

对于双轴驱动的越野汽车，当变速器和分动器分开布置时，虽然它们都支承在车架上，而且在设计时，使其轴线重合，但为了消除制造、装配误差以及车架变形对传动的影响，在其间也常设有中间传动轴。而在三轴驱动的越野汽车中，中、后桥的驱动形式有两种，即贯通式和非贯通式，如图2-105所示。为了传递动力，在分动器与转向驱动桥之间又设置了前桥传动轴。

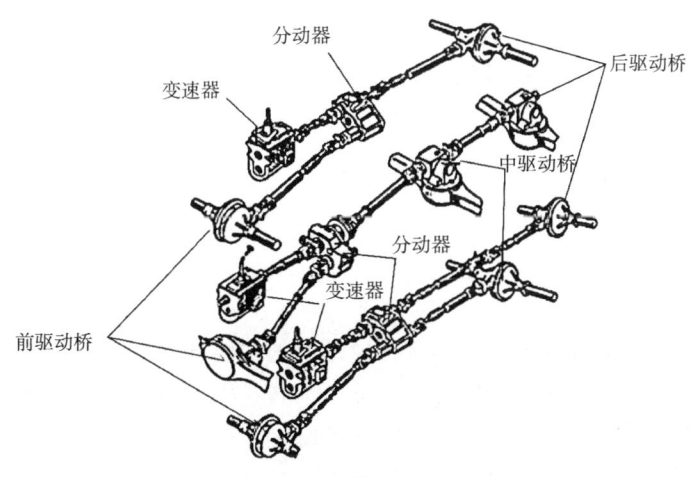

图2-105 用于变速器、分动器、驱动桥之间的万向传动装置

3. 连接断开式驱动桥或转向驱动桥。

对于转向驱动桥，前轮既是转向轮又是驱动轮。作为转向轮，要求它能在最大转角范围内任意偏转某一角度；作为驱动轮，则要求半轴在车轮偏转过程中不间断地把动力从主减速器传到车轮。因此，转向驱动桥的半轴不能制成整体而要分段，且用万向节连接，以适应汽车行驶时半轴各段的交角不断变化的需要。若采用独立悬架，则在靠近主减速器处也需要有万向节，如图 2-106（a）所示；若前驱动轮用非独立悬架，只需在转向轮附近装一个万向节，如图 2-106（b）所示。

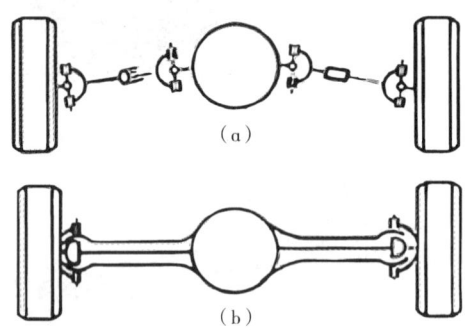

图 2-106　连接断开式驱动桥或转向驱动桥

4. 连接转向操纵机构。

万向传动装置除用于汽车的传动系统外，还可用于动力输出装置和转向操纵机构。由于受整体布置的限制，转向盘轴线与转向器输入轴轴线不能重合，也常设置万向传动装置，如图 2-107 所示。

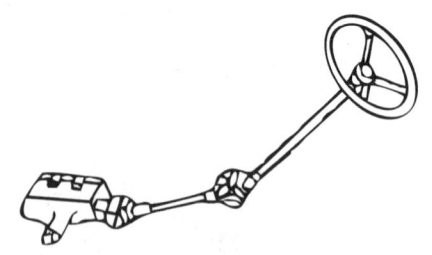

图 2-107　连接转向操纵机构的万向传动装置

2.5.2　刚性万向节

万向节是万向传动装置中实现变角度传递动力的主要部件，按其在扭转方向上是否有明显的弹性，可分为刚性万向节和挠性万向节。前者是靠零件的铰链式连接传递动力，而后者则是靠弹性零件进行动力的传递，且有缓冲减振作用。

刚性万向节按其传动的效果可分为不等速万向节（常用的为十字轴式）、准等速万向节（双联式、三销轴式等）和等速万向节（球叉式、球笼式、自由三枢轴式等）。

1. 不等速万向节。

（1）十字轴式刚性万向节的结构

十字轴式刚性万向节因其构造简单、传动可靠、效率高，且允许两传动轴之间有较大的夹角（一般为15°~20°），故普遍应用于各类汽车的传动系统中。两个节叉上的孔分别活套在十字轴的两对轴颈上，这样当主动轴转动时，从动轴既可以随之转动，又可以绕十字轴中心在任意方向上摆动，如图2-108所示。

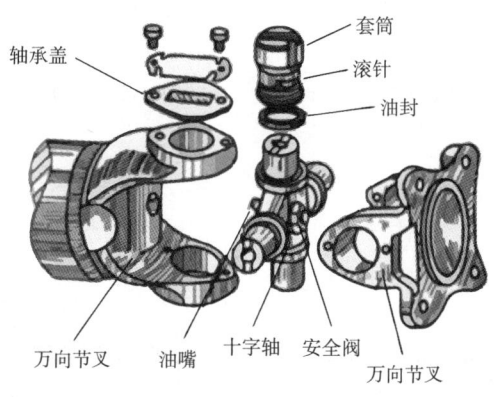

图2-108 十字轴式刚性万向节

为了减小摩擦损失，提高传动效率，在十字轴轴颈和万向节叉孔间装有滚动轴承。为了润滑轴承，十字轴做成空心的，布置有油路通向轴颈。润滑油从注油嘴注入十字轴内腔。为避免润滑油流出及尘垢进入轴承，在十字轴的轴颈上套着装在金属座圈内的毛毡油封。在十字轴的中部还装有带弹簧的安全阀。如果十字轴内腔的润滑油压力大于允许值，安全阀即被顶开而润滑油外溢，使油封不致因油压过高而损坏。

为了提高密封性能，近年来在十字轴式刚性万向节中多采用图2-109所示的橡胶油封。当用注油枪注入润滑油而使内腔油压大于允许值时，多余的润滑油便从橡胶油封内圆表面与十字轴轴颈接触处溢出，故在十字轴上不需要安装安全阀。

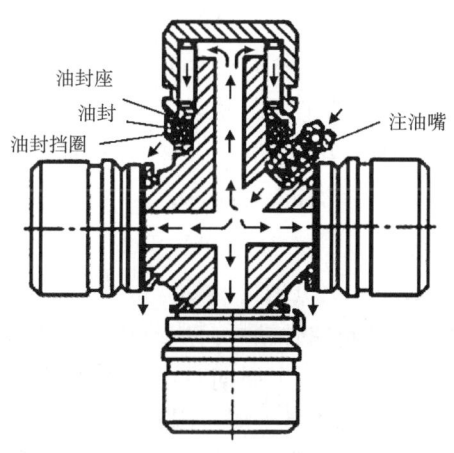

图2-109 十字轴密封油道及密封装置

万向节常见的滚针轴承的轴向定位方式，除上述盖板式外，还有瓦盖式和挡圈固定式。其特点是零件少、结构简单、工作可靠。

(2) 十字轴式刚性万向节的传动特性

十字轴式刚性万向节的结构简单、传动效率较高，但其不足之处是，单个万向节在输入轴和输出轴之间有夹角的情况下，其两轴的角速度不相等，这就是单个万向节的不等速性。下面对单个万向节的不等速性做简单分析。

①主动叉处于垂直位置，十字轴平面与主动叉轴相垂直。设主动叉轴为垂直布置且以 ω_1 等角速旋转，从动叉轴与主动叉轴有一夹角 α，其角速度为 ω_2。十字轴旋转半径 OA 与 OB 相等，均为 r。当万向节转动到图 2-110（a）所示位置时，十字轴上 A 点的线速度 v_A 计算如下。

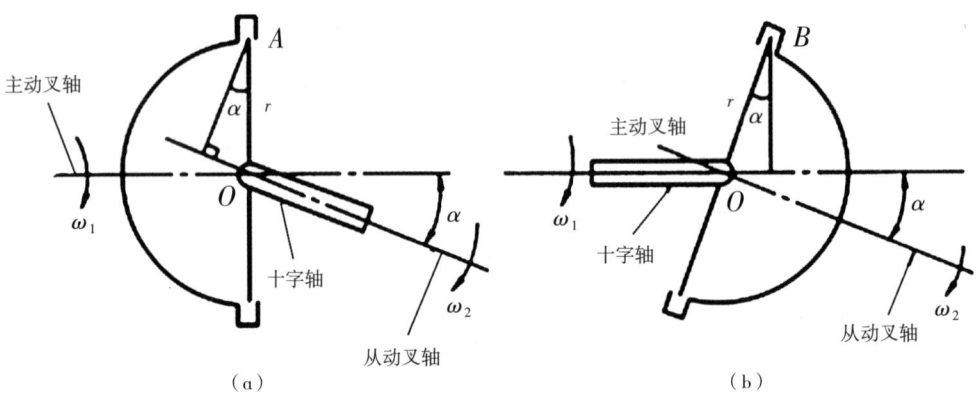

图 2-110 十字轴式刚性万向节传动特性

a. 十字轴随主动叉轴 1 一起转动时

$$v_{A1} = r\omega_1$$

b. 十字轴随从动叉轴 2 一起转动时

$$v_{A2} = r\omega_2\cos\alpha$$

由于 $v_{A1} = v_{A2}$，故有 $\omega_2 = \omega_1/\cos\alpha$，此时 $\omega_2 < \omega_1$。

②主动叉处于水平位置，十字轴平面与从动叉轴相垂直。当万向节再转动 90° 到图 2-110（b）所示位置时，十字轴上 B 点的线速度 v_B 也可视转轴的不同分别求出，有

$$v_{B1} = r\omega\cos\alpha$$

$$v_{B2} = r\omega_2$$

由于 $v_{B1} = v_{B2}$，故有 $\omega_2 = \omega_1\cos\alpha$，此时 $\omega_2 < \omega_1$。

由此可知，当主动叉轴 1 以等角速转动时，从动叉轴 2 是以不等角速转动的。

从动叉轴角速度的变化以 180° 为一个周期，在 180° 内时快时慢，但两轴的平均速度相等，即主动叉轴转一周，从动叉轴也转一周。因此，传动的不等速性是指主动叉轴与从动叉轴在转动一周内的瞬时角速度不能保持相等。并且两轴交角越大，转角差越大，万向节传动的不等速性越严重。

单万向节传动的不等速性，将使从动叉轴及与其相连的传动部件产生扭转振动，从而产生附加的交变载荷，影响零部件的寿命。

(3) 双万向节传动的等速条件

在汽车上，万向传动装置往往采用双十字轴万向节来实现等速传动，但必须满足如下两个条件，如图 2 – 111 所示：

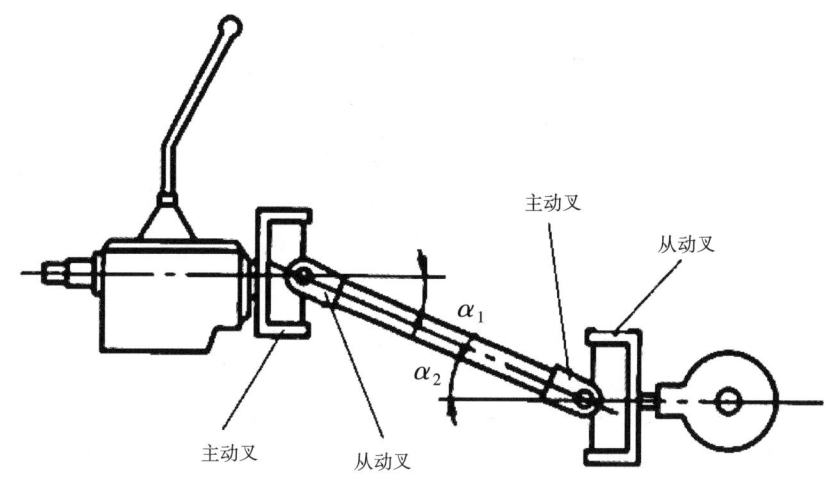

图 2 – 111　双万向节等速传动布置

①万向节两轴间夹角 α_1 与第二万向节两轴间夹角 α_2 相等，即 $\alpha_1 = \alpha_2$；

②传动轴两端的两个万向节叉（即第一万向节的从动叉与第二万向节的主动叉）在同一平面内。

条件②完全可以由传动轴和万向节叉的正确装配来保证，而条件①只有在采用驱动轮独立悬架时，才有可能通过整车的总布置设计和总装配工艺的保证来实现，因为在此情况下，主减速器和变速器的相对位置是固定的。在驱动轮采用非独立悬架时，由于弹性悬架的振动，驱动桥输入轴与变速器输出轴的相对位置不断变化，不可能任何时候都保证 $\alpha_1 = \alpha_2$，因而此时这两个部件之间的万向传动只能做到使传动的不等速性尽可能小。

就每一个万向节而言，只要存在着交角 α_1 或 α_2，万向节在工作过程中内部各零件之间就有相对运动，因而导致摩擦损失，降低传动效率。交角越大，则效率越低。因此，在汽车总布置上，应尽量减小 α_1 和 α_2。

2. 准等速万向节。

准等速万向节是根据上述双万向节实现等速传动的原理而设计的，在结构上使中间轴缩短，从而实现或基本实现等角速度传动。常见的有双联式和三销轴式万向节。

(1) 双联式万向节

双联式万向节实际上是一套传动轴长度缩减到最小的双万向节等速传动装置。图 2 – 112 中的双联叉相当于两个在同一平面的万向节叉。欲使轴一和轴二的角速度相等，应保证 $\alpha_1 = \alpha_2$。为此，在双联式万向节结构中装有分度机构，以使双联叉的对称线平分所连两轴的夹角。

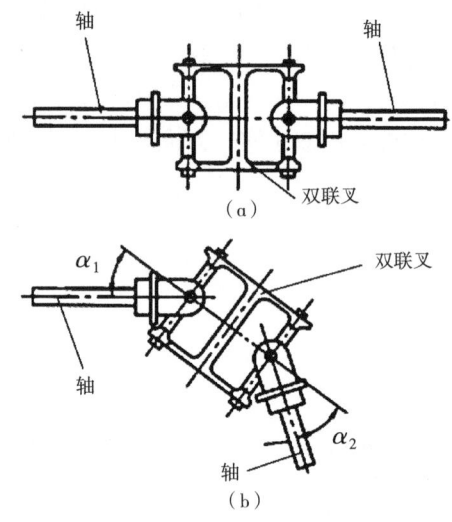

图 2-112　双联式万向节传动布置

图 2-113 所示为双联式万向节的结构实例。当两个万向节叉相对在一定角度范围内摆动时，双联叉也被带动偏转相应角度，使两十字轴中心连线与两万向节叉的轴线交角差值很小，从而保证两轴角速度接近相等，其差值在允许范围内，故双联式万向节具有准等速传动特性。

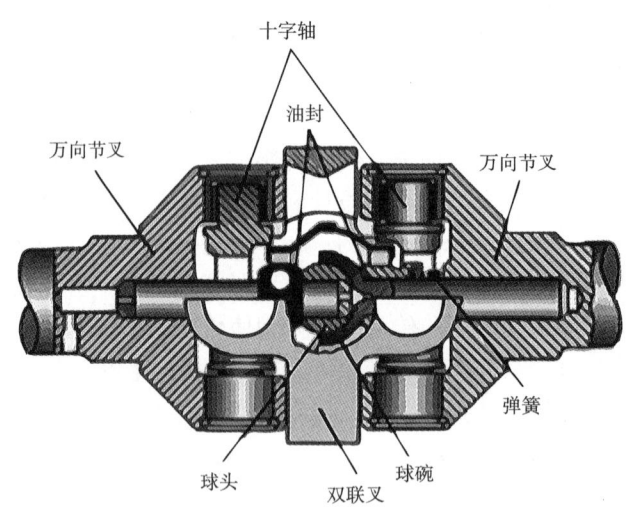

图 2-113　中间有分度机构的双联式十字轴等速万向节

双联式万向节结构简单，允许有较大的轴间夹角，且制造方便、工作可靠，所以在转向驱动桥中的应用逐渐增多。

（2）三销轴式万向节

三销轴式万向节是由双联式万向节演变而来的准等速万向节。其结构见图 2-114。结构上主要有两个偏心轴叉、两个三销轴以及六个轴承和密封件等组成。

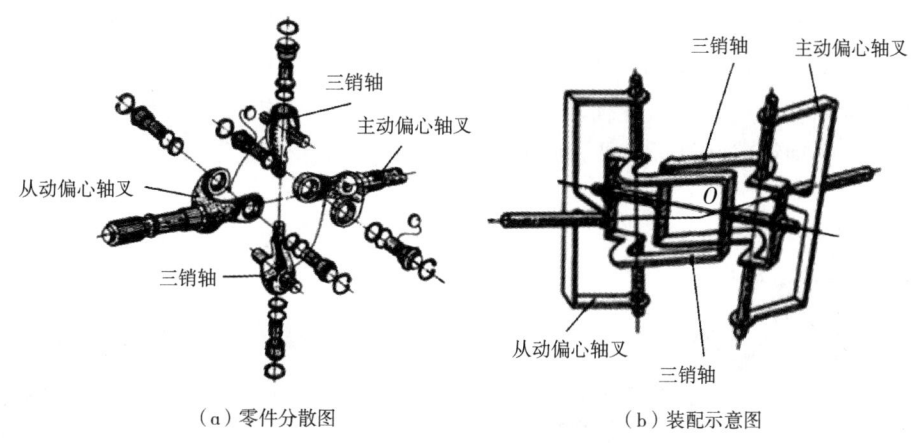

(a) 零件分散图　　　　　　　　　(b) 装配示意图

图 2-114　三销轴式万向节

三销轴式万向节的最大特点是允许相邻两轴有较大的交角，最大可达 45°。它主要用于总质量较大的越野车转向驱动桥，可使汽车获得较小的转弯半径，提高了汽车的机动性。其缺点是所占空间较大。并且由于结构上的原因，无法保证传力点永远处在两轴轴线夹角的平分线上，故它也只能算是准等速万向节。

3. 等速万向节。

等速万向节的基本原理是，从结构上保证万向节在工作过程中的传力点永远位于两轴交角的平分面上。图 2-115 所示为一对大小相同的锥齿轮传动示意图。两齿轮的接触点 P 位于两齿轮轴线交角 α 的角平分面上，由 P 点到两轴的垂直距离都为 r。在 P 点两齿轮的圆周速度是相等的，因而两齿轮旋转的角速度也相等。与此相似，若万向节的传力点在其交角变化时始终位于角平分面上，则可使两万向节叉保持等角速的关系。

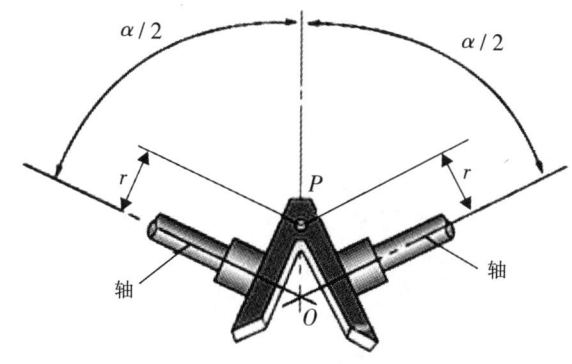

图 2-115　等速万向节的工作原理

目前，汽车上广泛应用的等速万向节有球叉式万向节和球笼式万向节。

(1) 球叉式万向节

球叉式万向节的构造如图 2-116（a）所示。主动叉与从动叉各有四个曲面凹槽，装合后形成两个相交的环形槽作为钢球滚道。四个传动钢球放在凹槽中，中心钢球放在两叉中心的凹槽内，用以定中心，并用锁止销和定位销保证中心钢球的正确位置。

这种结构的等角速度传动原理可由图 2-116（b）来说明：主动叉和从动叉凹槽的中心线是以 O_1、O_2 为圆心的两个半径相等的圆，而圆心 O_1、O_2 与万向节中心 O 的距离相等，因此在主动轴和从动轴以任何角度相交的情况下，传动钢球中心都位于两圆的交点上，亦即所有传动钢球都位于角平分面上，因而保证了等角速传动。

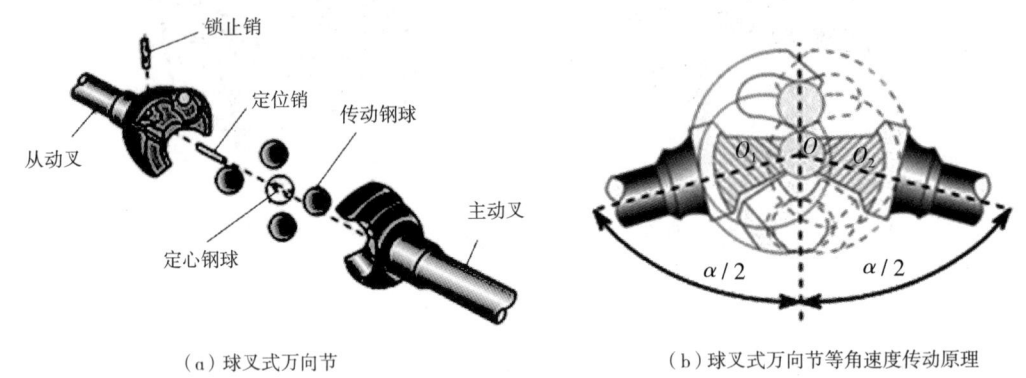

（a）球叉式万向节　　　　　　　　　　（b）球叉式万向节等角速度传动原理

图 2-116　球叉式万向节的工作原理

球叉式万向节结构简单，允许轴间最大交角为 32°~33°，一般应用于转向驱动桥中。

球叉式万向节工作时，只有两个传动钢球传力，反转时，则由另两个钢球传力。因此，钢球与滚道之间接触压力大，磨损快，影响其使用寿命。球叉式万向节多用于中小型越野汽车转向驱动桥。

（2）球笼式万向节

球笼式万向节结构如图 2-117 所示。星形套内以花键与主动轴相连，其外表面有六条凹槽，形成内滚道。球形壳的内表面有相应的六条凹槽，形成外滚道。六个钢球分别装在各条凹槽中，并由保持架（球笼）使之保持在一个平面内。动力由主动轴经钢球、球形壳输出。

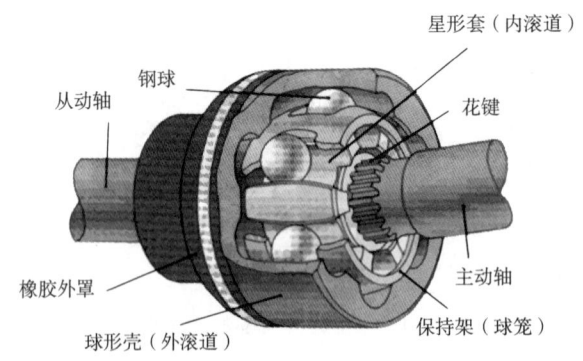

图 2-117　球笼式万向节

球笼式万向节的传动原理如图 2-118 所示。外滚道的中心 A 与内滚道的中心 B 分别位于万向节中心 O 的两边，且与 O 等距离。钢球中心 C 到 A、B 两点的距离相等。保持架的内、外球面及星形套的外球面和球形壳的内球面，均以万向节中心 O 为球心。因此，当两轴交角变化时,保持架可沿内、外球面滑动,以保持钢球在一定位置。

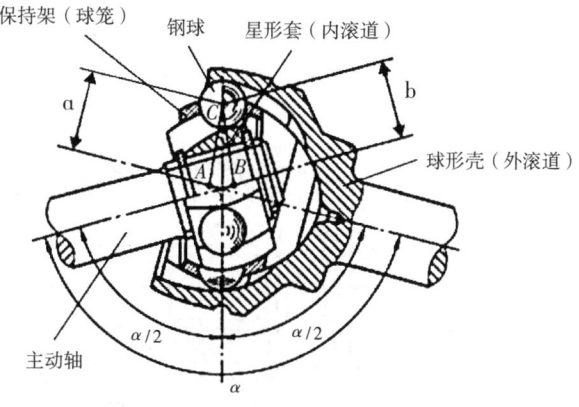

图 2-118 球笼式万向节传动原理

由图 2-118 可见,两轴相交任意角 α 时,其传力钢球 C 都位于交角平分面上。此时,钢球到主动轴和从动轴的距离相等,从而保证从动轴与主动轴以相等的角速度旋转。

球笼式万向节在两轴最大交角达 47°的情况下,仍可传递转矩,且在工作时,无论传动方向如何,六个钢球全部传力。与球叉式万向节相比,它改善了受力状况,其承载能力强,减轻了磨损,且结构紧凑、拆装方便,因此应用越来越广泛。

球笼式万向节按其内、外滚道结构不同又分为伸缩型球笼式万向节(简称 VL 节)和固定型球笼式万向节(简称 RF 节)。

① 伸缩型球笼式万向节(VL 节)的结构如图 2-119 所示。该结构形式的内、外滚道是圆筒形的,在传递转矩过程中,星形套与筒形壳可以沿轴向相对移动,故可省去其他万向传动装置中必须有的滑动花键。这不仅使结构简化,而且由于星形套与筒形壳之间的轴向相对移动是通过钢球沿内、外滚道滚动来实现的,与滑动花键相比,其滑动阻力小,最适用于断开式驱动桥。

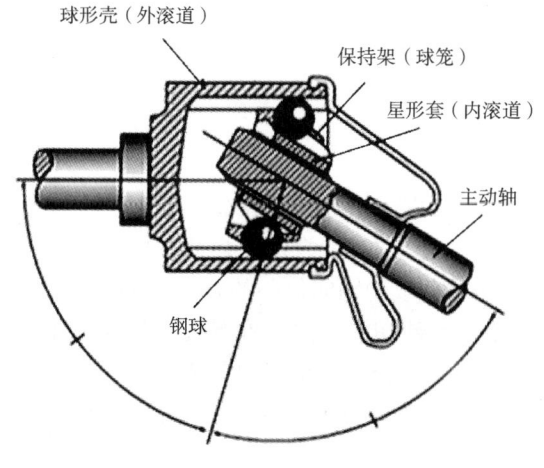

图 2-119 伸缩型球笼式万向节(VL 节)

②固定型球笼式万向节（RF 节）的结构如图 2-120 所示，主要由星形套、球笼、球形壳及钢球等组成。固定型球笼式万向节的偏转夹角较大，但是不能纵向移动。

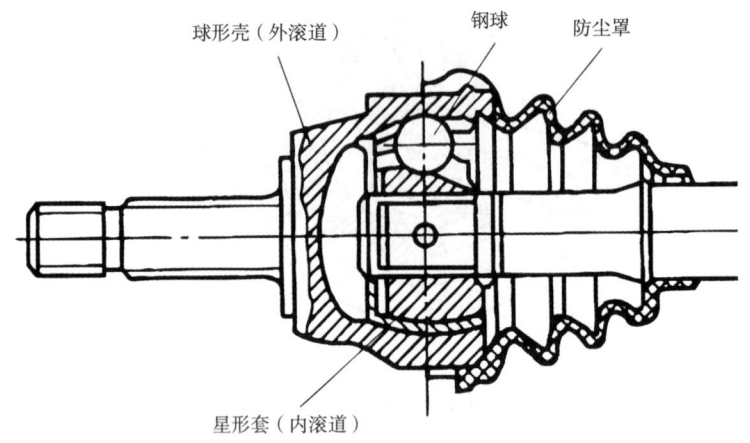

图 2-120　固定型球笼式万向节（RF 节）

伸缩型球笼式万向节（VL 节）在转向驱动桥中均布置在靠差速器的一侧（内侧），而轴向不能伸缩的固定型球笼式万向节（RF 节）则布置在转向节处（外侧），如图 2-121 所示。

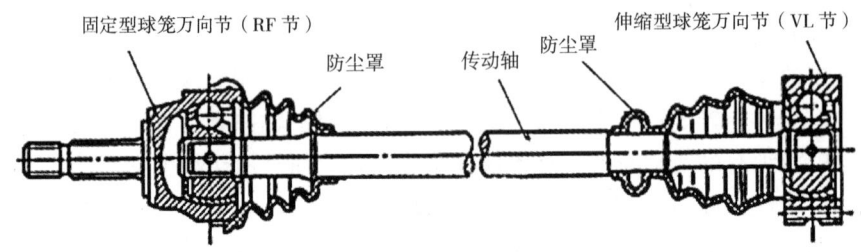

图 2-121　两种球笼式万向节的装置

2.5.3　挠性万向节

挠性万向节的特点是其传力元件采用加布橡胶盘、橡胶块、橡胶环等弹性元件，从而保证在相交两轴间不发生机械干涉。由于弹性件的弹性变形量有限，故挠性万向节一般用于两轴间夹角不大于 3°~5°和只有微量轴向位移的万向传动场合。

挠性万向节不仅结构简单、无须润滑，而且具有缓冲和减振作用。常用它来连接固定安装在车架上的两个部件，以消除制造安装误差和车架变形对传动的不利影响。

图 2-122 所示为部分轿车转向操纵机构中采用的挠性万向节。

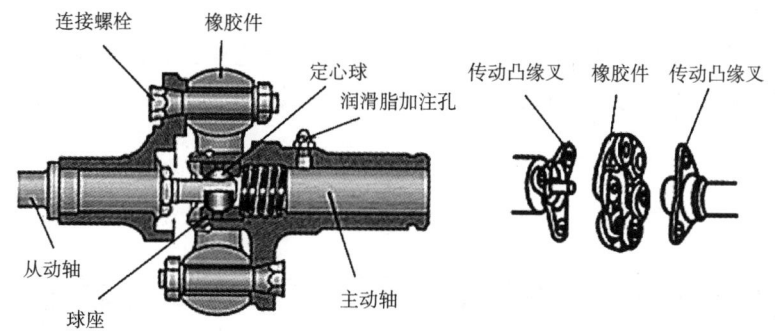

图 2-122 挠性万向节

2.5.4 传动轴和中间支承

1. 传动轴。

传动轴是万向传动装置中的主要传力部件。其通常连接变速器与驱动桥，在转向驱动桥和断开式驱动桥中，则用来连接差速器和驱动轮。

在汽车行驶过程中，变速器与驱动桥的相对位置经常变化。为避免运动干涉，传动轴中设有由滑动叉和花键轴组成的滑动花键连接，以实现传动轴长度的变化。为减少磨损，还装有加注润滑脂的油嘴、油封、堵盖和防尘套，如图 2-123 所示。

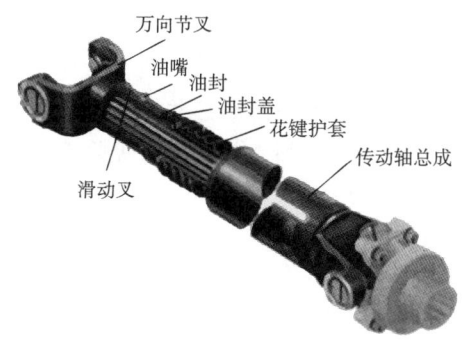

图 2-123 传动轴

传动轴在高速旋转时，由于离心力作用将产生剧烈振动。因此，当传动轴与万向节装配后，必须满足动平衡要求。平衡后，在万向节滑动叉与主传动轴上刻上装配位置标记，以便拆卸后重装时保持两者的相对角位置不变。

对于传动轴，若其长度较长，由于偏心因素等影响，受离心力的作用，将引起传动轴的弓形转动。当传动轴转速达到某一临界转速时，传动轴就会因弓形转动挠度过大而断裂。临界转速由下式决定：

$$n_c = 1.2 \times 10^8 \frac{\sqrt{D^2 + d^2}}{L^2}$$

上式中，D——传动轴的外径；d——传动轴的内径；L——传动轴长度。

由此式可知，在 D 和 L 相同时，将传动轴做成空心轴可以提高临界转速。另外还可知，缩短传动轴的长度 L，也可以提高临界转速，这也是把较长的传动轴分成两段的一个重要原因。故常将传动轴分为两段并加中间支承，前段称中间传动轴，后段称主传动轴，如图 2 – 124 所示。

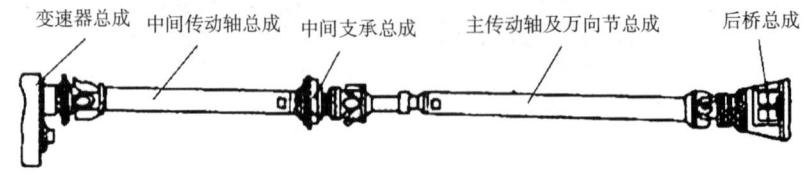

图 2 – 124　传动轴与中间支承

为了得到较高的强度和刚度，传动轴多做成空心的，一般用厚度为 1.5～3.0mm 的薄钢板卷焊而成。超重型货车的传动轴则直接采用无缝钢管。

在转向驱动桥、断开式驱动桥或微型汽车的万向传动装置中，通常将传动轴制成实心轴。

2. 中间支承。

传动轴分段时需加中间支承。通常中间支承安装在车架横梁上，应能补偿传动轴轴向和角度方向的安装误差，以及在车辆行驶过程中由于发动机窜动或车架等变形所引起的位移。

普通中间支承通常用弹性元件来满足上述要求，它主要由轴承及其带油封的盖、支架和使轴承与车架间成弹性连接的弹性元件所组成。如图 2 – 125 所示。轴承可在轴承座内轴向滑动，轴承座装在中间轴承缓冲垫内，通过 U 形支架固定在车架横梁上。由于采用弹性支承，传动轴可在一定范围内向任意方向摆动，并能随轴承一起做适当的轴向移动，因此能有效地补偿安装误差及轴向位移。此外，其还可以吸收振动、减少噪声传导等。这种支承结构简单，效果良好，应用较广泛。

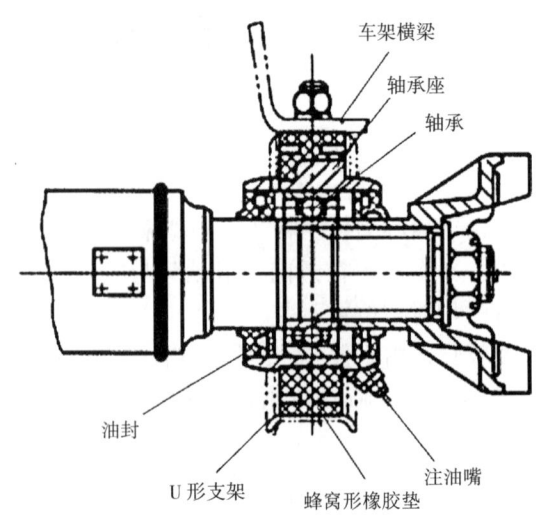

图 2 – 125　东风 EQ1090E 型汽车传动轴中间支承

若中间支承固定在车桥之上时，中间支承需采用图 2-126 所示的结构形式。图中，一对滚锥轴承支撑一小段轴，轴的两端各有一个万向节，这就是四个万向节中间支承结构方案。

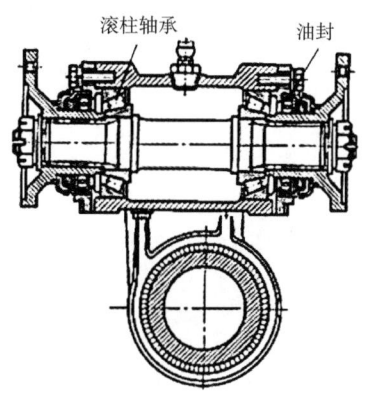

图 2-126　安装在车桥上的中间支承

2.5.5　万向传动装置常见故障及检修

万向传动装置在使用过程中会出现各种损伤，尤其是对于传动轴管长度长、工作条件恶劣、润滑条件极差、行驶在不良道路上的汽车，所受到的冲击载荷的峰值往往会超过正常值的一倍以上，以致造成万向传动装置弯曲、扭转和磨损，产生振动异响等故障，破坏万向传动装置的动平衡特性、速度特性，使万向传动装置技术状况变差、传动效率降低，从而影响汽车的动力性和经济性。

万向传动装置在使用中常见的故障有传动轴振动和噪声、起步撞击及滑行异响等，产生这些故障的主要原因是零件的磨损、动平衡被破坏、材料质量不佳和加工缺陷等方面。

1. 传动轴振动和噪声。

现象：

汽车在行驶过程中，传动轴产生振动并传递给车身，从而引起车身振动和噪声。车速越高响声越大，到一定程度时，车身、车门、玻璃、转向盘均有强烈振动，脱挡滑行声响更严重，当降低车速后振抖逐渐减轻甚至消失，而异响仍然存在。

原因：

（1）万向节磨损严重。

（2）传动轴产生弯曲或扭转变形。

（3）传动轴不平衡，或连接部件松动。

（4）变速器输出轴花键齿磨损严重。中间支承轴承磨损，或中间支承松动。

（5）发动机前、后固定支架固定螺栓松动等。

2. 汽车起步时撞击和滑行时有异响。

现象：

万向传动装置在汽车起步时产生异响和滑行时异响。

原因：

（1）万向节产生磨损或损伤。
（2）变速器输出轴花键磨损。
（3）滑动叉花键磨损或损伤。
（4）传动轴连接部位松动。
（5）十字轴及滚针轴承磨损过度、松旷。
（6）中间支承橡胶垫损坏。

思考与练习题

一、判断题

1. 刚性万向节是靠零件的铰链式连接来传递动力的，而挠性万向节则是靠弹性零件来传递动力的。（ ）
2. 对于十字轴式万向节来说，主、从动轴的交角越大，则传动效率越高。（ ）
3. 对于十字轴式万向节来说，主、从动轴之间只要存在交角，就存在摩擦损失。（ ）
4. 双联式万向节实际上是一套传动轴长度减缩至最短的双万向节等速传动装置。（ ）
5. 球叉式万向节的传力钢球数比球笼式万向节多，所以其承载能力强、耐磨、使用寿命长。（ ）
6. 挠性万向节一般用于主、从动轴间夹角较大的万向传动的场合。（ ）

二、选择题

1. 学生 a 说，万向传动装置是由一段传动轴和万向节组成的；学生 b 说，万向传动装置由两段传动轴和万向节组成。他们说法正确的是（   ）。
   A. 只有学生 a 正确　　　　　　　B. 只有学生 b 正确
   C. 学生 a 和 b 都正确　　　　　　D. 学生 a 和 b 都不正确
2. 目前汽车上广泛应用的等速万向节有球笼式万向节、（   ）等几种。
   A. 三销轴式万向节　　　　　　　B. 挠性万向节
   C. 球叉式万向节　　　　　　　　D. 自由三枢轴式万向节
3. 学生 a 说，在变速器与驱动桥之间，一般采用万向传动装置传递动力；学生 b 说，万向传动装置可以用来连接断开式驱动桥或转向驱动桥。他们说法正确的是（   ）。
   A. 只有学生 a 正确　　　　　　　B. 只有学生 b 正确
   C. 学生 a 和 b 都正确　　　　　　D. 学生 a 和 b 都错误
4. 等速万向节的基本原理是从结构上保证万向节在工作过程中，其传力点永远位于两轴交角的（   ）。
   A. 平面上　　　　　　　　　　　B. 垂直平面上
   C. 平分面上　　　　　　　　　　D. 平行面上

5. 球叉式万向节属于等速万向节，结构简单；容许最大交角为 32°～33°，工作时只有（ ）钢球传力。
   A. 4 个 B. 3 个
   C. 2 个 D. 1 个
6. 学生 a 说，柔性万向节柔性大，可用于两轴交角大于 30°的万向传动中；学生 b 说，柔性万向节只能用于两轴交角 3°～5°的万向传动中。他们说法正确的是（ ）。
   A. 只有学生 a 正确 B. 只有学生 b 正确
   C. 学生 a 和 b 都正确 D. 学生 a 和 b 都错误

三、简述题

1. 简述万向传动装置的基本功用，举例说明其使用场合。
2. 万向传动装置由哪些部分组成？有哪些类型？
3. 简述十字轴万向节结构、工作原理，及实现等角速传动的条件。
4. 简述等速万向节有哪几种，其结构及工作原理各是什么？
5. 分析球笼式万向节应用场合。
6. 传动轴中间支承的作用是什么？

2.6 驱动桥的结构与工作原理

驱动桥主要由主减速器、差速器、半轴、万向节、驱动桥壳等零部件组成，如图 2-127 所示。其主要功用是：将传动装置传来的转矩通过主减速器使转速降低，转矩增大；同时改变发动机纵置的汽车的转矩传递方向；通过差速器使内、外侧车轮以不同转速转动，适应汽车转向及在不平路面上行驶的要求；通过桥壳和车轮，实现承载及传力作用，并起到保护主减速器、差速器和半轴的作用。

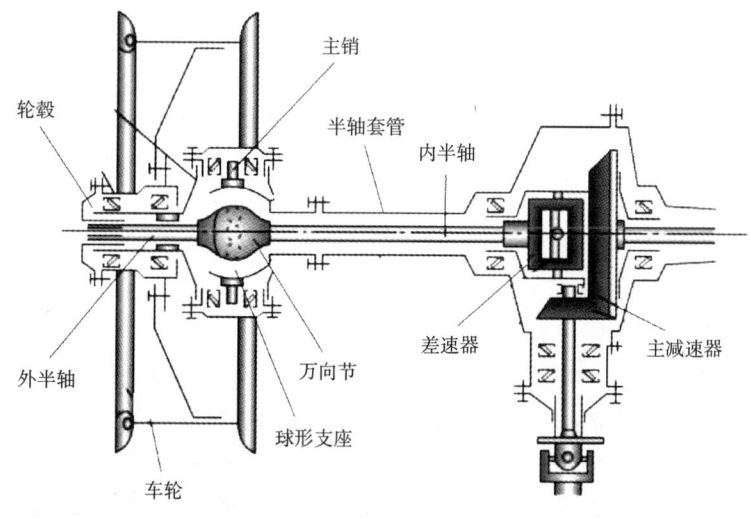

图 2-127　驱动桥结构

2.6.1 驱动桥的结构类型

驱动桥从结构特点上可分为整体式（非断开式）驱动桥和断开式驱动桥两种。从其功能的特点上又可分为独立式驱动桥和变速驱动桥。

1. 非断开式驱动桥。

当车轮采用非独立悬架时，驱动桥采用非断开式，也称整体式驱动桥。其特点是半轴套管与主减速器壳刚性连成一体，整个驱动桥通过弹性悬架与车架相连，两侧车轮和半轴不能在横向平面内相对运动。

如图2-128所示，从变速器或分动器经万向传动装置输入驱动桥的转矩首先传到主减速器，在此增大转矩并相应降低转速后，经差速器分配给左右两个半轴，最后通过半轴外端的凸缘盘传至驱动车轮的轮毂。驱动桥壳由主减速器壳和半轴套管组成，半轴借助轴承支承在半轴套管内。非断开式驱动桥与非独立悬架配合使用。

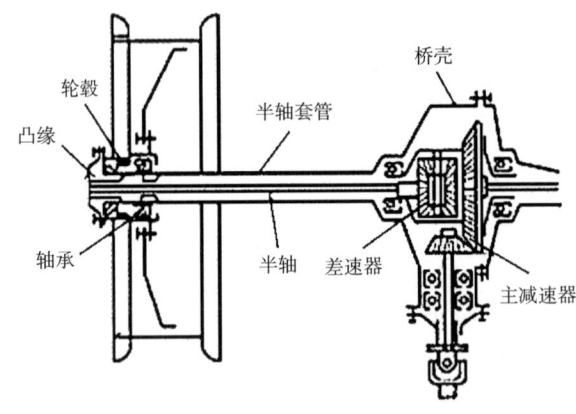

图2-128 非断开式驱动桥结构

2. 断开式驱动桥。

当驱动轮采用独立悬架时，两侧的驱动轮分别通过弹性悬架与车架相连，两车轮可彼此独立地相对于车架上下跳动。与此相对应，主减速器壳固定在车架上，半轴与传动轴通过万向节铰接，传动轴又通过万向节与驱动轮铰接，这种驱动桥称为断开式驱动桥。

如图2-129所示，主减速器固定在车架上，其壳体与驱动轮的轮轴之间通过摆臂铰接，差速器与半轴、驱动轮与半轴之间均以万向节连接。断开式驱动桥与独立悬架配合使用。图2-130所示为奥迪轿车断开式后驱动桥。

3. 变速驱动桥。

驱动桥的主减速器、差速器、半轴等都安装在一个独立的驱动桥壳中，与其他动力总成相互独立存在，称为独立式驱动桥。载货汽车的驱动桥基本都为独立式驱动桥。而绝大部分轿车为发动机前置前桥驱动的形式，此时，把变速器和驱动桥两个动力总成合为一体，布置在一个壳体内，变速器输出轴也就是主减速器的输入轴，此类桥称为变速驱动桥，如图2-131所示。

•项目2 汽车传动系统的结构与原理•

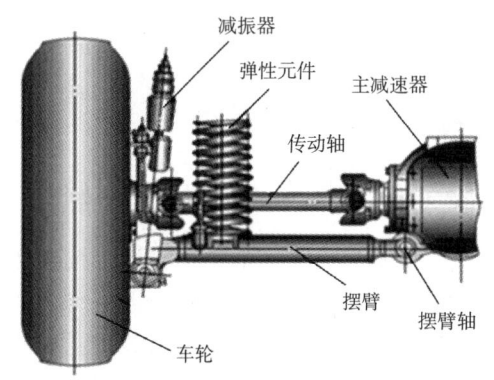

图2-129 断开式驱动桥结构

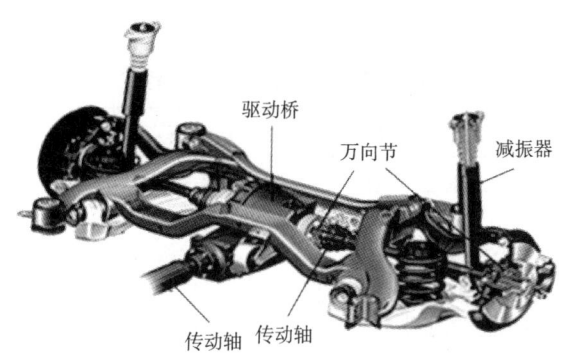

图2-130 奥迪A4轿车的断开式后驱动桥

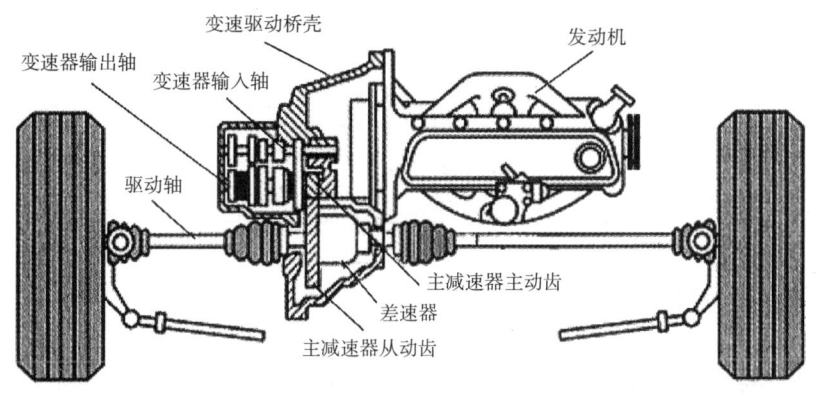

图2-131 变速驱动桥

变速驱动桥结构在轿车上的应用十分广泛，其动力从发动机经变速器输入轴、变速器输出轴、主减速器主动齿和从动齿、差速器传至左右驱动轴。在此系统中，发动机、变速器、主减速器和差速器成为一体式传动，省去了传动轴，缩短了传动路线，提高了传动系统中的机械效率，同时完成变速、差速和驱动车轮等功能。变速驱动桥不仅使结构紧凑，也大大减轻了传动系统的重量，有利于汽车底盘的轻量化。

2.6.2 主减速器

1. 主减速器的功用与类型。

主减速器的功用是将万向传动装置传来的转矩增大,降低转速。当发动机纵置时,还可以改变转矩的传递方向。

为满足不同的使用要求,主减速器有不同的结构类型。按参加减速传动的齿轮副数目可分为单级主减速器和双级主减速器。在双级主减速器中,若第二级主减速器齿轮有两副,并分置于两侧车轮附近,则又可称其为轮边减速器。按主减速器传动比挡数可分为单速式和双速式。单速式主减速器传动比是固定的,双速式的传动比有两个,驾驶员可根据实际情况进行选择,以适应不同的行驶条件。按齿轮副结构形式可分为圆柱齿轮式、圆锥齿轮式和准双曲面齿轮式等。各类型主减速器的结构特点见表2-4。

表2-4 主减速器分类及结构特点

分类方法	类别		特点	应用
按参加传动的齿轮副分	单级主减速器		只有一级减速	一般汽车
	双级主减速器		有两级减速	重型汽车、越野车、大型客车
按主减速器传动比的挡数分	单速主减速器		传动比是一定值	
	双速主减速器		有两个传动比可供选择	具有副变速器的作用
按齿轮副结构形式分	圆柱齿轮式	轴线固定式	圆柱齿轮	前轮驱动发动机横置的汽车
		轴线旋转式		
	圆锥齿轮式	螺旋锥齿轮式	螺旋锥齿轮,耐久性好	前轮驱动发动机纵置的汽车、前置后驱的汽车
		双曲面锥齿轮式	双曲面锥齿轮,轮齿强度高	

2. 主减速器的结构。

(1) 单级主减速器

单级主减速器具有结构简单、体积小、重量轻和传动效率高等优点。轿车和一般的轻型、中型货车采用单级主减速器,即可满足汽车动力性要求。单级主减速器主要由一对齿轮组成,主传动比为:

$$i_0 = \frac{Z_2}{Z_1}$$

式中,Z_1、Z_2 分别代表主、从动齿轮的齿数。

图2-132所示为桑塔纳2000GSI型轿车的主减速器和差速器结构。主减速器由主、从动锥齿轮副和主减速器壳体组成。主动锥齿轮轴为主减速器输入轴,它同时又是变速器

的从动轴，与其相啮合的为从动锥齿轮，该车主传动比 $i_0 = 37/9 = 4.11$。通过该对主减速器齿轮副实现输入转矩的增大，转速的降低，并改变输入转矩传递的方向。

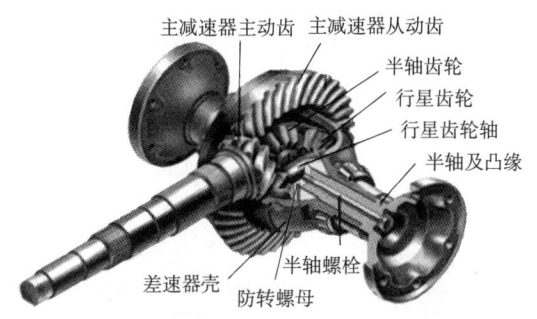

图 2-132　桑塔纳轿车主减速器和差速器

主减速器壳中存储着齿轮油，靠从动锥齿轮转动时飞溅到各齿轮、轴和轴承上进行润滑。在主减速器壳体上装通气塞，防止壳体内气压过高而使润滑油渗漏。

为了保证锥齿轮传动工作正常、磨损均匀，延长其使用寿命，主减速器主、从动锥齿轮之间必须有正确的相对位置和间隙。它们是通过轴向移动锥齿轮轴，从而改变主、从动锥齿轮的相对位置来进行调整的。

主动锥齿轮的支承方式有跨置式和悬臂式两种。跨置式是指主动锥齿轮前后都有轴承支承，如图 2-133（a）。采用这种形式的主动锥齿轮支承刚度大，适用于负荷比较大的单级主减速器。悬臂式是指主动锥齿轮只在前方有支承，后方没有支承，其支承刚度比较差，多用于负荷较小的单级主减速器，见图 2-133（b）。有的重型汽车为加强其支承刚度，主减速器的主动锥齿轮采用三个轴承支承形式，见图 2-133（c）。

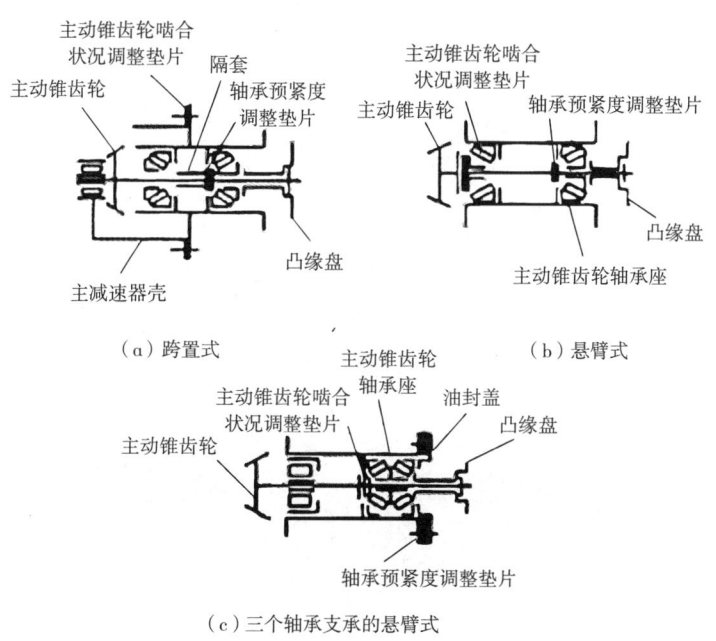

图 2-133　主动锥齿轮的支承形式及调整装置

(2) 双级主减速器

根据发动机特性和汽车使用条件,有时要求主减速器具有较大的传动比,而由于一对锥齿轮构成的单级主减速器会因齿轮过大而导致尺寸过大,不能保证足够的最小离地间隙。为保证汽车具有良好的通过性,这时则需要采用以两对齿轮实现降速的双级主减速器,见图2-134(b)。解放CA1091型汽车驱动桥即为双级主减速器,如图2-135所示。

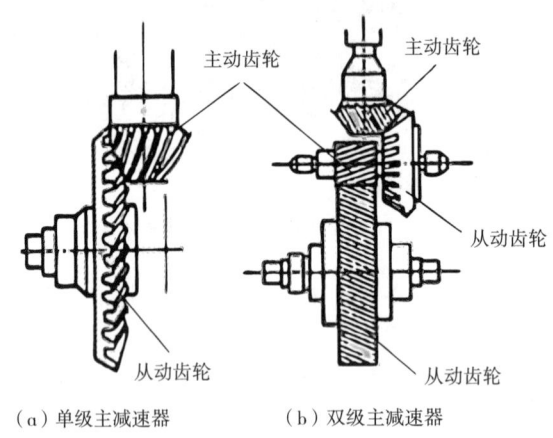

图2-134 单级和双级主减速器结构

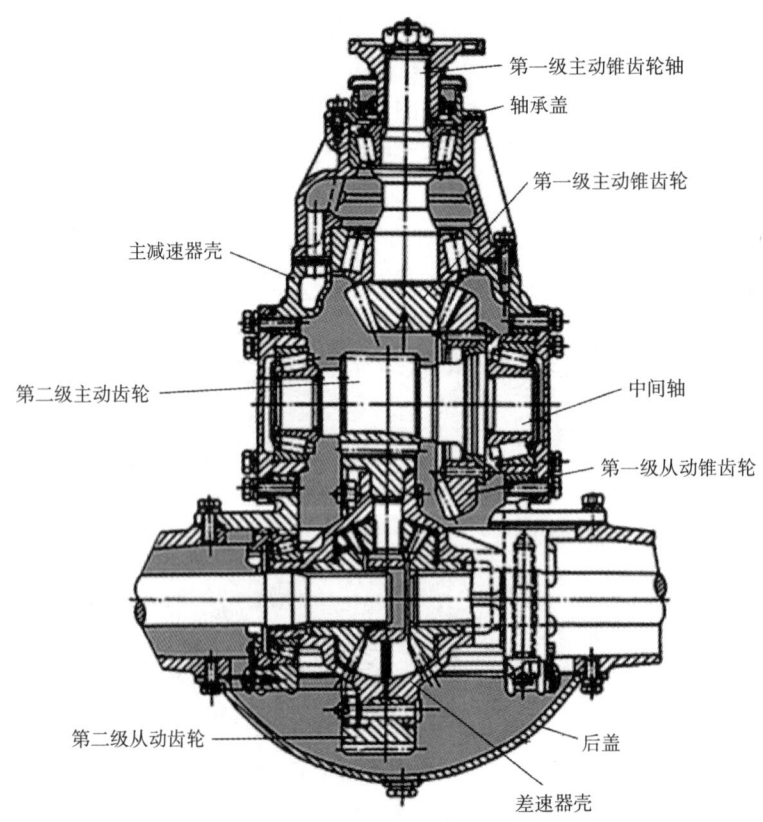

图2-135 解放CA1091型汽车主减速器结构

（3）轮边减速器

在重型载货车、越野汽车或大型客车上，当要求有较大的主传动比和较大的离地间隙时，往往将双级主减速器中的第二级减速齿轮机构制成同样的两套，其安装位置靠近两侧的驱动车轮，称为轮边减速器。而第一级即称为主减速器。

根据结构形式的不同，轮边减速器分为：外啮合圆柱齿轮式、内啮合齿轮齿圈式和行星齿轮式等多种形式，图2-136所示为行星齿轮式轮边减速器。

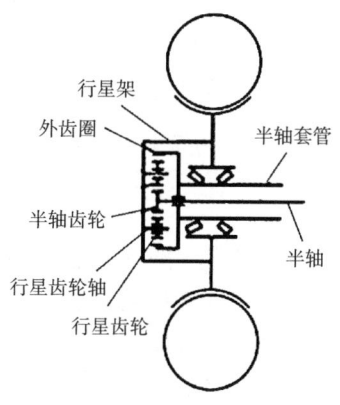

图2-136　行星齿轮式轮边减速器

（4）双速主减速器

为充分提高汽车的动力性和经济性，有些汽车的主减速器具有两挡传动比。图2-137所示为常见的行星齿轮式双速主减速器结构示意图。双速主减速器由一对圆锥齿轮和一个行星齿轮机构组成。

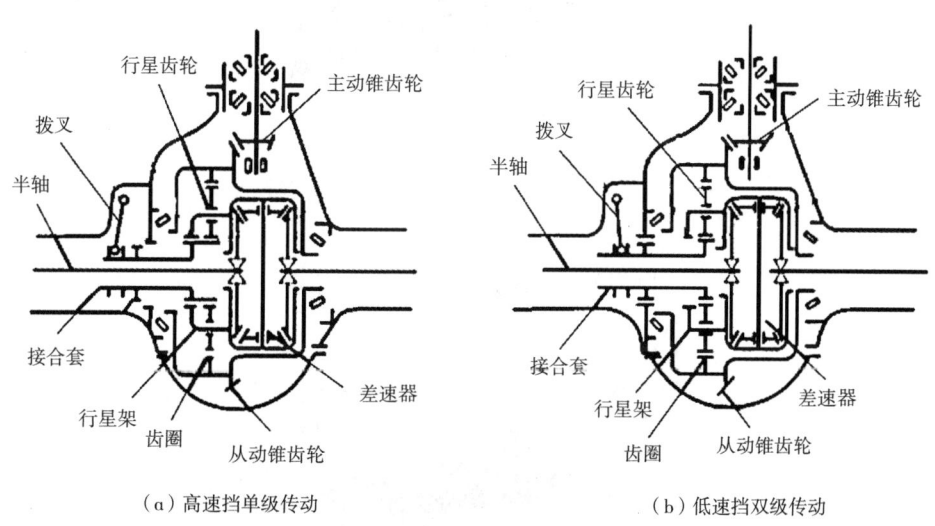

图2-137　行星齿轮式双速主减速器结构

在一般行驶条件下，用高速挡传动，此时拨叉将接合套保持在左方，如图2-137(a)所示。当行驶条件要求有较大的驱动力时，驾驶员可通过气压或电动操纵系统转动拨叉，将接合套推向右方，如图 2-137（b），行星齿轮机构起减速作用。整个主减速器的主传动比为圆锥齿轮副传动比与行星齿轮机构传动比的乘积，即 $i_0 = i_{01} \times i_{02}$。

2.6.3 差速器

1. 差速器的功用和类型。

差速器是能使同一驱动桥的左、右车轮或两驱动桥之间以不同角速度旋转，并传递转矩的机构。起轮间差速作用的称为轮间差速器，起桥间差速作用的称为桥间（轴间）差速器。无论是轮间差速器还是轴间差速器，按其工作特性均可分为普通差速器和防滑差速器两大类。

2. 差速器的结构与工作原理。

（1）普通齿轮式差速器

普通齿轮式差速器有锥齿轮式和柱齿轮式两种，由于锥齿轮式差速器结构简单紧凑、工作平稳，因此目前应用最为广泛。对称式锥齿轮差速器由行星齿轮、半轴齿轮、行星齿轮轴（十字轴或一根直销轴）和差速器壳等组成，如图 2-138 和图 2-139 所示。与差速器壳一起转动（公转）的行星齿轮拨动两侧的半轴齿轮转动，当两侧车轮所受阻力不同时，行星齿轮还要绕自身轴线转动——自转，以实现对两侧车轮的差速驱动。

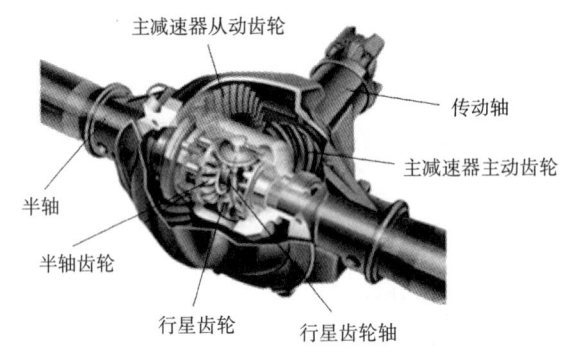

图 2-138 对称式锥齿轮差速器结构

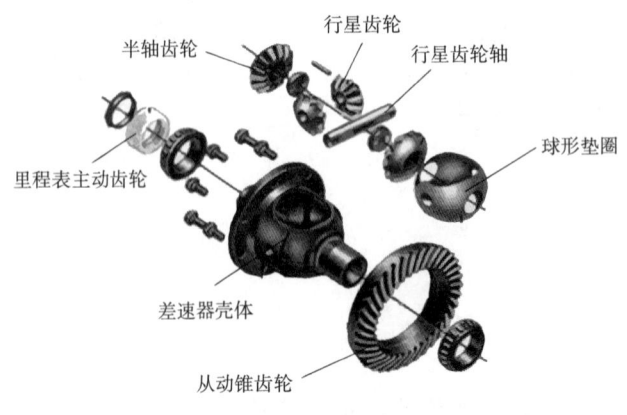

图 2-139 桑塔纳轿车差速器零件分解图

差速器的润滑是和主减速器一起进行的。为了使润滑油进入差速器内,往往在差速器壳体上开有窗口。

图 2-140(a)所示为对称式行星锥齿轮差速器原理图,差速器壳与行星齿轮轴连成一体,形成行星架。

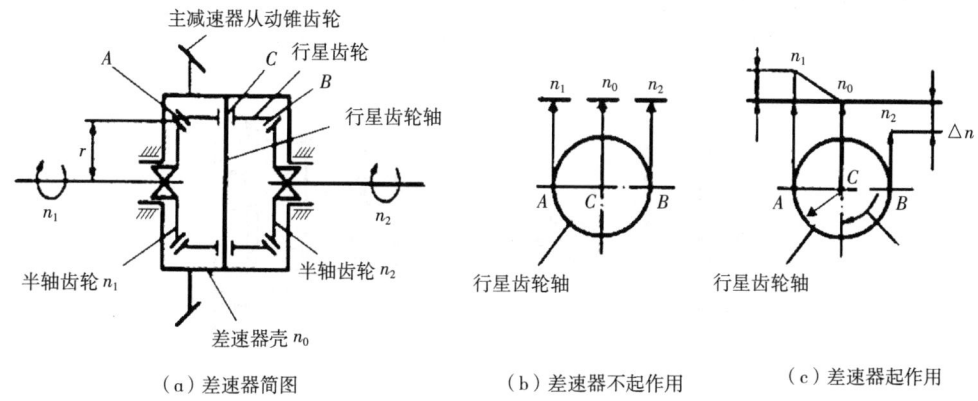

(a)差速器简图　　　　　　(b)差速器不起作用　　　　　　(c)差速器起作用

图 2-140　差速器工作原理

① 运动特性

当行星齿轮只是随同行星架绕差速器旋转轴线公转时,显然,处在同一半径上的 A、B、C 三点的圆周速度都相等,如图 2-140(b),也就是差速器不起差速作用,两半轴角速度等于差速器壳的角速度。当行星齿轮在公转的同时还绕本身的轴自转时,A、B、C 三点的圆周速度不相等,如图 2-140(c),差速器起作用。

② 转矩分配特性

当行星齿轮不自转时,差速器将转矩 M_0 平均分配给两半轴齿轮。

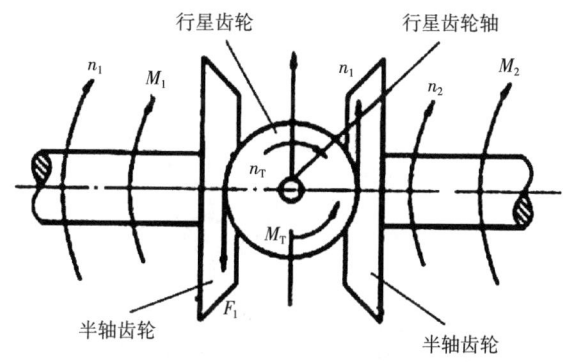

图 2-141　差速器转矩分配

当行星齿轮自转时,如图 2-141 所示。目前广泛使用的对称式行星齿轮差速器的 M_T 很小,可近似地认为,无论差速器是否起作用,都具有转矩等量分配的特性。这对汽车在良好路面上行驶是有利的,但会严重影响汽车在不良路面上行驶时的通过能力。

(2)防滑差速器

汽车在坏路上行驶时,为了提高其通过能力,可采用各种形式的防滑差速器。常用的防滑差速器有人工强制锁止式和自锁式两大类。前者通过驾驶员操纵差速锁,使差速器不起差速作用;后者是在汽车行驶过程中,根据路面情况自动改变驱动轮间的转矩分配。常用的自锁式差速器有摩擦片式和托森式等多种结构形式。

① 人工强制锁止式差速器

人工强制锁止式差速器就是在普通行星锥齿轮差速器上设计了差速锁,当一侧驱动轮滑转时,利用差速锁使差速器不起作用,以保证汽车的正常行驶。

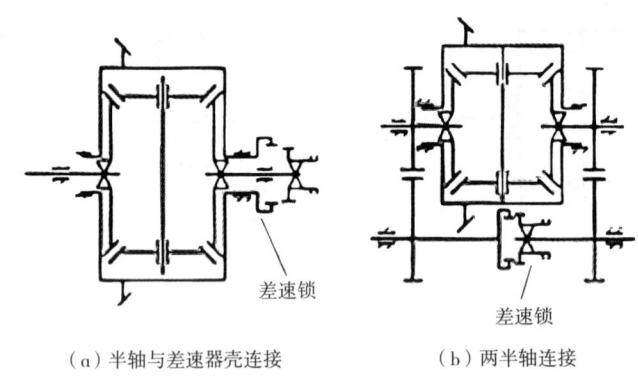

(a) 半轴与差速器壳连接　　　　(b) 两半轴连接

图 2-142　差速锁的结构

差速锁的布置有两种形式,一种是将一根半轴与差速器壳连接,如图 2-142 (a) 所示;另一种是两根半轴连接,如图 2-142 (b) 所示。工作时,由驾驶员操纵差速锁,使差速器不起差速作用,相当于把两根半轴连成一体。差速锁上设有弹簧回位机构,只要松开操纵手柄或踏板,差速锁就自动分离。当差速锁接合时,两根半轴成一体,转矩不再平均分配给两根半轴,整个车辆的驱动力将取决于两侧驱动轮的附着力之和。使用中应特别注意及时分离差速锁,否则转弯时将造成极大困难。

图 2-143 所示为奔驰 2026A 型汽车强制锁止式差速器。其差速锁由牙嵌式接合器及其操纵机构两大部分组成。

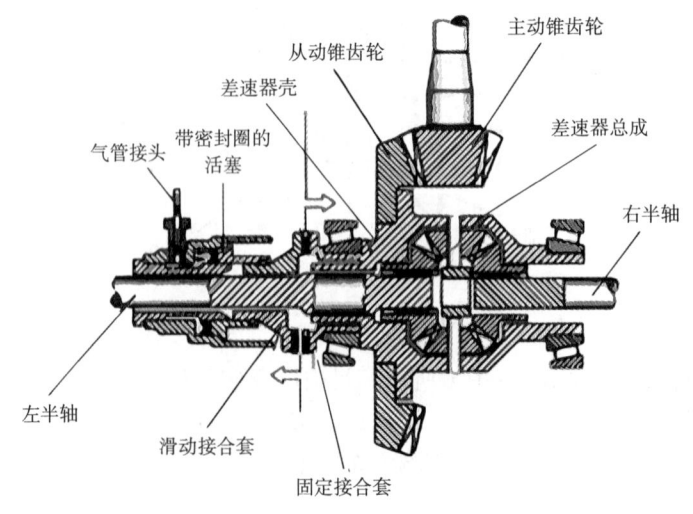

图 2-143　奔驰 2026A 型汽车强制锁止式差速器

当汽车在好路面上行驶不需要锁止差速器时,牙嵌式接合器的固定接合套与滑动接合套不接合,差速锁处于分离状态,此时为普通行星锥齿轮差速器。

当汽车行驶于坏路面上需要锁止时,通过驾驶员的操纵,压缩空气由气管接头进入气动活塞缸左腔,推动活塞向右移,从而拨动滑动接合套右移与固定接合套嵌合,将左半轴与差速器壳连成一个整体,则左、右两半轴被连锁成一体随差速器壳一起转动,即差速器被锁止,不起差速作用。这样,转矩可全部分配给好路面上的车轮。与此同时,差速锁指示灯开关接通,驾驶室内指示灯亮,以提醒驾驶员差速器处于锁止状态,汽车驶出坏路面后应及时解除锁止作用。

当需要解除差速器的锁止作用时,通过操纵机构放掉气动活塞缸内的压缩空气,作用在活塞左端的气压消失,拨叉及滑动接合套在弹簧作用下左移回位,接合器分离,差速器恢复差速作用,同时差速器指示灯熄灭。

强制锁止式差速器结构简单,易于制造,但操纵不便,一般要在停车时进行。

②摩擦片式自锁差速器

摩擦片式自锁差速器是转矩感应式防滑差速器中应用最为广泛的,如图2-144所示。

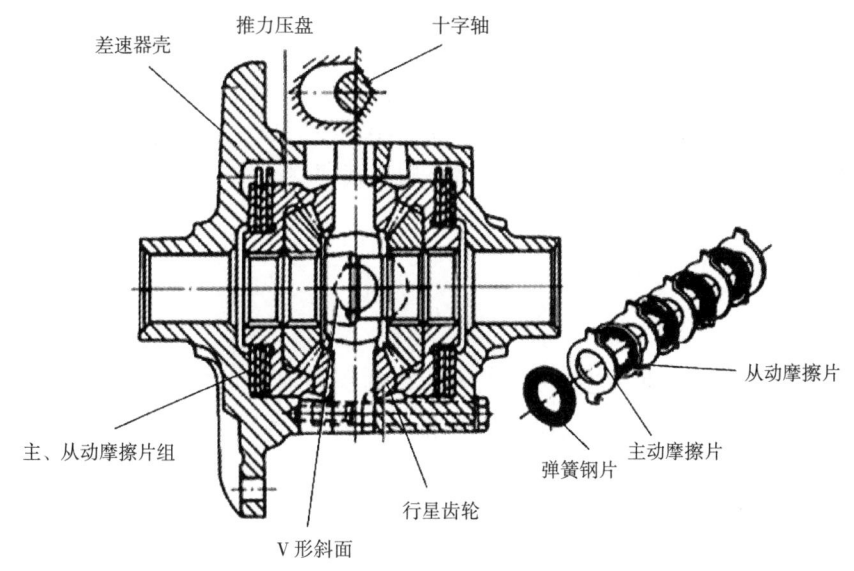

图2-144 摩擦片式自锁差速器结构

当汽车直线行驶,两根半轴无转速差时,转矩平均分配给两根半轴,由于差速器壳通过斜面压紧行星齿轮轴两端,斜面上产生的轴向力迫使两行星齿轮轴分别向左、右方向(向外)轻微移动,通过行星齿轮使推力压盘压紧摩擦片。此时转矩经两条路线传给半轴:一路由差速器壳经行星齿轮轴、行星齿轮和半轴齿轮将大部分转矩传给半轴;另一路则由差速器壳经主、从动摩擦片、推力压盘传给半轴。

当汽车转弯或是一侧车轮在路面上滑转时,行星齿轮自转,起差速作用,左、右半轴齿轮的转速不等。

摩擦片式自锁差速器结构简单、工作平稳,常用于轿车和轻型汽车上。

③托森式差速器

托森式差速器利用蜗轮蜗杆传动的不可逆性原理和齿面高摩擦条件，使差速器根据其内部内摩擦力矩的大小而自动锁死或松开。托森式差速器的结构如图2-145所示。

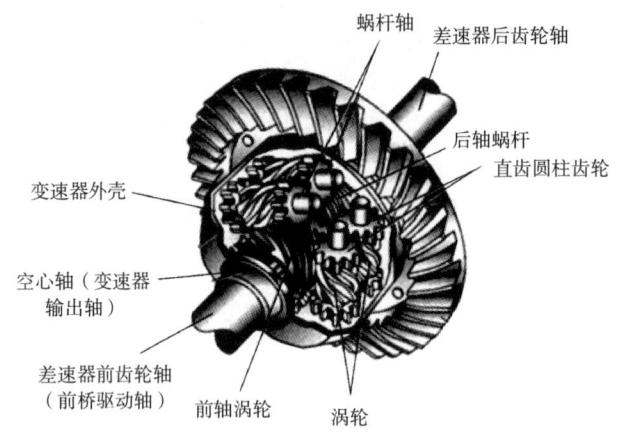

图2-145 托森式差速器结构

托森式差速器由于其结构及性能上的诸多优点，被广泛用作全轮驱动轿车的中央轴间差速器及后驱动桥的轮间差速器，转矩分配通常能够在25%~75%之间连续变化。由于其在转速转矩差较大时的自动锁止作用，通常不用作转向驱动桥的轮间差速器。

2.6.4 半轴与桥壳

1. 半轴。

半轴是在差速器与驱动轮之间传递较大扭矩的实心轴，如图2-146所示。其内端通常用花键与差速器半轴齿轮连接，而外端则用凸缘与驱动轮的轮毂相连。半轴与驱动轮的轮毂在桥壳上的支承形式，决定了半轴的受力状况。现代汽车常用的支承形式主要有全浮式半轴支承和半浮式半轴支承两种。

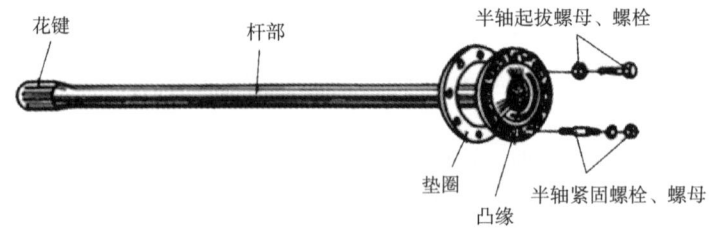

图2-146 半轴结构

（1）全浮式半轴支承

全浮式半轴支承见图2-147，这种支承形式的半轴除受扭矩外，两端均不承受任何弯矩，故称为全浮式。全浮式半轴用内花键与差速器的半轴齿轮相连。外端有凸缘盘，通过螺柱与轮毂固定在一起，轮毂通过两个圆锥轴承支承于桥壳上。路面对驱动轮的作用力反映到车桥上的情况是:除切向反力 X 作为该轮的牵引力传到半轴,使半轴受扭矩外,垂直反力 Z、侧向反力 Y 以及由 X、Y、Z 所产生的弯矩,都经两个轴承直接传到桥壳上,由桥壳承受。

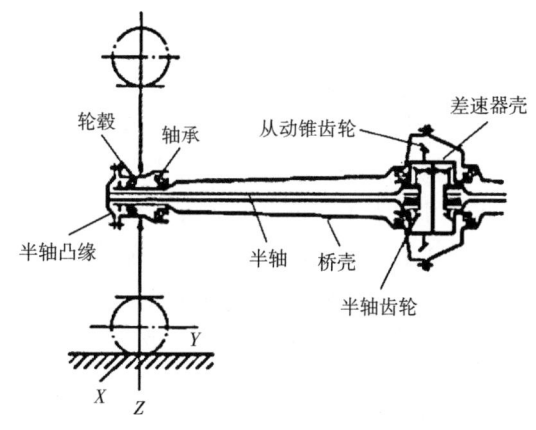

图 2-147　全浮式半轴支承示意图

具有全浮式半轴的驱动桥外端结构比较复杂,采用形状复杂且重量及尺寸均较大的轮毂,制造成本较高,故小型汽车及轿车一般不采用此结构形式。由于其工作可靠,易于拆卸,只需拧下半轴凸缘上的螺栓,即可从半轴套管中抽出半轴,而车轮与桥壳照常支承汽车。这种支承形式广泛用于轻型及中、重型载货汽车、越野汽车和客车上。

(2) 半浮式半轴支承

半浮式半轴支承见图 2-148,半轴内端通过花键与半轴齿轮连接,其支承方式与全浮式半轴支承方式相同。半轴外端制成锥形,锥面上铣有键槽,最外端制有螺纹。轮毂以其相应的锥孔与半轴上的锥面配合,并用键连接,用螺母紧固。半轴用一个圆锥滚子轴承直接支承在桥壳凸缘的座孔内。车轮与桥壳之间无直接联系,而支承于悬伸出的半轴外端。因此,路面作用于车轮的各种反作用力及其反力矩都经半轴外端的悬伸部分再传给桥壳,使半轴外端不仅要承受转矩,而且还要承受各种反力及其反力矩。这种半轴内端只承受转矩,而外端除承受转矩外,还要承受全部弯矩的半轴支承形式,称为半浮式半轴支承。

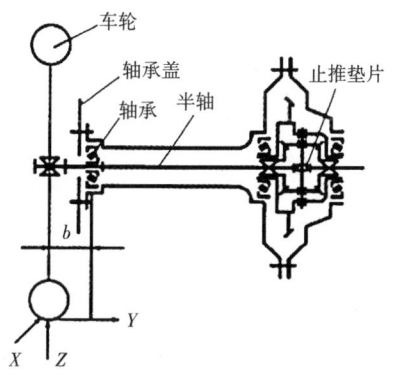

图 2-148　半浮式半轴支承示意图

半浮式半轴所承受的载荷较复杂且拆装不方便,但具有结构紧凑、质量小、造价低廉等优点,故被重量较小、使用条件较好、反力弯矩不大的轿车和微型客、货汽车所采用。

2. 桥壳。

桥壳是安装并保护主减速器、差速器、半轴、轮毂和悬架的基础件,使左、右驱动车轮的轴向相对位置固定。同时桥壳还要与从动桥一起支承车架及其上各总成质量;汽车行驶时,承受由车轮传来的路面反作用力和力矩,并经悬架传给车架。因此,桥壳应具有足够的强度和刚度,质量小,便于制造,以及便于主减速器的拆装和调整。

驱动桥壳从结构上可分为整体式桥壳和分段式桥壳两类。一般多采用整体式。整体式桥壳具有较大的强度和刚度,且便于主减速器的装配、调整和维修,因此普遍应用于各类汽车上。因制造方法不同,整体式桥壳又有多种形式,常见的有整体铸造、中段铸造压入钢管、钢板冲压焊接等形式。分段式桥壳一般分为两段,由螺栓将两段连成一体。分段式桥壳比较易于铸造和加工,但当拆、检主减速器时,必须把整个驱动桥从汽车上拆卸下来,很不方便,目前较少采用。

图 2-149 所示为解放 CA1092 型汽车的整体式桥壳。它由空心梁、半轴套管、主减速器壳及后盖等组成。空心梁用球墨铸铁铸成,中部有一环形大通孔,前端用以安装主减速器及差速器总成,后端用来检视主减速器及差速器的工作情况。后盖通过螺钉安装于后端面,后盖上装有检查油面用的螺塞。空心梁上的凸缘盘用来固定制动底板,两端压入钢制半轴套管,用止动螺钉限定位置。半轴套管外端轴颈用来安装轮毂轴承,其最外端还制有螺纹以便对轴承进行限位及预紧度调整。

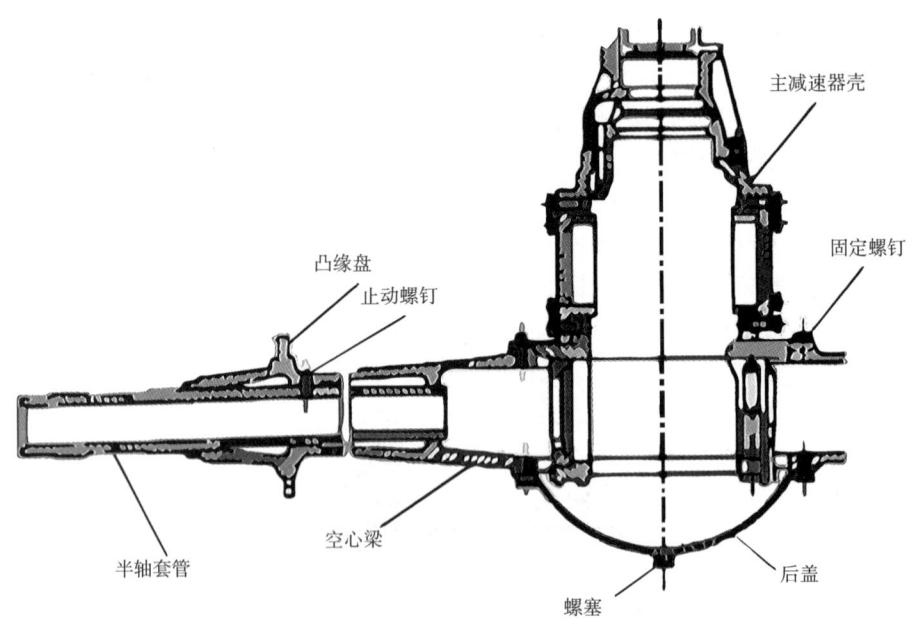

图 2-149　解放 CA1092 型汽车整体式桥壳

桥壳经常承受冲击载荷,应容许有少量变形,防止断裂。因此,铸造式桥壳多用可锻铸铁或球墨铸铁,也有采用铝合金制造的。

为防止主减速器内的润滑油经半轴与桥壳之间的环形空间流至桥壳两端,驱动桥都有密封装置。有的在桥壳外端,有的在半轴套管内端处有压紧油封,在与半轴相应的油封颈处形成密封。这种油封的刃口应朝向主减速器,装半轴时应使半轴居中通过油封,否则易顶出油封。有的在桥壳内部装有挡油盘。

2.6.5 驱动桥的常见故障与检修

主减速器和差速器常见故障:
1. 壳体漏油。
原因:
(1) 油封有磨损或毁坏;
(2) 轴承固定螺母松脱;
(3) 变速器壳裂;
(4) 齿轮油加注过多。
2. 主动锥齿轮轴漏油。
原因:
(1) 油量太多或油质不良;
(2) 油封磨损或损坏;
(3) 前端凸缘松开或磨损。
3. 轴承过热。
原因:
(1) 轴承预紧力过大;
(2) 润滑不好;
(3) 轴承或齿面间隙过小。
4. 驱动桥过热。
原因:
(1) 轴承装配预紧力过大;
(2) 齿轮啮合间隙过小;
(3) 缺少齿轮油或齿轮油黏度太小。
5. 驱动桥异响。
原因:
(1) 主、从动齿轮副啮合间隙过大;
(2) 主、从动齿轮严重磨损或损坏;
(3) 花键严重磨损;
(4) 轴承严重磨损;
(5) 从动齿轮摆动;
(6) 差速器齿轮严重磨损;
(7) 差速器十字轴严重磨损;
(8) 止推垫片严重磨损。

6. 后桥壳弯曲或折断。

原因：

（1）超载，或者驾驶操作不当；

（2）受冲击载荷过大以及铸造缺陷所致；

（3）轮胎有规律地磨损，也可吃胎。

思考与练习题

一、判断题

1. 双速主减速器就是具有两对齿轮传动副的主减速器。（　　）

2. 当汽车在一般条件下行驶时，应选用双速主减速器中的高速挡，而在行驶条件较差时，则采用低速挡。（　　）

3. 对于对称式锥齿轮差速器来说，当两侧驱动轮的转速不等时，行星齿轮仅自转不公转。（　　）

4. 当采用半浮式半轴支承时，半轴与桥壳没有直接联系。（　　）

5. 解放 CA1091 型和东风 EQ1090 型汽车均采用全浮式支承的半轴，这种半轴除承受转矩外，还承受弯矩的作用。（　　）

二、选择题

1. 行星齿轮差速器起作用的时刻为（　　）。

　A. 汽车转弯　　　　　　　　　　B. 直线行驶

　C. A、B 情况下都起作用　　　　D. A、B 情况下都不起作用

2. 设对称式锥齿轮差速器壳所得到转矩为 M_0，左右两半轴的转矩分别为 M_1、M_2，则有（　　）。

　A. $M_1 = M_2 = M_0$　　　　　　B. $M_1 = M_2 = 2M_0$

　C. $M_1 = M_2 = (1/2) M_0$　　　D. $M_1 + M_2 = 2M_0$

3. 全浮式半轴承受（　　）的作用。

　A. 转矩　　　　　　　　　　　　B. 弯矩

　C. 反力　　　　　　　　　　　　D. A、B、C

4. 汽车驱动桥主要由（　　）、半轴和驱动壳等组成。

　A. 主减速器　　　　　　　　　　B. 差速器

　C. 转向盘　　　　　　　　　　　D. 转向器

5. 驱动桥按结构形式可分为（　　）。

　A. 四轮驱动　　　　　　　　　　B. 非断开式驱动桥

　C. 综合式驱动桥　　　　　　　　D. 断开式驱动桥

6. 发动机前置前驱动的汽车，变速驱动桥是将（　　）合二为一，成为一个整体。

　A. 驱动桥壳体和变速器壳体　　　B. 变速器壳体和主减速器壳体

C. 主减速器壳体和差速器壳体　　　　D. 差速器壳体和驱动桥壳体
7. 可变换两种速度比的主减速器，称为（　　）。
A. 双速主减速器　　　　　　　　　　B. 双级主减速器
C. 多级主减速器　　　　　　　　　　D. 单级主减速器

三、简述题

1. 简述汽车驱动桥的功用。
2. 简述驱动桥有哪些类型及各自特点是什么。
3. 驱动桥中差速器的作用是什么？差速器工作时，动力是如何传递的？
4. 简述全浮式和半浮式半轴结构特点。
5. 分析双级主减速器的动力传递路线和特点。

项目3 汽车行驶系统的结构与原理

> **知识目标**

1. 掌握汽车车架的组成和功用；
2. 掌握汽车车桥的结构特点和功用；
3. 掌握汽车四轮定位的作用；
4. 了解汽车车轮和轮胎的结构特点；
5. 了解汽车悬架的结构特点和功用。

> **技能目标**

1. 能够进行车轮动平衡试验；
2. 能够进行汽车四轮定位参数的检测。

3.1 汽车行驶系统的组成与功用

常见的汽车行驶系统主要有轮式、半履式、车轮—履带式及水陆两用式等类型。其中应用最为广泛的是轮式行驶系统，主要由车架、车桥、悬架和车轮等构件组成。车架是全车的装配基体，车轮支承整个汽车，悬架将车架与车桥连接在一起。

汽车行驶系统的主要功用包括：

（1）接受发动机经传动系统传来的转矩，并通过车轮与路面之间的附着作用，将其变为汽车行驶的驱动力矩。

（2）支承汽车总质量，传递并承受路面作用于车轮上的各种力及力矩。

（3）缓和冲击，减小震动，保证汽车的行驶平顺性，且与转向系统配合，保证汽车操纵的稳定性。

3.2 汽车的车架

3.2.1 车架的功用与要求

汽车车架也称汽车大梁，其上安装有发动机、变速器、传动轴、前桥、后桥、驾驶室和车厢等总成和部件。车架通常由纵梁和横梁组成。车架用来支承和连接汽车的零部件，同时承受汽车的载荷。

汽车静止时，车架主要承受垂直静载荷。但是，当汽车在不平道路上行驶时，工作条件会大为恶化，车架会发生弯曲变形和扭转变形，这些变形受力情况较为复杂，会影响安装在车架上的各零部件的相对位置，车架在动载荷作用下比静载时的弯曲应力大3~4倍。因此，车架的结构形式除了满足汽车总布置设计的要求外，还应当满足在复杂多变的行驶过程中，固定在车架上各总成和部件之间不应发生干涉。同时，车架还应具有足够的强度和适当的刚度。

为了使整车轻量化，要求车架质量尽可能小，并使装于车架上的机件易于拆装。此外，降低车架高度，以使汽车重心位置降低，有利于提高汽车的行驶稳定性，这一点对轿车和大客车来说尤为重要。

3.2.2 车架的类型和构造

目前，汽车车架常见的结构形式有边梁式车架、中梁式车架、综合式车架和承载式车架等类型。

1. 边梁式车架。

边梁式车架由两根位于两边的纵梁和若干根横梁组成，用铆接法或焊接法将纵梁与横梁连接成坚固的刚性构架，如图3-1所示。

图3-1 雪佛兰开拓者的边梁式车架

纵梁用低合金钢钢板冲压而成，断面一般为槽形，也有制成Z字形或箱形断面的。根据汽车类型不同和结构布置的要求，纵梁可以在水平面内或纵向平面内制成弯曲的，以及等断面或非等断面的。横梁不仅用来保证车架的扭转刚度和承受纵向载荷，而且用来支承汽车上的主要部件。通常载质量为5~10t的货车约有7~8根横梁。

边梁式车架的结构特点是便于安装车身（包括驾驶室、车厢以及一些特种装备等）和布置其他总成，并有利于改装变型车和发展多品种汽车。因此边梁式车架被广泛用于货车和大多数的特种汽车上。

部分轿车为了保证良好的整车性能，尽量降低重心和有利于前后悬架的布置，把结构需要放在第一位，兼顾车架加工工艺性，所以车架形状设计得比较复杂而实用。图3-2所示为丰田皇冠轿车车架和车身。为了保证高速轿车的行驶稳定性，汽车的重心应尽量低，为了改善乘员的舒适性，车身的地板也应尽量低，但地板的降低不应妨碍转向轮的偏转和悬架变形时车桥的跳动。因此轿车车架通常前部做得较窄，前后桥处向上弯曲，中间对应车身的地板做成比较平低的形状。

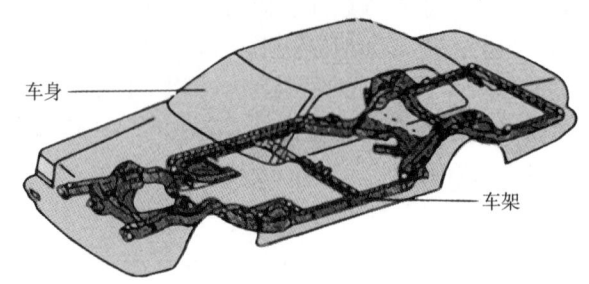

图 3-2　丰田皇冠轿车车架与车身

采用 X 形高断面的横梁，受扭力作用时，X 梁能将扭矩转为弯矩，因此可提高车架的抗扭刚度，特别是对于短而宽的车架，其效果尤为显著。但是，在狭长的车架上不宜采用 X 梁，因 X 梁太长时，受压的一根可能丧失稳定而失去抗扭能力。目前小客车多采用 X 形车架，见图 3-3。

图 3-3　轿车（X 形高断面横梁）车架

车架纵梁一般是用槽钢制成的。大型货车的两根纵梁一般平行布置，中轻型货车、轿车和大客车的纵梁大多数如图 3-4 所示。

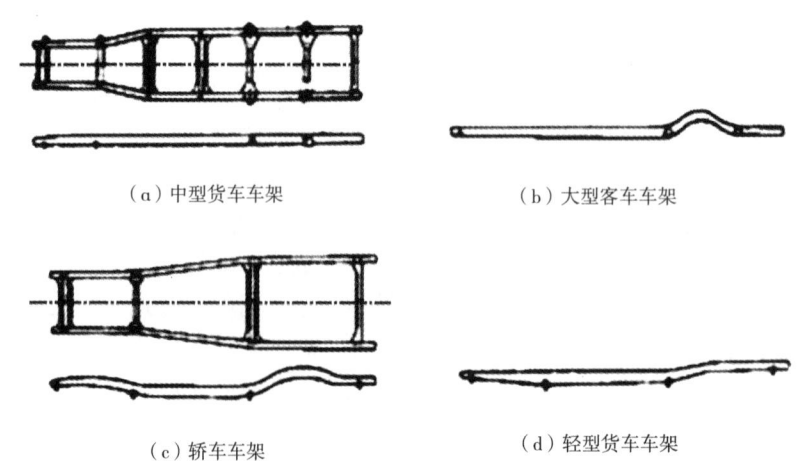

(a) 中型货车车架　　　　　　　　(b) 大型客车车架

(c) 轿车车架　　　　　　　　(d) 轻型货车车架

图 3-4　车架的结构类型

车架纵梁剖面形状如图 3-5 所示。在工作应力较大的地方采用图 3-5 中的（b）、（c）所示剖面形状来加强强度。在有些汽车车架局部加强强度时，可装上加强板，或在某处槽形断面内加嵌板件。

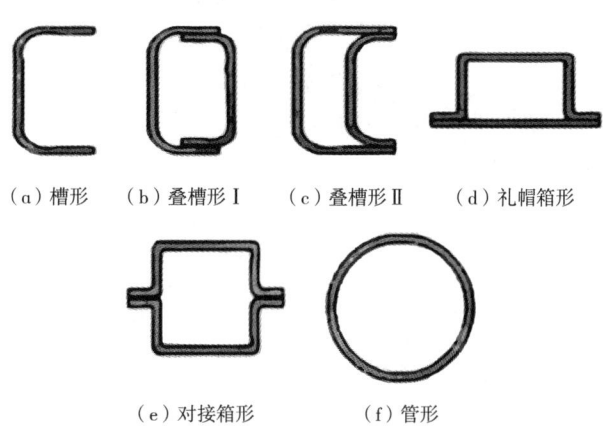

（a）槽形　（b）叠槽形Ⅰ　（c）叠槽形Ⅱ　（d）礼帽箱形

（e）对接箱形　（f）管形

图 3-5　车架纵梁的剖面形状

2. 中梁式车架。

中梁式车架只有一根位于中央贯穿前后的纵梁，因此亦称为脊骨式车架，中梁的断面可以做成管形和箱形。如图 3-6 所示是具有中梁式车架的轿车底盘。传动轴装于管内。主减速器壳通常固定在中梁的尾端，而形成断开式驱动桥。中梁的前端做成伸出的支架，用来固定发动机。

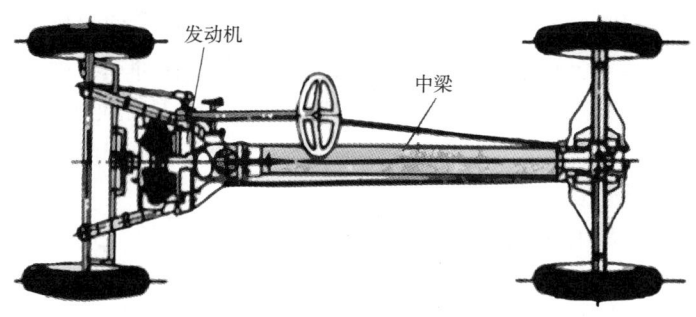

图 3-6　具有中梁式车架的汽车发动机及底盘

中梁式车架的优点是扭转刚度较大，车轮有较大的运动空间，从而可以获得很高的机动性；与同吨位的汽车相比，车架较短，还能起封闭传动轴的防尘套的作用。其缺点是，制造工艺复杂，精度要求高，总成安装比较困难，保养和修理不便。目前，这类车架主要用在小客车和越野汽车上。

3. 综合式车架。

如图 3-7 所示，此车架前部是边梁式，后部是中梁式。车架的边梁用以安装发动机，悬伸出来的支架可以固定车身。该综合式车架是中梁式车架的变型，它同时具有中梁式和边梁式车架的特点。

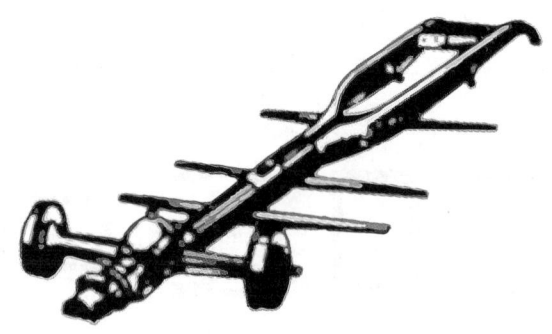

图 3-7 综合式车架

平台式车架是一种将底板从车身中分离出来，而与车架组成一个整体的结构，车身通过螺栓与车架相连接，如图 3-8 所示。

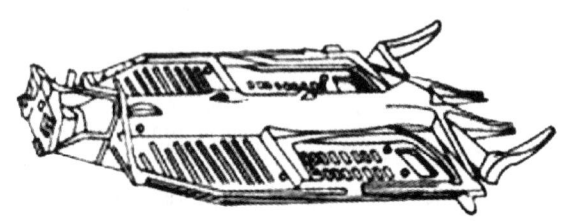

图 3-8 平台式车架

4. 无梁式车架。

部分轿车和大客车取消了车架，而以车身兼代车架的作用，即将发动机和底盘各总成部件固定在车身上，车身兼有车架的作用并承受全部载荷。这种车架称为无梁式车架，也称为承载式车身。采用承载式车身的汽车没有刚性车架，只是加强了车头、侧围、车尾、底板等部位，发动机、前后悬架、传动系统的一部分等总成部件装配在车身上设计要求的位置，车身负载通过悬架装置传给车轮。

目前，大多数轿车都采用承载式车身，如图 3-9 所示。承载式车身由于无车架，使得传动系统和悬架的振动和噪声会直接传入车内，应采取隔声和防振措施。

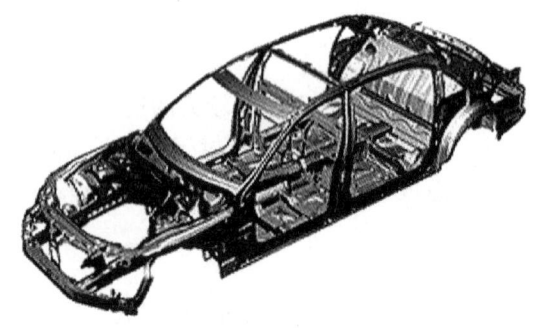

图 3-9 承载式车身

公共汽车及长途大客车，多数采用全金属承载式车身，其中大部分是有骨架式，见图 3-10。而在一部分大客车上采用的是无骨架承载式车身。

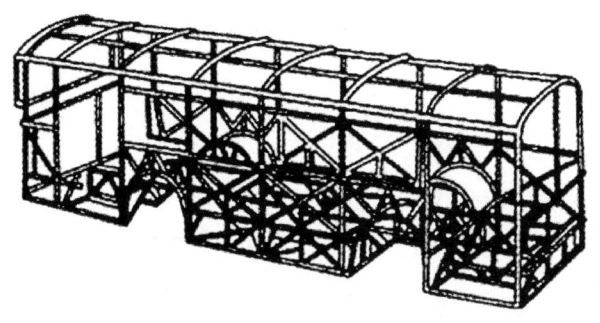

图 3-10　大客车整体承载式车身骨架

3.2.3　车架常见的损坏及检修

车架是汽车的骨架，在使用过程中，由于承受着很复杂的力，会产生变形、裂纹、腐蚀和连接松旷等缺陷。车架扭曲变形或断裂会破坏各总成的相对位置，引起总成早期损坏。如影响前轮定位的正确性，造成轮胎的早期磨损；改变变速器、传动轴及悬架的位置，加速了机件的磨耗；影响汽车行驶稳定性和制动效果。车架常见的故障有弯曲、扭转变形和产生裂纹等。

1. 车架弯曲、扭转变形。

车架弯曲、扭转变形的原因是：汽车在行驶中，尤其是遇到不平路面时，车轮要不断地上下跳动，车架受到垂直附加动载荷的作用，加之使用中超载、偏载、超速以及紧急制动等，均会使弯、扭应力迅速增大而造成车架的弯、扭变形。容易造成某些部件疲劳破坏，甚至断裂。

2. 车架断裂。

车架断裂的原因主要是：

（1）超载行驶使车架中部受力和变形大，造成车架断裂。

（2）汽车上下坡、转弯或装载不均时，也会引起车架局部过载而导致车架断裂。

3. 车架的维修。

（1）车架变形的修理。车架弯曲、扭曲变形超过允许限度，应进行校正。

（2）车架裂纹的修理。车架出现裂纹应进行手工电弧焊焊修。

思考与练习题

一、判断题

1. 车架主要承受拉、压应力。　　　　　　　　　　　　　　　　　　　（　　）

2. 有的汽车没有车架。（　　）

3. 在情况复杂多变的行驶过程中，固定在车架上的各总成和部件之间不应发生干涉。（　　）

4. 承载式车身由于无车架，使得传动系统和悬架的振动和噪声会直接传入车内，应采取隔声和防振措施。（　　）

二、选择题

1. 汽车的装配基体是（　　）。
A. 车架　　　　　　　　　　　　B. 发动机
C. 非承载式车身　　　　　　　　D. 车轮

2. 车架是整个汽车的装配基体，其作用主要是（　　）。
A. 支承连接汽车的各零部件　　　B. 承受来自车内、外各种载荷
C. 安装汽车左右车轮　　　　　　D. 传递转矩

3. 汽车车架的结构形式主要有中梁式车架、（　　）和边梁式车架等几种形式。
A. 后梁式车架　　　　　　　　　B. 下梁式车架
C. 综合式车架　　　　　　　　　D. 前梁式车架

三、简述题

1. 为什么说车架是整个汽车的基体？其功用和结构特点是什么？
2. 何谓边梁式车架？为什么此种结构的车架应用最广泛？

3.3　车桥和车轮

3.3.1　车　桥

1. 车桥的功用与分类。

车桥（也称车轴）通过悬架与车架（或承载式车身）相连接，两端安装汽车车轮。车架所受的垂直载荷通过车桥传到车轮，车轮上的滚动阻力、驱动力、制动力和侧向力及其弯矩、转矩又通过车桥传递给悬架和车架，故车桥的作用是传递车架与车轮之间的各个方向作用力及其所产生的弯矩和转矩。

根据悬架的结构形式，车桥可分为整体式和断开式两种。断开式车桥为活动关节式结构，它与独立悬架配合使用；整体式车桥的中部是一个整体的刚性实心或空心梁（轴），它多与非独立悬架配合使用。大部分现代轿车左右车轮之间实际上没有车桥，而是通过各自的悬架与车架相连接，然而习惯上仍称它们配置的是断开式车桥。

按照车桥上车轮的运动方式和作用，车桥可分为转向桥、驱动桥、转向驱动桥和支持桥4种类型。其中转向桥和支持桥都属于从动桥。一般汽车的前桥多为转向桥，后桥或中、后两桥多为驱动桥。越野汽车和一些轿车的前桥既是转向桥又是驱动桥，故称为转向驱动桥。某些单桥驱动的三轴汽车（6×2汽车）的中桥或后桥为支持桥。挂车上的车桥

都是支持桥，支持桥除不能转向外，其他功能和结构与转向桥相同。

2. 车桥的结构。

（1）转向桥

转向桥的作用是利用转向节连接两只转向车轮，使得车轮可相对于车轴偏转一定的角度，同时与转向系统配合，实现汽车的转向，此外还承受汽车的部分负荷和汽车制动、车轮侧滑等产生的作用力和力矩。转向桥通常位于汽车的前部，因此也常称为前桥。转向桥分为整体式和断开式。

①整体式转向桥

各种类型汽车的整体式转向桥结构基本相同，主要由前轴（梁）、转向节、主销和轮毂四部分组成，如图3-11所示。前轴是转向桥的主体，其断面形状采用工字形或管形。

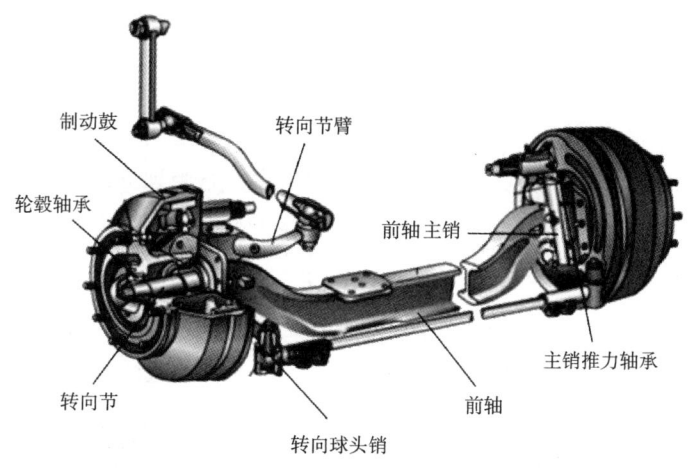

图3-11 汽车整体式转向桥

前轴的断面为工字形，为提高抗扭强度，在接近两端处各有一个加粗部分成拳形，其中有通孔，主销即插入此孔内。中部向下弯曲成凹形，其目的是使发动机位置得以降低，从而降低汽车重心，扩展驾驶员视野，减小传动轴与变速器输出轴之间的夹角。作为主体零件的前轴是用中碳钢经模锻和热处理制成的。

转向节是车轮转向的铰链，它是一个叉形件，上下两叉有安装主销的两个同轴孔。转向节轴颈用来安装车轮。转向节上销孔的两耳通过主销与前轴两端的拳形部分相连，使前轮可以绕主销偏转一定角度而使汽车转向。为了减小磨损，转向节销孔内压入青铜衬套，衬套用装在转向节上的油嘴注入润滑脂润滑。为使转向灵活，在转向节下耳与前轴拳形部分之间装有轴承。在转向节上耳与拳形部分之间还装有调整垫片，用来调整其间隙。

主销的作用是铰接前轴及转向节，使转向节绕着主销摆动以实现车轮的转向。主销的中部切有凹槽，安装时用主销固定螺栓与其上面的凹槽配合，将主销固定在前轴的拳形孔中。主销与转向节上的销孔是动配合的，以便实现转向。

车轮轮毂通过两个圆锥滚子轴承支承在转向节外端的轴颈上，如图3-12所示。轴承的松紧度可用调整螺母（装于轴承外端）加以调整。轮毂外端用冲压的金属罩盖住，内端装有油封。制动底板与防尘罩一起固定在转向节上。

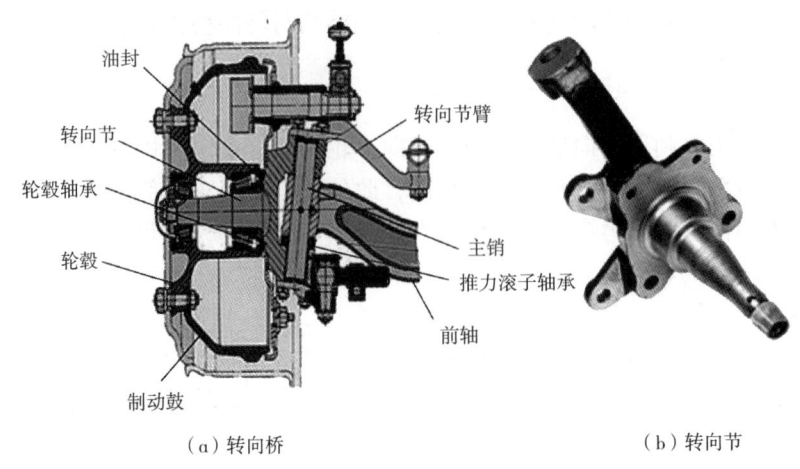

图 3-12 东风 EQ1090E 型汽车转向桥与转向节

②断开式转向桥

断开式转向桥在轿车和微型客车上得到广泛采用,它与独立悬架相配置组成性能优良的转向桥。由于它有效地减少了非簧载质量,降低了发动机的质心高度,从而提高了汽车的行驶平顺性和操纵稳定性。

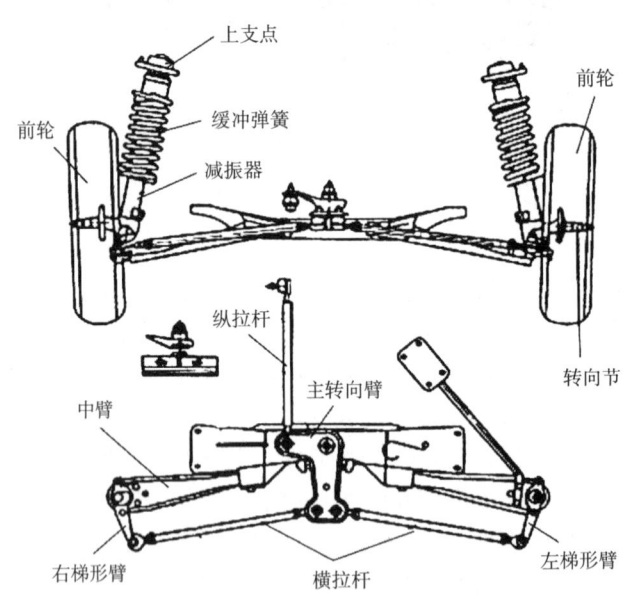

图 3-13 断开式转向桥的结构

图 3-13 所示为 JL6360 微型客车的断开式转向桥的结构。该断开式转向桥在具有承载传力功能的同时,还应具有实现转向的功能,它与转向器配合,通过纵拉杆、主转向臂、中臂、左右横拉杆和左右梯形臂使车轮偏转以实现汽车转向。

(2) 转向驱动桥

能实现车轮转向和驱动的车桥称为转向驱动桥,前轮驱动汽车和四驱汽车的前桥为转向驱动桥（见图 3-14）。与一般的驱动桥一样，有主减速器和差速器。但由于转向时车轮需要绕主销偏转一个角度，故与转向轮相连的半轴必须分成内半轴（与差速器连接）和外半轴（与轮毂连接）两段，两者用等速万向节连接起来，同时主销也因而制成上下两段，分别固定在万向节的球形支座上。转向节轴颈部分做成中空的，以便外半轴穿过其中。

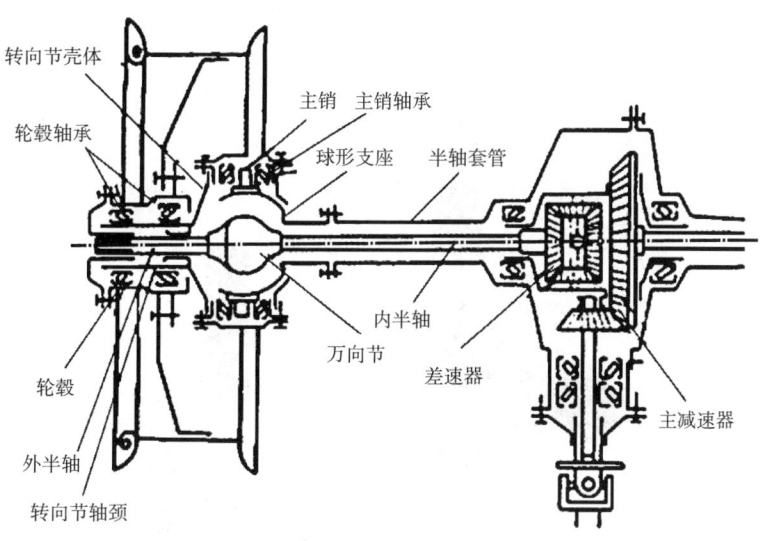

图 3-14 转向驱动桥的结构

目前，许多现代轿车采用了发动机前置前轮驱动的布置形式，其前桥既是转向桥又是驱动桥，为断开式。此种类型的转向驱动桥多与麦弗逊式独立悬架配合使用，因其前轮内侧空间较大，便于布置，具有良好的接近性，维修方便。图 3-15 所示为上海桑塔纳轿车前转向驱动桥总成。其动力经主减速器和差速器传至左、右半轴和左、右内等速万向节，并经球笼式左、右外半轴凸缘传到左、右两轮毂，使驱动车轮旋转。

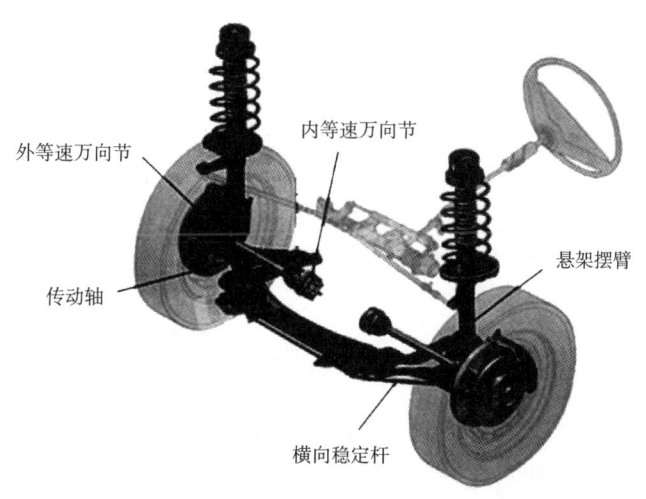

图 3-15 上海桑塔纳轿车前桥（转向驱动桥）

(3) 支持桥

支持桥属于从动桥。有些单桥驱动的三轴汽车，其中桥或后桥是支持桥，挂车上的车桥也是支持桥。

图 3-16 所示为桑塔纳轿车后支持桥。它主要由后桥总成、悬架弹簧支承座及后轮总成等构成。支持桥起支撑和固定悬架、制动总成及车身等零部件的作用，并且可传递汽车纵向力和横向力，以推动车轮旋转。为使后从动轮行驶稳定并减少轮胎磨损，后轮设有固定不变的车轮前束和外倾角。

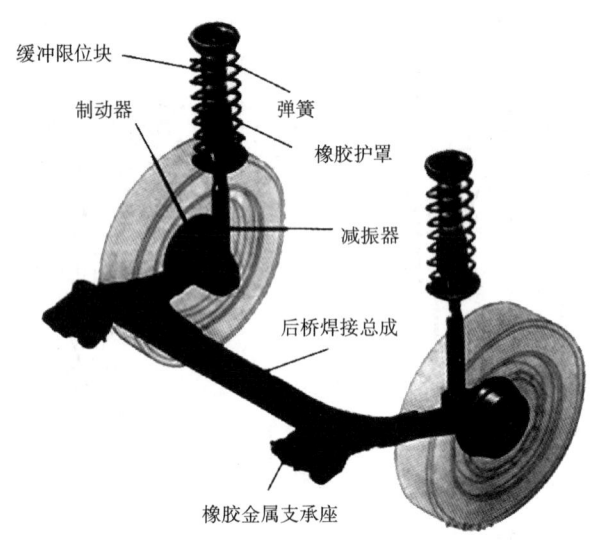

图 3-16 上海桑塔纳轿车的后桥

3.3.2 车轮定位

为了使汽车保持稳定的直线行驶和转向轻便，减少汽车在行驶过程中对轮胎和转向机件的磨损，转向车轮、转向节和前轴三者之间的安装，具有一定的相对位置，这种相对位置反映在主销和前轮的相对安装关系，称为转向轮定位或前轮定位。正确的前轮定位应做到：可使汽车直线行驶稳定而不摆动；转向时转向盘上的作用力不大；转向后转向盘具有自动回正作用；轮胎与地面间不打滑，以减少耗油量和延长轮胎使用寿命。

传统车轮定位主要指前轮定位，但现代汽车同时也对后轮定位，即四轮定位。前轮定位的参数有主销后倾角、主销内倾角、前轮外倾角及前轮前束；后轮定位的参数有后轮外倾角和后轮前束。

1. 前轮定位。

(1) 主销后倾角

主销安装在前轴上，使主销在汽车的纵向平面内，其上部有向后的一个倾角，即主销轴线和地面垂直线在汽车纵向平面内的夹角，见图 3-17。当主销后倾时，主销轴线与路面的交点 a 位于车轮与路面接触点 b 之前，这样，b 点到 a 点之间就有一段垂直距离 L。若汽车转弯（图 3-17 中所示为向右转弯），则汽车产生的离心力将引起路面对车轮的侧

向反作用力 F，F 通过 b 点作用于轮胎上，形成了绕主销的稳定力矩 $M=FL$，其作用方向刚好和车轮偏转的方向相反，使车轮具有恢复到原来中间位置的趋势。即使在汽车直线行驶偶尔遇到阻力使车轮偏转时，也有此种作用。由此可见，主销后倾的作用是保持汽车直线行驶的稳定性，并力图使转弯后的前轮自动回正。后倾角愈大，车速愈高，前轮的稳定性愈强，但后倾角过大会造成转向盘沉重，一般 $\gamma<3°$。现代高速轿车轮胎气压低，弹性较大，行驶时由于轮胎与地面的接触面中心向后移动，引起稳定力矩增加，故后倾角可以减小到接近于零，甚至为负值（即主销前倾）。

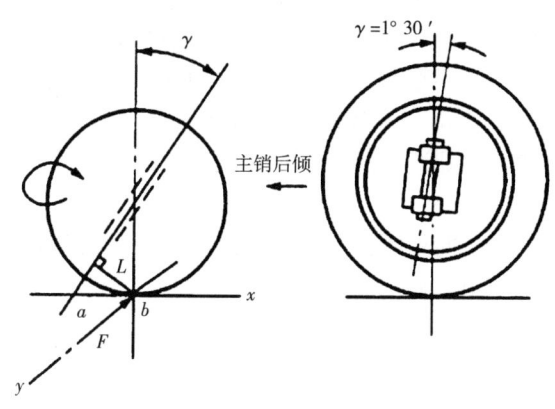

图 3-17 主销后倾角及作用

主销后倾角一般是由前轴、钢板弹簧和车架三者装配在一起时，使前轴断面向后倾斜而形成的。

（2）主销内倾角

主销安装到前轴上，在横向平面内，其上端略向内倾斜，称为主销内倾。在横向垂直平面内，主销轴线与垂线之间的夹角 β 称为主销内倾角，如图 3-18 所示。

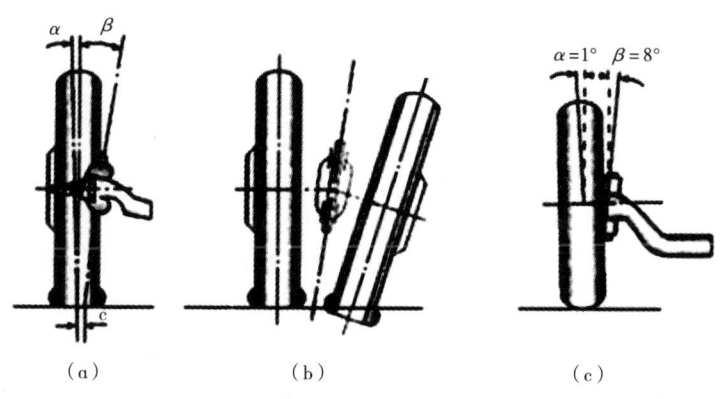

图 3-18 主销内倾角

主销内倾后，主销轴线的延长线与地面的交点到车轮中心平面与地面交线的距离 c 减小，如图 3-18（a），转向时路面作用在转向轮上的阻力矩减小（因力臂 c 减小），从而可减小转向时驾驶员加在转向盘上的力,使转向操纵轻便,也可减少从转向轮传到转向盘上的冲击力。与此同时,当车轮转向或偏转时,车轮有向下陷入地平面的倾向,图3-18(b)为偏转180°时的状态。但事实上这是不可能的,只能使转向轮连同整个汽车前部向上抬起一个相应的高度,这样,在汽车本身重力的作用下,迫使车轮自动回到原来的中间位置。由此可见,主销内倾的作用是使前轮自动回正,转向轻便。主销内倾角愈大或前轮转角愈大,则汽车前部抬起就会愈高,前轮的自动回正作用就愈明显,但不宜过大,否则会增加轮胎与路面的摩擦阻力,这不仅使转向变得很沉重,而且加速了轮胎磨损。

主销内倾角控制在5°~8°之间为宜。主销内倾角是由前轴制造时使主销孔轴线的上端向内倾斜而获得的。主销后倾和主销内倾都有使汽车转向自动回正、保持直线行驶的作用。但主销后倾的回正作用与车速有关,而主销内倾的回正作用几乎与车速无关。因此,高速行驶时主销后倾的回正作用占主导地位,而低速行驶时则主要靠主销内倾起回正作用。此外,直行时前轮偶尔遇到冲击而偏转时,也主要依靠主销内倾起回正作用。

(3) 前轮外倾角

若前轮的旋转平面上方略向外倾斜,则称为前轮外倾。前轮旋转平面与纵向垂直平面之间的夹角,称为前轮外倾角,如图3-19所示。

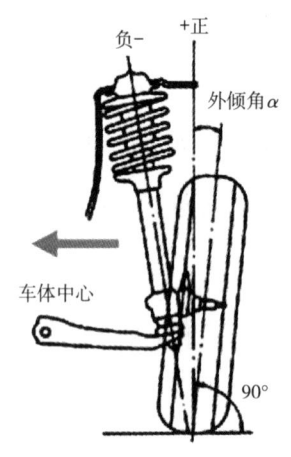

图3-19 前轮外倾角

前轮外倾的作用在于提高前轮工作的安全性和操纵轻便性。由于主销与衬套之间、轮毂与轴承等处都存在间隙,若空车时车轮垂直地面,则满载后,车桥将因承载变形,可能会出现车轮内倾,这样将会加速汽车轮胎的磨损。另外,路面对车轮的垂直反作用力沿轮毂的轴向分力将使轮毂压向轮毂外端的小轴承,加重了外端小轴承及轮毂紧固螺母的负荷,严重时使车轮脱出。因此,为了使轮胎磨损均匀并减轻轮毂外轴承的负荷,安装车轮时预先使车轮有一定的外倾角,以防止车轮出现内倾。同时,车轮有了外倾角也可以与拱形路面相适应。前轮外倾角大虽然对安全和操纵有利,但是过大的外倾角将使轮胎横向偏磨增加、油耗增多。现代汽车一般将外倾角设定为1°左右,也有的接近零度或为负值。前轮外倾角是由转向节的结构确定的。当转向节安装到前轴上后,转向节轴颈相对于水平面向下倾斜,从而使前轮安装后出现前轮外倾。

（4）前轮前束

由于前轮外倾，当车轮在地面纯滚动时，车轮将向外侧方向运动。实际上装在汽车上的两个前轮只能向正前方滚动，因而前轮外倾使两前轮有向内侧滑动的作用，如图3-20所示。

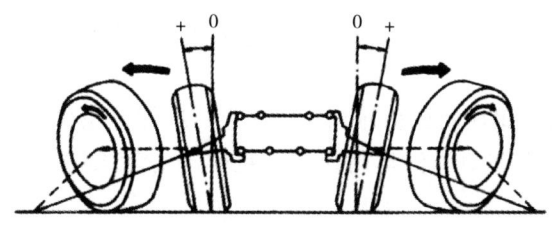

图3-20 外倾角产生的侧滑

汽车两个前轮安装后，在通过车轮轴线并与地面平行的平面内，两车轮前端略向内束，这种现象称为前轮前束。左右两车轮间后方距离 A 与前方距离 B 之差（$A-B$）称为前轮前束值，如图3-21所示。前轮前束的作用是消除汽车行驶过程中，因前轮外倾而使两前轮前端向外张开的不利影响。

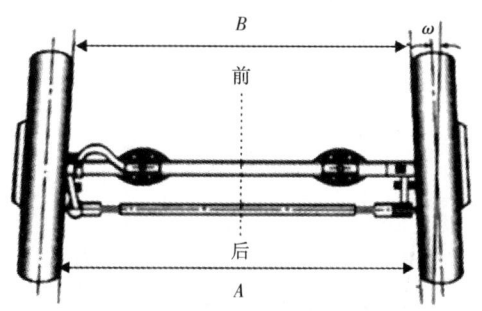

图3-21 前轮前束

当两前轮具有前束时，两前轮在向前滚动时会产生向外侧的滑动。这样，由外倾和前束产生的两前轮的滑动方向相反，可以互相抵消，使两前轮基本上是纯滚动而无滑动地向前运动。此外，前轮前束还可以抵消滚动阻力造成的两前轮前部都向外张开，使两前轮基本上是平行地向前滚动。

主销后倾角 γ、主销内倾角 β、前轮外倾角 α 及车轮前束 $A-B$ 统称为转向轮定位角。前三者由结构设计保证，基本做成不可调式，使用中无须调整，而前轮前束则需进行调整。

2. 后轮定位。

随着道路条件的改善，现代轿车的速度越来越快，现在有许多高档轿车都需要设置四轮定位，即不仅要求有前轮定位，还需要有后轮定位。其原因是对于前轮驱动汽车和独立后悬架汽车，如果后轮定位不当，即使前轮定位良好，仍然会有不良的操纵性和轮胎早期磨损。

(1) 后轮外倾角

同前轮外倾角一样，后轮外倾角也对轮胎磨损和操纵性有影响。理想状态是四个车轮的运动外倾角均为零，这样，轮胎和路面接触良好，从而得到最佳的牵引性能和操纵性能。

车轮外倾角不是静态的，它随悬架的上下移动而变化。车辆加载后，悬架下沉就会引起车轮外倾角改变。为了对载荷进行补偿，采用独立悬架的大多数车辆常有一个较小的正后轮外倾角。

对于前驱汽车，有的采用负的外倾角，这样可以增加车轮接地点的跨度，增加汽车的横向稳定性；同时可用来抵消当汽车高速行驶且驱动力较大时，车轮出现的负前束（前张），以减少轮胎的磨损。

(2) 后轮前束

后轮前束的定义与前轮前束相似。如果后轮前束不当，后轮轮胎也会被擦伤，另外还会引起转向不稳定及降低制动效能。

后轮前束也不是一个静态量，悬架摇动和反弹时它就会起变化。滚动阻力和发动机转矩对它也有影响。对于前轮驱动车辆，后轮为从动轮，汽车的驱动力通过纵臂作用于后轴上，后轴将产生一定的弯曲，使车轮有前张的趋势（图3-22），而预先设置一定的后轮前束可以抵消这种前张。后轮驱动车辆的后轮则宜负前束，独立悬架的后驱动轮应尽可能为负前束。

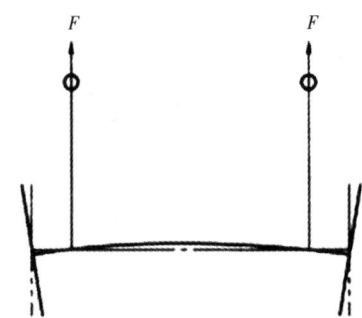

图3-22 前驱汽车后轴受力变形情况

当汽车在路面上行驶时，最理想的状态是所有车轮的运动前束量均为零。对于防抱死制动车辆尤其如此。因此，当在滑湿路面上制动时，不正确的前束会影响制动平衡性，为防止滑移，防抱死制动会一开一合循环不停。无防抱死制动系统时，地面驱动力受到干扰而可能引起无法控制的滑移。

(3) 驱动力作用线

如果两后轮相互平行且与整车平行，那么驱动力作用线将垂直于后轴并与车辆纵轴线重合。但如果一个或两个后轮前端偏里或偏外，或者一个车轮相对于另一个略微后缩，驱动力作用线就会偏离中心线，从而产生一个驱动力偏离角，并使车辆朝与偏离角相反的方向偏行。例如，驱动力作用线偏右时，汽车向左侧跑偏。

驱动力偏离角的出现使得车辆在冰、雪或湿路面上的方向稳定性变差。在车辆制动或急剧加速时，它有时会使车辆跑偏。用于转向控制的前轮要克服后轮的这种作用，所以驱动力偏离角还会使轮胎磨损加剧。通过重新调整后轮前束，可使驱动力作用线回中。在大多数前轮驱动车辆上，可在后轮轮毂轴和后轴间放置前束或车轮外倾角垫片，或者使用偏心轴套组调整后轮前束，也可采用厂家提供的方法调整，见图3-23所示。

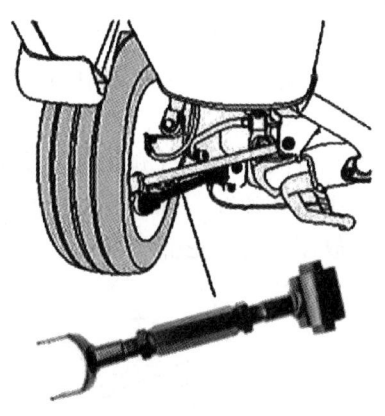

图3-23 后轮前束调整装置

3.3.3 车轮和轮胎

车轮与轮胎是汽车行驶系统中的重要部件，汽车通过车轮和轮胎与地面接触实现行驶或停车。车轮和轮胎的主要功用是：支承汽车总重量；保证轮胎与路面有良好的附着性能，以提高汽车的驱动力和制动力；缓和吸收汽车行驶时所受到的冲击和振动；产生平衡汽车转弯行驶时的侧向力，并通过轮胎产生自动回正力矩的作用等。车轮与轮胎有时也称为车轮总成，如图3-24。

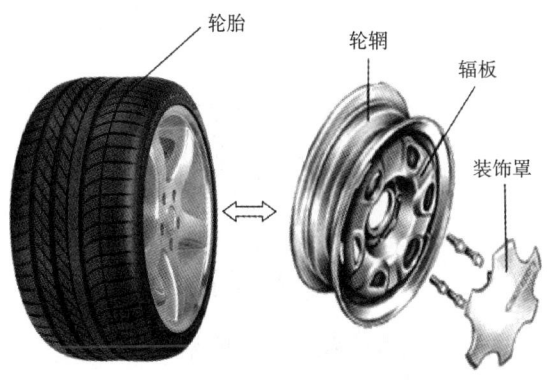

图3-24 车轮总成

3.3.4 车轮的构造

1. 车轮。

车轮是介于轮胎和车轴之间承受负荷的旋转组件，一般由轮毂、轮辐和轮辋三部分组成。轮毂通过圆锥滚柱轴承套装在车桥或转向节轴颈上。轮辋用于安装轮胎，轮辐和轮辋可以为一个整体,也可以为可拆卸式。按轮辐的结构形式,车轮可分为辐板式和辐条式两种。

(1) 辐板式车轮

图 3-25 所示为货车辐板式车轮。辐板与轮辋通过焊接或铆接固定成整体,通过辐板上的大中心孔及周围的螺栓孔安装在轮毂上。螺栓孔两端都做成球面或锥面凹坑,相应地,紧固螺母的端部也制有凸起,以便于安装时对正中心,也利于互换。与轮辋连接处的辐板上,开有若干个半圆形的通孔用以减轻重量,也有利于制动鼓散热。

为防止车轮在行驶中自行松脱,汽车左、右侧固定辐板的螺柱、螺母采用旋向不同的螺纹,即左轮用左旋螺纹,右轮用右旋螺纹。目前,一些车轮上采用了球面弹簧垫圈,可以有效地防止螺母的自行松脱,故左、右车轮都可以采用右旋螺纹连接。

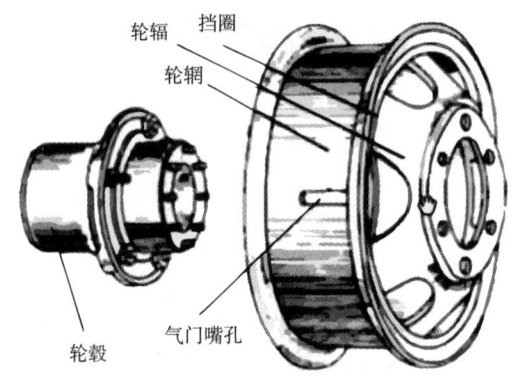

图 3-25 辐板式车轮

由于货车后轴载荷大,后桥一般使用双式后轮,即在同一轮毂上背靠背安装两个辐板式车轮,如图 3-26 所示。采用双式车轮可以有效避免后轮轮胎过载。

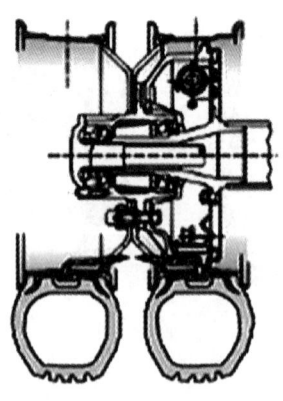

图 3-26 双式车轮

目前,各类载货汽车广泛采用辐板式车轮。

(2) 辐条式车轮

辐条式车轮用辐条把轮辋与轮毂连接成一体,辐条有铸造辐条和钢丝辐条,如图 3-

27。铸造辐条多用于重型载货汽车和轿车；钢丝辐条由于价格昂贵和安装不便，仅用于赛车和一些高级轿车。

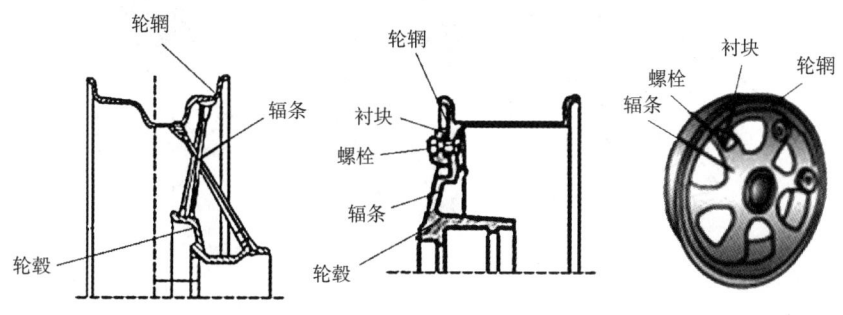

图 3-27 辐条式车轮

（3）轮辋

①轮辋的类型

轮辋用来安装和固定轮胎，常见形式主要有两种：深槽轮辋和平底轮辋（图 3-28）。此外还有对开式轮辋、半深槽轮辋、深槽宽轮辋、平底宽轮辋、全斜底轮辋等。

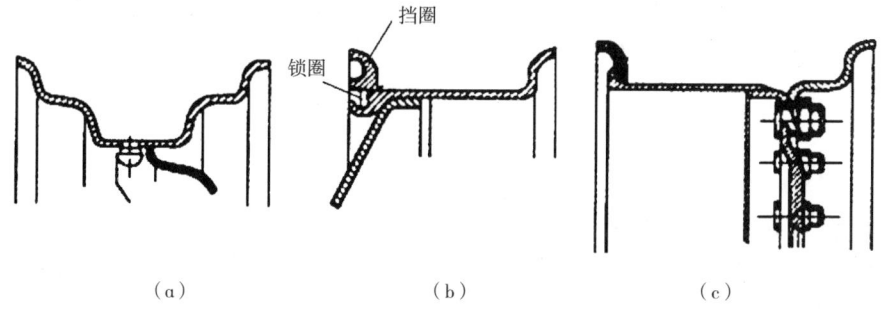

图 3-28 轮辋的断面

a. 深槽轮辋如图 3-28（a）所示，深槽轮辋是用钢板冲压成形的整体结构，中部制成便于拆装轮胎用的深凹槽，凹槽两侧的台阶略向中间倾斜。这种轮辋结构简单、刚度大、重量轻，适用于安装尺寸小、弹性较大的轮胎。深槽轮辋主要用于轿车及轻型越野汽车等。

b. 平底轮辋如图 3-28（b）所示，平底轮辋底部呈平环状，它的一边有凸缘，而另一边以可拆卸的挡圈作凸缘，开口锁圈具有弹性，它嵌入轮辋与挡圈之间的环槽内，可以防止挡圈脱出。平底轮辋适于安装尺寸较大而弹性较小的轮胎。

c. 对开式轮辋如图 3-28（c）所示，这种轮辋由两部分组成，其中一部分与轮辐制成一体，两者用螺栓连接成一个整体。拆装轮胎时，只需旋下螺栓上的螺母即可。对开式轮辋只能装单个轮胎，主要用于大中型越野汽车。

为保持车轮动平衡，有些车轮在轮辋边缘夹装平衡块，如图 3-29（a）。拆装维修车轮，会破坏原有的平衡状态，故应进行平衡试验，如图 3-29（b），以重新确定平衡块的质量和夹装位置。

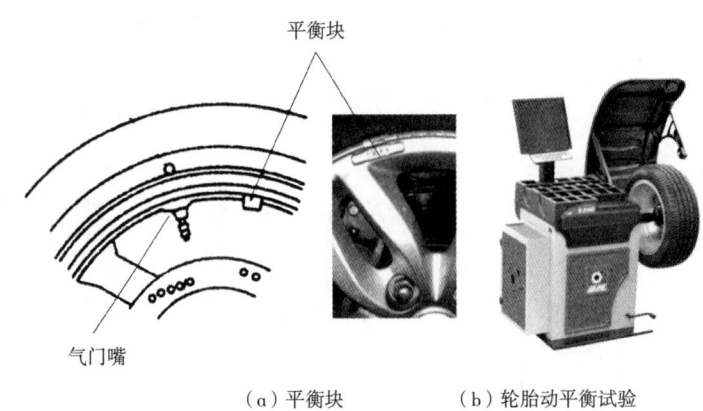

(a) 平衡块　　　　(b) 轮胎动平衡试验

图 3-29　轮胎平衡块及动平衡试验

② 国产轮辋规格的表示方法

轮辋规格用轮辋名义宽度代号、轮缘高度代号、轮辋结构形式代号、轮辋名义直径代号和轮辋轮廓类型代号来共同表示。我国汽车轮辋规格用一组数字、字母和符号表示，含义及具体内容如下。

a. 轮辋名义宽度和轮辋名义直径代号。它们的单位为英寸，一般取两位小数（当用毫米表示时，轮胎与轮辋应一致）。

b. 轮缘高度代号。其用一个或几个拉丁字母表示，如 C、D、E、F、JJ、JK、L、V 等。

c. 轮辋结构形式代号。它表示轮辋主要由几个零件组成，符号"X"表示一件式轮辋，符号"—"表示多件式轮辋。

d. 轮辋轮廓类型代号。此代号用字母表示轮廓类型，分别为 DC（深槽轮辋）、WDC（深槽宽轮辋）、SDC（半深槽轮辋）、FB（平底轮辋）、WFB（平底宽轮辋）、TB（全斜底轮辋）、DT（对开式轮辋）等，见图 3-30。

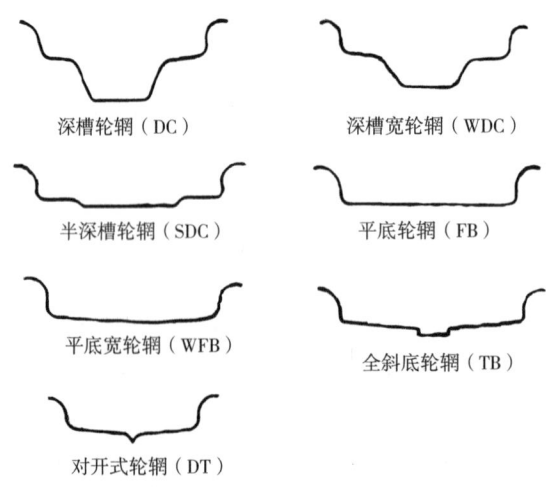

图 3-30　轮辋轮廓类型代号

汽车轮辋规格表示方法的具体排列形式为：

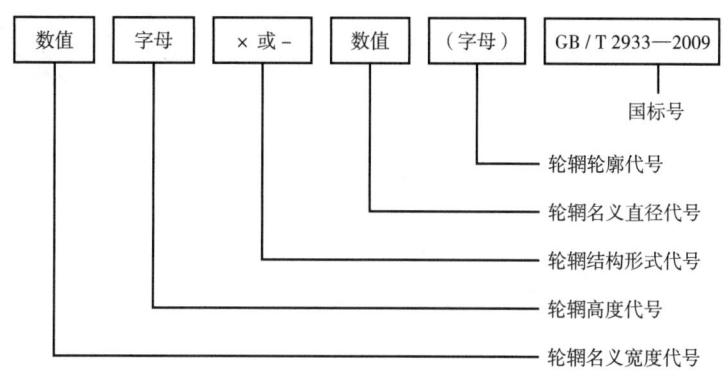

图 3-31 汽车轮辋规格表示方法

对于不同形式的轮辋，以上代号不一定同时出现。例如，北京 BJ2020 型汽车轮辋为 4.50E×16。表明该轮辋是名义宽度 4.5 英寸，名义直径 16 英寸，轮缘轮廓代号为 E 的一件式深槽轮辋，属单件式轮辋；解放 CA1092 型汽车轮辋为 6.5—20，表明该轮辋是名义宽度和名义直径分别为 6.5 英寸和 20 英寸的多件轮辋。平底宽轮辋只有表示轮辋名义宽度和名义尺寸的数字，而没有表示轮缘轮廓的拉丁字母代号。例如，东风 EQ1090 型汽车轮辋规格为 7.0—20，解放 CA1091 型汽车轮辋规格为 6.5—20。

车轮的规格除了包括轮辋宽度和轮辋直径外，还有螺栓孔的节圆直径，即车轮通常用若干个螺栓安装在轮毂上，各螺栓孔中心分布圆的直径即为节圆直径，用毫米表示。车轮的另一个重要规格参数是偏置距 E，它表示了轮辋中心和车轮安装面之间水平距离，这是选择车轮的重要尺寸。发动机前置前驱动的汽车（FF）和发动机前置后驱动的汽车（FR）的车轮偏置距是不一样的，必须装用符合原车轮偏置距的车轮。此外，还有轮毂直径、螺栓孔直径。

轮辋规格只表示轮胎与轮辋的匹配，而不明确其是否与车身相匹配，选用时注意车身的运动校核。

2. 轮胎。

（1）轮胎类型和花纹

轮胎安装在轮辋上，支承汽车的全部重量；轮胎直接与路面接触，要与路面附着良好，以产生足够的驱动力和制动力，并且缓和吸收汽车行驶时受到的冲击和振动。现代汽车几乎全部采用充气轮胎。按组件不同，充气轮胎可分为有内胎轮胎和无内胎轮胎两种。按照胎体结构不同，其可分为斜交轮胎和子午线轮胎。根据工作气压的大小，充气轮胎可分为高压胎、低压胎和超低压胎三种。高压胎（0.5~0.7MPa）的滚动阻力小，节省燃料。低压胎（0.15~0.5MPa）胎面较宽，附着力大且弹性好，吸收振动的能力较强。超低压胎（0.15MPa 以下）断面宽度大，在松软路面上具有良好的通过性，多应用在越野车上。目前汽车广泛应用的是低压胎。

为使轮胎与路面之间有良好的附着性能，轮胎胎面上制有各种凹凸花纹。根据花纹的不同，轮胎可分为普通花纹轮胎、越野花纹轮胎和混合花纹轮胎等，如图 3-32 所示。

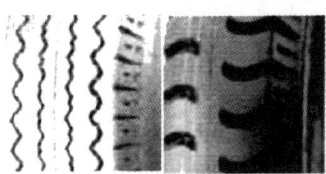
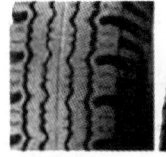

普通花纹　　　　　　　　　　　混合花纹

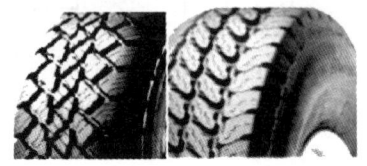

越野花纹

图 3-32　轮胎花纹

普通花纹轮胎的花纹沟槽细而浅，花纹块的接地面积较大，适用于较好路面。它有纵向花纹和横向花纹两种。横向花纹轮胎耐磨性好，不易夹石子，但散热性能差，工作噪声较大，不宜高速行驶；纵向花纹的轮胎滚动阻力小，噪声小，防侧滑和散热性好，高速行驶性能好，但甩石性和排水性较差。越野花纹轮胎的花纹沟槽深而宽，花纹块接地面积较小，防滑性能好。在安装"人"字形花纹轮胎时，应注意要将"人"字尖端指向汽车前进方向，以提高排水性能，如图 3-33 所示。混合花纹轮胎的特点介于普通花纹轮胎和越野花纹轮胎之间，胎冠中部花纹多为菱形或纵向锯齿形，两边为横向大块越野花纹。其缺点是耐磨性能较差、行车噪声大以及胎面磨损不均匀等。

图 3-33　胎面花纹排水结构

在路面形成水膜的状态下，利用轮胎花纹排水是很重要的。在积水路面上，如果轮胎无花纹，那么外胎面和路面间形成一层水膜，容易使车轮发生打滑现象，若外胎面开有沟槽，水就会沿沟槽排出，可破坏水膜。沟槽的深度和形状决定着排水性能。

（2）充气轮胎

①有内胎轮胎

有内胎的轮胎由外胎、内胎和垫带组成，如图 3-34 所示。

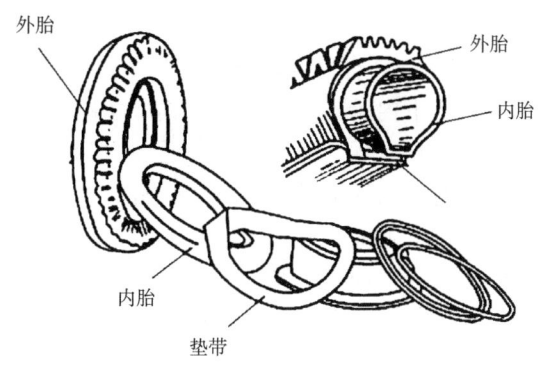

图 3-34 有内胎的充气轮胎

a. 外胎是由耐磨橡胶制成的用以保护内胎免受损伤的高强度弹性外壳。外胎由胎面、帘布层、缓冲层和胎圈等组成,如图 3-35 所示。

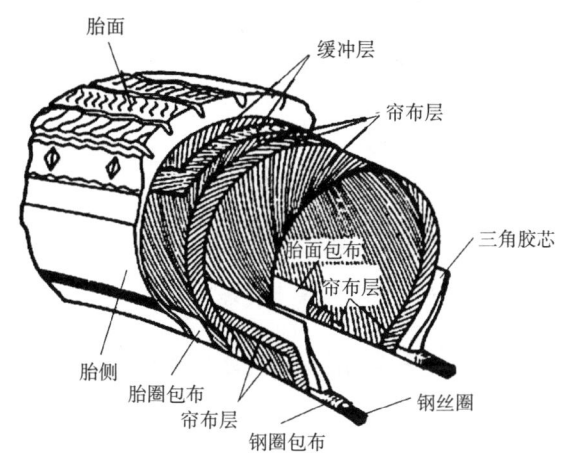

图 3-35 外胎的结构

胎面是轮胎的外表面,是轮胎滚动时与路面直接接触的部分,用于保护帘布层和内胎,保证轮胎与路面间的附着系数。胎面采用耐磨性较好的橡胶材料,在一定程度上保证了轮胎与路面间的附着力。此外,为了充分发挥有效的制动力和操纵性能,胎面的表面通常刻有各种胎面花纹。

帘布层是外胎的骨架,用以保持外胎的形状和尺寸,并使其具有足够的强度,又被称为胎体。帘布由棉线、人造线、尼龙和钢丝等交叉排列组成。帘布层通常由偶数层的帘布用橡胶贴合而成,其两侧边缘靠胎圈部分的钢丝圈固定在轮辋凸缘和轮辋底座上。帘布层数越多,轮胎的强度越大,但弹性越差。

缓冲层由两层或数层较稀疏的帘布和橡胶制成,夹在胎面和帘布层之间,用于加强胎面与帘布层之间的结合,防止汽车紧急制动时胎面与帘布层脱落,且可以缓和汽车行驶时所受到的路面冲击。

胎圈由钢丝箍圈、帘布层包边和胎圈包布等组成,具有很大的刚度和强度,从而保证外胎得以牢固地嵌在轮辋内。

b. 内胎是一个环形的橡胶管，具有良好的弹性，且耐热和不漏气，上面装有气门嘴，以便充气或排气。为在充气状态下内胎不产生折皱，其尺寸稍小于外胎内壁尺寸。

内胎气门嘴的结构如图3-36所示，底部的凸缘通过内胎上的狭孔插入内胎中，座筒内装有带密封衬套的气门芯，衬套的环形槽内嵌有橡胶密封圈。当拧入螺母时，密封圈即被压紧在座筒的锥形凹座上。衬套下面装有橡胶阀门，当轮胎被充气时，阀门被空气压力压下；充气完毕后，套在杆上的弹簧便将它紧固地压在阀座上。

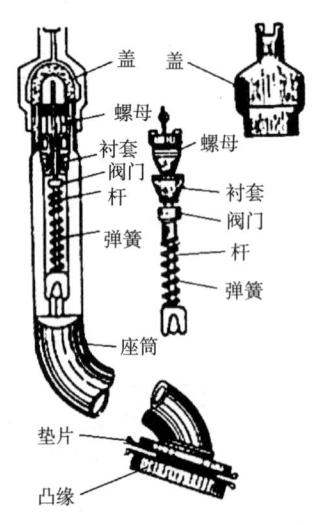

图3-36 内胎气门嘴的结构

c. 垫带是一个环形的橡胶带。它垫在内胎与轮辋之间，保护内胎不被轮辋和胎圈擦伤，还可防止尘土及水汽侵入胎内。

② 无内胎轮胎

无内胎轮胎在外观上与普通轮胎相似，但是没有内胎及垫带。它的气门嘴用橡胶垫圈和螺母直接固定在轮辋上，空气直接充入外胎中，其密封性由外胎和轮辋来保证，如图3-37所示。

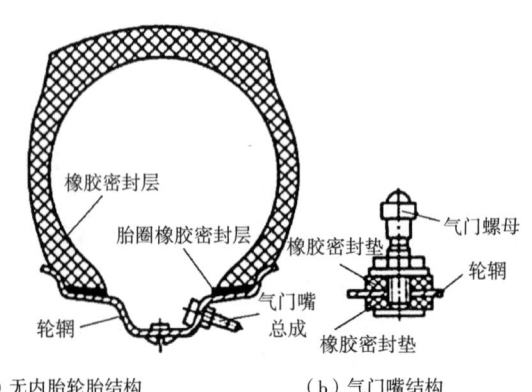

(a) 无内胎轮胎结构　　　(b) 气门嘴结构

图3-37 无内胎轮胎

无内胎轮胎的内壁有一层橡胶密封层,有的在该层下面还有一层自粘层,能自行将刺穿的孔黏合。在胎圈外侧也有一层橡胶密封层,用以加强胎圈与轮辋之间的气密性。轮辋底部是倾斜的,并涂有均匀的漆层。

无内胎轮胎的优点是一旦被刺破,穿孔不会扩大,故漏气缓慢,胎压不会急剧下降,仍能继续行驶一定距离,可消除爆破危险。因无内胎,摩擦生热少、散热快,适用于高速行驶。此外,结构简单,重量较轻,维修也方便。但密封层和自粘层易漏气,途中修理比较困难。

无内胎轮胎必须配用深槽式轮辋,故目前在轿车上应用较多。

③普通斜交轮胎

普通斜交轮胎的外胎由胎面、帘布层、缓冲层、胎圈等组成,如图3-38所示。

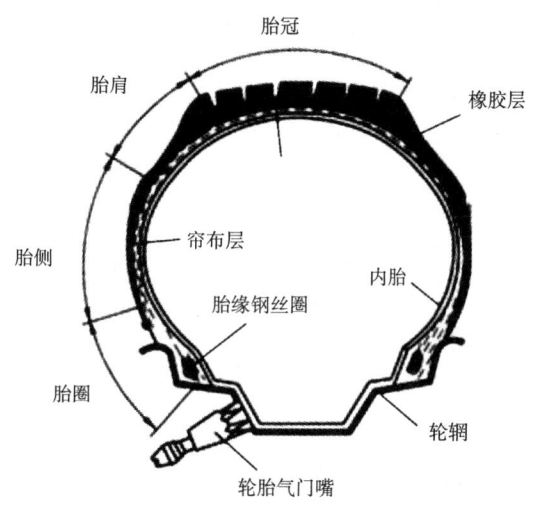

图3-38 普通斜交轮胎外胎的结构

a. 胎面是外胎的外表层,包括胎冠、胎肩和胎侧三部分。胎冠与路面接触,直接承受冲击与摩擦,并保护胎体免受机械损伤。因此胎冠部分橡胶层厚,其上制有各种花纹,以增加附着力。胎肩是较厚的胎冠与较薄的胎侧间的过渡部分,除了起保护帘布层的作用外,一般也制有各种花纹,以利于防滑和散热。胎侧是贴在帘布层侧壁的薄橡胶层,其作用是保护帘布层免受机械损伤及水分侵蚀。胎侧可承受较大的挠曲变形。

b. 帘布层是外胎的骨架,也称胎体。主要作用是承受负荷,保持外胎的形状和尺寸,使外胎具有一定的强度。通常由多层挂胶帘线用橡胶黏合而成。帘布层的帘线按一定角度交叉排列,帘线与轮胎横断面的交角通常为50°,如图3-39(a)。为使负荷均匀分布,帘布层数多为偶数。帘布层数越多,强度越大,但弹性随之降低。一般在外胎表面上标注有帘布层数。

帘线材料一般有棉线、人造丝、尼龙和钢丝等。现在多采用聚酰胺纤维和金属丝作帘线,使帘布层数减少到四层甚至两层。这样既减少了橡胶消耗,提高了轮胎质量,又降低了滚动阻力,延长了轮胎的使用寿命。

c. 缓冲层位于胎面和帘布层之间,质软而弹性大。一般用两层较稀疏的帘线和弹性较大的橡胶制成,其相邻两层的帘线也呈交叉排列。

d. 胎圈是帘布层的根基,由钢丝圈、帘布层包边和胎圈包布组成,具有较大的刚度和强度,可使轮胎牢固地装在轮辋上。

斜交轮胎的优点是:轮胎噪声小,外胎面柔软,制造容易,价格也较子午线轮胎便宜。

它的缺点是:转向行驶时,接地面积小,胎冠滑移大,抗侧向力能力差,高速行驶时稳定性也差,滚动阻力较大,油耗偏高,承载能力也不如子午线轮胎。

④子午线轮胎

如图3-39(b)所示,子午线轮胎帘布层帘线排列的方向与轮胎横心线夹角很小,其带束层强度高、不易拉伸,又称刚性缓冲层。带束层用橡胶、高强度纤维线或钢丝把帘布层箍起来,从而增强了胎面的刚度。

子午线轮胎由于外胎面(胎冠)刚性大,而胎侧部分柔软,所以在侧向力的作用下,胎侧变形较大,胎冠的接地面积基本不变。而普通斜交轮胎在侧向力的作用下胎侧变形不大,但使整个轮胎发生倾斜,结果使轮胎胎冠的接地面积减小。可见,轮胎在承受侧向力时,子午线轮胎具有明显的优越性。

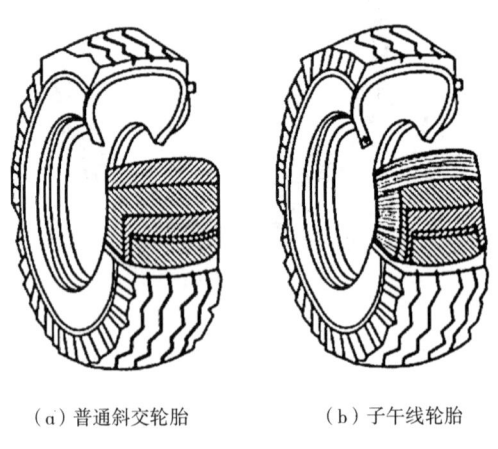

(a)普通斜交轮胎　　(b)子午线轮胎

图3-39　普通斜交轮胎和子午线轮胎

与普通斜交轮胎相比,子午线轮胎具有较多的优点:接地面积大、附着性能好、胎面滑移小、对地面单位压力也小,因而滚动阻力小,可降低油耗3%~8%;胎冠较厚且有坚硬的带束层,胎面刚性大,承载时触地变形小,高速行驶时不易发生驻波现象,不易刺穿,使用寿命长;因帘布层数少,胎侧薄,所以散热性能好;径向弹性大,缓冲性能好,负荷能力较大;帘线横向排列,在承受侧向力时,接地面积基本不变,故在转向行驶和高速行驶时稳定性好,如图3-40(b)所示。

子午线轮胎的缺点是:因胎侧较薄较柔软,胎冠较厚,在胎冠与胎侧过渡区易产生裂口;吸振能力弱,胎面噪声较大;制造技术要求高,成本也高。

由于子午线轮胎具有很多优点,故近年来得到了广泛使用。

子午线轮胎与普通斜交轮胎使用相同的轮辋,但不能与普通斜交轮胎混装在同一辆汽车上。

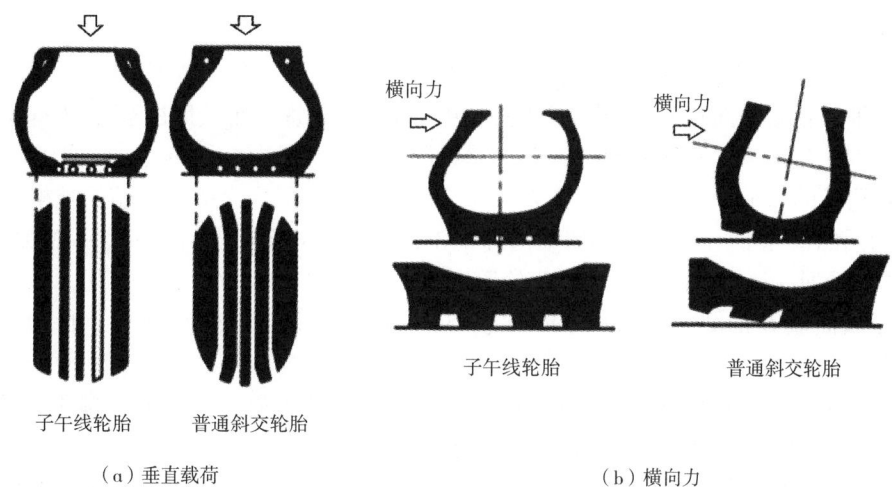

图 3-40 子午线轮胎与普通斜交轮胎的变形

(3) 轮胎规格的表示方法

为了方便轮胎的选用,制造轮胎时,通常都将轮胎规格标注在轮胎的侧壁上。轮胎规格的表示方法有米制和英制两种。目前大多数国家采用英制,我国轮胎规格标记主要采用英制,有些也用英制和米制混合表示。

轮胎的规格可用外胎直径 D、轮辋直径 d、断面宽 B 和断面高 H 的名义尺寸代号表示,如图 3-41 所示。

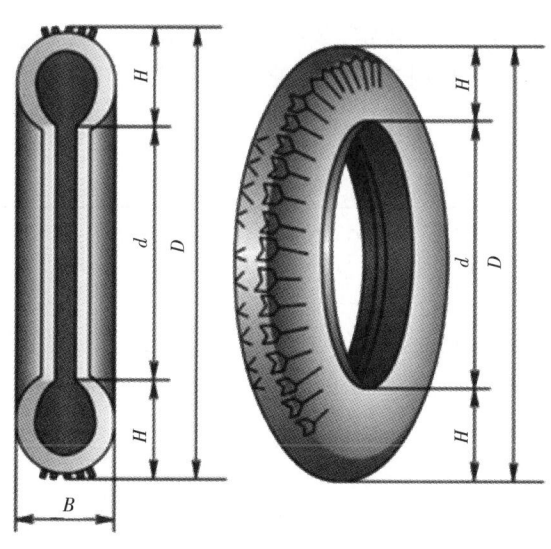

图 3-41 轮胎的规格

①斜交轮胎规格。我国采用国际标准,斜交轮胎的规格用 $B-d$ 表示。载货汽车斜交轮胎和轿车斜交轮胎的尺寸 B 和 d 均用 in(英寸)为单位。B 为轮胎名义断面宽度代号,d 为轮辋名义直径代号。示例如下:9.00—20 表示轮胎名义断面宽为 9.00in,轮辋名义直

径为 20in。

②子午线轮胎规格。国产子午线轮胎规格用 BRd 表示，其中 R 代表子午线轮胎。国产轿车子午线轮胎断面宽 B 已全部改用公制单位 mm，载货汽车轮胎断面宽 B 有英制单位 in（英寸）和公制单位两种表示法，而轮辋直径 d 的单位仍为 in（英寸）。

随着轮胎的扁平化，仅用断面宽 B 和轮辋直径 d 已不能完全表示轮胎的规格。即在断面宽 B 相同的情况下，断面高 H 随不同扁平率而变化。轮胎按其扁平率——高宽比（H/B）划分子系列，目前国产轿车子午线轮胎有 80、75、70、65、60 五个系列，分别表示断面高 H 是断面宽 B 的 80%、75%、70%、65%、60%。显然，数字越小，胎越矮，即轮胎越扁平。

子午线轮胎规格示例如下：175/70HR13 表示轮胎断面宽为 175mm、扁平率为 70%、速度等级为 H 级、轮辋直径为 13in 的子午线轮胎。

③无内胎轮胎规格。按国标 GB 2977—1989 规定，载货汽车普通断面子午线无内胎轮胎规格用 BRd 表示。有些子午线轮胎在规格中加 "TL" 标志。例如，195/70SR14TL 表示轮胎的断面宽为 195mm，扁平率为 70%，轮胎的速度等级为 S 级，R 为子午线轮胎，轮辋直径为 14in，最后的 TL 表示无内胎轮胎。目前国产轿车均使用子午线无内胎轮胎。

④速度等级。近年来，汽车和轮胎的性能都有很大的提高，要求轮胎的速度性能和汽车的最高速度相匹配。为此，轮胎需标明其速度等级。国际标准化组织 ISO 制定的并且已为一些国家所采用的速度标志（表 3-1）的特点是对各种速度均给一个代号。表 3-1 规定的速度等级既适用于轿车轮胎，也适用于货车轮胎，但是它们的含义不完全相同。对于轿车轮胎（P 到 S 级），是指不允许超过的最高速度；对于货车轮胎（F 到 N 级），是指随负荷降低可以超过的参考速度。我国参照采用了国际标准化组织规定的速度标志。根据 GB 2978—1989《轿车轮胎系列》规定，轿车轮胎采用表 3-1 中 L~H 的 10 级速度标志符号及对应的最高行驶速度，同时还要求对于不同轮辋直径的轮胎，最高行驶速度应符合表 3-2 的规定。

表 3-1 轿车轮胎的速度等级

速度标志	速度/km·h^{-1}	速度标志	速度/km·h^{-1}	速度标志	速度/km·h^{-1}
A1	5	D	65	Q	160
A2	10	E	70	R	170
A3	15	F	80	S	180
A4	20	G	90	T	190
A5	25	J	100	U	200
A6	30	K	110	H	210
A7	35	L	120	V	240
A8	40	M	130	W	270
B	50	N	140		
C	60	P	150		

表3-2 轮胎最高行驶速度

轮胎结构	速度级别	不同轮辋直径轮胎的最高行驶速度/km·h^{-1}		
		10（in）	12（in）	≥13（in）
斜交轮胎	P	120	135	150
子午线轮胎	Q	135	145	160
子午线轮胎	S	150	165	180
子午线轮胎	H		195	210

3.3.5 车桥与车轮常见故障及检修

汽车的车桥包括驱动桥、转向桥、转向驱动桥和支持桥四种，其中转向桥直接关系到汽车行驶的稳定性和安全性。在长期的运行中，转向桥因承受路面传来的各种力和力矩以及冲击载荷，各零件会发生磨损、变形、裂纹和车轮定位参数改变等。从而影响汽车的正常行驶，使汽车出现不同程度的转向沉重、方向不稳、行驶跑偏、前轮摇摆等故障，增加了驾驶员的劳动强度，甚至影响到行驶的安全性。

轮胎磨损过甚、花纹过浅，同样会成为重要的不安全因素。过度磨损的轮胎，除容易爆破外，还会使汽车操纵稳定性变坏。汽车在雨中高速行驶时，由于不能把水从胎下全部排出，轮胎将在胎面与路面之间形成的水膜上滑动，致使汽车失控。花纹越浅，水滑的倾向越严重。

转向桥及轮胎承受着来自地面的垂直反力、水平方向制动力、惯性力、行驶阻力和制动时引起的转矩等，并且长期承受这些交变冲击载荷，可能发生以下故障：

1. 前桥疲劳损伤、裂纹或断裂。
（1）现象：前桥疲劳损伤、有裂纹或断裂。
（2）维修：应及时更换新件。
2. 前桥在垂直方向上产生弯曲变形。
（1）现象：前桥在垂直方向上弯曲变形。
（2）原因：前桥在垂直方向上承受来自地面的反力很大，易产生弯曲变形，会改变主销内倾角、车轮外倾角，会使汽车转向沉重，轮毂轴承负荷增大，降低使用寿命。
（3）维修：及时校正前桥。
3. 前桥在水平方向上产生弯曲变形故障。
（1）现象：前桥在水平方向上弯曲变形。
（2）原因：前桥在水平方向上承受来自地面的制动力，易产生弯曲变形，会改变前轮前束，导致轮胎异常磨损。
（3）维修：及时校正前桥。
4. 前桥产生扭转变形故障。
（1）现象：前桥产生扭转变形。
（2）原因：前桥产生扭转变形会改变主销后倾角，影响前轮行驶稳定性。

(3) 维修：更换前桥或进行校正。

5. 前桥轴头发热故障。

(1) 现象：行驶中发现前桥轴头发热。

(2) 原因：一般发生在修理保养过程中装配轮毂时，轴承预压过紧使轴承配合过紧所致。轮毂轴承损坏或点蚀，不仅会发热而且会有异常的噪声。轮毂轴承缺油也会造成轴头发热及轴承损坏。

(3) 维修：检查轴承配合松紧和轮毂轴承是否缺油。

6. 主销衬套、主销、止推轴承磨损故障。

(1) 现象：转向沉重，操纵不稳。

(2) 原因：主销衬套、主销、止推轴承磨损、松旷，会影响前轮定位，降低操纵稳定性。

(3) 维修：应更换磨损件并重新进行前轮定位。

7. 转向沉重故障。

(1) 现象：行驶过程中转向沉重。

(2) 原因：前桥转向系统机械部分的故障以及转向液压动力系统的故障。机械部分造成转向沉重的主要原因是转向节主销缺油，造成主销与衬套干摩擦，不仅增加转向阻力，使转向沉重，而且严重时甚至会造成主销与衬套烧结。

(3) 维修：保养时应向转向节主销中加润滑脂。

8. 前轮胎磨损不正常故障。

(1) 现象：前轮胎磨损异常。

(2) 原因：前轮胎磨损不正常的因素较为复杂，前束值不对显然会磨损前轮胎，钢圈变形、轴头松旷、工字梁变形、主销间隙过大等都会造成磨损前轮胎的故障。

(3) 维修：检测前轮定位各项参数的变化，以及考虑其他方面因素的影响。

9. 轮胎异常磨损。

(1) 现象：轮胎花纹产生"吃胎"现象，磨损过度。

(2) 原因：轮胎气压过高或过低，底盘技术状况变坏，如前轮定位不正确、轮毂轴承松旷、横拉杆球节和主销衬套间隙过大，车轮不平衡，轮辋变形或不配套，车桥或车架变形和钢板弹簧技术状况不良等。

(3) 维修：正确调整车轮定位角，适当选择前束可使前束引起的侧向力与车轮外倾引起的侧向力相互抵消，能避免额外的由轮胎横向滑磨而引起的异常磨损。

10. 轮胎胎冠磨损。

(1) 现象：此种磨损，常出现在长距离高速行驶的驱动车轮上。

(2) 原因：高速行驶时，在离心力的作用下，胎面中央的轮胎直径伸长量大于胎肩的伸长量，因此使胎面中央与地面的磨损加剧。此种磨损在扁平率大的轮胎上尤为明显，不能通过降低气压减缓此种磨损，充气压力不能低于规定值，否则会影响行车安全。

(3) 维修：使驱动车轮适时地与非驱动车轮的轮胎进行换位。

11. 轮胎吃角磨损。

(1) 现象：吃角磨损通常与轮胎周向成45°角，也称为对角线磨损。

(2) 原因：此类磨损的90%发生在前轮驱动车辆的非驱动轮上，外倾角越大，此种磨损越重。

（3）维修：适当降低轮胎气压，可以减小此种磨损，两后轮的车轮定位角应保持一致，若发生此种磨损，应将轮胎换位至驱动轮上。

12. 轮胎锯齿形磨损。

（1）现象：锯齿形磨损是指花纹块形成阶梯形磨损。

（2）原因：轮胎着地时，花纹块不均匀变形是锯齿形磨损的主要原因，非驱动车轮比驱动车轮磨损严重，新轮胎产生锯齿形磨损的较多，这是因为花纹块高度越大，弹性变形越大。从行驶方向上看，花纹块前端比后端高。

（3）维修：对于非单一运转方向的轮胎，一旦形成锯齿形磨损，则必须改变轮胎旋转方向。锯齿形磨损及滚动噪声严重的车辆，必须将两轮交叉换位，可迅速减缓轮胎锯齿形磨损。

轮胎磨损还与底盘技术状况有关，如轮毂轴承松旷、轮辋变形等，会使轮胎在汽车行驶中发生摆动，使轮胎磨损加剧；钢板弹簧过软、轮胎和汽车凸出部分之间的距离减小，当汽车满载又行驶于不平道路时，将使轮胎与挡泥板、车厢或车上其他凸出部分发生摩擦，造成轮胎机械损伤。此外，当制动器调整不当，各轮制动力不均匀或制动拖滞，也将造成胎面异常磨损，使轮胎寿命缩短。

思考与练习题

一、判断题

1. 一般载货汽车的前桥是转向桥，后桥是驱动桥。（ ）
2. 汽车在使用中，一般只调整前轮定位中的前束。（ ）
3. 越野汽车的前桥通常是转向兼驱动桥。（ ）
4. 主销后倾角变大，转向操纵力增加。（ ）
5. 采用独立悬架的车桥通常为断开式。（ ）
6. 现代一般汽车使用的轮胎均采用高压胎。（ ）
7. 越野汽车轮胎的气压比一般汽车的高。（ ）
8. 轮胎的层数是指帘布层的实际层数。（ ）

二、选择题

1. 越野汽车的前桥属于（   ）。
   A. 转向桥　　　　　　　　B. 驱动桥
   C. 转向驱动桥　　　　　　D. 支承桥
2. 在前轮定位中，转向操纵轻便主要是靠（   ）。
   A. 主销后倾　　　　　　　B. 主销内倾
   C. 前轮外倾　　　　　　　D. 前轮前束
3. 采用非独立悬架的汽车，其车桥一般是（   ）。

A. 断开式 B. 整体式
C. A、B均可 D. 与A、B无关

4. 车轮前束是为了调整（　　）所带来的不良后果而设置的。
A. 主销后倾角 B. 主销内倾角
C. 车轮外倾角 D. 车轮内倾角

5. 在车轮定位中，（　　）可通过改变横拉杆的长度来调整。
A. 主销后倾 B. 主销内倾
C. 前轮外倾 D. 前轮前束

6. 传统的车轮定位主要是指前轮定位，但越来越多的现代汽车同时对后轮定位（即四轮定位），其中后轮定位参数有（　　）。
A. 主销后倾 B. 后轮外倾
C. 后轮前束 D. 后轮内倾

7. 用于连接和安装左右车轮的（　　）等部件称为车桥，其功用是传递车架（或承载式车身）与车轮之间各个方向的作用力及其力矩。
A. 车轴 B. 差速器
C. 车架 D. 轴承

8. 当一辆汽车采用非独立式悬架时，车桥中部是刚性的实心或空心梁，这种车桥即为（　　）。
A. 断开式车桥 B. 独立式车桥
C. 非独立式车桥 D. 整体式车桥

三、简述题

1. 简述整体式车桥与断开式车桥各自的特点。
2. 分析转向轮定位参数各起何作用。
3. 后轮定位的主要目的是什么？
4. 充气轮胎分为哪几类？
5. 分析子午线轮胎的结构，其与斜交轮胎相比有何优势？
6. 国产轮胎规格标记方法如何表示？

项目4　汽车转向系统的结构与原理

☞知识目标

1. 掌握转向系统的功用、类型、组成及工作原理；
2. 熟悉汽车转向基本特性；
3. 掌握液压式动力转向系统的组成与工作原理；
4. 熟悉电子控制转向系统控制原理。

☞技能目标

1. 能拆解并检修转向系统的主要零部件；
2. 能够对转向系统进行常见保养项目的检查。

4.1　汽车转向系统的组成与功用

当汽车需要改变行驶方向时，必须使转向轮偏转一定角度，直到新的行驶方向符合驾驶员的要求时，再将转向轮恢复到直线行驶位置。这种由驾驶员操纵、转向轮偏转和回位的一整套机构，称为汽车转向系统。其作用是保证汽车能够按照驾驶员的意志改变和保持行驶方向。

汽车转向系统按转向动力源的不同分为机械转向系统和动力转向系统两大类。

4.1.1　机械转向系统的组成与工作过程

机械转向系统是以驾驶员的体力作为转向动力源的转向系统。其主要由转向操纵机构、转向器和转向传动机构三大部分组成，图4-1所示为其一般布置情况。

汽车转向时，驾驶员转动转向盘，通过转向轴、万向节和转向传动轴，将转向力矩输入转向器。从转向盘到转向传动轴的这一系列构件称为转向操纵机构。转向器中有1~2级啮合传动副，具有减速增力作用。经转向器减速后的运动和增大后的力矩由转向摇臂输出，再通过直拉杆传给固定在左侧转向节上的转向节臂，使左侧转向节及装于其上的左侧转向轮绕主销偏转。左、右梯形臂的一端分别固定在左、右转向节上，另一端则与转向横拉杆以球形铰链连接。当左侧转向节偏转时，经左侧梯形臂、转向横拉杆和右侧梯形臂的传递，右侧转向节及装于其上的右侧转向轮随之绕主销同向偏转相应的角度。转向摇臂、直拉杆、转向节臂、梯形臂和横拉杆总称为转向传动机构。梯形臂以及转向横拉杆和前轴构成转向梯形机构,其作用是在汽车转向时,使内、外转向轮按一定的规律进行偏转。

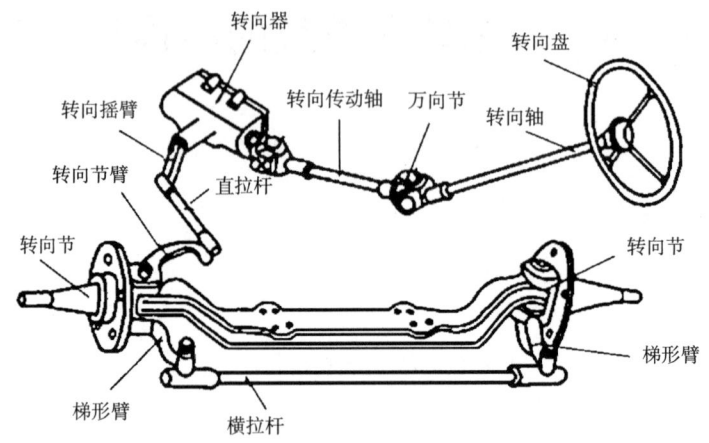

图4-1 机械转向系统

4.1.2 动力转向系统

动力转向系统是兼用驾驶员体力和发动机动力作为转向动力源的转向系统。其结构是在机械转向系统的基础上加设一套转向加力装置而构成的。图4-2所示为一种液压式动力转向系统。其中,转向油罐、转向油泵、转向控制阀和转向动力缸为构成转向加力装置的各部件。

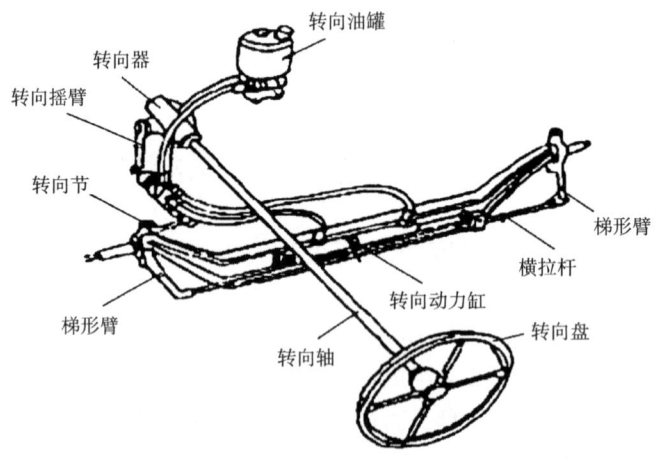

图4-2 动力转向系统

采用动力转向系统的汽车,在正常情况下,汽车转向所需要的动力大部分是由发动机通过转向加力装置供给,只有小部分由驾驶员提供。在转向加力装置失效时,还能由驾驶员独立承担汽车转向任务。

当驾驶员转动转向盘时，转向摇臂摆动，通过转向直拉杆、转向横拉杆、转向节臂，使转向轮偏转，从而改变汽车的行驶方向。与此同时，转向器输入轴还带动转向器内部的转向控制阀转动，使转向加力装置产生液压作用力（能量来自发动机），帮助驾驶员进行转向操纵。这样，为了克服地面作用于转向轮上的转向阻力矩，驾驶员需要加于转向盘上的转向力矩，比用机械转向系统时所需的转向力矩小得多。并且，动力转向系统在转向加力器失效时还能由驾驶员独立承担汽车转向任务。

4.2 汽车转向系统参数

4.2.1 转向梯形机构与转向半径

汽车转向时，内侧车轮和外侧车轮滚过的距离是不相等的，外侧车轮滚过的路程大于内侧车轮滚过的路程。对于一般的汽车而言，后桥左右两侧的驱动轮由于差速器的作用，能够以不同的转速滚过不同的距离。但前桥左右两侧的转向轮要在同一时间滚过不同的距离，必然引起车轮沿路面边滚动边滑动，致使转向时的行驶阻力增大，轮胎磨损增加。为了避免这种现象，要求转向系统能保证在汽车转向时，所有车轮均做纯滚动，故将图4-1中的左、右梯形臂和横拉杆设计成梯形。这样，汽车转向时可使内外转向前轮产生不同的偏转角，所有车轮的轴线都交于一点。此交点O称为汽车的转向中心，从转向中心O到外侧转向轮与地面接触点的距离R称为汽车转弯半径，见图4-3。

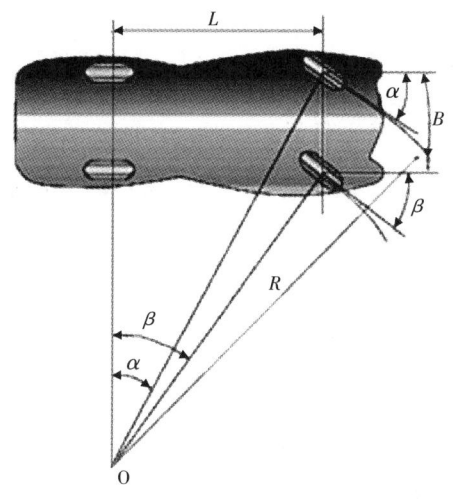

图4-3 双轴汽车转向示意图

汽车转向轮内轮的最大偏转角一般在35°~42°之间，最小转弯半径一般约为5~12m。由图可见，汽车转向时内侧转向轮偏转角β大于外侧转向轮偏转角α，两角之差$\beta-\alpha$称为前展。α与β的关系是

$$\cot\alpha - \cot\beta = \frac{B}{L}$$

式中，B 为两侧主销中心距，L 为汽车轴距。

这一关系是由转向梯形机构保证的，故上式也称为转向梯形理论特性关系式。

4.2.2 转向盘自由行程

由于转向系统各传动件之间都存在着装配间隙，而且这些间隙将随零件的磨损而增大，因此在一定的范围内转动转向盘时，转向节并不随即同步转动，而是在消除这些间隙并克服机件的弹性变形后，才做相应的转动，即转向盘有一空转过程。转向盘为消除间隙、克服弹性变形所空转过的角度称为转向盘自由行程，如图 4-4 所示。

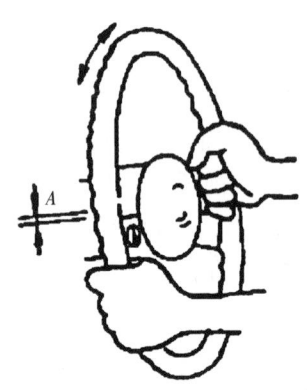

图 4-4 转向盘自由行程

转向盘自由行程对于缓和路面冲击及避免驾驶员过度紧张是有利的，但其不能过大，否则将使转向灵敏度下降。一般规定，直线行驶时，转向盘向左、向右的自由行程不超过 10°~15°。当零件磨损、转向盘自由行程大于规定值时，必须进行调整或换件。转向盘自由行程的大小主要是通过调整转向器传动副啮合间隙和轴承间隙来实现的。因此，转向器一般都设有传动副啮合间隙和轴承间隙调整装置。

4.2.3 转向系统角传动比

转向盘转角与同侧转向节臂带动的车轮偏转角之比称为转向系统角传动比，用 i_ω 表示。而转向盘转角和相应的转向摇臂增量之比称为转向器角传动比 $i_{\omega 1}$。转向摇臂转角与同侧转向节带动的转向轮偏转角之比称为转向传动机构角传动比 $i_{\omega 2}$。显然 $i_\omega = i_{\omega 1} \times i_{\omega 2}$。

i_ω 的大小影响操纵力和转向灵敏度。i_ω 大，则克服一定的地面转向阻力矩所需的转向盘上的转向力矩小，转动转向盘省力。但 i_ω 不能过大，过大将导致转向操纵不够灵敏，即为了得到一定的转向轮偏转角所需的转向盘转角过大。转向传动机构传动比 $i_{\omega 2}$ 一般为 1 左右。转向器角传动比 $i_{\omega 1}$，货车约为 16~32，轿车约为 12~22。

汽车的转向操纵性能并不完全取决于转向系统，还与行驶系统有关。汽车在直线行驶中,转向轮会受到偶然出现的地面侧向反力而发生意外偏转,因而使汽车意外地转向,为了使汽车能稳定地保持直线行驶,要求转向轮偶然发生偏转后能立即自动地回到相应于直线行驶的中立位置。行驶系中的转向主销的后倾和内倾,是为保证转向轮自动回正性能的结构措施之一。此外,悬架导向机构的结构和布置以及轮胎的径向和侧向刚度,都对汽车的转向操纵性能有很大影响。

4.3 汽车的转向特性

汽车在高速行驶中开始转向时,因受向前行驶的惯性作用,汽车会对转向产生瞬时抵抗,便产生了车轮侧偏角,即汽车行驶方向与车轮朝向所成的夹角。车轮侧偏角除了由轮胎的侧偏特性造成外,还由悬架的结构因素所造成,如悬架的刚度和几何特性等。由于侧偏角的作用,在实际转向中,驾驶员将转向盘转过一定角度后固定,保持汽车以某一稳定车速开始转向,就出现了以下的各种转向特性。

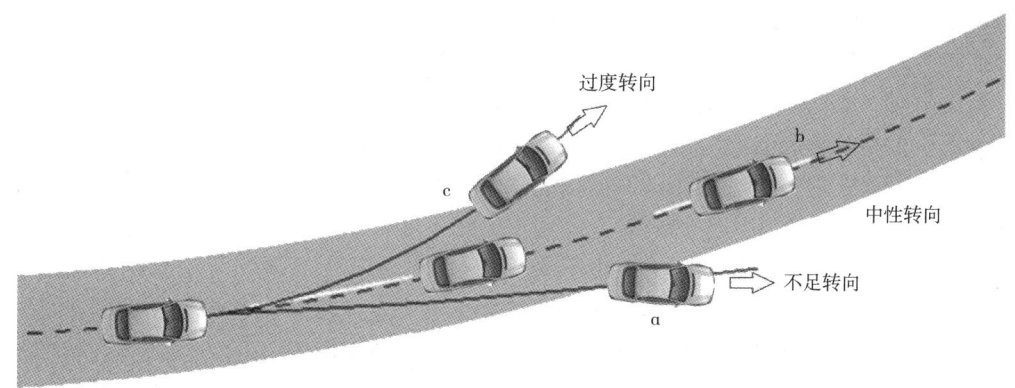

图 4-5 汽车的转向特性

1. 不足转向。
前轮侧偏角比后轮的大,汽车偏离圆周轨迹向外运动,且转弯半径越来越大,如图 4-5 中轨迹 a。
2. 中性转向。
前后轮侧偏角相等,汽车沿着圆周轨迹运动,如图 4-5 中轨迹 b。
3. 过度转向。
后轮侧偏角比前轮的大,汽车偏离圆周轨迹向内运动,且转弯半径越来越小,如图 4-5 中轨迹 c。
对于不足转向,汽车转弯半径越来越大,侧向力减弱,这种运动状态和人的运动感觉一致,汽车具有自动恢复直线行驶的良好稳定性,操纵容易,因此一般都将汽车设计成轻微的不足转向,在这种情况下,制动甩偏的发生会使汽车回到原来直线行驶的路线。中性转向虽然能较好地利用侧向力(与车轮前进方向垂直的分量),达到最大的转向速度,但却削弱了驾驶者对汽车稳定的主观感觉,无法预计汽车的制动甩尾。对于过度转向,转弯半径越来越小，这和人的运动感觉不一致，转弯时驾驶员重心向内倾斜，使驾驶员难以往回打转向盘，转向半径的急剧减小使汽车发生激转，致使操纵困难或失去操纵，甚至导致事故。

4.4 机械转向系统

4.4.1 转向器

1. 转向器的功用及分类。

转向器是转向系统中的减速增力传动装置，一般有1~2级减速传动副。其作用是增大由转向盘传到转向节的力，并改变力的传递方向。转向器的种类较多，一般是按转向器中传动副的结构形式分类。目前应用较广泛的有循环球式、蜗杆曲柄指销式和齿轮齿条式等几种。

2. 转向器的传动效率。

转向器的输出功率与输入功率之比称为转向器传动效率。当功率由转向盘输入，从转向摇臂输出时，所求得的传动效率称为正效率，反之则称为逆效率。

逆效率很高的转向器称为可逆式转向器，能够将路面阻力完全反馈到转向盘，驾驶员路感较好，可以实现转向盘的回正，但可能发生"打手"现象。逆效率很低的转向器称为不可逆式转向器，路面作用于转向轮上的回正力矩不能传到转向盘，使转向盘不会自动回正。此外，路面对车轮的转向阻力矩也不能反映到转向盘上，驾驶员无法根据路面阻力调整方向盘转矩，使驾驶员失去路感。逆效率略高于不可逆式转向器者称为极限可逆式转向器，极限可逆式转向器可以获得一定的路感，转向盘可自动回正。

现代汽车大部分采用可逆式转向器，部分越野车采用极限可逆式转向器，不可逆式转向器应用较少。

3. 转向器的构造和工作原理。

（1）循环球式转向器

循环球式转向器是目前国内外汽车应用较为广泛的一种转向器，主要由螺杆、螺母、转向器壳体以及许多小钢球等部件组成，如图4-6所示，所谓的循环球指的就是这些小钢球，它们被放置于螺母与螺杆之间的密闭管路内，起到将螺母和螺杆之间的滑动摩擦转变为阻力较小的滚动摩擦的作用，当与方向盘转向管柱固定到一起的螺杆转动起来后，螺杆推动螺母上下运动，螺母再通过齿轮来驱动转向摇臂往复摇动从而实现转向。在这个过程当中，小钢球就在密闭的管路内循环往复的滚动，所以这种转向器就被称为循环球式转向器。

循环球式转向器传动效率高（正效率最高可达90%~95%），故操纵轻便，转向结束后自动回正能力强，使用寿命长。但因其逆效率也很高，故容易将路面冲击传给转向盘而产生"打手"现象，不过，随着道路条件的改善，这个缺点并不明显。因此，循环球式转向器广泛用于各类各级汽车。

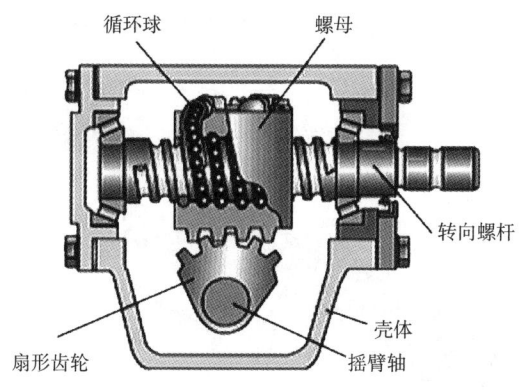

图 4-6　汽车循环球式转向器

（2）蜗杆曲柄指销式转向器

蜗杆曲柄指销式转向器是壳体固定在车架的转向器支架上，壳体内装有传动副，以蜗杆为主动件、曲柄销为从动件的转向器，如图 4-7 所示。蜗杆具有梯形螺纹，手指状的锥形指销用轴承支承在曲柄上，曲柄与转向摇臂轴制成一体。汽车转向时，驾驶员通过转向盘带动转向蜗杆（主动件）转动，与其相啮合的指销（从动件）一边自转，一边以曲柄为半径绕摇臂轴轴线在蜗杆的螺纹槽内做圆弧运动，从而带动曲柄，进而带动转向摇臂摆动，实现汽车转向。这种转向器通常用于转向力较大的载货汽车上。

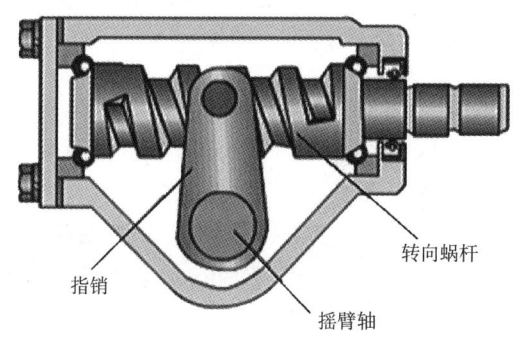

图 4-7　蜗杆曲柄指销式转向器

蜗杆曲柄指销式转向器传动副中的指销，可以只有一个，也可以有两个。单销式与双销式在结构上基本一样。与双销式相比，单销式的结构较简单，但转向摇臂的摆角不大，一般总摆角只有 80°，而双销式的则可达 120° 左右。因为当摇臂轴转角很大时，双销式中的一个指销虽已与蜗杆脱离啮合，但另一个指销仍保持啮合。此外，当摇臂轴转角不大时，双销式的两个指销均与蜗杆啮合，每个指销所承受的载荷比单销式指销所承受的载荷小，故双销式的指销比单销式的指销磨损小、寿命长。

（3）齿轮齿条式转向器

齿轮齿条式转向器的基本结构是一对相互啮合的小齿轮和齿条，转向器通过转向器壳体的两端用螺栓固定在车身（车架）上，如图 4-8 所示。工作时转向轴带动小齿轮旋转时，齿条便做直线运动。有时，靠齿条来直接带动横拉杆，就可使转向轮转向。

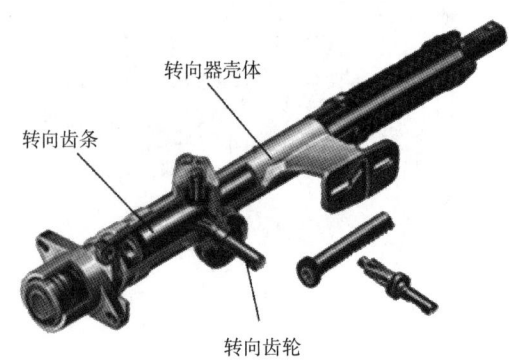

图 4-8　齿轮齿条式转向器

齿轮齿条式转向器结构简单，传动效率高，操纵轻便，重量轻，由于不需要转向摇臂和转向直拉杆，还使转向传动机构得以简化。在有效地解决了逆传动效率高和实现转向器可变速比等技术问题后，这种转向器特别适合与前轮烛式和麦弗逊式独立悬架配用，因此在轿车和轻型、微型货车上获得了广泛应用。

转向器的传动比越小，转向操纵力越大，反之，传动比越大，转向操纵力越小。因此，有的汽车将转向器的传动比设计成可变的，即在转向过程的不同阶段，转向器的传动比是不同的。转向螺杆处于中间位置时传动比小，在两端位置时传动比大，以保证汽车在高速行驶时转向灵活，低速行驶时转向轻便（图 4-9）。

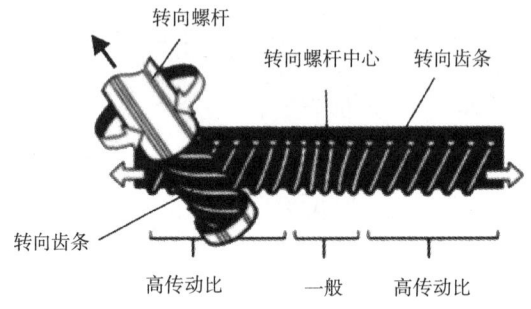

图 4-9　可变传动比转向器

4.4.2　转向操纵机构

转向操纵机构主要由转向盘、转向轴、转向柱管等组成。其主要作用是操纵转向器和转向传动机构，使转向轮偏转。转向轴的作用是将转向盘的旋转运动传递到转向器上，转向轴通过轴承支承于转向柱管，转向柱管固定于车身上。现代汽车通常在转向轴和转向柱管的结构上增设相应的安全、调节装置，以保证驾驶员的安全，同时也是为了让驾驶员更加舒适、可靠地操纵转向系统。

1. 转向盘。

转向盘主要由轮圈、轮辐和轮毂组成（图4-10）。轮辐有二根、三根或四根辐条。轮毂孔具有细牙内花键，以此与转向轴相连。转向盘内部通常由钢、铝合金、镁合金或碳纤维骨架构成，骨架外面一般包有柔软的合成橡胶、树脂或皮革，这样可有良好的手感，并防止手心出汗时握转向盘打滑。转向盘在驾驶员正前方，在受冲击时非常容易发生猛烈碰撞。因此，在受到冲击时，方向盘内芯可变形，以吸收冲击所产生的能量，保护驾驶员。轮辐应有足够大的面积，以利于驾驶员的身体与转向盘冲撞接触时，能降低它们之间产生的碰撞力。

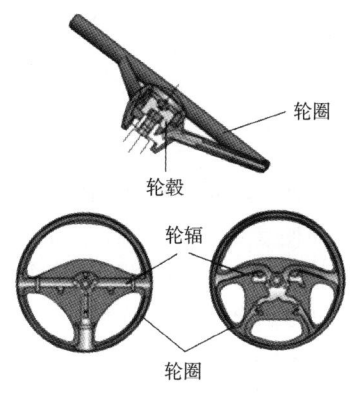

图4-10 转向盘的构造

转向盘上还安装了汽车喇叭开关按钮及控制转向灯等的开关以方便驾驶员操作。安全气囊通常也装在转向盘中央。

2. 安全式转向柱。

安全式转向柱是在转向柱上设置能量吸收装置，当汽车紧急制动或发生撞车事故时，吸收冲击能量，减轻或防止对驾驶员的冲击伤害。

图4-11所示为一种用钢球连接的分开式转向柱。转向轴分为上转向轴和下转向轴两部分，两者用塑料销连成一体。转向柱管也分为上柱管和下柱管两部分，上、下柱管之间装有钢球，下柱管的外径与上柱管的内径之间的间隙比钢球直径稍小。上、下柱管连同柱管托架通过特制橡胶垫固定在车身上，橡胶垫则利用塑料销与断开式套管固定架连接，见图4-12所示。

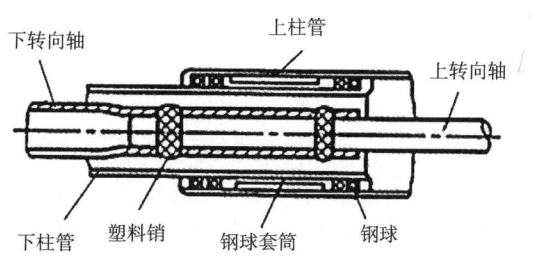

图4-11 球式能量吸收机构

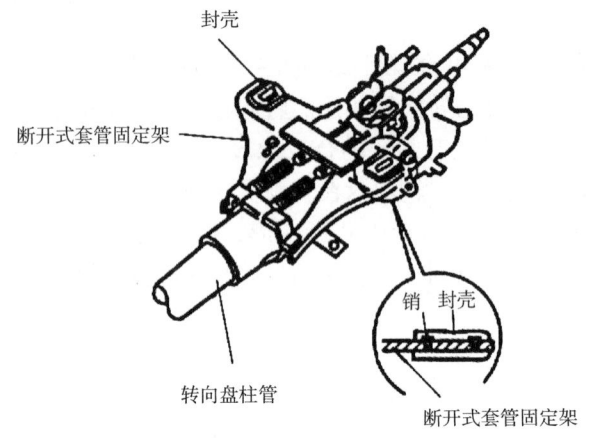

图 4-12 断开式套管固定架的安装

当汽车发生碰撞时，转向器总成对转向柱施加轴向冲击力（第一次冲击），将连接上下转向轴的塑料销切断，下转向轴便套在上转向轴上向上滑动，如图 4-13（a）所示。在这一过程中，上转向轴和上柱管的空间位置没有因冲击而上移，故可使驾驶员免受伤害。如果驾驶员的身体因惯性撞向转向盘（第二次冲击），则连接橡胶垫与套管的塑料销被切断，固定架脱离橡胶垫，即上转向轴和上柱管连同转向盘、固定架一起，相对于下转向轴和下柱管向下滑动，从而减缓了对驾驶员胸部的冲击。在上述两次冲击过程中，上柱管和下柱管之间均产生相对滑动。因为钢球的直径稍大于上、下柱管之间的间隙，所以在滑动中带有对钢球的挤压，如图 4-13（b），冲击能量就在这种边滑动边挤压的过程中被吸收。

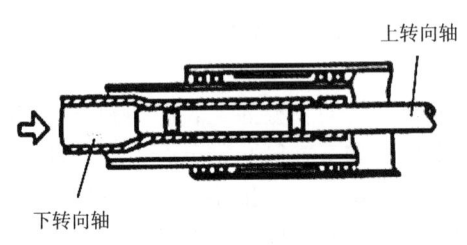
（a）一次冲击后的转向轴情形

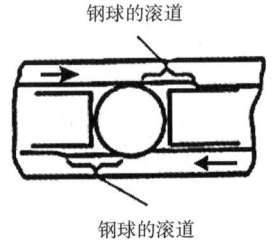
（b）二次冲击时的钢球滚动情况

图 4-13 球式能量吸收机构工作过程

图 4-14 所示为红旗 CA7220 型轿车转向轴的吸能装置。转向轴分为上、下两段，中间用柔性联轴器连接。联轴器的上、下凸缘盘靠两个销子与销孔扣合在一起。销子通过衬套和销与销孔扣合在一起。当发生猛烈撞车时，将使车身、车架产生严重变形，导致转向轴、转向盘等部件后移。与此同时，在惯性作用下驾驶员身体向前冲，致使转向轴上的上、下凸缘盘的销子与销孔脱开，从而缓和冲击，吸收了冲击能量，可有效地减轻驾驶员所受的伤害程度。

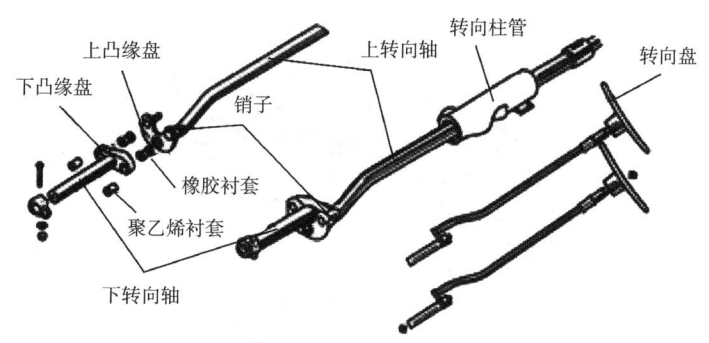

图 4-14　红旗 CA7220 型轿车转向轴的吸能装置

图 4-15 所示为网格状转向柱吸能装置，当发生猛烈撞击，冲击力超过允许值时，网格部分将被压缩，产生塑性变形，吸收冲击能量。

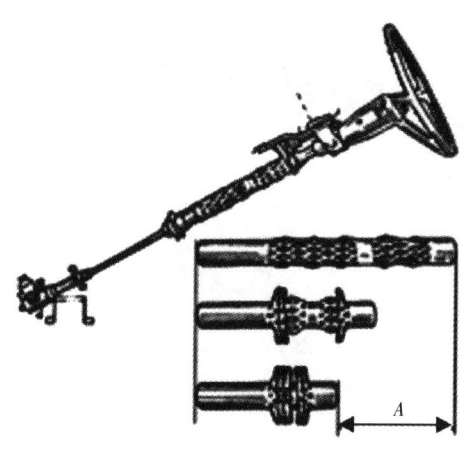

图 4-15　网格状转向柱吸能装置

3. 可调节式转向柱。

驾驶员不同的驾驶姿势和身材对转向盘的最佳操纵位置有不同的要求。而且，转向盘的位置往往会与驾驶员进、出汽车的方便性发生矛盾。为此，一些汽车装设了可调节式转向柱，使驾驶员可以在一定的范围内调节转向盘的位置。调节的形式分为倾斜角度调节和轴向位置调节两种。图 4-16 所示为一种转向轴倾斜角度调整机构。转向柱管上、下端分别通过调整支架和下托架与车身相连。锁紧螺栓穿过调整支架上的长孔和转向柱管的圆孔将后两者相连。调整时，向下扳下手柄，锁紧螺栓被旋松，可在调整支架上的长孔中移动，转向柱管以下托架上的枢轴为中心上下移动。确定了合适位置后，向上扳起调整手柄，将转向盘定位。

图 4-17 所示为一种转向轴伸缩调整机构。转向轴分为上、下两段，两者通过花键连接，可沿轴向一定范围内移动而仍保持连接关系。上转向轴由调节螺栓通过楔状限位块夹紧。调整时，推下调节手柄，调节螺栓转动，使限位块松开，调到合适位置后，向上拉起调节手柄进行固定。

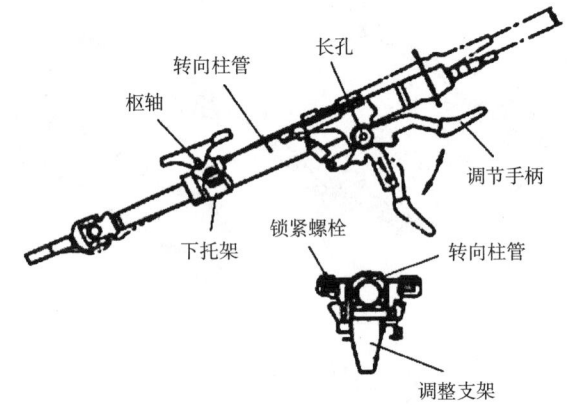

图 4-16 转向轴倾斜角度调整机构

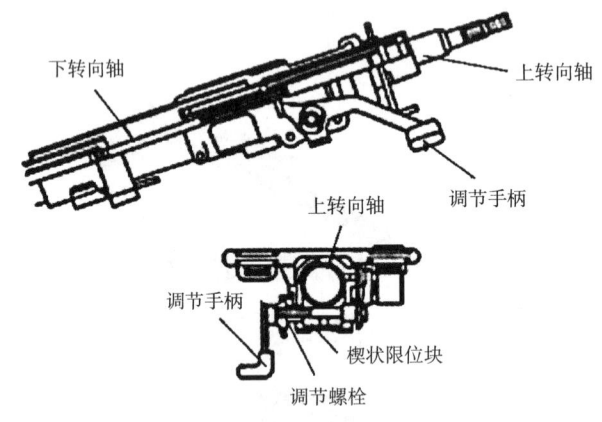

图 4-17 转向轴伸缩调整机构

4.4.3 转向传动机构

转向传动机构的作用是将转向器输出的力和运动传给转向轮，使两侧转向轮偏转以实现汽车转向。按悬架的类型，转向传动机构可分为与非独立悬架配用的转向传动机构和与独立悬架配用的转向传动机构两大类。

1. 与非独立悬架配用的转向传动机构。

与非独立悬架配用的转向传动机构如图 4-18 所示，一般由转向摇臂、转向直拉杆、转向节臂、两个梯形臂和转向横拉杆等组成。各杆件之间都采用球形铰链连接，并设有防止松脱、缓冲吸振、自动消除磨损后间隙等的结构或构件。

当前桥仅为转向桥时，由左、右梯形臂和转向横拉杆组成的转向梯形一般布置在前桥之后，见图 4-18（a），称为后置式，这种布置简单方便，且后置的横拉杆有前面的车桥保护，避免了直接与路面障碍物相碰撞而损坏。当发动机位置较低或前桥为转向驱动桥时，往往将转向梯形布置在前桥之前，见图 4-18（b），称为前置式。若转向摇臂不是在汽车纵向平面内前后摆动，而是在与路面平行的平面内左右摆动（如北京 JP2020N 型汽车),则可将转向直拉杆横向布置,并借球头销直接带动转向横拉杆,从而使左、右梯形臂转动,见图 4-18 (c)。

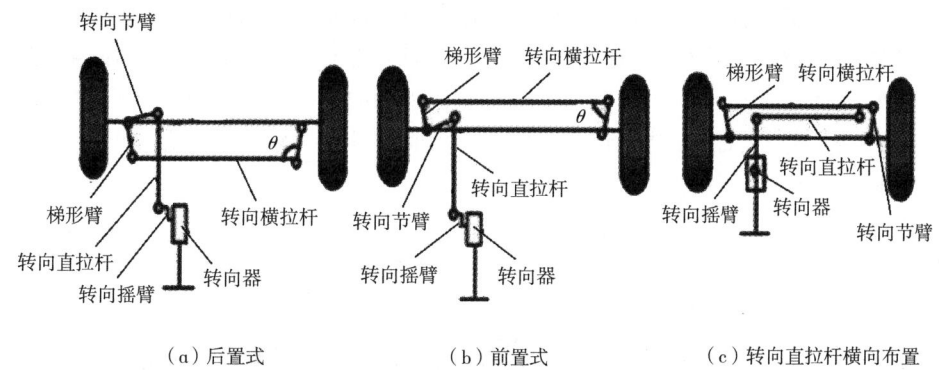

(a) 后置式　　　　　(b) 前置式　　　　　(c) 转向直拉杆横向布置

图 4-18　与非独立悬架配用的转向传动机构

(1) 转向摇臂

转向摇臂是转向器传动副与转向直拉杆之间的传动件,如图 4-19 所示。其大端具有三角细花键锥形孔,用以与转向摇臂轴外端相连接,并用螺母固定;其小端带有球头销,以便与转向直拉杆做空间铰链连接。转向摇臂安装后从中间位置向两边摆动的角度应大致相等,故在把转向摇臂安装到摇臂轴上时,二者相应的角位置应正确。

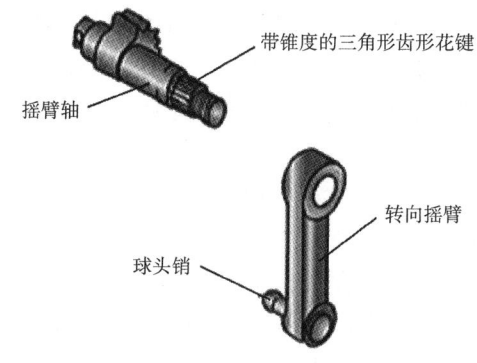

图 4-19　转向摇臂

(2) 转向直拉杆

转向直拉杆杆体由两端扩大了的钢管制成,在扩大的端部里,装有由球头销、球头座、弹簧座、压缩弹簧和螺塞等组成的球形铰链,如图 4-20 所示。球头销的锥形部分与转向摇臂连接,并用螺母固定;其球头部分的两侧与两个球头座配合,前球头座靠在端部螺塞上,后球头座在弹簧的作用下压靠在球头上,这样,两个球头座就将球头紧紧夹住。为保证球头与球头座的润滑,可从油嘴注入润滑脂。拆装时供球头出入的直拉杆杆体上的孔口用油封垫的护套封盖住,以防止润滑脂流出和污物侵入。

压缩弹簧能自动消除因球头与球头座磨损而产生的间隙,并可缓和由转向轮经转向节臂球头销传来的向前(图 4-20 中为向左)的冲击。弹簧座的小端与球头座之间留有不大的间隙，作为弹簧缓冲的余地，并可限制缓冲时弹簧的压缩量（防止弹簧过载）。此外，当弹簧折断时，此间隙可保证球头销不致从管孔中脱出。端部螺塞可以调整此间隙。调整间隙的同时也调整了前弹簧的预紧度，调好后用开口销固定螺塞的位置，以防松动。

为了使转向直拉杆在受到向前或向后的冲击力时，都有一个弹簧起缓冲作用，两端的压缩弹簧应装在各自球头销的同一侧。由球头销传来的向后（图4-20中为向右）的冲击力由前压缩弹簧承受。当球头销受到向前的冲击力时，冲击力依次经前球头座、前端部螺塞、直拉杆杆体和后端部螺塞传给后压缩弹簧。

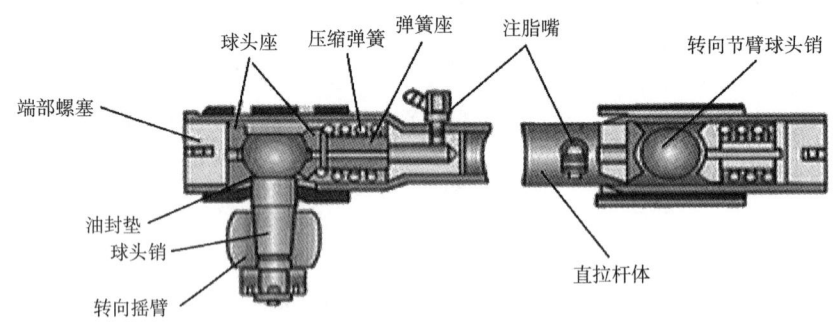

图4-20 转向直拉杆

（3）转向横拉杆

图4-21（a）所示为解放CA1091型汽车转向横拉杆。横拉杆杆体用钢管制成，其两端切有螺纹，一端为右旋，一端为左旋，与横拉杆接头旋装连接。接头的螺纹孔上开有轴向切口，故具有弹性，旋装到杆体上后可用螺栓夹紧。两端接头结构相同，如图4-21（b）所示。

由于横拉杆杆体两端是正、反螺纹，因此在旋松夹紧螺栓以后，转动横拉杆，即可改变转向横拉杆的总长度，从而调整转向轮前束。

在横拉杆两端的接头上都装有由球头销等零件组成的球形铰链。球头销的球头部分被夹在上、下球头座内。球头座用聚甲醛制成，有较好的耐磨性。球头座的形状如图4-21（c）所示，装配时上、下球头座凹凸部分互相嵌合。弹簧通过弹簧座压向球头座，以保证两球头座与球头的紧密接触，在球头和球头座磨损时能自动消除间隙，同时还起缓冲作用。弹簧的预紧力由螺塞调整。球铰上部有防尘罩，以防止尘土侵入。球头销的尾部锥形柱与转向梯形臂连接，并用螺母固定、开口销锁紧。

（a）转向横拉杆

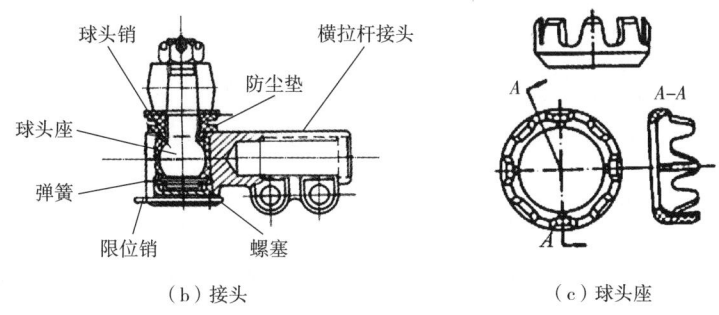

图 4-21　解放 CA1091 型汽车转向横拉杆

2. 与独立悬架配用的转向传动机构。

当转向轮采用独立悬架时，由于每个转向轮都需要相对于车架（或车身）做独立运动，因此转向桥必须是断开式的。与此相应，转向传动机构中的转向梯形也必须分成两段或三段，如图 4-22（a）、图 4-22（b）。汽车转向时，转向器中齿条做横向移动，使左、右横拉杆一个受压、一个受拉地移动。横拉杆外端的球形铰链带动左、右转向节臂和转向节绕主销转动，使得转向轮偏转一定角度。

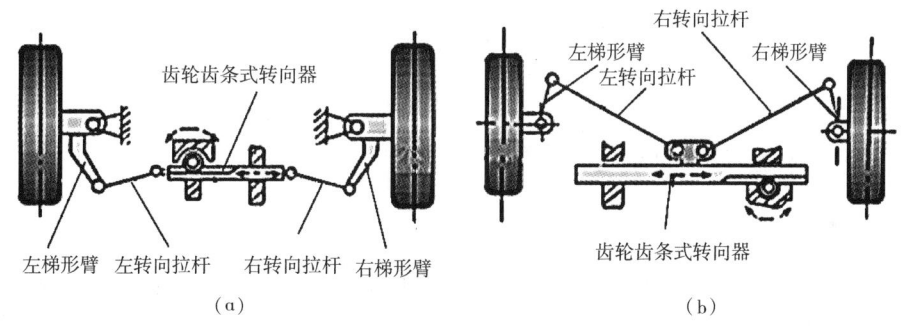

图 4-22　与独立悬架配用的转向传动机构

为了避免转向轮的摆振，减缓传至转向盘上的冲击和振动，转向器上还装有转向减振器。减振器缸筒固定在转向器壳体上，其活塞杆端经减振支架与转向齿条连接，如图 4-23 所示。

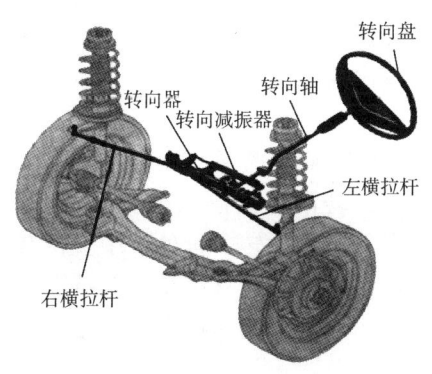

图 4-23　转向减振器

4.5 动力转向系统

4.5.1 动力转向系统的类型

转向轻便和转向灵敏对转向系统角传动比的要求是互相矛盾的。在机械转向系统中，仅靠选择和改善转向器本身的结构，以同时满足转向轻便和转向灵敏是很有限的。为了减轻驾驶员的疲劳强度，改善转向系统的技术性能，可以采用动力转向装置。

动力转向系统是利用一定的动力助力方式，帮助执行转向操作的总成。根据助力能源形式的不同可以分为电动助力、气压助力和液压助力三种类型。

电动助力转向系统是利用汽车上的直流电源驱动电动机对转向系统实施助力的。气压助力转向系统主要应用于一部分其前轴最大轴载重量为 3~7t 并采用气压制动系统的货车和客车。特大型货车不宜采用气压助力转向系统，因为气压系统的工作压力较低（一般不高于 0.7MPa），用于这种重型汽车上时，其部件尺寸将过于庞大。液压助力转向系统的工作压力可高达 10MPa 以上，故其部件尺寸很小。液压系统工作时无噪声，工作滞后时间短，而且能吸收来自不平路面的冲击。因此，液压助力转向系统已在各级各类汽车上获得广泛应用。

4.5.2 液压助力转向系统的结构

1. 液压助力转向系统。

液压助力转向系统由机械转向器、转向控制阀、转向动力缸以及将发动机输出的部分机械能转换为压力能的转向油泵、转向油罐等组成。按照系统内部的压力状态不同，液压助力转向系统可分为常压式和常流式两种。

（1）常压式液压助力转向系统

如图 4-24 所示，转向油泵输出的压力油充入储能器，在汽车直线行驶，转向盘保持中立位置（图示位置）时，转向控制阀关闭储能器通向控制阀的油道。转动转向盘时，机械转向器通过转向摇臂等杆件使转向控制阀沿轴向移动进入开启位置。此时，储能器中的压力油即通过油道经控制阀流入转向动力缸中活塞两侧工作腔中的一个，推动活塞运动。动力缸通过活塞杆输出的液压作用力作用在转向传动机构上，以助机械转向器输出动力。

通常转向控制阀的壳体与车轮有连接关系，在车轮转向的过程中，壳体与阀同向运动。这样，当转向盘停止运动时，转向控制阀与壳体的相对位置便回到初始的关闭位置，转向加力作用终止。由此可见，无论转向盘处于中立位置还是转向位置，也无论转向盘保持静止还是运动状态，该系统工作管路中总是保持高压。储能器压力由液压泵供给，当压力增长到规定值后，液压泵即自动卸荷空转，使储能器中的油压保持在规定值以下。

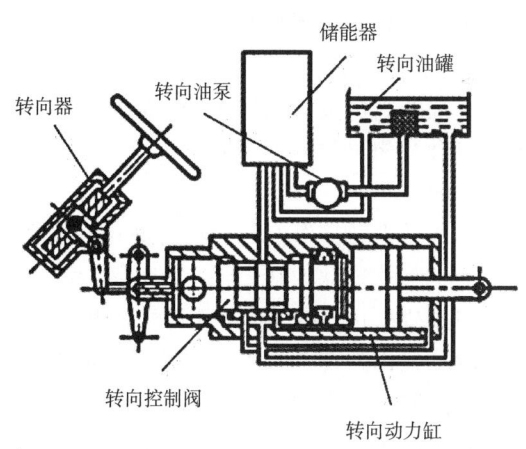

图4-24 常压式液压助力转向系统

(2) 常流式液压助力转向系统

如图4-25所示，不转向时，转向控制阀保持开启。转向动力缸的活塞两边的工作腔，由于都与低压回油管路相通而不起作用。转向油泵输出的油液流入转向控制阀，又经回油管流回转向油罐。因转向控制阀的节流阻力很小，故油泵输出压力也很低，实际上油泵处于空转状态。当驾驶员转动转向盘，通过机械转向器使转向控制阀处于与某一转弯方向相对应的工作位置时，转向动力缸的相应工作腔才与回油管路隔绝，转而与油泵输出管路相通，动力缸的另一腔则仍然通往回油管路而与油泵输出管路相隔绝。地面转向阻力经转向传动机构传到转向动力缸的推杆和活塞上，形成比转向控制阀节流阻力高得多的油泵输出管路阻力。于是转向油泵输出压力急剧升高，直到足以推动转向动力缸活塞为止，实现转向助力作用。转向盘停止转动后，转向控制阀又处于中立位置，使动力缸停止工作。

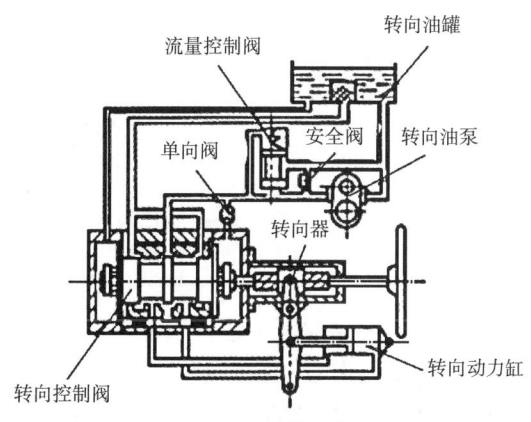

图4-25 常流式液压助力转向系统

常压式的优点在于有储能器积蓄液力能，可以使用流量较小的转向油泵，而且还可以在油泵不运转的情况下保持一定的转向加力能力，使汽车有可能继续行驶一段距离，所以常压式转向加力装置主要用于少数重型汽车。常流式的优点是结构简单，油泵寿命较长，泄漏较少，消耗功率也较小，在目前应用最为广泛。

(3) 常流式液压助力转向系统的结构布置方案

常流式液压助力转向系统的结构按机械转向器、转向控制阀和转向动力缸三者液压式动力转向装置工作原理的组合及相对位置的不同，可分为以下三种。

在图 4-26 中，机械转向器和转向动力缸设计成一体，并与转向控制阀组装在一起。这种三合一的部件称为整体式动力转向器。另一种方案是只将转向控制阀和机械转向器组合成一个部件，该部件称为半整体式动力转向器，转向动力缸则做成独立部件，如图 4-27 所示。第三种方案是将机械转向器作为独立部件，而将转向控制阀和转向动力缸组合成一个部件，如图 4-28 所示，称为转向加力器。流量控制阀用于限定转向油泵的最大流量。安全阀用于限制油泵最高输出压力值。为使结构紧凑并减少管路及接头，一般将流量控制阀和安全阀都组装在转向油泵内。

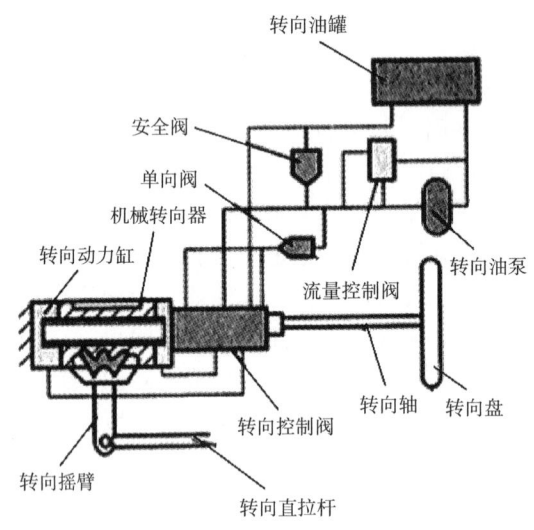

图 4-26 整体式动力转向器组成

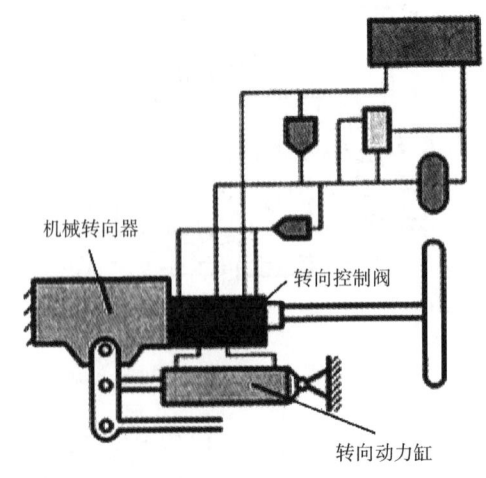

图 4-27 半整体式动力转向器组成

·项目 4　汽车转向系统的结构与原理·

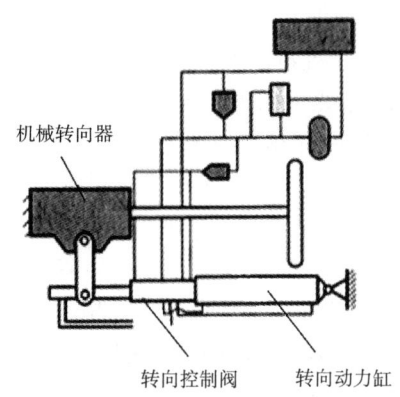

图 4-28　带转向加力器的动力转向系统

(4) 转向控制阀

按照阀体的运动方式不同,转向控制阀分为滑阀式和转阀式两种。

① 滑阀式转向控制阀

阀体沿轴向移动来控制油液流量的转向控制阀,称为滑阀式转向控制阀,简称滑阀。图 4-29 (a) 所示为常流式液压助力转向系统中的滑阀。当阀体处于中间位置时,其两个凸棱边与阀套的环槽形成四条缝隙。中间的两条缝隙通过油道 A、B 分别与动力缸两腔相通,而两边的两条缝隙与回油道相通。当阀体向右移动时,右凸棱将右外侧的缝隙堵住,左凸棱将中间的左缝隙堵住,来自油泵的高压油经通道 P 和中间的右缝隙流入通道 A,继而进入动力缸右腔;而动力缸左腔的低压油被活塞推出,经通道 B 和左凸棱外侧的缝隙流回储油罐。实际上,阀体移动并未将缝隙完全堵住时,一侧缝隙增大,另一侧缝隙减小就可以在动力缸活塞两侧形成压力差,并实现助力作用。此压力差随阀体与阀套进一步的相对移动将变大。图 4-29 (b) 所示为常压式液压助力转向系统中的滑阀结构,与常流式的滑阀相比较,它的凸棱较宽,阀体处于中间位置(图示位置)时,通向动力缸的油道 A、B 都被关闭,工作原理基本相同。

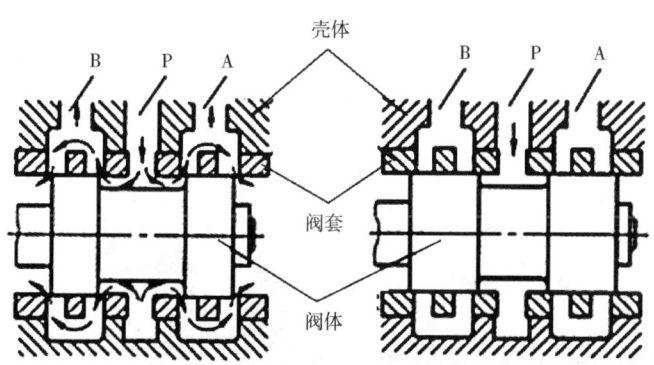

A—接动力缸右腔；B—接动力缸左腔；P—接液压泵。

　(a) 常流式滑阀　　　　　　　　　(b) 常压式滑阀

图 4-29　与独立悬架配用的转向传动机构

②转阀式转向控制阀

阀体绕其轴线转动来控制油液流量的转向控制阀，称为转阀式转向控制阀，简称转阀，如图4-30所示。该转阀具有四个互相连通的进油道P，通道B、A分别与动力缸的左、右腔连通，中空的阀体与储油罐相连。直行时，阀体居中，如图4-30（a）所示，左、右动力缸均与储油罐相通，压力油短路，直接回到储油罐，因而不起助力作用。右转向时，如图4-30（b）所示，阀体沿顺时针转过一个很小的角度时，通道B与进油道P相通，而与回油道C相隔断，来自油泵的压力油经进油道P流入通道B，继而进入动力缸左腔；同时，通道A与进油道P相隔断而与回油道C相通，动力缸右腔的低压油在活塞的推动下经通道A、回油道C和中空的阀体流回储油罐。反之，左转向时如图4-30（c）所示，高压油进入动力缸右腔，起到反方向的助力作用。

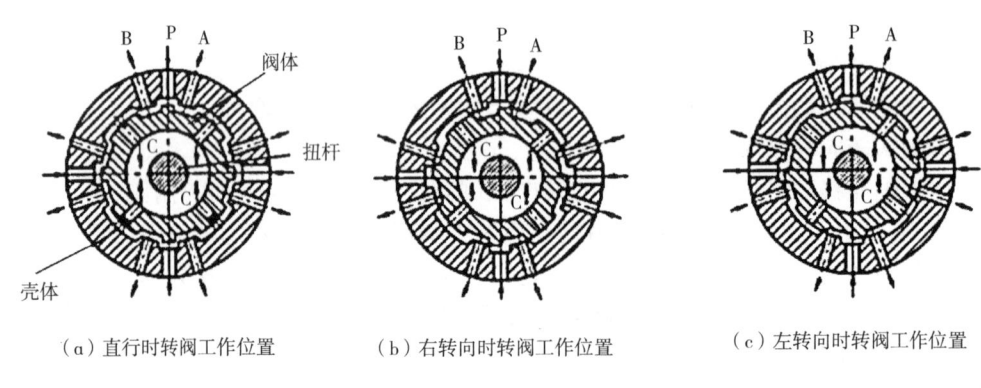

(a) 直行时转阀工作位置　　(b) 右转向时转阀工作位置　　(c) 左转向时转阀工作位置

图4-30　转阀工作位置

2. 液压助力转向系统的部件。

(1) 整体式动力转向器

整体式动力转向器的布置方案因其结构紧凑、管路短而得到广泛应用。图4-31所示为轿车的转阀式整体动力转向器。齿轮齿条式机械转向器、转向动力缸和转阀式控制阀设计成一体。转向动力缸活塞与转向齿条制成一体。活塞将转向动力缸（即转向器壳体）分成左右两腔。

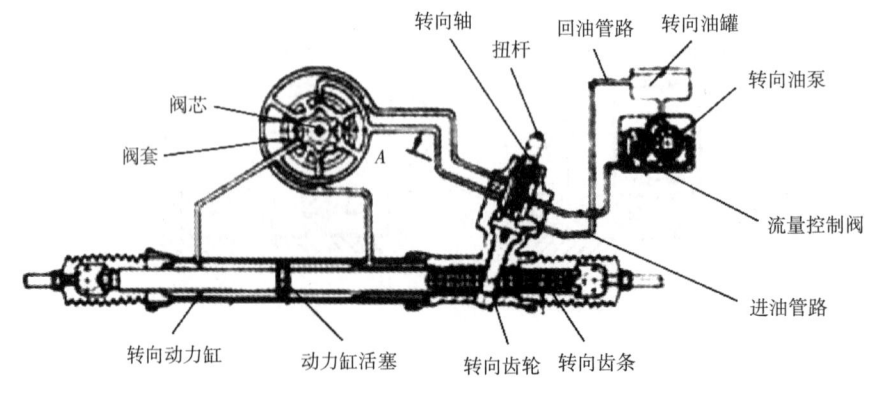

(a) 汽车直线行驶时

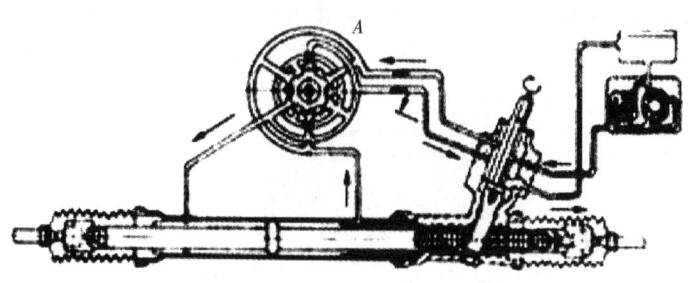

（b）汽车转弯行驶时

图 4-31 动力转向器的工作原理

当刚一开始向右转动方向盘时，转向轴连同阀芯被顺时针转动，因受到转向节臂传来的路面转向阻力，动力缸活塞和齿条暂时都不能运动，所以转向齿轮暂时也不能随转向轴转动。这样，由转向轴传到转向齿轮的转矩只能使扭杆产生少许扭转变形，使转向轴相对于转向齿轮转过不大的角度，从而转阀使动力缸右腔（驾驶员方向）成为高压的进油腔，使左腔成为低压的回油腔。作用在动力缸活塞上向左的液压作用力帮助转向齿轮迫使转向齿条开始左移，转向轮开始向右偏转。同时，转向齿轮本身也开始与转向轴同向转动。只要转向盘继续转动，扭杆的扭转变形便一直保持不变，转向控制阀所处的位置也不变。一旦转向盘停止转动，动力缸暂时还继续工作，导致转向齿轮继续转动，但会使扭杆的扭转变形减小，直到扭杆回复自由状态，控制阀回到中间位置，动力缸停止工作为止。此时转向盘即停驻在某一位置上而不动，则车轮转角也就保持一定角度。若转向盘继续转动，则转向动力缸继续工作。这种转向动力缸随转向盘的转动而工作，又随转向盘的停止转动而停止加力动作的作用称为动力转向装置的随动作用。

转向后需要回正时，只要驾驶员放松转向盘，阀芯回到中间位置，失去了助力作用，此时车轮在回正力矩的作用下自动回位。若驾驶员同时回转转向盘，转向助力器起作用，帮助车轮回正。

当汽车直线行驶偶然遇到外界阻力使车轮发生偏转时，阻力矩通过转向传动机构、转向齿轮作用在阀体上，使之与阀芯产生相对角位移，这时动力缸左、右油腔形成压差，产生与车轮转向相反的助力作用。在此力的作用下，车轮迅速回正，保证了汽车行驶的方向稳定性。

如果液压助力装置失效，该动力转向器即变为机械转向器。此时转动转向盘，直接带动转向齿轮，以保证汽车转向。不过这时转向盘自由行程加大，转向沉重。

上述动力转向器，若转向盘朝逆时针转动，则扭杆、转阀阀芯的转动方向以及动力缸活塞移动的方向均与前述相反，结果，转向轮向左偏转。

（2）转向油泵

转向油泵是液压式助力转向系统的动力源，一般由发动机驱动，其作用是将输入的机械能转换为液压能输出。转向油泵有齿轮式、叶片式、转子式和柱塞式等几种形式。叶片式转向油泵具有结构紧凑、泵油压力脉动小、输油量均匀、运转平稳、性能稳定、使用寿命长等优点，现代汽车采用较多，故以下仅介绍叶片式转向油泵。

①叶片式转向油泵的基本结构和工作原理如图4-32所示为双作用叶片泵工作原理。叶片泵为容积式液压泵，主要由定子环、转子、叶片、泵体、配油盘等组成。

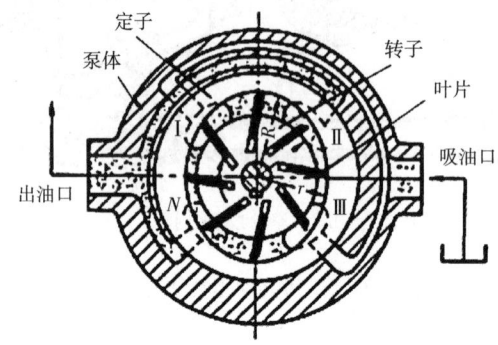

图4-32 双作用叶片泵工作原理

转子上开有均布槽，叶片安装在转子槽内，并可在槽内滑动。定子内表面由两段大半径圆弧、两段小半径圆弧和过渡圆弧组成腰形结构。转子和定子同心。转子在传动轴的带动下旋转，叶片在离心力和动压作用下紧贴定子表面，并在槽内做往复运动。相邻的叶片之间形成密封腔，其容积随转子由小到大、由大到小周期变化，当容积由小变大时，形成一定真空度，吸油，当容积由大变小时，压缩油液，由压油口向外供油。转子每旋转一周，每个工作腔各自吸压油两次，称双作用。双作用叶片泵两个吸油区、两个排油区对称布置，所以作用在转子上的油压作用力互相平衡，转子轴不受附加载荷。

②安全阀与溢流阀。转向油泵的输出油量随转子旋转速度（亦即随发动机转速）的升高而增大。设计转向油泵时一般需保证即使在发动机怠速运转状态下，油泵的输出油量也能满足快速转向所需的动力缸活塞移动速度的要求。这样，当发动机转速高时，油泵的输出油量将过大，导致油泵消耗的功率过大和油温过高。油泵的输出油压取决于液压系统的负荷（即动力缸活塞所受的运动阻力）。输出油压过高，将导致动力缸和油泵超载且其零件损坏。转向油泵在进、出油道之间装有控制压力的安全阀和控制流量的溢流阀。图4-33、图4-34所示为某齿轮泵上安装的安全—溢流组合阀。

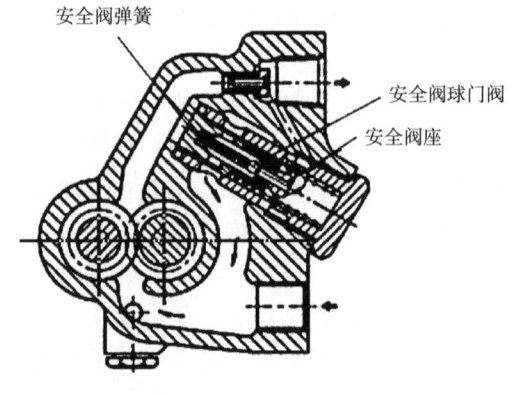

图4-33 安全阀工作原理

·项目 4 汽车转向系统的结构与原理·

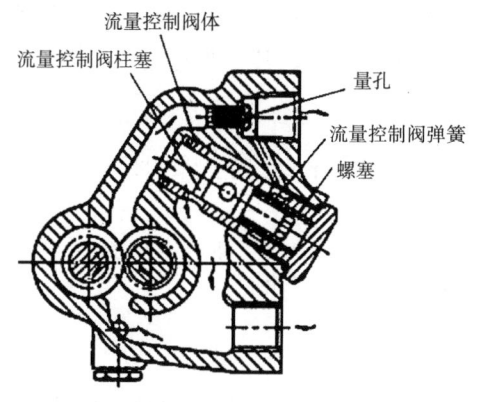

图 4-34 压差式流量控制阀

③转向油罐的作用是储存、滤清并冷却液压助力转向系统的工作油液。

图 4-35 所示为转向油罐的构造。中心油管接头座专门用以装接转向控制阀的回油管路。另外两个油管接头座则分别装接转向油泵的进油管和动力转向器的漏泄回油管路。由转向控制阀和转向动力缸流回来的油液，通过中心油管接头座的径向油孔流入滤芯内部的空腔，经滤清后进入储液腔，准备供入转向油泵。滤芯弹簧的预紧力不大，故当滤芯堵塞而回油压力略有增高时，滤芯便在液压作用下升起，使油液不经过滤清便进入储液腔，以免油泵进油不足。

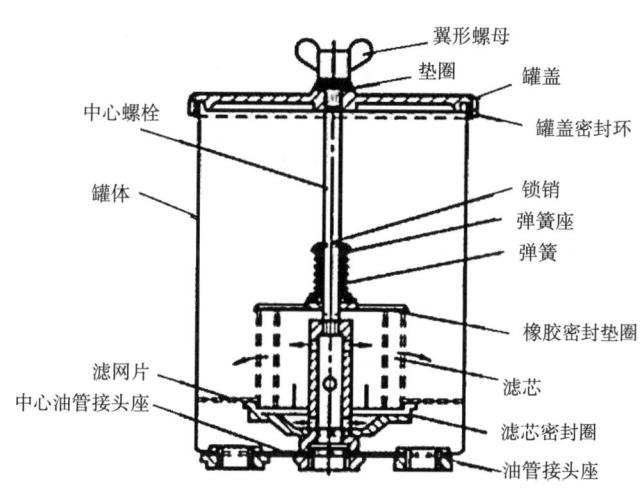

图 4-35 转向油罐的构造

普通动力转向系统因其操纵灵活、轻便，目前已经广泛应用。但它的缺点是具有固定的动力放大倍数。如果设计时选择这个放大倍数的目的是减小汽车在停车或低速行驶时转动转向盘的力，则当汽车高速行驶时，具有这一放大倍数的动力转向系统会使转动转向盘的力显得太小，不利于高速行驶时对汽车的方向控制。反之，如果选择这个放大倍数的目的是增加汽车在高速行驶时的转向力，则当汽车在停车或低速行驶时，转动转向盘就会非

·183·

常吃力。而电控动力系统因具有可变的动力放大倍数，既可在低速时使转向轻便、灵活，又能在高速时有稳定的转向"手感"，所以其驾驶舒适性、操纵稳定性更高。

4.6 转向系统常见故障及检修

4.6.1 机械转向系统常见故障诊断

1. 转向沉重。
现象：行驶时感觉转向沉重，无回正感；低速时转向异常沉重，甚至转不动。
原因：
（1）转向器轴承预紧度大、啮合间隙小。
（2）传动副或其他连接部位如球头销过紧或缺油。
（3）前束调整不当。
2. 转向不稳。
现象：汽车行驶时方向不稳，前轮摆振。
原因：
（1）转向器过松。
（2）其他连接部位如横、直拉杆球头等磨损过度、松旷。
（3）前轮轮毂轴承松动。
（4）前轮变形严重。
（5）前束过大。
3. 单边转向不足。
现象：汽车转向时出现转向盘或车轮左右转动不等。
原因：主要由左右不对称引起。
（1）转向摇臂在摇臂轴的位置不对。
（2）该边限位螺钉过长。
（3）直拉杆弯曲变形。
（4）不对称钢板弹簧装反。
4. 汽车行驶跑偏。
现象：汽车在直线行驶时向另一边跑偏。
原因：主要由于汽车左、右两轮几何尺寸或滚动阻力不相等所致。
（1）左、右两轮气压不等、轮胎磨损情况及规格不等，造成滚动半径不等，汽车自动向滚动半径小的一边跑偏。
（2）两前轮的定位角不等。
（3）两前轮轮毂轴承的松紧程度不等。
（4）一边车轮的制动器拖滞。
（5）车架变形，一边钢板弹簧折断或过软。
（6）前束值不准，过大或者过小。

5. 转向发卡。

现象：在转动转向盘时，某一位置出现卡滞，必须费较大力气才能通过，有时甚至完全不能转动。

原因：

（1）转向器内有异物掉入。

（2）循环球式转向器的钢球破裂。

（3）转向器轴承破裂。

（4）啮合间隙调整不当。

4.6.2 动力转向系统故障诊断

动力转向系统的故障，就是指常见的液压传动部分所引起的转向系统工作不良。

1. 转向沉重。

现象：装有液压动力转向系统的汽车，在行驶中突然感到转向沉重。

原因：主要是系统油压不足。

（1）储油罐油液高度低于规定要求。

（2）液压回路中渗入了空气。

（3）油泵驱动皮带过松、打滑。

（4）各油管接头处密封不良，有泄漏现象。

（5）油路堵塞或滤清器污物太多。

（6）油泵磨损、内部泄漏严重。

（7）油泵安全阀、溢流阀泄漏，弹簧弹力减弱或调整不当。

（8）动力缸或转向控制阀密封损坏。

2. 转向异响。

现象：汽车转向时，转向系统有噪声。

原因：

（1）储油罐中液面太低，油泵在工作时容易渗入空气。

（2）液压系统中渗入空气。

（3）储油罐滤网堵塞，或液压回路中有过多的沉积物。

（4）油管接头松动或油管破裂。

（5）油泵严重磨损或损坏。

（6）转向控制阀性能不良。

3. 左右转向轻重不同。

现象：汽车行驶时，向左和向右转向操纵力不相等。

原因：

（1）转向控制阀阀芯（或滑阀）偏离中间位置，或虽然在中间位置但与阀体槽肩的缝隙大小不一致。

（2）控制阀内有污物阻滞，使左右转动阻力不同。

（3）液压系统中动力缸的某一油腔渗入空气。

（4）油路漏损。

4. 直线行驶转向盘发飘或跑偏。

现象：汽车直线行驶时，难以保持正前方向而总向一边跑偏。

原因：

（1）油液脏污、转向控制阀回位弹簧折断或变软，使转向控制阀不能及时回位。

（2）转向控制阀阀芯（或滑阀）偏离中间位置，或虽在中间位置但与阀体槽肩的缝隙大小不一致。

（3）流量控制阀卡滞使油泵流量过大或油压管路布置不合理，造成系统管路节流损失过大，使动力缸左右腔压力差过大。

5. 转向时转向盘发抖。

现象：发动机工作时，转向尤其是在原地转向时滑阀共振，转向盘抖动。

原因：

（1）储油罐液面低。

（2）油路中渗入空气。

（3）转向油泵驱动皮带打滑。

（4）转向油泵输出压力不足。

（5）转向油泵流量控制阀卡滞。

6. 转向盘回正不良。

现象：汽车完成转向后，转向盘不能回到中间行驶位置（直线行驶位置）。

原因：

（1）转向油泵输出油压低。

（2）液压回路中渗入空气。

（3）回油软管扭曲阻塞。

（4）转向控制阀或转向动力缸发卡。

（5）转向控制阀对中不良。

电子控制动力转向系统一般都具有故障自诊断功能，以监测、诊断系统的工作情况。当系统出现故障时，电子控制单元将其故障信息以代码形式显示出来，以使维修人员快速、准确地判断出故障类型及故障部位。

思考与练习题

一、判断题

1. 汽车在转弯时，内转向轮和外转向轮滚过的距离是不相等的。（　　）
2. 两转向轮偏转时，外转向轮转角比内转向轮转角大。（　　）
3. 转向半径 R 愈小，则汽车在转向时，所需要的场地面积就愈小。（　　）
4. 当作用力从转向盘传到转向垂臂时称为逆向传动。（　　）
5. 当转向轮为独立悬架时，转向桥、横拉杆必须是整体式。（　　）

6. 汽车的转弯半径越小，则汽车的转向机动性能越好。（   ）
7. 汽车的轴距越小，则转向机动性能越好。（   ）
8. 动力转向系统是在机械转向系统的基础上加设一套转向加力装置而形成的。（   ）

二、选择题

1. 在动力转向系统中，转向所需的能源来源于（   ）。
   A. 驾驶员的体能　　　　　　　　B. 发动机动力
   C. A、B均有　　　　　　　　　　D. A、B均没有
2. 采用齿轮齿条式转向器时，不须（   ），所以结构简单。
   A. 转向节臂　　　　　　　　　　B. 转向摇臂
   C. 转向直拉杆　　　　　　　　　D. 转向横拉杆
3. 当汽车转向且外转向轮转角达最大值时，其转弯半径（   ）。
   A. 最大　　　　　　　　　　　　B. 不能确定
   C. 在最大与最小之间　　　　　　D. 最小
4. 汽车转向时，只有当四个车轮轴线交于一点才能保证各车轮（   ）。
   A. 纯滚动　　　　　　　　　　　B. 纯滑动
   C. 既滚动也滑动　　　　　　　　D. 不滚动也不滑动
5. 下列属于汽车撞车安全保护装置的有（   ）。
   A. 液压动力转向器　　　　　　　B. 吸能式转向盘
   C. 可分离式安全转向操纵机构　　D. 电控动力转向器
6. 下列哪些属于缓冲吸能式转向操纵机构？（   ）。
   A. 网格状转向管柱　　　　　　　B. 吸能式转向盘
   C. 可分离式安全转向操纵机构　　D. 波纹管变形吸能装置
7. 汽车转向器在转向系统中主要起到（   ）的作用。
   A. 减速增矩　　　　　　　　　　B. 改变转向力矩的传动方向
   C. 吸能减振　　　　　　　　　　D. 增速减矩
8. 在液压动力转向系统中，将机械转向器、转向控制阀与转向动力缸组合成一体，称为（   ）。
   A. 分离式液压动力转向系统　　　B. 转向加力器
   C. 半整体式转向器　　　　　　　D. 整体式转向器

三、简述题

1. 简述汽车转向系统的基本组成。
2. 汽车上常用的有哪几种转向器？各有何特点？
3. 什么是动力转向系统及其转向加力装置？
4. 什么是转向盘的自由行程？其大小对汽车转向操纵有何影响？
5. 比较与独立、非独立悬架配用的转向传动机构各自的特点。

项目 5　汽车制动系统的结构与原理

☞知识目标

1. 熟悉制动系统的作用和类型；
2. 掌握行车制动器的结构和工作原理；
3. 掌握驻车制动装置的结构和工作原理；
4. 掌握真空助力液压式制动传动装置的结构和工作原理；
5. 了解气压式制动传动装置的结构；
6. 了解制动力调节装置的构造和工作原理；
7. 了解防抱死制动系统工作原理。

☞技能目标

1. 掌握汽车制动系统的基本检测方法和维护保养方法；
2. 掌握鼓式、盘式制动器的拆解与检修技能；
3. 掌握制动系统的故障诊断方法。

5.1　制动系统的作用与工作原理

汽车常规制动系统的作用是按照需要使汽车减速或是在最短距离内停车，下坡时控制车辆的行驶速度以及使汽车可靠地停放在原地或坡道上并保持不动。不论何种类型的常规制动系统，其总体工作原理都是通过驾驶员的操作，利用装在汽车上的一系列专门装置，迫使路面在汽车车轮上施加一定的与汽车行驶方向相反的外力，对汽车进行一定程度的强制制动。

对汽车起到制动作用的力是作用在汽车上、方向与汽车行驶方向相反的外力。作用在行驶汽车上的滚动阻力、上坡阻力、空气阻力都能对汽车起制动作用，但这些外力的大小都是随机的、不可控制的。因此，汽车上必须装设专门装置，以便驾驶员能根据道路和交通等状况，借以使外界（主要是路面）在汽车某些部分（主要是车轮）施加一定的力，对汽车进行一定程度的强制制动，这种外力称为制动力，这样的专门装置即称为制动系统。

图 5-1 所示为一种简单的人力液压制动系统，其制动能源为人力，动力的传递方式为液压，产生阻止车轮运动的制动力部件为鼓式制动器。

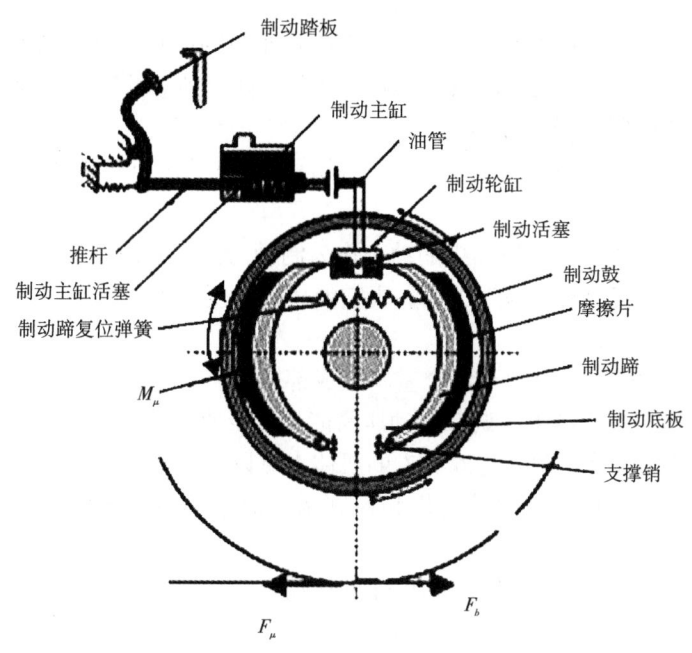

图 5-1 人力液压制动系统

不制动时,与车轮一起运动的制动鼓的内圆面与制动蹄、摩擦片的外圆面之间保持一定的间隙,使车轮可以自由转动。制动时,驾驶员踩下制动踏板,通过活塞推杆推动主缸活塞,使制动主缸内的油液以一定的压力流入制动轮缸,再通过轮缸活塞使两侧的制动蹄绕着支承销向外旋转张开,从而将摩擦片压紧在制动鼓上。这样,不旋转的制动蹄就对旋转的制动鼓产生一个摩擦力矩 M_μ,其方向与车轮旋转方向相反,迫使车轮停止转动。而汽车因惯性继续向前运动,使车轮对路面产生一个向前的圆周切向力 F_b,根据力的相互作用原理,路面便给车轮一个向后的反作用力,即制动力,从而使汽车减速乃至停车。当松开制动踏板时,在制动蹄回位弹簧的作用下,制动蹄回位,摩擦力矩 M_μ 和制动力 F_b 消失,制动解除。

当然,阻碍汽车运动的制动力 F_b 不仅取决于摩擦力矩 M_μ,还取决于轮胎与路面间的附着条件。在讨论制动系统的结构问题时,一般假定路面都具备良好的附着条件。

5.2 制动系统的分类和组成

1. 按制动系统功能的不同分类。

(1) 行车制动系统。使行驶中的汽车按照驾驶员的要求进行适时减速、停车的一套专门装置。它是在行车过程中经常使用的制动装置,通常由驾驶员用脚操纵,俗称脚制刹。

(2) 驻车制动系统。使已停驶的汽车驻留原地不动的一套装置。它通常由驾驶员用手进行操纵,俗称手刹。

(3) 应急制动系统。在行车制动系统失效的情况下保证汽车仍能实现减速或停车的一套装置。

（4）辅助制动系统。在汽车下长坡时用以稳定车速的一套装置。其中行车制动装置和驻车制动装置是每一辆汽车的制动系统都必须具备的两套独立的制动装置。

2. 按制动系统的制动能源分类。

（1）人力制动系统。单靠驾驶员施加于制动踏板或手柄上的力作为制动力源的制动系统。

（2）伺服制动系统。利用发动机的动力作为制动力源，并由驾驶员通过踏板或手柄加以控制的传动机构。其中又分为气压式、真空液压式、空气液压式。

3. 制动系统的组成。

任何汽车制动系统都具有以下四个基本组成部分：

（1）供能装置，包括供给、调节制动所需能量以及改善传能介质状态的各种部件。其中产生制动能量的部分称为制动能源。人的肌体也可以作为制动能源。

（2）控制装置，包括产生制动动作和控制制动效果的各种部件，如制动踏板、制动阀等。

（3）传动装置，包括将制动能量传输到制动器的各个部件，如制动主缸和制动轮缸等。

（4）制动器产生阻碍车辆的运动或运动趋势的力（制动力）的部件，其中也包括辅助制动系统中的缓速装置。一般制动器均为摩擦式制动器，即利用固定元件与旋转元件工作表面的摩擦而产生的制动力矩来完成制动。

另外，制动系统还包括制动力调节装置、报警装置、压力保护装置等。

5.3　对制动系统的要求

为了保证汽车能够安全、高效地发挥高速行驶能力，其制动系统必须满足下列要求。

（1）具有足够的制动效能。在良好路面上，汽车从一定初始速度到停车的制动距离或制动过程中的减速度应符合规定。

（2）工作可靠。在使用过程中制动系统应一直保持良好的制动性能，部件要有足够的强度、刚度和耐疲劳性能。

（3）良好的制动方向稳定性。在制动过程中，车辆不应出现跑偏或后轴侧滑甩尾而失去控制行驶方向的能力。因此，应有足够的制动力，且制动时左、右车轮的制动力和能量吸收应相等，以保证汽车具有良好的制动稳定性。

（4）制动能力的热稳定性好。制动器有良好的散热性能和密封性能，且调整方便。

（5）操纵轻便。操纵力和踏板行程不应过大，并具有良好的随动性。

（6）制动过程应平顺，作用滞后时间应尽可能短（包括产生制动和解除制动的滞后时间）。

5.4 制动器

制动器是制动系统用以产生制动力矩的部件。根据摩擦副中旋转元件的结构形式,制动器可分为鼓式和盘式两大类,它们的区别在于,前者的摩擦副中的旋转元件为制动鼓,其圆柱面为工作表面;后者的摩擦副中的旋转元件为圆盘状制动盘,其端面为工作表面。按安装位置其可分为车轮制动器和中央制动器。车轮制动器旋转元件固装在车轮或半轴上,即制动力矩直接分别作用于两侧车轮上。车轮制动器一般用于行车制动,也兼作驻车制动和应急制动。中央制动器的旋转元件固装在变速器输出轴或分动器输出轴、主减速器主动齿轮轴上,只用于驻车制动和缓速制动。

5.4.1 鼓式制动器

1. 鼓式制动器作用原理。

如图 5-1 所示,鼓式制动器的旋转元件是制动鼓,固定元件是制动蹄,制动时制动蹄在促动装置作用下向外旋转,外表面的摩擦片压靠到制动鼓的内圆柱面上,对制动鼓产生制动摩擦力矩。

2. 鼓式制动器的类型。

凡对蹄端加力使蹄转动的装置统称为制动蹄促动装置。以液压制动轮缸作为制动蹄促动装置的制动器称为轮缸式制动器,如图 5-2;以凸轮作为促动装置的制动器称为凸轮式制动器(一般用于驻车制动系统和气压制动系统),见图 5-3。

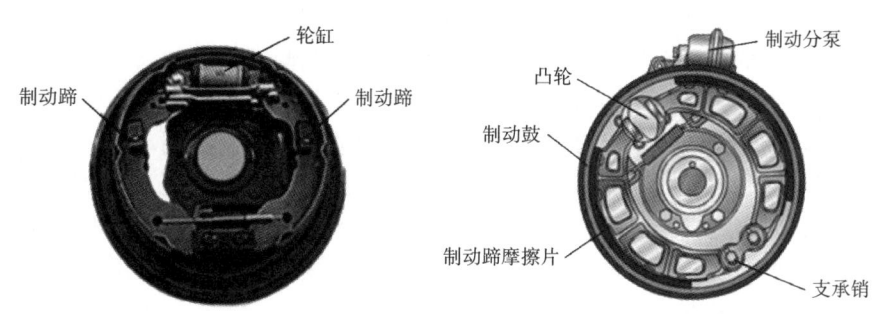

图 5-2 轮缸式制动器结构　　　图 5-3 凸轮式制动器结构

按制动时两制动蹄对制动鼓的径向作用力之间的关系,鼓式制动器又可分为简单非平衡式、平衡式和自增力式制动器。

(1) 轮缸式制动器

①领从蹄式制动器

如图 5-4 所示,其特点是两个制动蹄各有一个支点,一个蹄在轮缸促动力的作用下张开时旋转方向与制动鼓的旋转方向一致,称为领蹄;另一个蹄张开时的旋转方向与制动鼓的旋转方向相反,称为从蹄。

轮缸中的两活塞直径相同，因此，制动时两活塞对两个制动蹄所施加的促动力永远是相等的。凡两蹄所受促动力相等的领从蹄制动器都可称为等促动力制动器。

制动时，领蹄和从蹄在相等的促动力 F 的作用下绕支承销旋转到紧压在制动鼓上。如图 5-4 所示，领蹄上的切向合力 F_n 所造成的绕支点的力矩，与促动力造成的绕同一支点的力矩是同向的，所以 F_n 的作用结果是使领蹄在制动鼓上压得更紧，从而力 F_n 也更大，这表明领蹄具有"增势"作用。与此相反，切向合力则使从蹄有放松制动鼓的趋势，故从蹄具有"减势"的作用。

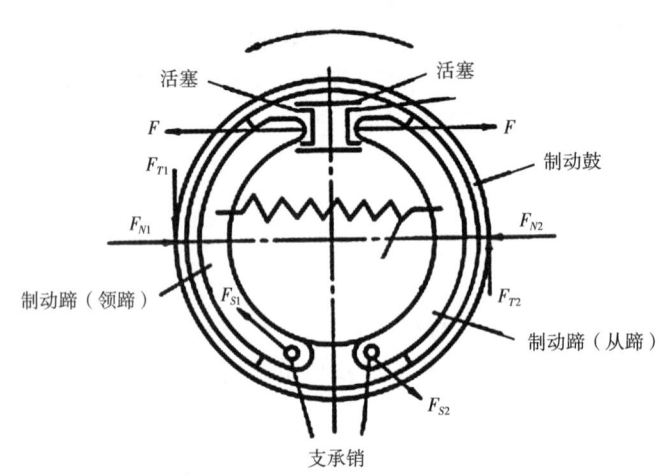

图 5-4 领从蹄式制动器

因此，领蹄在摩擦力的作用下，蹄和鼓之间的正压力较大，制动作用较强；从蹄在摩擦力的作用下，蹄和鼓之间的正压力较小，制动作用较弱。

由上述可见，虽然领蹄和从蹄所受促动力相等，但两制动蹄对制动鼓所施加的制动力矩不相等。一般来讲，领蹄制动力矩约为从蹄制动力矩的 2~2.5 倍。倒车制动时，虽然从蹄变成领蹄、领蹄变成从蹄，但整个制动器的制动效能还是同前进制动时一样。显然，由于领蹄与从蹄所受法向反力不等，在两蹄摩擦片工作面积相等的情况下，领蹄摩擦片上的单位压力较大，因而磨损较严重。为了使领蹄和从蹄的摩擦片寿命相近，有些领从蹄式制动器的领蹄摩擦片的周向尺寸设计得较大，但是这样将使得两蹄摩擦片不能互换，因而增加了零件种数和制造成本。

此外，领从蹄式制动器的制动鼓所受到的来自两蹄的法向力不相平衡，则此二法向力之和只能由车轮的轮毂轴承的反力来平衡，这就对轮毂轴承造成了附加径向载荷，使其寿命缩短。凡制动鼓所受到的来自两蹄的法向力不能互相平衡的制动器均属于非平衡式制动器。

简单非平衡式制动器的结构特点是两制动蹄的支承点都位于蹄的一端，两支承点与张开力作用点的布置都是轴对称式；缸中两活塞的直径相等。

上海桑塔纳轿车后轮鼓式制动器（图 5-5）是领从蹄式制动器。其制动蹄下端的支承方式为浮式支承，具有制动器间隙自调机构。该制动器也同时作为驻车制动器，所以还带有一套驻车制动的操纵机构。

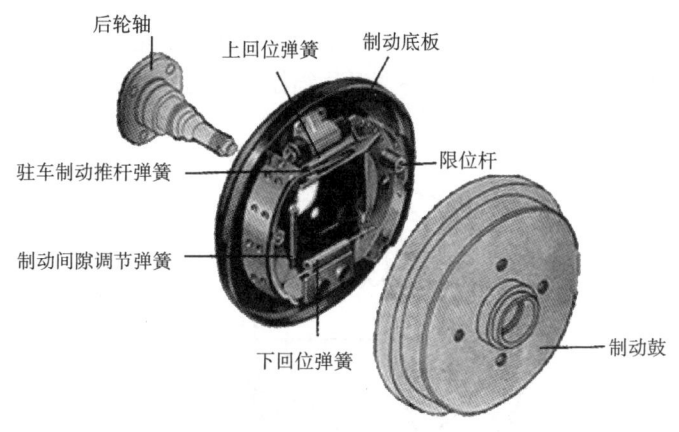

图 5-5 上海桑塔纳轿车后轮鼓式制动器结构

②双领蹄式和双从蹄式制动器

汽车前进时两个制动蹄均为领蹄的制动器称为双领蹄式制动器（图 5-6）。双领蹄式制动器的结构特点是，每一个制动蹄都用一个单活塞制动轮缸促动，两个轮缸用连接油管连通，使其油压相等。这种制动器在前进制动时效能得到提高，但也必须看到，在倒车制动时，两蹄都将变成从蹄。因这种制动器固定元件的结构布置是中心对称式，故制动鼓所受来自两蹄的法向力可以互相平衡，属平衡式制动器。

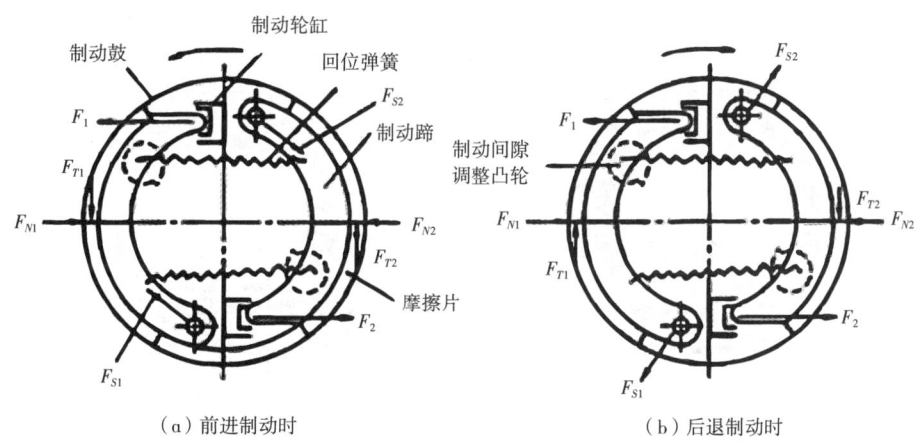

图 5-6 双领蹄式制动器结构及受力分析

若将左右两侧车轮的双领蹄式制动器对调安装，其便成为在制动鼓正向旋转时两蹄均为从蹄的双从蹄式制动器。当然，这只是说，这两种制动器的原则差异只在于固定元件与旋转元件的相对运动方向不同。实际上无论是双领蹄式制动器还是双从蹄式制动器，都必须具有防止左右装错的结构措施。

显然，双从蹄式制动器的前进制动效能低于双领蹄式和领从蹄式制动器，但其效能对摩擦因数变化的敏感程度较小，即具有良好的制动效能稳定性。双从蹄式制动器也属于平衡式制动器。

③双向双领蹄式制动器

如图5-7所示,双向双领蹄式制动器使用了两个双活塞轮缸,无论汽车前进还是倒车,两个制动蹄都是领蹄。因制动器是完全对称结构,故是平衡式制动器。

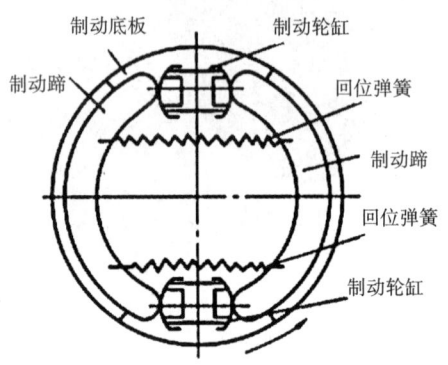

图5-7 双向双领蹄式制动器结构

④单向和双向自增力式制动器

a. 单向自增力式制动器如图5-8(a)所示,其特点是两个制动蹄只用一个单活塞的制动轮缸促动,第二制动蹄的促动力来自第一制动蹄对顶杆的推力,两个制动蹄在汽车前进时均为领蹄,但倒车时能产生的制动力很小。

b. 双向自增力式制动器如图5-8(b)所示,其特点是两个制动蹄的上方有一个双活塞的制动轮缸,轮缸的上方还有一个制动蹄支承销,两制动蹄的下方用顶杆相连。无论汽车前进还是倒车,都与自增力式制动器相当,故称双向自增力式制动器。

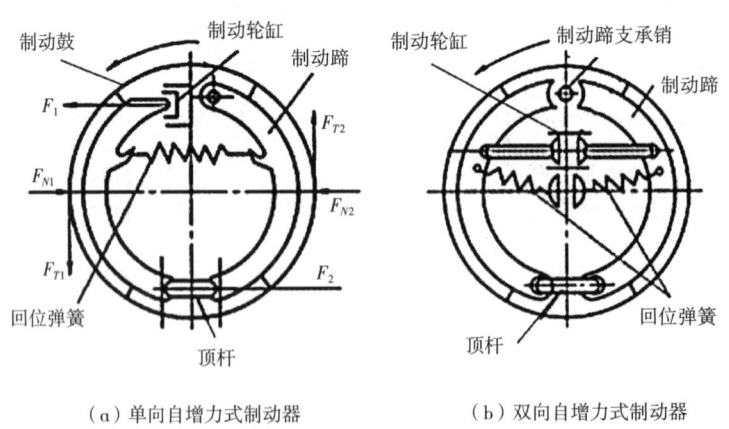

(a)单向自增力式制动器　　　　(b)双向自增力式制动器

图5-8 自增力式制动器结构

(2)凸轮式制动器

凸轮式制动器用凸轮取代制动轮缸对两制动蹄起促动作用,通常利用气压使凸轮转动。凸轮式制动器制动调整臂(图5-9)的内部为蜗轮蜗杆传动,蜗轮通过花键与凸轮轴相连。正常制动时，制动调整臂体带动蜗杆绕蜗轮轴线转动，蜗杆又带动蜗轮转动，从而使凸轮旋转，张开制动蹄起制动作用。

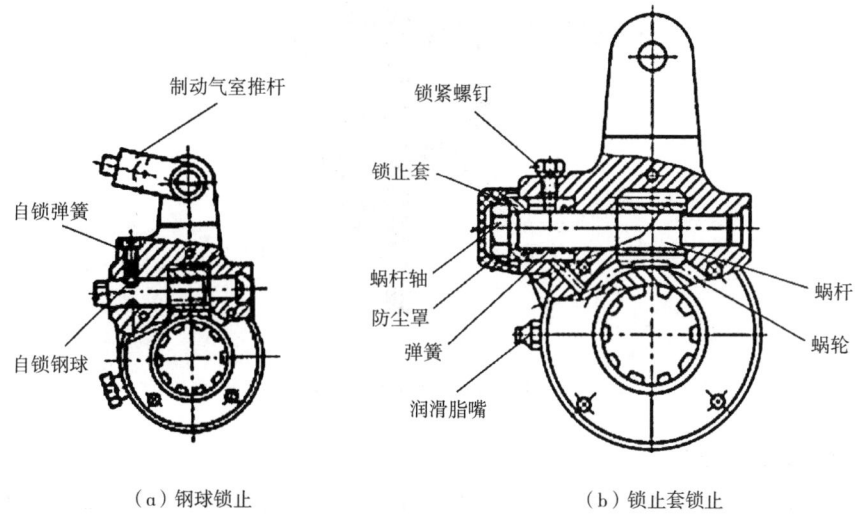

图 5-9 凸轮式制动器制动调整臂

制动调整臂除了具有传力作用外，还可以调整制动器的间隙。当需要调整制动器间隙时，制动调整臂体（也是蜗轮蜗杆传动的壳体）固定不动，转动蜗杆，蜗杆带动蜗轮旋转，从而改变了凸轮的原始角位置，达到了调整目的。为了防止蜗杆轴自行转动改变制动器间隙，可采用图 5-9（a）所示的类似变速器锁定机构的钢球锁止结构或图 5-9（b）所示的锁止套锁止结构。

5.4.2 盘式制动器

盘式制动器的旋转元件是圆盘形制动盘，固定元件是部分圆盘或整个圆盘，前者称为钳盘式制动器，后者称为全盘式制动器。在同样的直径尺寸下，前者产生的制动力要小于后者，因此钳盘式制动器仅用于乘用车辆，而全盘式制动器一般用于货车。

1. 钳盘式制动器。

钳盘式制动器俗称"碟刹"，其采用液压力的轮缸促动。钳盘式制动器的旋转元件是制动盘，固定元件是制动钳。根据制动过程中缸体是否做轴向移动又可分为定钳盘式制动器和浮钳盘式制动器。

（1）定钳盘式制动器

定钳盘式制动器（图 5-10）的特点是制动时缸体（制动钳体）不相对制动盘做轴向移动，制动盘两侧的制动块用两个液压缸单独促动，结构较复杂，占用空间大。因此，在长时间使用后，由于零件的磨损及老化等原因，有可能造成制动时两侧的制动块不能同时压紧制动盘且压紧力不一致，从而导致制动盘单边磨损严重和扭曲变形，所以其应用越来越少。

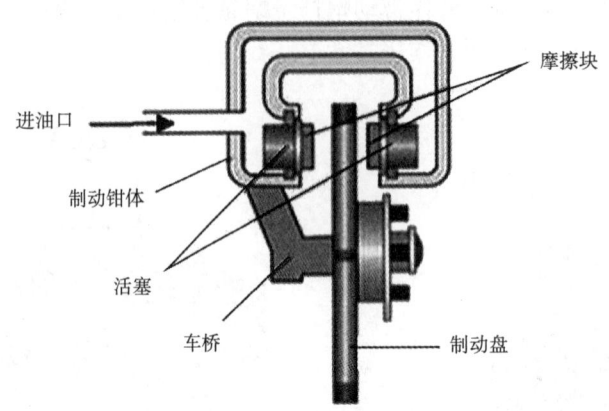

图 5-10 定钳盘式制动器结构

(2) 浮钳盘式制动器

浮钳盘式制动器（图 5-11）的特点是制动时缸体（制动钳体）相对制动盘做轴向移动，只在制动盘的内侧设置一个液压油缸，单独促动，而外侧的制动块则附装在制动钳体上，利用作用力与反作用力从两侧同时压紧，受力均衡，结构简单，占用空间小。因此，现代轿车多采用此种制动器。

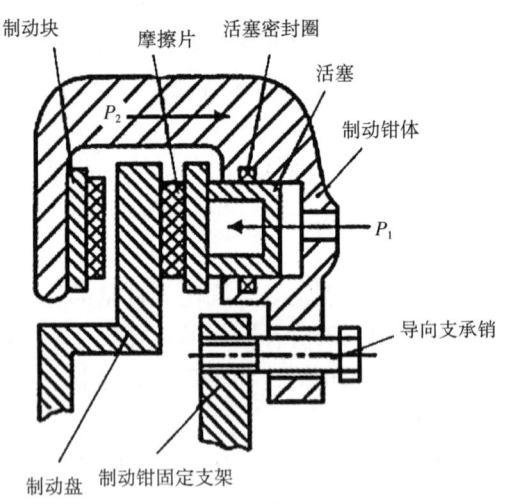

图 5-11 浮钳盘式制动器结构及工作原理

制动时，液压作用力推动活塞，先使内侧制动块上的摩擦片压靠在制动盘上，因为制动钳体不是固定的，所以此时并不能产生有效的摩擦力，但制动钳体在反作用力的作用下，连同固装在其上的外侧制动块从另一侧压向制动盘，直至接触，才开始真正产生摩擦力，且摩擦力随着液压力的增加而增加。

(3) 钳盘式制动器的优缺点

钳盘式制动器与鼓式制动器相比具有以下优点：

①钳盘式制动器无摩擦助势作用,制动力矩受摩擦因数的影响较小,即热稳定性好。

②钳盘式制动器浸水后效能降低较少,而且只需经一两次制动即可恢复正常,即基本不存在水衰退问题。

③制动盘暴露在空气中,散热能力强,特别是采用通风式制动盘,空气可以流经内部,加强散热。

④在输出相同制动力矩的情况下,钳盘式制动器尺寸和质量一般较小。

⑤制动盘沿厚度方向的热膨胀量极小,不会像制动鼓的热膨胀那样使制动器间隙明显增加而导致制动踏板行程过大。

⑥较容易实现间隙自动调整,其他维修作业也较简便。

钳盘式制动器的缺点主要是:因制动时无助势作用,制动效能较低,所需制动促动管路压力较高,一般要采用伺服装置和较大直径的油缸;防污性能差,制动块摩擦面积小,磨损较快;兼用于驻车制动时,需要加装驻车制动传动装置,较鼓式制动器复杂。

2. 全盘式制动器。

全盘式制动器摩擦副的固定元件和旋转元件都是圆盘形的,分别称为固定盘和旋转盘,其工作原理与摩擦离合器相似。

如图5-12所示,制动器壳体由盆状的外侧壳体和内侧壳体组成,用12个带键螺栓连接,而后通过外侧壳体固定于车桥上。

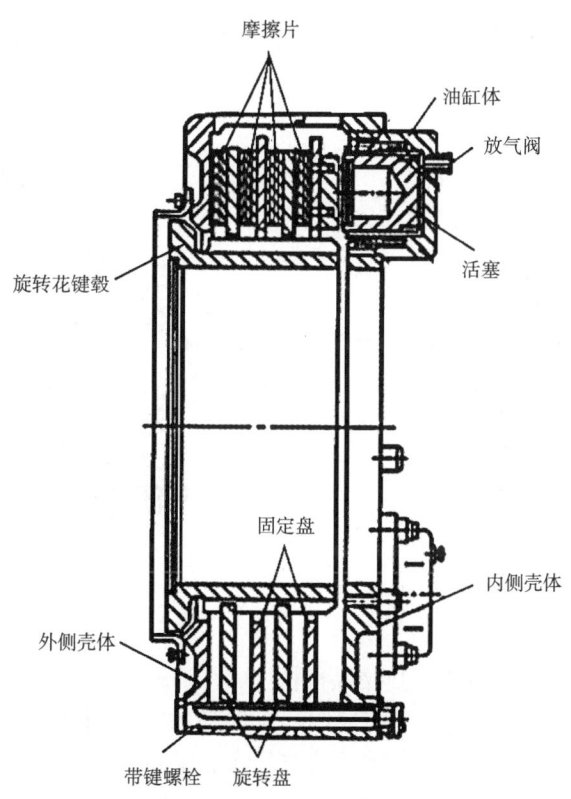

图 5-12 全盘式制动器结构

5.4.3 驻车制动器及其操纵机构

驻车制动器又称手制动器，其功用是车辆停驶后防止滑溜、在坡道上顺利起步、行车制动效能失效后临时使用或配合行车制动器进行紧急制动。

驻车制动器按其安装位置可分为中央制动式和车轮制动式两种。前者的制动器安装在变速器的后面，制动力矩作用在传动轴上；后者与鼓式车轮制动器常共用一个制动器总成，只是操纵机构是相互独立的。对于采用钳盘式制动器的现代汽车，大部分在轮边再安装一个鼓式制动器用于驻车。

驻车制动器按其结构形式可分为鼓式、盘式、带式和弹簧作用式。

1. 中央驻车制动器及其操纵机构。

(1) 自增力式中央驻车制动器及其操纵机构

图5-13 (a) 所示为一种自增力式中央驻车制动器，图5-13 (b) 所示为其机械式操纵机构。制动鼓与变速器输出轴的凸缘盘连接，随输出轴转动。制动底板连同装在其上的驻车制动蹄支承销固定在变速器外壳上。两制动蹄与调整棘轮等借回位弹簧浮挂在支承销上，并靠限位弹簧、限位销等轴向定位；制动蹄的下端与调整棘轮相互铰接，并靠回位弹簧定位。驻车制动臂上端用制动臂固定销与右制动蹄铰接，并可通过制动推杆将力传到左制动蹄，制动臂的下端与穿过底板的钢丝绳连接。制动手柄用支座装在驾驶室内，并通过钢丝绳和摇臂等与制动器连接传力，钢丝绳的松紧可用两调整螺母进行调整。

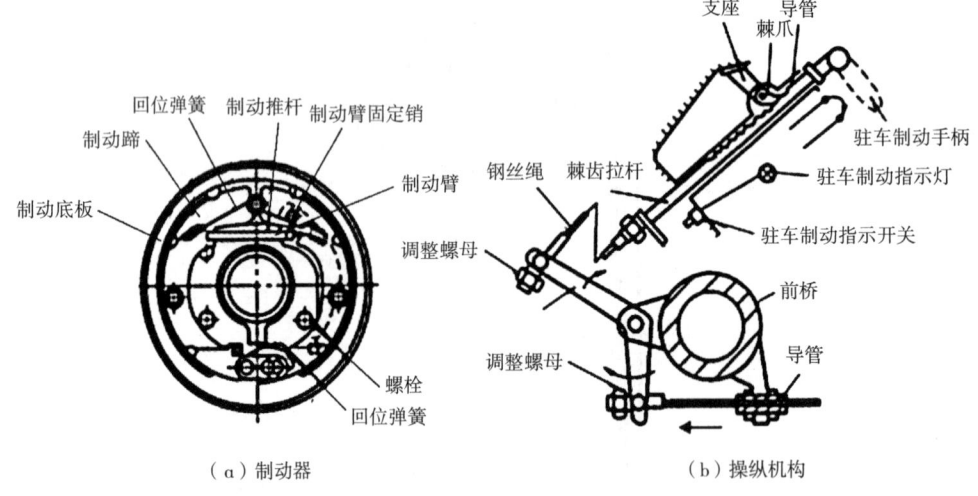

(a) 制动器　　　　　　　　　(b) 操纵机构

图5-13　自增力式中央驻车制动器及其操纵机构

(2) 凸轮式中央驻车制动器及其操纵机构

凸轮式中央驻车制动器的结构与前述用凸轮促动的车轮制动器基本相同。如图5-14所示，制动鼓通过螺栓与变速器输出轴后端的凸缘盘紧固在一起，制动底板通过底板支座固定在变速器输出轴轴承盖上，两制动蹄下端松套在固定于制动底板的偏心支承销上，制动蹄上端与凸轮接触处装有滚轮。制动凸轮轴通过制动底板支座支承在制动底板上部，其外端与摆臂的下端借细花键连接，摆臂的另一端与穿过压紧弹簧的拉杆相连，拉杆再通过摇臂、传动杆与驻车制动操纵杆相连。驻车制动操纵杆与固定于变速器壳体上的齿扇铰接，驻车制动操纵杆上还连有锁止棘爪，驻车制动器工作时，锁止棘爪嵌入齿扇上的棘齿内，起锁止作用。解除驻车制动时，需按下驻车制动操纵杆上的锁止按钮，使锁止棘爪脱离齿扇，才能扳动驻车制动操纵杆。该类型制动器间隙的调整部位有两处，一是拉杆与摆臂连接处的调整螺母，二是制动蹄的偏心支承销。

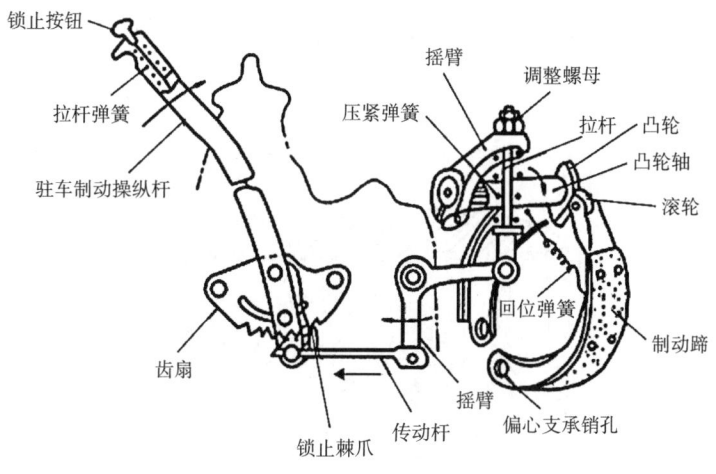

图 5-14　凸轮式中央驻车制动器及其操纵机构

（3）蹄盘式中央驻车制动器及其操纵机构

图 5-15 所示为蹄盘式中央驻车制动器及其操纵机构示意图。制动盘用螺栓与变速器输出轴后端的凸缘盘连接。制动蹄支架用螺栓固定在变速器壳体后壁。制动蹄通过销与制动蹄臂、支架、拉杆臂连接。并利用拉簧和定位弹簧使制动蹄和制动盘之间保持一定的间隙。驻车制动操纵杆用销轴与固定于变速器壳上的齿扇传动拉杆铰接，其下端装有棘爪，利用棘爪拉杆和手柄上的弹簧，能将制动器锁止在某一位置。

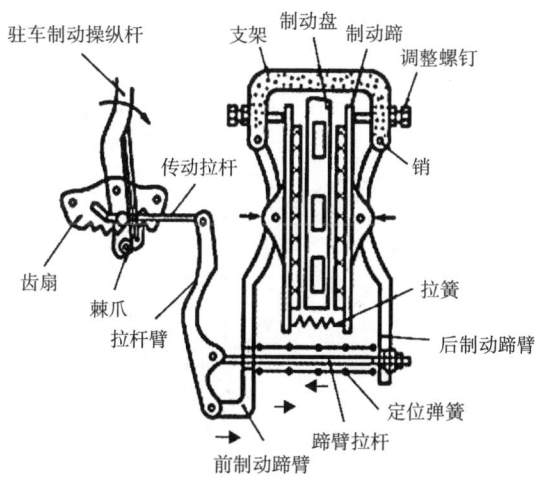

图 5-15　蹄盘式中央驻车制动器及其操纵机构

蹄盘式驻车制动器有散热性好、摩擦片更换方便、安全可靠、使用寿命长等优点。

2. 车轮驻车制动器及其操纵机构。

（1）钳盘式车轮驻车制动器及其操纵机构

用于汽车后轮、带驻车制动操纵机构的 DBA 浮钳盘式制动器如图 5-16 所示。驻车制动时，在驻车制动杠杆内端凸轮的推动下，自调螺杆连同自调螺母一直左移到螺母接触活塞底部。此时，由于螺母扭簧的阻碍，自调螺母不可能倒转着相对于螺杆向右移动。于是轴向推力通过活塞传到制动块上而实现制动。解除驻车制动时，自调螺杆在膜片弹簧的作用下，随着驻车制动杠杆复位。

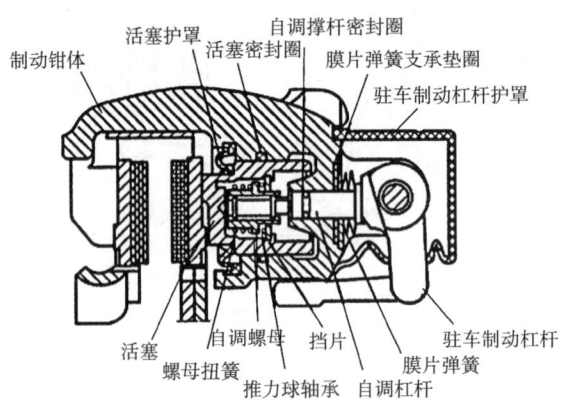

图 5-16 DBA 浮钳盘式制动器及其操纵机构

（2）鼓式车轮驻车制动器及其操纵机构

图 5-17 所示为带有驻车制动操纵机构的桑塔纳后轮鼓式制动器。工作时，在扳动驻车制动拉杆时，通过拉索拉动制动器内的驻车拉杆绕固定在制动蹄上的销逆时针转动，推动驻车制动推杆向右，从而使左、右两制动蹄张开而起制动作用。

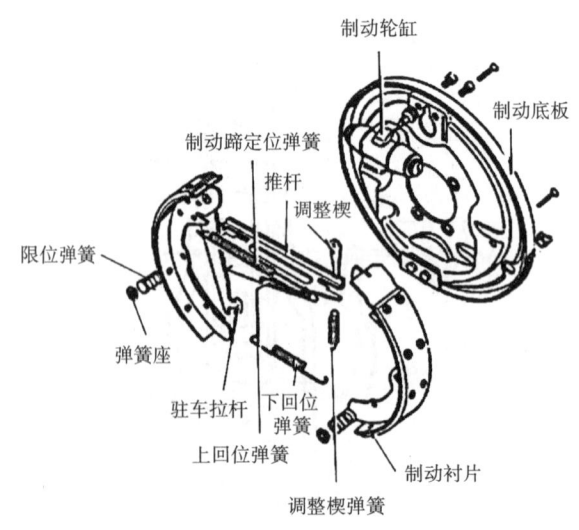

图 5-17 鼓式车轮驻车制动器及其操纵机构

5.4.4 制动器间隙调整

制动器间隙是制动鼓和制动蹄摩擦片（鼓式制动器）或制动盘和制动块摩擦片（浮钳盘式制动器）之间在不制动时所具有的间隙。

制动器间隙过小，不能保证完全解除制动，会造成拖磨现象，浪费发动机的动力和增加燃料消耗，并且加剧摩擦片的磨损；制动间隙过大，制动时反应时间过长，会造成制动不灵甚至失效，直接影响到行车的安全性。

制动器在使用过程中，随着摩擦片的磨损，制动器间隙会逐渐变大，为了延长维修周期和保证行车安全，要求制动器必须具有检查和调整间隙的装置。

制动器间隙调整装置可分为手动和自动两类。

1. 制动器间隙手动调整装置。

（1）转动调整凸轮（图5-18）。转动调整凸轮和带偏心轴颈的支承销调整凸轮（上面有齿，便于锁止）通过凸轮轴（与凸轮周向固定）用螺母固定在制动底板上，调整凸轮锁销固定在制动蹄上。沿箭头所示方向从制动底板外部利用凸轮轴转动调整凸轮时，通过调整凸轮锁销将制动蹄向外顶，制动器间隙将减小，并同时锁止，防止回转。

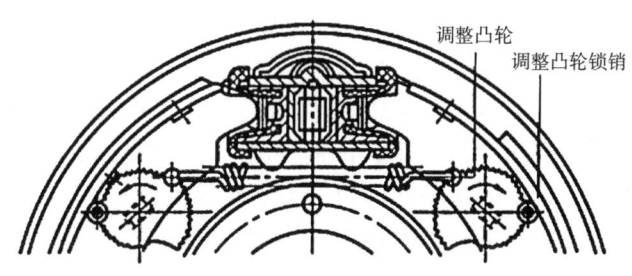

图5-18 转动调整凸轮调整制动器间隙

（2）转动调整螺母（图5-19）。有些制动器轮缸两端的端盖制成调整螺母，用一字螺丝拨动调整螺母的齿槽，使螺母转动，带螺杆的可调支座便向内或向外做轴向移动，使制动蹄上端靠近或远离制动鼓，制动间隙减小或增大。间隙调整好以后，用锁片插入调整螺母的齿槽中，固定螺母位置。

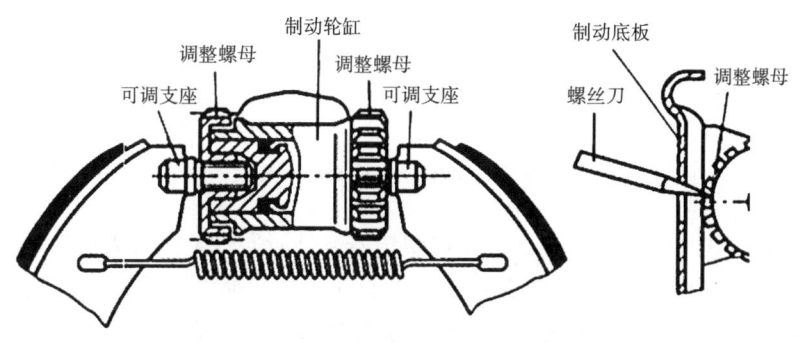

图5-19 转动调整螺母调整制动器间隙

（3）调整可调顶杆长度（图5-20）。可调顶杆由顶杆体、调整螺钉和顶杆调整螺套组成。顶杆调整螺套一端具有带齿的凸缘（用于拨动调整和回位弹簧嵌入其槽进行锁止），套内制有螺纹，调整螺钉借螺纹旋入顶杆调整螺套内。拨动顶杆调整螺套带齿的凸缘，可使调整螺钉沿轴向移动，从而改变了可调顶杆的总长度，调整了制动器间隙。此调整方式仅适用于自增力式制动器。

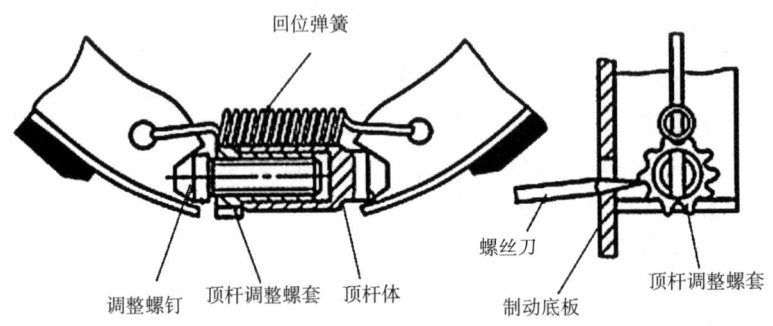

图5-20 调整可调顶杆长度调整制动器间隙

2. 制动器间隙自动调整装置。

现在很多汽车的制动器都装有制动器间隙自动调整装置，主要是轿车。它可以保证制动器间隙始终处于最佳状态，不必经常进行人工检查和调整。

（1）活塞密封圈自调装置（图5-21）。钳盘式制动器的活塞密封圈除了起密封作用外，还兼起活塞回位和调整间隙的作用。正常制动时，密封圈发生弹性变形，解除制动时，密封圈的变形恢复，带动活塞一起回位。当制动器间隙过大时，活塞相对密封圈移动，回位时移动部分不可能恢复，移动量即为所调整的间隙量。

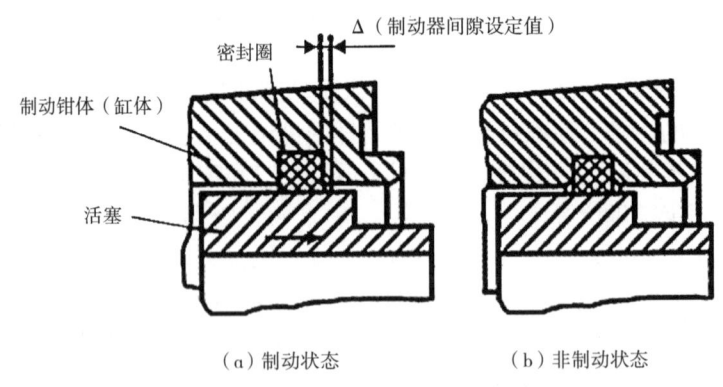

图5-21 活塞密封圈自调装置

（2）摩擦限位式自调装置。该装置用以限定不制动时制动蹄内极限位置的限位摩擦环装在轮缸活塞内（图5-22）。限位摩擦环是一个有切口的弹性金属环，压装入轮缸后与缸壁之间的摩擦力可达400～550N。如果制动器间隙过大，活塞向外移动靠在限位环上仍不能正常制动，活塞将在油压作用下克服制动环与缸壁间的摩擦力继续向外移动，摩擦环也被带动外移;解除制动时,制动器复位弹簧不可能带动摩擦环回位,也即活塞的回位受到限制,使制动器间隙减小。

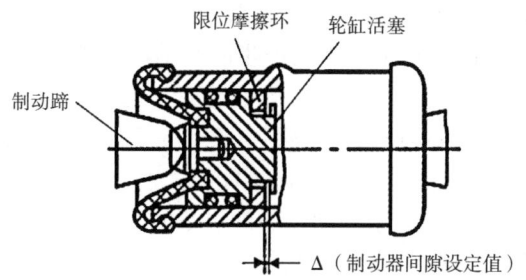

图 5-22 摩擦限位式自调装置

图 5-23 所示也是一种摩擦限位式自调装置。

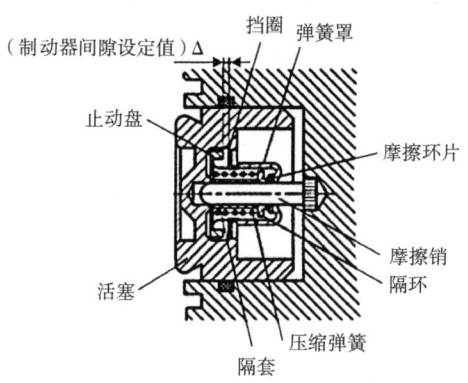

图 5-23 保时捷轿车盘式制动器间隙自调装置

(3)楔块式自调装置(图 5-24)。桑塔纳轿车后轮制动器间隙主要依靠楔形调节块调整。调整楔靠驻车推杆前蹄拉簧的拉力被夹在驻车推杆与前制动蹄的倾斜面间。当制动蹄与制动鼓间隙过大时,驻车推杆与后制动蹄一起移动,使驻车推杆和前制动蹄倾斜面间的距离增加,调整楔在拉簧的作用下向下移动以填补驻车推杆和前制动蹄倾斜面间的距离增量,从而达到自动调节制动器间隙的目的。

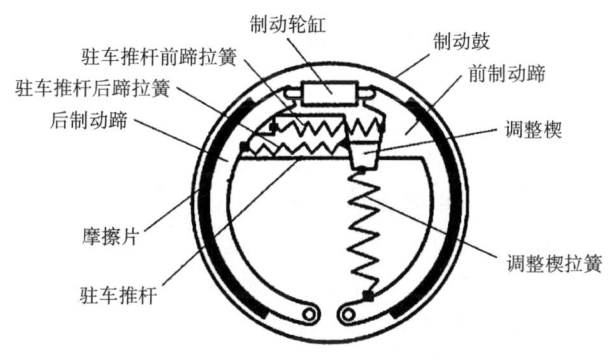

图 5-24 楔块式自调装置

具有活塞密封圈自调装置、摩擦限位式自调装置及楔块式自调装置的制动器，在装配时不需要调整间隙，只要在安装到汽车上以后，经过一次完全制动，即可以自动调整间隙到设定值。因此，这种自调装置属于一次调准式。

对于热膨胀等因素造成的非正常磨损而产生的制动器间隙过大，一次调准式自调装置将不加区别地一律随时加以补偿，会造成"调整过头"现象。这样，当制动器恢复到冷态时，即使完全放松制动踏板，制动器的摩擦副也不会完全脱离接触，而是发生"拖磨"甚至"抱死"，因为自调装置只能将间隙调小而不能调大。

(4) 阶跃式间隙自调装置。由于制动器中的过量间隙并不完全是磨损所致，还有一部分是由于制动鼓的热膨胀和制动蹄的弹性变形而使直径增大所致。一次调准式自调装置将不加区别地一律随时加以补偿，容易造成"调整过头"，从而发生"拖磨"甚至"抱死"。为了避免"调整过头"，许多制动器采用了阶跃式间隙自调装置。这样的制动器在装车后要进行多次（可能在 20 次以上）制动动作，才能消除所积累的过量间隙。

采用只有在倒车制动时才可能起调整作用的间隙自调装置，可大大减少调整过头的可能性，因为倒车制动的机会本来很少，且进行倒车制动的时机未必正好是制动鼓受热严重的时候。

5.5 真空助力液压制动系统

5.5.1 液压制动传动装置的管路布置形式

为了确保行车安全，现代所有汽车的行车制动系统均采用双管路制动系统。双管路液压制动传动装置利用彼此独立的双腔制动主缸，通过两套独立管路，分别控制两桥或三桥的车轮制动器。其特点是若其中一套管路发生故障而失效时，另一套管路仍能继续起制动作用，从而提高了汽车制动的可靠性和行车安全性。

双管路液压制动传动装置的布置形式有如下几种。

1. 一轴对一轴型（II 型），如图 5 - 25 (a)。

前轮制动器与后轮制动器各有一套管路，这种布置形式最为简单，可与单轮缸鼓式制动器配合使用。这种形式是发动机前置、后轮驱动汽车广泛采用的一种布置形式。其缺点是某一管路失效时，前后轴制动力分配的比值被破坏。

2. 交叉型（X 型），如图 5 - 25 (b)。

在前后轮对角线方向上的两个车轮共用一套管路。在任一管路失效时，剩余总制动力都能保持在正常值的 50%，且前后轴制动力分配比值保持不变，有利于提高制动稳定性。这种布置形式多用于发动机前置、前轮驱动的轿车上。

3. 一轴半对半轴型（HI 型），如图 5 - 25 (c)。

要求每个前轮制动器有两个轮缸，每个前轮制动器的一个轮缸和全部后轮制动器轮缸属于一套管路，其余的前轮轮缸属于另一套管路。

4. 半轴一轮对半轴一轮型（LL 型），如图 5 - 25 (d)。

要求每个前轮制动器有两个轮缸，两套管路分别对每个前轮制动器的一个轮缸和一个后轮制动器轮缸起作用。任一套管路失效时,前后轮制动力分配比值均与正常情况相同,剩余总制动力可达正常值的 80%。

5. 双半轴对双半轴型(HH 型),如图 5 - 25(e)。

要求每个制动器有两个轮缸,每套制动管路各控制每个制动器的一个轮缸。任一套管路失效时,前后轮制动力分配比值均与正常情况相同,剩余总制动力可达正常值的 50%。

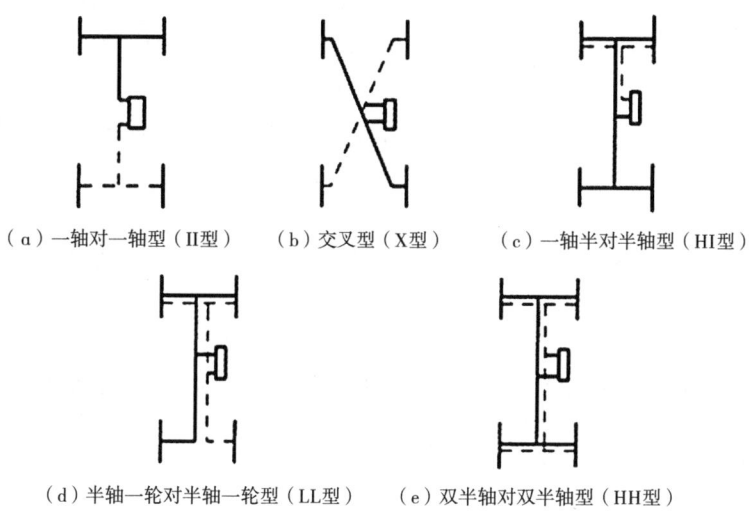

图 5 - 25 液压制动传动装置的管路布置形式

以上 5 种布置形式,由于 HI、LL、HH 型布置形式复杂,应用较少。应用最为广泛的是 II 型和 X 型。

5.5.2 真空助力液压制动系统的组成及工作原理

真空助力液压制动系统(图 5 - 26)主要由制动踏板、真空助力器、储液罐、制动主缸、制动器和油管等构成。

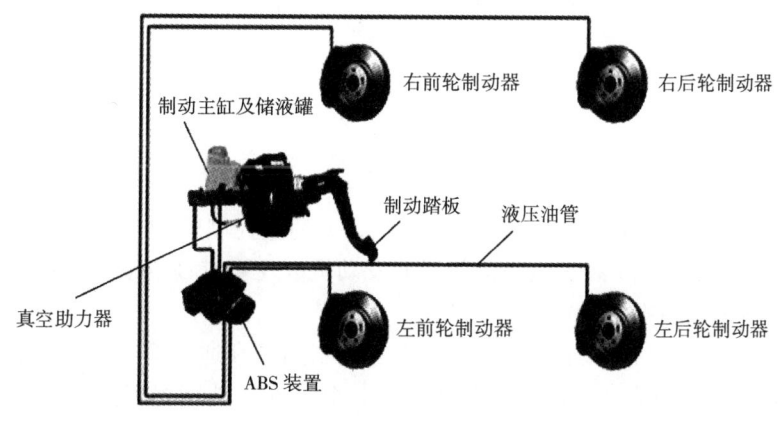

图 5 - 26 真空助力液压制动系统组成

制动时，驾驶员踩下制动踏板，由于制动踏板自由行程的存在，在开始阶段操纵力较小，不会真正产生制动力，但会把真空助力器中的相应阀门关闭和开启，使之产生压差（大气压与真空差值），帮助驾驶员推动制动主缸内的活塞向前运动，从而产生高压油液，并通过油管传到各个制动轮缸，使制动器产生制动力矩，进行制动。若驾驶员停止操作，踏板停在某一位置不动，则助力作用随之消失，以某一稳定的制动力制动。继续踩下踏板，助力作用再次产生。放松踏板，解除制动，则在弹簧回复力的作用下，各运动件回到原位。显然，管路油压和制动器产生的制动力矩是与踏板力呈线性关系的。若轮胎与路面间的附着力足够，则汽车所受到的制动力也与踏板力呈线性关系。制动系统的这项性能称为制动踏板感（或称路感），驾驶员可凭此而直接感觉到汽车制动强度，以便及时加以必要的控制和调节。

5.5.3 真空助力液压制动系统的主要部件结构及工作原理

1. 真空助力器。

如图5-27所示，真空助力器主要由真空助力工作部分和控制阀部分组成。其中真空助力工作部分包括气室的前、后壳体及膜片座、气室膜片、膜片回位弹簧和制动主缸推杆等；控制阀部分包括控制阀柱塞、阀门弹簧、控制阀推杆、真空阀门等，与气室膜片做成整体结构形式。

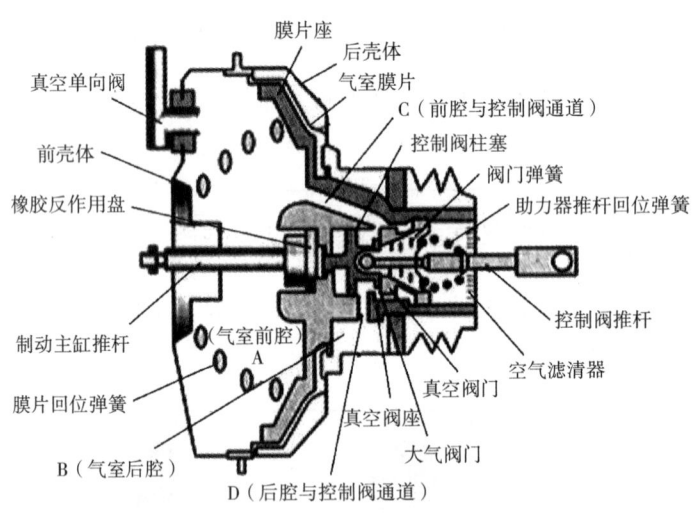

图5-27 真空助力液压制动系统组成

整个真空助力器用螺栓固定在车身前围板上，并通过控制阀推杆后端的调整叉与制动踏板机构连接。气室前腔A经真空单向阀通向发动机进气管或真空泵，外界空气经空气滤清器过滤后由控制阀控制可进入气室后腔B。

膜片座内有通道C（用以连通气室前腔A和控制阀）和通道D（用以连通气室后腔B和控制阀）。真空阀门与真空阀座（膜片座上的一个结构）共同组成的真空阀，用以控制前、后腔的连通；大气阀门（控制阀柱塞上的一个结构）与真空阀门又可共同组成大气阀，用以控制大气与气室后腔B的连通。控制阀柱塞与控制阀推杆通过后者前端的球头铰接。

真空助力器不工作（不制动）时，靠制动踏板的回复定位作用将控制阀推杆连同控制阀柱塞推至后极限位置（图5-27右方），使真空阀打开，同时靠阀门弹簧将大气阀门与真空阀门紧紧压在一起，从而大气阀关闭。此时，气室前、后腔连通，具有相同的压力。若发动机开始工作，真空单向阀被吸开，则前、后腔具有相同的真空度。

真空单向阀的作用是，只允许真空源为气室提供真空，不允许真空逆向传送。当真空源气压低于气室的气压时，真空单向阀开启；当真空源的气压高于气室的气压时，真空单向阀关闭。

制动时，将制动踏板踩下，自踏板机构的控制力可以推动控制阀推杆和控制阀柱塞相对于膜片座前移，当控制阀柱塞与橡胶反作用盘之间的间隙消除后，控制力便经大气阀门与橡胶反作用盘传给制动主缸推杆。由于橡胶反作用盘有一定的弹性，故制动主缸推杆的位移小于控制阀柱塞的位移。此时，制动主缸内的制动液以一定压力流入制动轮缸。与此同时，真空阀门也在阀门弹簧和控制阀推杆的作用下随同控制阀柱塞前移，直到与膜片座上的真空阀座接触，从而使真空阀关闭，将气室前、后腔隔断。然后，控制阀推杆继续推动控制阀柱塞前移到其后端的大气阀门离开真空阀门一定距离，将大气阀打开，如图5-28（a）。于是外界空气即经过空气滤清器充入气室后腔，使后腔压力大于前腔压力，产生助力作用，通过膜片座的前移推动制动主缸推杆前移。在此过程中，在阀门弹簧的作用下，真空阀门也不断前移。此时，若制动踏板停在中间某一位置不动，则直到大气阀门重新与真空阀门接触，如图5-28（b），将大气阀关闭而达到平衡状态为止，以稳定制动力制动。继续踩下制动踏板，则将重新打开大气阀，通过人力和助力推动制动主缸活塞前移，产生更大的制动力，直至又一个平衡状态。又放松制动踏板，控制阀推杆向后回退，真空阀门会打开，如图5-28（c），后腔空气进入前腔，前、后腔的压差减小，膜片座带动制动主缸推杆后移，使助力作用减弱，制动力减小，也会达到一个新的平衡。因此，在任何一个平衡状态下，气室后腔中的稳定真空度均与踏板行程成递增函数关系，实现了控制阀的随动作用。

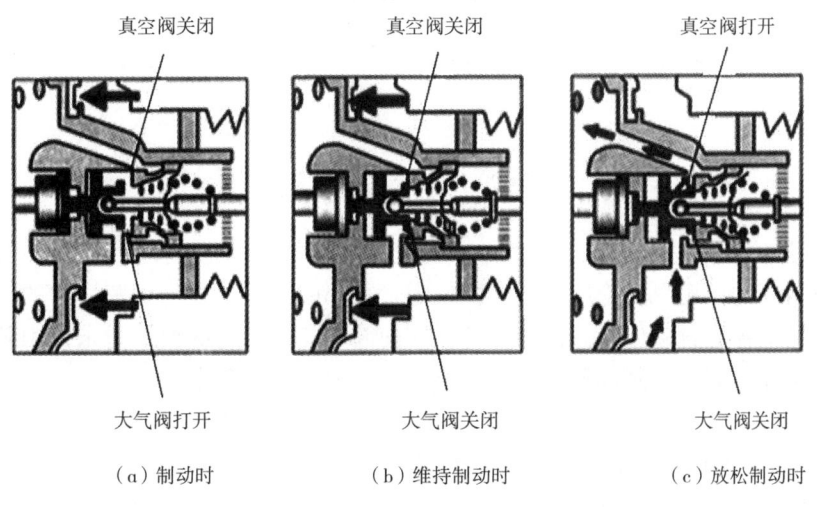

图5-28 真空助力器控制阀工作状态

气室两腔真空度差值造成的作用力,除一部分用来平衡膜片回位弹簧的力以外,其余部分都作用在橡胶反作用盘上。因此制动主缸推杆所受的力为膜片座和控制阀柱塞两者所施作用力之和。这意味着,驾驶员所施加的踏板力不仅要足以促动控制阀,并使制动主缸产生一定的液压力,而且还要足以平衡与气室作用力成正比的、经橡胶反作用盘反馈过来的力。这样,驾驶员便可以通过所加踏板力的大小来感知气室的作用力大小,即驾驶员有一定的踏板感。

2. 制动主缸。

液压制动系统使用的串联双腔制动主缸可以形成双回路制动系统,当一个回路失效时,制动主缸必须保证另一个回路仍能工作。

如图5-29所示,串联双腔制动主缸缸体内包含两个活塞组件,每个活塞的前面都有回位弹簧和密封用的皮碗,后部也有相应的密封件。每个活塞上方各有补偿孔和旁通孔,在不制动时,活塞头部的皮碗挡不住旁通孔。每个活塞有独立的制动液输出口。在正常情况下进行制动时,后腔活塞向前移动,同时,后腔活塞弹簧力和液压力的合力使前腔活塞向前移动。在活塞向前移动的过程中,当两个活塞的皮碗挡住各自的旁通孔后,液压力开始升高,通过各自的出油口将动力传递到所控制的前后轮制动轮缸,实施制动。如果前腔液压回路有故障,制动时,除了前腔活塞回位弹簧力外,没有其他阻力阻止两个活塞向前移动,在前腔活塞抵达缸体端部之前,后腔的前部(包括其所属液压回路)不能形成制动液压力,只有当前腔活塞抵住缸体的端部(不再向前移动)之后,后腔的前部才有可能建立高的液压力去控制其所属回路的制动轮缸工作。制动踏板会产生自由行程加大的现象。

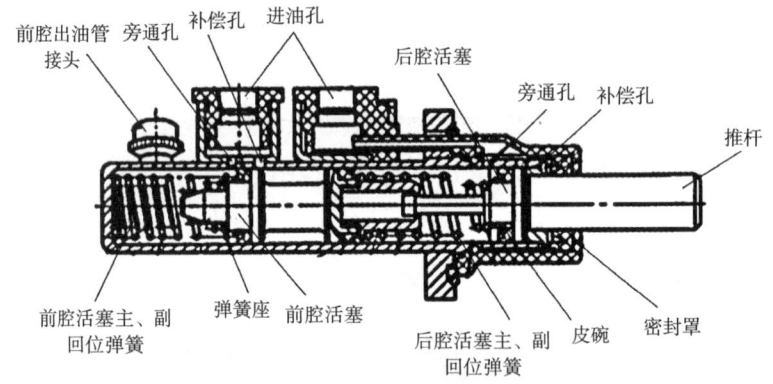

图5-29 串联双腔制动主缸

如果后腔液压回路有故障,制动时,后腔活塞开始向前移动,但不能形成高的液压力,对前腔活塞的作用力只是后腔活塞回位弹簧很小的弹力,直到后腔活塞的前端接触到前腔活塞,将推杆力直接传递到前腔活塞,在前腔才能产生高的液压力来控制其所属回路的制动轮缸工作。同样,制动踏板也会产生自由行程加大的现象。

3. 制动轮缸。

制动轮缸的作用是把制动主缸传递过来的液压力转变为轮缸活塞的推力,推动制动蹄压靠在制动鼓(鼓式制动器)上,或是推动制动块压靠在制动盘(钳盘式制动器)上,产生制动作用。对于鼓式制动器来说,制动轮缸主要有单活塞(图5-30)和双活塞

（图 5-31）两种，其基本组成是缸体、活塞、调整螺钉（顶块）、放气螺钉等，其中放气螺钉是制动系统的必备部件，用以排除制动管路中混入的空气。

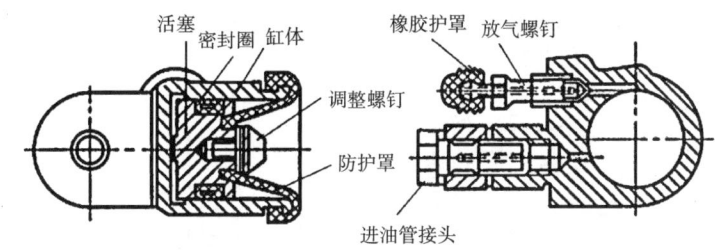

图 5-30 单活塞制动轮缸

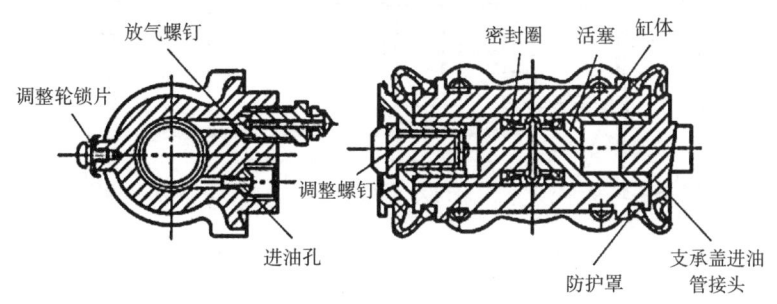

图 5-31 双活塞制动轮缸

钳盘式制动器所用制动轮缸都是单活塞的，基本构造与图 5-30 所示类似。

4. 制动踏板自由行程。

在制动系统正常工作情况下，从制动踏板开始踩下至制动主缸活塞开始移动（液压制动系统）或制动阀推杆开始移动（气压制动系统）这一过程中的制动踏板行程称为制动踏板自由行程。在正常情况下，其行程的大小主要取决于所设计的装配间隙。如果制动系统产生故障，有可能造成活塞或推杆虽已移动，但由于前方阻力较正常值小，而形成一种踏板松弛感，造成事实上的制动踏板自由行程增加。

由此不难看出，在汽车的使用过程中，制动踏板自由行程会发生变化，在正常情况下是变大的。这将会造成制动不灵敏，严重时还会失灵。当然，如果制动踏板自由行程过小，也将会造成解除制动不彻底现象。因此，制动踏板自由行程需要定期检查和调整。制动踏板自由行程的调整方法因车而异，其调整部位就在制动踏板旁边。

5.6 气压制动系统

5.6.1 气压制动系统的组成

气压制动系统主要适用于中型以上特别是重型的货车和客车，一般由气压制动回路及制动器组成，气压制动回路（图 5-32）主要包括连接管路、供能装置、控制装置、制动气室等。气压制动系统的供能装置和传动装置全部是气压式的,传动装置采用双回路。其控制装置主要由制动踏板机构和制动阀等气压控制元件组成。

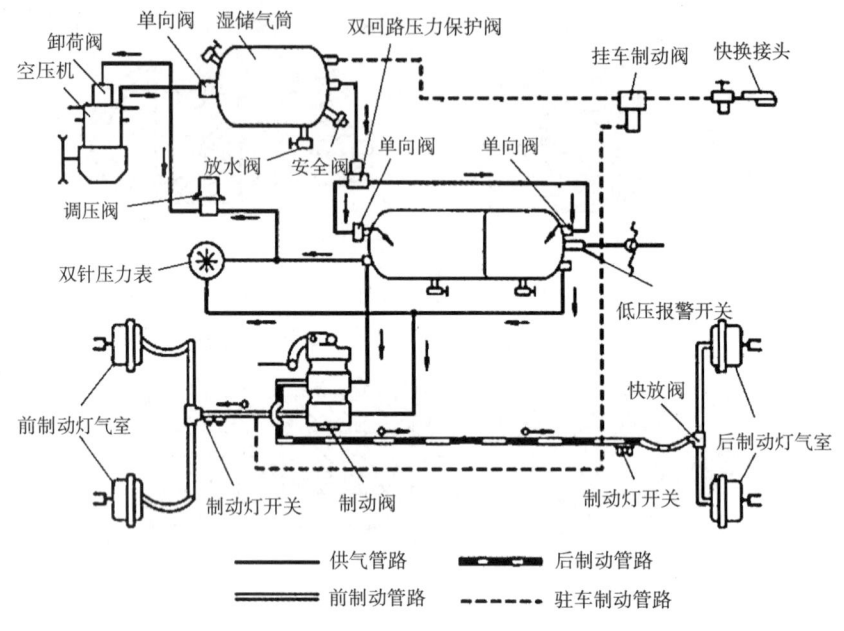

图 5-32 气压制动回路

1. 连接管路。

气压制动系统各元件之间的连接管路有三种:

(1) 供能管路。供能装置各组成件(如空压机、储气筒)之间和供能装置与控制装置(如制动阀)之间的连接管路。

(2) 促动管路。控制装置与制动器促动装置(如制动气室)之间的连接管路。

(3) 操纵管路。一个控制装置与另一个控制装置之间的连接管路。如果制动系统中只有一个气压控制装置,即只有一个制动阀,就没有操纵管路。

2. 供能装置。

气压制动系统的供能装置包括以下几部分:

(1) 产生气压能的空压机和积储气压能的储气筒。

(2) 将气压限制在安全范围内的调压阀及安全阀。

(3) 改善传能介质(空气)状态的进气滤清器、排气滤清器、管道滤清器、油水分离器、空气干燥器、防冻器等。

(4) 在一个回路失效时用以保护其余回路,使其中气压能不受损失的多回路压力保护阀等。

3. 控制装置。

气压制动系统的控制装置主要包括一系列气阀,用于控制通入制动气室的气压,从而达到控制制动力大小的目的,还要保证供气迅速(制动响应快)、解除制动快(不影响汽车起步加速)以及系统工作的可靠性等。常用的控制阀有制动阀、手制动阀、快放阀、继动阀等。

4. 制动气室。

其作用是接受来自制动阀控制的高能气压，对制动器产生促动力。

5.6.2 气压制动系统的工作原理

如图 5-32 所示，空压机由发动机通过皮带驱动，将高压空气压入湿储气筒（兼起油水分离的作用），并通过双回路压力保护阀进一步对后制动储气筒和前制动储气筒充气，以确保前后回路之一失效而另一回路不受影响。储气筒内气压利用调压阀保持在限定范围内，用双针压力表分别指示两个回路的气压。前、后制动储气筒通过制动阀和管路与前、后制动气室连通。通过制动踏板来操纵制动阀，使制动气室在制动时与各自供气的储气筒相通，而在解除制动时与大气相通。不制动时，前、后制动气室分别经制动阀和快放阀与大气相通，而与来自储气罐的压缩空气隔绝，因此所有车轮制动器均不制动。

制动时，驾驶员踩下制动踏板，制动阀首先切断各制动气室与大气的通道，并接通与压缩空气的通道，于是储气筒经制动阀向前、后制动气室供气，促动前、后制动器产生制动。此时，制动气室内的气压与踏板行程成正比。踏板踩到底时，通过对制动阀的控制作用，使制动气室内最高气压保持在设定值，而储气筒内的气压在任何时候都始终高于或等于设定值。

此外，还可以通过制动阀对挂车制动阀进行控制，当制动时，打开挂车制动阀，将湿储气筒内的高压空气供给挂车，使其制动。

5.6.3 气压制动系统主要部件结构及工作原理

1. 空压机和调压阀。

（1）空压机由发动机通过带传动进行驱动，有单缸式和双缸式。其部分结构简图如图 5-33 所示，工作原理类似于发动机的进气和压气，只是进气时靠真空吸开进气阀而出气关闭，压气时靠压力打开出气阀而进气阀关闭。

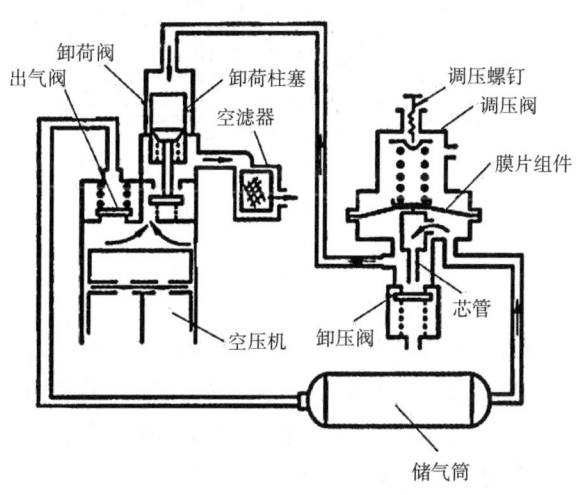

图 5-33 空压机卸荷装置与调压阀工作原理

空压机是气压制动系统的气源，既要保证向储气筒提供具有一定压力的气体，又需要在储气筒充满气后能停止输出，减轻发动机的负荷，降低燃料消耗，而当储气筒压力不足时，又可立即恢复对其供气。这就需要有调压阀（结构示意图如图 5-33 所示）和卸荷阀（与空压机制成一体，结构示意图如图 5-33 所示）来协助完成。当储气筒的压力达到一定值时，利用调压阀可以使空压机处于空转状态，而当储气筒的压力下降到一定值时，调压阀又能控制空压机向储气筒充气。

（2）空压机卸荷装置（卸荷阀）和调压阀控制空压机工作状态的工作原理是，当储气筒的压力达到一定值时，作用在调压阀膜片组件下方的气压大于其上弹簧的压力，膜片组件向上移动并带动芯管一同上移，芯管下的卸压阀关闭，储气筒气压作用在卸荷柱塞上方，使其下移，顶开进气阀，在空压机往复运动的过程中，进气阀始终开启，一直通过空滤器与大气相通，空压机处于空转状态。当储气筒的气压下降到一定值时，膜片组件在弹簧作用下下移，芯管顶开卸压阀，卸荷柱塞上方的气压降低，卸荷柱塞上移，进气阀正常开关，空压机向储气筒充气。

系统压力的调节可通过调压螺钉的旋进旋出，控制膜片组件上方的弹簧力来决定。弹簧力大，则系统压力大，反之则小。

2. 多回路压力保护阀。

多回路压力保护阀的基本功用是当某一回路损坏漏气时，可保证其余完好回路继续充气。

（1）双回路压力保护阀

图 5-34 所示为双回路压力保护阀，它能确保在一个气路漏气时另一个气路能继续充气。

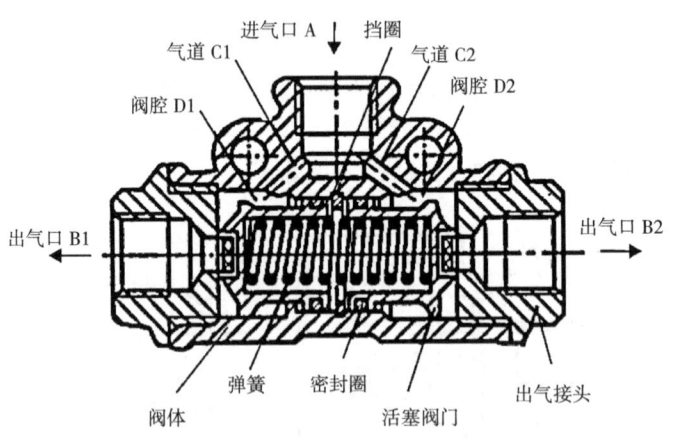

图 5-34 双回路压力保护阀

若在正常充气过程中有一回路突然损坏漏气，即有一端出气口例如 B1 处压力突然降低，甚至降为大气压力，则在开始的瞬间，自进气口 A 输入的和由出气口 B2 倒流回来的压缩空气都流向出气口 B1，导致 D1、D2 两腔压力均下降，两活塞阀门都关闭。以后随着空压机不断供气，D1、D2 两腔气压又渐渐升高。因为右活塞阀门所承受的 B2 处气压高于左活塞阀门所承受的出口处气压，右活塞阀门开启所需的 D2 腔气压低于左活塞阀门开启所需的 D1 腔气压，所以右活塞阀门将首先重新开启，即与 B2 相通的完好回路将继续充气，不过所能达到的充气压力较原规定值低，但仍可在 80% 以上，因为压力若超过此值，左活塞阀门也将重新开启而放气。

（2）四回路压力保护阀

四回路压力保护阀用于多回路气压制动系统，在任一回路损坏漏气时，保证其他三个回路能以稍低的压力正常工作，如图 5-35 所示。

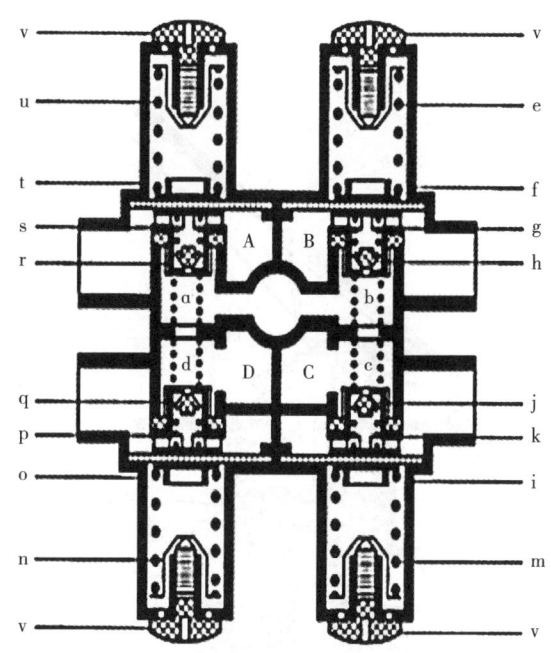

21—前制动回路接口；22—后制动回路接口；23—驻车制动回路接口；
24—辅助用气回路接口。
a,b,c,d—阀门进口腔；e,m,n,u—调压弹簧；f,l,o,t—膜片；g,k,p,s—阀门；
h,j,r,q—节流阀；v—调压螺钉；A、B、C、D—压力腔。

图 5-35 四回路压力保护阀结构

当某一回路发生断裂、漏气故障时，例如后制动回路（接口 22 回路）断裂，该回路气压急剧下降，全车气路都经 22 口放气。当各回路气压下降至 450kPa 时，四个阀门 g、k、p、s 全部关闭，此时无故障回路仍然保留有 450kPa 气压，而漏气回路继续漏气直至气压下降为零。此时随空压机继续供气，供气压力一旦回升到 450kPa，除故障回路阀门继续关闭外，其余回路阀门又重新打开充气，直到回路气压上升到故障回路阀门所设定的开启压力 700kPa 时，该阀门打开放气，从而将其余三个回路的最高气压限定在 700kPa，确保其正常工作和充气。

在正常情况下，四回路气压保护阀实际上就是一个五通接头，只有在某一回路发生断、漏故障时才起保护作用。

3．制动阀。

制动阀是汽车气压制动的主要控制装置，用来控制从储气筒进入制动气室和挂车制动控制阀的压缩空气量，并有渐进变化的随动作用，保证制动器上的力与施加于制动踏板上的力成正比关系。制动阀的结构形式多种多样，其结构随汽车所用的管路不同而异，但工作原理基本相同。在汽车上常用的是串联双腔活塞式制动阀，上、下两腔的工作都由制动踏板控制，并能保证当一个回路漏气时，另一个回路仍能工作。

如图5-36所示，串联双腔活塞式制动阀的上、下腔分别向后制动气室和前制动气室提供基本相同的控制气压。制动踏板行程越大、平衡弹簧预压紧力越大，输出到制动回路的气压就越大，这种制动气压随踏板行程成一定比例关系变化的特性称为随动性，它保证了制动时的踏板感。

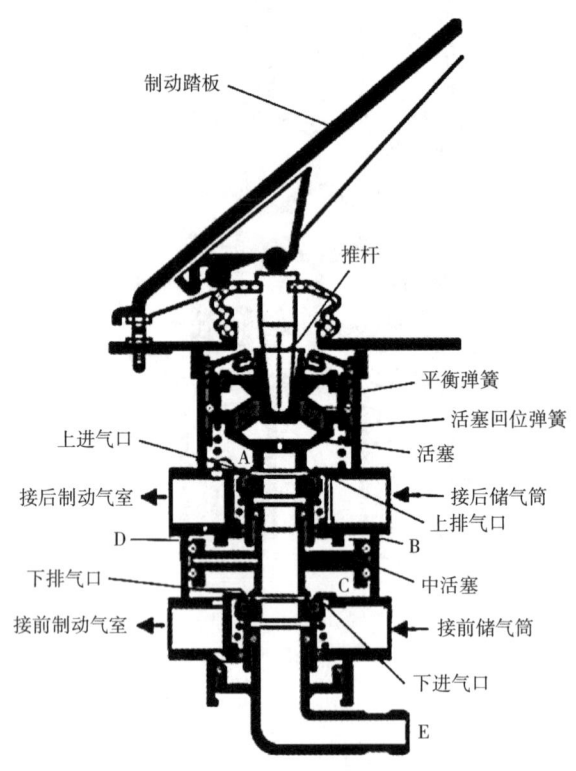

A—上阀上腔；B—中活塞上腔；C—下阀上腔；D—通气孔；E—排气口。

图5-36 串联双腔活塞式制动阀结构及工作原理

当后制动回路失效时，上阀门直接推动中活塞向下移动，关闭下排气口，打开下进气口，使前制动回路正常工作。当前制动回路失效时，不影响后制动回路正常工作。

4. 手制动阀。

手制动阀可以控制汽车的驻车制动和挂车的驻车制动。因为对于驻车制动没有渐进控制的要求，所以控制驻车制动的手制动阀实际上只是一个气开关。

如图5-37所示（图示处于驻车位置），当操纵杆处于Ⅰ位置时，阀门在弹簧向上的作用力下使进气阀关闭，芯管在弹簧向上的作用力下使其下端的排气阀开启，制动气室通过芯管内部的孔道通向排气口，与大气相通，从而放气制动。当操纵杆处于Ⅱ位置时，进气阀开启，排气阀关闭，制动气室通入高压空气，解除制动。

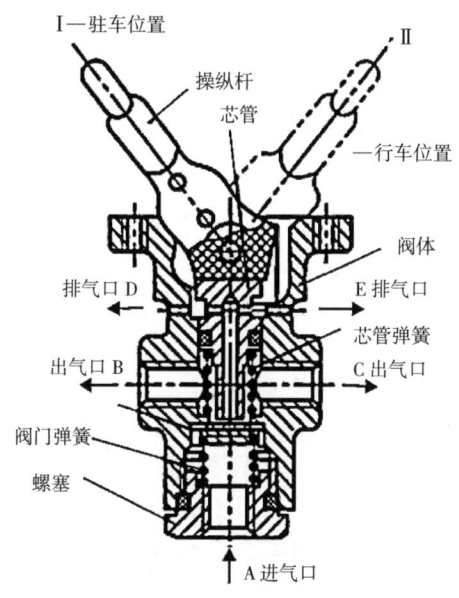

图 5-37 手制动阀

5. 快放阀与继动阀。

（1）快放阀

快放阀的作用是保证解除制动时制动气室快速放气。快放阀布置在制动阀与制动气室之间的管路上，靠近制动气室，由于离制动气室近，制动气室排气所经过的回路短，放气速度较快，如图 5-38 所示。

制动时，由制动阀输送过来的压缩空气自进气口 A 流入，将阀门推离进气阀座，进而使之压靠阀盖内端的放气阀座，然后自出气口 C、D 流向制动气室。此时，快放阀的作用有如一个三通管接头。解除制动时，进气口 A 经制动阀通大气，阀门在弹簧作用下回位（即关闭进气阀），制动气室内的压缩空气即就近经排气口 B 排入大气，而不必流经制动阀。

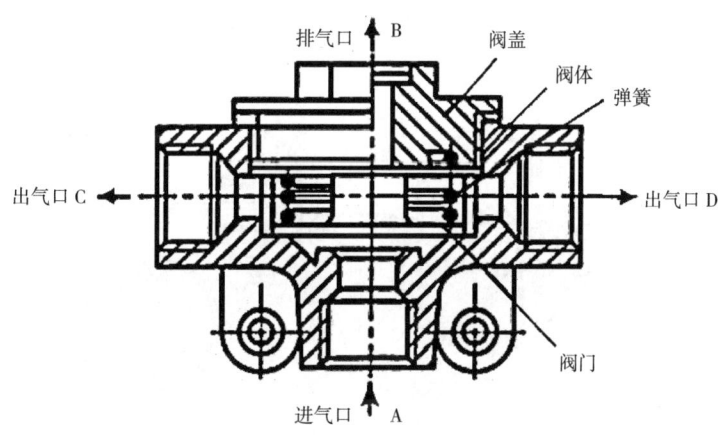

图 5-38 快放阀

（2）继动阀

继动阀的作用是使压缩空气不流经制动阀，而是通过继动阀直接充入制动气室，以缩短供气路线，减少制动滞后时间。在图 5-39 所示的状态下，阀门既靠在阀体的阀座上，又靠在芯管上，进气阀和排气阀都是关闭的。

制动时，来自制动阀的控制气压经 C 口作用在膜片的上部，克服弹簧的阻力，带动芯管及阀门整体下移，将进气阀打开，使制动管路经 A 口至 B 口连通，从而将压缩空气送入制动气室进行制动。解除制动时，膜片的上部气压降为大气压，在弹簧和膜片下部气压的作用下，先将进气阀迅速关闭，然后仅在膜片下部气压的作用下使芯管进一步上升，打开排气阀从 C 口放气，解除制动。

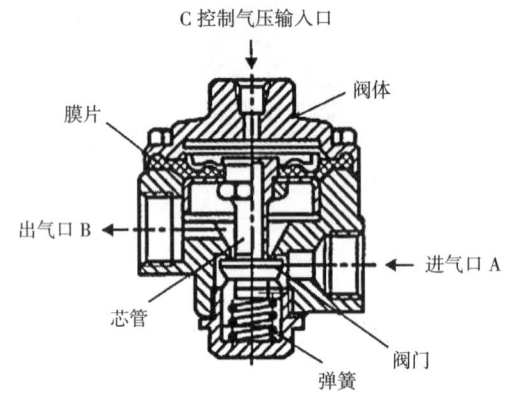

图 5-39 继动阀（加速阀）

6. 制动气室。

制动气室的作用是将气压能转换成机械能输出，输出的机械能传给制动凸轮等促动装置，使制动器产生制动力矩。制动气室有膜片式、活塞式和复合式三种。

（1）膜片式制动气室

膜片式制动气室如图 5-40 所示，橡胶膜片的周缘用卡箍夹紧在气室壳体和气室盖的凸缘之间。气室盖与橡胶膜片之间为工作腔，通过进气口和橡胶软管与制动阀出气口连通，膜片右方经通气口通大气。回位弹簧通过焊接在推杆上的支承盘将橡胶膜片推到左极限位置。推杆的外端通过连接叉与制动器的制动调整臂相连。

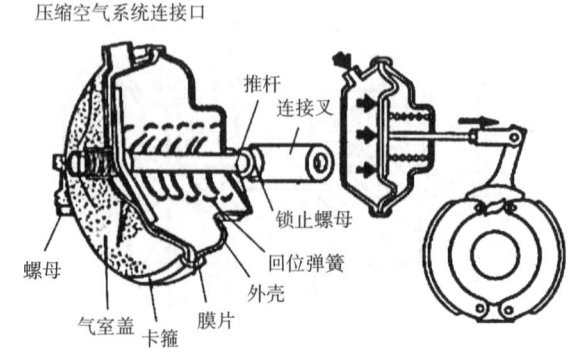

图 5-40 膜片式制动气室

踩下制动踏板时，压缩空气自制动阀充入制动气室工作腔，使橡胶膜片向右运动，将推杆推出，使制动调整臂和制动凸轮转动而实现制动。放开制动踏板，工作腔则经由制动阀的放气口通大气。橡胶膜片与推杆都在弹簧的作用下回位而解除制动。

（2）活塞式制动气室

活塞式制动气室如图5-41所示，活塞组件由活塞体、橡胶皮碗、密封圈、弹簧座和导向套筒等组成。推杆在做轴向移动的同时还有摆动，因此其接触活塞体的一端做成球头。活塞式制动气室可以取得的推杆行程较膜片式的大，其活塞工作寿命也比膜片长，但整个气室结构较复杂、成本较高，常用于重型货车。

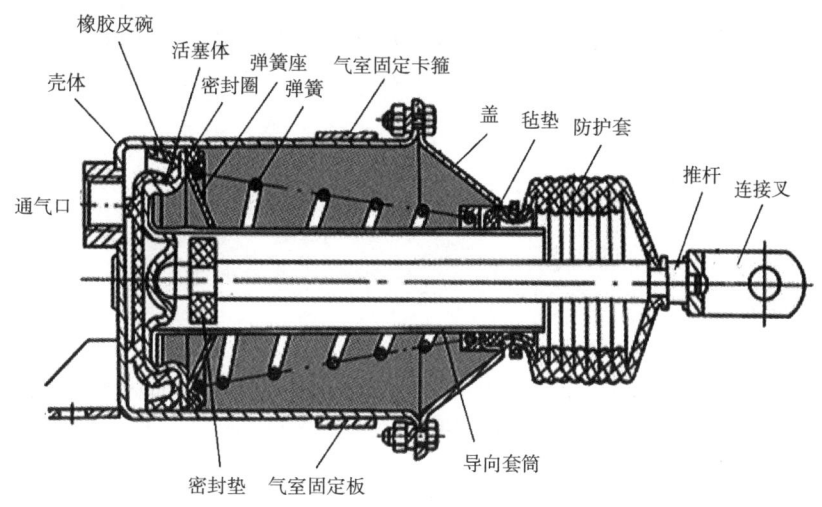

图5-41 活塞式制动气室

（3）复合式制动气室

复合式制动气室如图5-42所示，复合式制动气室由行车制动气室和驻车制动气室两部分组成，兼起行车制动和驻车制动的作用。驻车制动气室设有机械式解除制动装置。

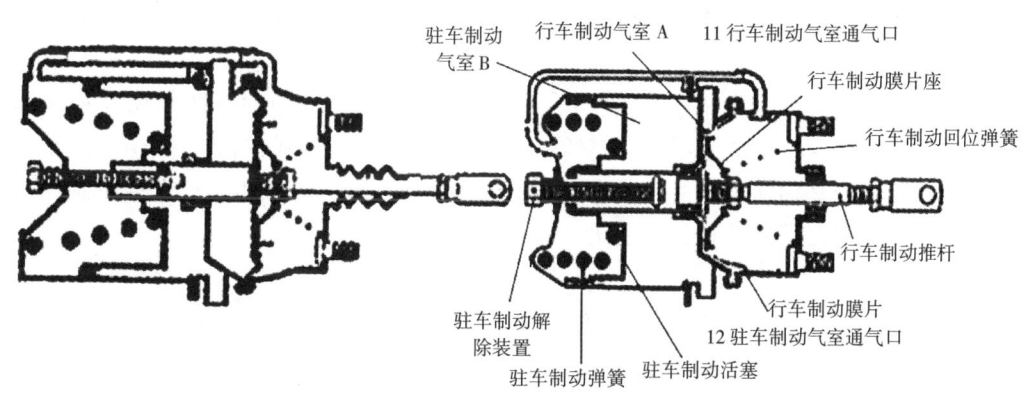

（a）驻车制动状态　　　　　　　　　（b）驻车制动解除状态

图5-42 复合式制动气室

行车前，应将手制动阀扳至解除制动位置，使压缩空气经通气口给 B 腔（驻车制动气室）充气，压缩驻车制动弹簧，使驻车制动活塞回到不制动位置，同时，行车制动推杆也在行车制动回位弹簧的作用下回位，此时驻车制动解除。但如果储气筒气压未达到最小安全值，则不可能压缩驻车制动弹簧，因而汽车也不可能起步。这是利用弹簧力进行驻车制动的主要优点。行车制动时，踩下制动踏板，即有压缩空气自制动阀经通气口充入 A 腔（行车制动气室），通过行车制动膜片将行车制动推杆推到制动位置，把推力作用在制动臂上，对车轮产生制动力矩，而驻车制动活塞仍保持在不制动位置。

驻车制动及辅助制动时，将手制动阀扳至制动位置，使驻车制动气室放气，驻车制动弹簧立即伸张而将活塞和推杆都推到制动位置。通过拧出驻车制动解除装置上的螺母和放松螺栓可将驻车制动弹簧压回，使驻车制动部分机械放松，用于在无压缩空气的情况下，手动解除制动。

5.7　制动力调节装置

5.7.1　制动过程

汽车制动时，作用在车轮上的制动力随踏板力的增加而增加，但受到轮胎与路面间附着能力的限制，制动力不能超过附着力，即

$$F_B \leqslant F_\phi = G\phi$$

式中，F_B——制动器制动力；

G——车轮对路面的垂直载荷；

F_ϕ——地面附着力；

ϕ——轮胎与路面间附着系数。

否则，车轮将被"抱死"（车轮完全不转动），只能在路面上做纯滑移。根据试验，一旦车轮抱死滑移，则车轮的侧向附着力几乎为零，前轮抱死则将失去转向，后轮抱死则将发生侧滑甚至"甩尾"和"掉头"。

因此，无论前轮先抱死还是后轮先抱死，都会严重影响行驶安全性并加剧轮胎的磨损，尤其是后轮先抱死的危害更大。要使汽车既得到尽可能大的制动力，又保持汽车行驶方向的稳定性，就必须使汽车前、后轮同时达到抱死的边缘，其条件是前、后轮制动力之比等于前、后轮对路面的垂直载荷之比，即

$$\frac{F_{B1}}{F_{B2}} = \frac{G_1 \phi}{G_2 \phi} = \frac{G_1}{G_2}$$

式中，F_{B1}、F_{B2}——前、后轮制动器制动力；

G_1、G_2——前、后轮对路面的垂直载荷。

汽车在制动过程中，前、后轮所受载荷是变化的（如因惯性使前轮载荷增加，后轮载荷减少），加上轮胎气压、胎面花纹磨损状况不同而使前、后轮的附着系数也不同。为使

前、后轮获得最理想的制动力，在现代汽车上采用了各种制动力调节装置来调节前、后轮制动管路的工作压力，常用的制动力调节装置主要有限压阀、比例阀、感载阀和惯性阀等，这些阀一般都串联在后轮制动器的促动管路中。

5.7.2 常用制动力调节装置

1. 限压阀。

限压阀的作用是当前、后促动管路压力 p_1 和 p_2 由零同步增长到一定值后，即自动将 p_2 限定在该值不变，限压阀的结构如图 5-43（a）所示。

自进油口输入的控制压力是前促动管路压力 p_1（亦即主缸压力），从出油口输出的是后促动管路压力 p_2。阀门与活塞连接成一体，装入阀体后，弹簧即受到一定的预紧力。在弹簧力作用下，阀门离开阀体上的阀座而抵靠着阀盖，阀门凸缘上开有若干个通油切口。当输入压力较低时，阀门一直保持开启，因而前、后促动管路压力相等，即限压阀尚未起限压作用。在前、后促动管路压力同步增长到一定值时，活塞端面 D 上所受的液压作用力将弹簧压缩到使阀门关闭。后轮缸与主缸隔绝。此后，后促动管路压力即保持定值，不再随前促动管路压力增长。

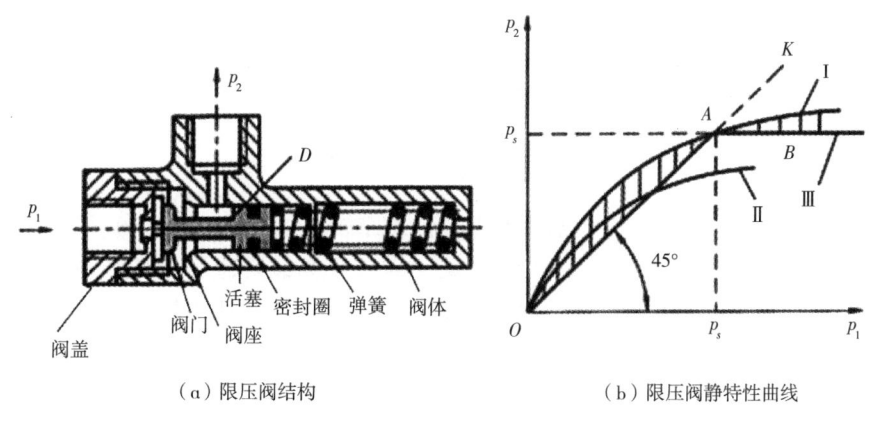

（a）限压阀结构　　　（b）限压阀静特性曲线

Ⅰ—满载理想特性；Ⅱ—空载理想特性；Ⅲ—装限压阀后的特性。

图 5-43　限压阀及其静特性

限压阀的静特性曲线如图 5-43（b）所示。与不装任何制动力调节装置时的实际前、后促动管路压力分配特性曲线 OK 相比，装用限压阀后的实际分配特性曲线 OAB 更为接近理想分配特性曲线。假定如图 5-43（b）所示，折线 OAB 的折点 A 位于满载时的理想分配特性曲线Ⅰ上，则装用限压阀后，也只是在汽车满载情况下，且 $p_1 = p_2 = p_s$ 时，前、后轮才有可能被制动到同步抱死。无论 $p_1 > p_2$ 或 $p_1 < p_2$，对应于同一 p_1 值的 p_2 实际值均低于 p_2 理想值。因此在 $p_1 \neq p_2$ 的情况下制动时，必然是前轮先抱死滑移，而这正符合现时的制动稳定性要求。

限压阀用于重心高度与轴距的比值较大的轻型汽车更为适宜，因为这种汽车在制动时，其后轮垂直载荷向前轮转移得较多，其理想的促动压力分配特性曲线中段的斜率较小，与限压阀 AB 特性曲线相近。

2. 比例阀。

对于重心高度与轴距的比值较小的中型以上汽车，在制动时的前、后轮间载荷转移较少。如果装用限压阀，虽然可以满足制动时前轮先滑移的要求，但紧急制动时，后轮制动力将远小于后轮附着力，不能满足制动力尽可能大的要求。此时可以采用比例阀。

比例阀的作用是当前、后促动管路压力 p_1 与 p_2 同步增长到一定值 p_s 后，即自动对 p_2 的增长加以节制，亦即使 p_2 的增量小于 p_1 的增量。

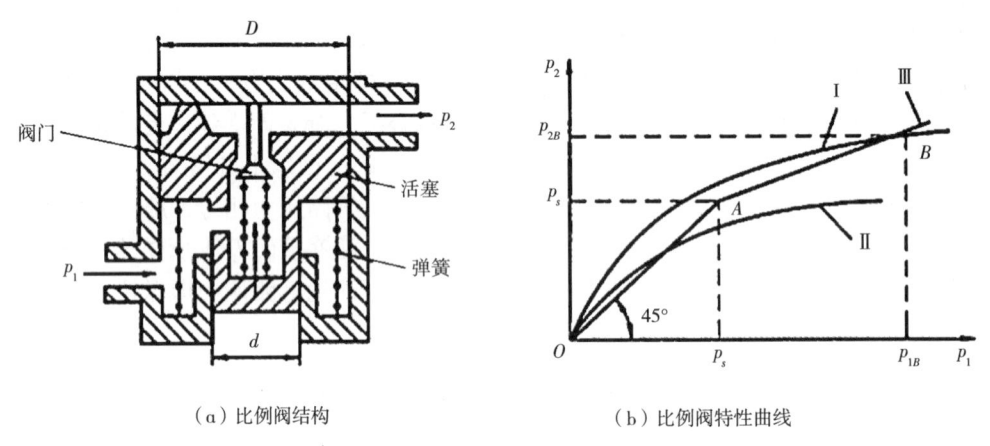

（a）比例阀结构　　　　　（b）比例阀特性曲线

Ⅰ—满载理想特性；Ⅱ—空载理想特性；Ⅲ—装比例阀后的特性。

图 5-44　比例阀原理及其静特性

比例阀一般采用两端承压面积不等的差径活塞结构，如图 5-44（a）所示。图 5-44（b）所示的比例阀静特性曲线 AB（图中假定 A 点位于满载理想特性曲线的下方）。装用比例阀以后的实际促动管路压力分配特性曲线即为折线 OAB。比例阀静特性曲线 AB 的斜率 $A_1/A_2<1$，说明 p_2 的增量小于 p_1 的增量。由于汽车满载与空载时的理想促动管路压力分配特性曲线不一致，使得限压阀和比例阀的特性不可能设计得同时符合满载和空载时的要求。

3. 感载阀。

感载阀的特点是特性曲线随整车载荷的变化而变化。感载阀有感载比例阀和感载限压阀两种。

（1）感载比例阀

图 5-45 所示为一种液压感载比例阀及其感载控制机构。阀体安装在车身上，其中的活塞右部的空腔内有阀门。不制动时，活塞在感载拉力弹簧通过杠杆施加的推力 F 的作用下处于右极限位置。阀门因其杆部顶触螺塞而开启。

制动时，来自主缸压力为 p_1 的制动液由进油口 A 进入，并通过阀门从出油口 B 输出至后促动管路，此时输出压力为 $p_1=p_2$。因活塞右端承压面积大于左端承压面积，故和对活塞的作用力不等。于是活塞不断左移，最后使其上的阀座与阀门接触而达到平衡状态，此后 p_2 的增量将小于 p_1 的增量。

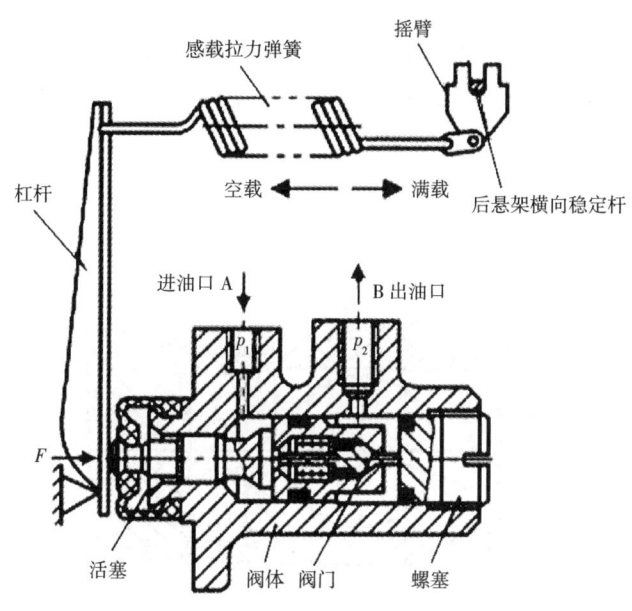

图 5-45 液压感载比例阀及感载控制机构

这种比例阀的特点是作用于活塞的轴向力 F 是可变的。拉力弹簧右端经吊耳与摇臂相连，而摇臂则夹紧在汽车后悬架横向稳定杆的中部。当汽车装载量增加时，后悬架载荷也增加，因而后轮向车身移近，后悬架横向稳定杆便带动摇臂转过一个角度，将弹簧进一步拉伸，作用于活塞上的推力 F 便增大。反之，汽车装载量减小，则推力 F 便减小。这样，调节作用起始点的控制压力值 p_s 就随汽车实际装载量而变化。

（2）感载限压阀

图 5-46 所示为液压感载限压阀的一种。弹簧力 F 与弹簧压缩量有关，从而与推杆行程有关，并可由感载控制机构控制。

通过感载控制机构输入感载阀的控制信号，一般是有关悬架的变形量。然而影响悬架变形量的因素，除了汽车总重力分配到该悬架上的载荷（包括制动时的载荷转移）以外，还有汽车行驶时不平路面对车轮和悬架的瞬时冲击载荷。感载控制机构中设置容量较大的弹簧的目的就在于吸收这种冲击载荷，以排除其对感载阀工作的干扰，感载阀中油液本身的阻尼也有助于消除这一干扰。

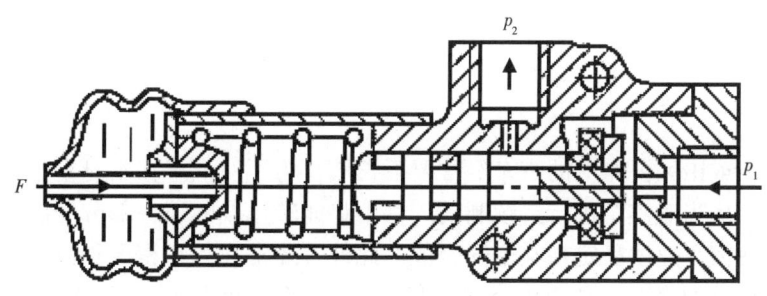

图 5-46 液压感载限压阀

4. 惯性阀。

惯性阀（也称 G 阀）是一种用于液压系统的制动力自动调节装置。其特性曲线形状与感载阀的相似，但其调节作用起始点的控制压力值 p_s 取决于汽车制动时作用在汽车重心上的惯性力，即 p_s 不仅与汽车总重力（或实际装载量）有关，并且与汽车制动减速度有关。惯性阀有惯性限压阀和惯性比例阀两种，如图 5-47、图 5-48 所示。

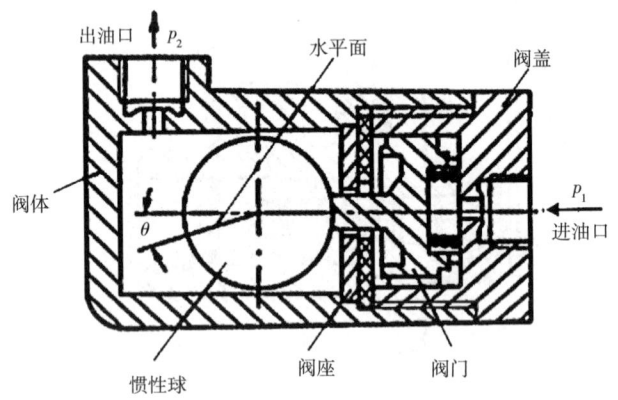

图 5-47 惯性限压阀

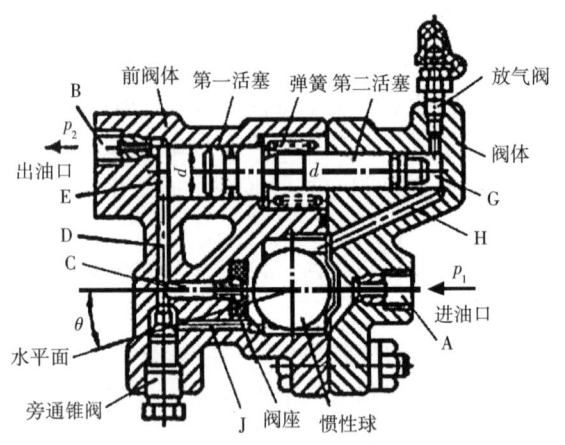

图 5-48 惯性比例阀

5.8 辅助制动系统

行驶于矿山或山区公路上的汽车经常要下长坡，为不使汽车在本身重力作用下不断加速到危险程度，应当对汽车进行持续制动。将由势能转化成的那一部分动能再转化成热能而消散，从而使汽车速度稳定在某个安全值。此外，经常在行车密度很高、交通情况复杂的城市街道上行驶的汽车（如市内公共汽车），为避免交通事故，需要进行频繁的不同强度的制动。在这些情况下，单靠行车制动系统难以完成这样的制动任务，因为制动器长时间频繁地工作会使自身温度大大增高,以致制动效能衰退甚至完全失效,所以在这种行驶条件下运行的汽车,往往有必要增设辅助制动系统。

辅助制动系统的作用是在不使用或少使用行车制动系统的条件下,使车辆速度降低或保持稳定,但不能将车辆紧急制停,这种作用称为缓速作用。辅助制动系统中用以产生制动力矩对车辆起缓速作用的部件称为缓速器,缓速器也属于制动器范畴。产生缓速作用的方法有以下几种:

5.8.1 发动机缓速

对行驶中的汽车的发动机停止供给燃料,并将变速器挂入某一前进挡,使汽车得以通过驱动轮和传动系统带动发动机曲轴继续旋转。这样,本来是汽车动力源的发动机就变成消耗汽车动能从而对汽车起缓速作用的空气压缩机。在这种情况下,汽车对发动机输入的动能大部分耗损在机内的进气、压缩、排气过程中,小部分消耗于对水泵、油泵、空压机、发电机等附件的驱动上。发动机及上述各附件阻碍曲轴旋转的力矩即是制动力矩,将通过传动系统放大后传给驱动轮。

为了强化发动机缓速作用,可以采取阻塞进气或排气通道,或改变进、排气门启闭时刻等措施,以增加发动机内的进气、压缩、排气等方面的功率损失。其中最常用的措施是在发动机排气管中设置可以阻塞排气通道的放气节流阀。这种发动机缓速法可称为排气缓速,如图5-49所示。

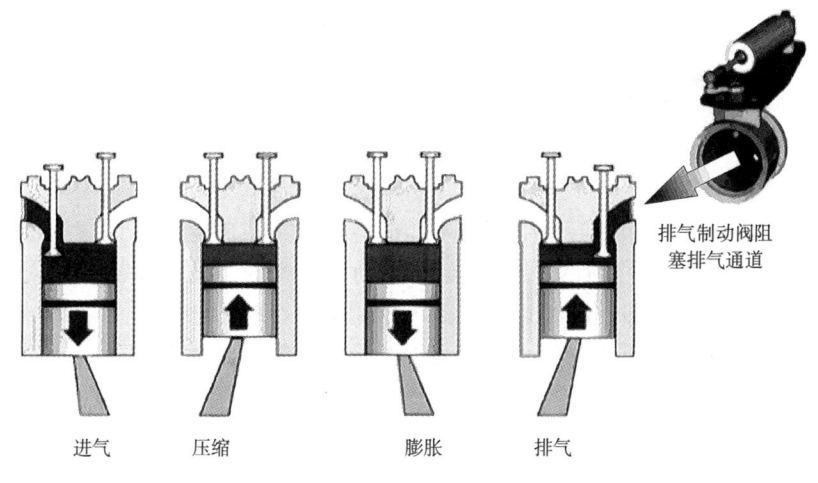

图5-49 发动机排气制动原理

5.8.2 牵引电动机缓速

对于采用电力式传动系统的汽车,可以对电动驱动轮中的牵引电动机停止供电,使之受驱动轮驱动而成为发电机,将汽车的部分动能转变成电能,再使之通过电阻转变为热能而耗散。这时,电动机对驱动轮的阻力矩即是制动力矩。

5.8.3 液力缓速

利用专设的液力缓速器来产生缓速作用。液力缓速器中有固定叶轮和旋转叶轮，后者一般由变速器驱动。固定叶轮通过流动的液体施加于旋转叶轮的阻力矩，即为制动力矩。将通过变速器和驱动桥放大后的阻力矩（制动力矩）传到驱动轮，由旋转叶轮输入的汽车动能即通过液力缓速器内的液力阻尼作用转变成热能，如图 5-50 所示。

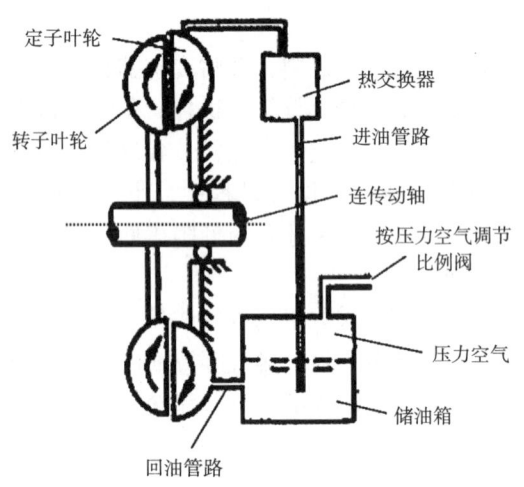

图 5-50 液力缓速器工作原理

5.8.4 电磁缓速

利用专设的电磁缓速器来产生缓速作用。电磁缓速器的主要元件是由驱动轮通过传动系统带动的盘状金属转子和由若干个固定不动的电磁铁组成的定子。两者端面之间留有不大的间隙（0.5~1.5mm）。当有电流通过定子的励磁线圈时，便产生磁场，对在此磁场中旋转的转子造成阻力矩，即制动力矩，在磁场作用下，在转子中产生的涡电流可将转子及整个汽车的部分动能转换成热能。如图 5-51 所示为电涡流缓速器。

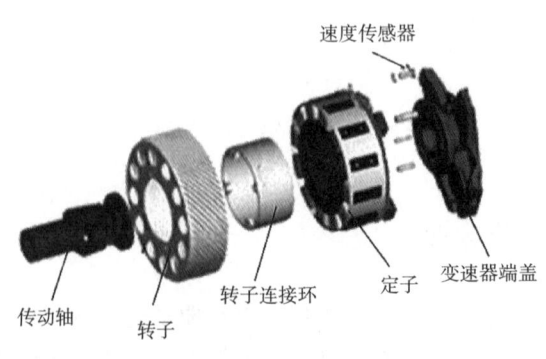

图 5-51 电涡流缓速器

5.8.5 空气动力缓速

采用使车身的某些活动表面钣件伸展，以加大作用于汽车的空气阻力的办法来起缓速作用。这种方法目前只用于竞赛汽车。

5.9 电控制动防抱死系统

电控防抱死制动系统（ABS），是汽车上的一种主动安全装置。其作用是在汽车制动时，自动调节制动力的大小，避免车轮完全抱死在路面上产生滑拖，使车轮处于边滚边滑的状态，以保证车轮与地面间有最好的附着状态，从而缩短制动距离，提高汽车制动过程中的方向稳定性及转向操纵能力，使汽车制动更为安全有效。

5.9.1 制动力和附着力的关系

1. 地面制动力。

当汽车使用制动器制动时，由于制动鼓（盘）与制动蹄摩擦片之间的摩擦作用，形成了摩擦力矩，此力矩与车轮转动方向相反。车轮在此力矩的作用下给地面一个向前的作用力，与此同时，地面给车轮一个与行驶方向相反的切向反作用力，这个力就是地面制动力，它是迫使汽车减速或停车的外力。

2. 制动器制动力。

由于地面制动力是由地面提供的外力，若将汽车架离地面，地面制动力就不存在了，这时阻止车轮转动的是制动器摩擦力矩。将制动器的摩擦力矩转化为车轮周缘的一个切向力，并将其称为制动器制动力。

3. 轮胎与道路附着力。

附着力是地面阻止车轮滑动所能提供切向反作用力的极限值。在一般硬实路面上，轮胎与路面间的附着力可近似认为是轮胎与路面间的摩擦力。在汽车制动时，有纵向附着力和横向附着力。纵向附着力决定汽车的纵向运动，影响汽车的制动距离；横向附着力决定汽车的横向侧滑。

4. 地面制动力、制动器制动力和轮胎与道路附着力的关系。

在制动过程中，车轮的运动只有减速滚动和抱死滑移两种状态。当驾驶员踩制动踏板的力较小，制动摩擦力矩较小时，车轮只做减速滚动，并且随着摩擦力矩的增加，制动器制动力和地面制动力也随之增加，且在车轮未抱死前地面制动力始终等于制动器的制动力。此时，制动器的制动力可全部转化为地面制动力。但地面制动力不可能超过轮胎与道路的附着力。

当制动器压力（制动踏板力）增大到某一值时，地面制动力达到轮胎与道路的附着力值，即地面制动力达到最大值。此时，车轮即开始抱死不转而出现拖滑的现象。当再加大制动器压力时，制动器制动力随着制动器摩擦力矩的增长仍按直线关系继续上升，但是，地面制动力已达到轮胎与地面的附着力值,因此地面制动力不再随制动器制动力的增加而增加。

综上所述,要想获得好的制动效果,必须同时具备两个条件:不但汽车具有足够的制动器制动力,而且要有附着系数较高的路面提供足够的地面制动力。

车轮与地面附着系数的影响因素较多,如车轮滑移率、车速、轮胎的结构和气压等,但较为突出的因素是车轮相对于地面的滑移率。

5.9.2 滑移率及与附着系数的关系

1. 滑移率。

汽车匀速行驶时,汽车的实际车速与车轮滚动的圆周速度(也称车轮速度)是相同的。在驾驶员踩制动踏板使车速降低时,车轮滚动的圆周速度(轮胎胎面在路面上移动的速度)也随之降低了,但由于汽车自身的惯性,汽车的实际车速与车轮的速度不再相等,使车速与轮速之间产生了一个速度差。此时,轮胎与路面之间产生相对滑移现象,其滑移程度用滑移率表示。

滑移率是指车轮在制动过程中滑移速度在车轮纵向运动中所占的百分比,用 S 表示。其定义表达式为

$$S = \frac{v - \omega r}{v} \times 100\%$$

式中,S——滑移率;v——车轮旋转中心相对于地面的纵向速度;ω——车轮转动的角速度;r——车轮的滚动半径。

由上式可知,当汽车的实际车速等于车轮滚动时的圆周速度时,滑移率为零,车轮为纯滚动;于汽车制动过程中,在汽车停止前,车轮处于抱死状态时,车身具有一定的速度,而车轮的滚动圆周速度为零,则滑移率为100%;当滑移率在0%~100%之间时,车轮既滚动又滑动。

2. 滑移率与附着系数的关系。

大量的试验证明,在汽车的制动过程中,附着系数的大小随着滑移率的变化而变化。在干路面或湿路面上,当滑移率在15%~30%范围内时,车轮具有最大的纵向附着系数,此时可产生的地面制动力最大,制动距离最短,制动效果最佳。在雪路或冰路面上时,最佳滑移率在20%~50%范围内。不同道路条件下,滑移率与附着系数的关系如图5-52所示。当滑移率为零,即车轮处于纯滚动状态时,其侧向附着系数最大,此时汽车保持转向和防止侧滑的能力最强。随着滑移率的增加,侧向附着系数下降。当滑移率为100%,即车轮抱死滑动时,侧向附着系数变得极小,轮胎与路面之间的侧向附着力接近于零,车轮将完全丧失抵抗外界侧向力作用的能力,稍有侧向力(如路面不平产生的侧向力、汽车重力的侧向分力和侧向风力等)干扰,汽车就会产生侧滑而失去稳定性。在汽车的制动过程中,若能将滑移率控制在最大附着系数所对应的滑移率范围内,汽车将处于最佳制动状态。要控制滑移率就要对作用于车轮上的力矩进行瞬时的自适应调节。制动防抱死系统就是通过电子控制单元、车轮转速传感器和制动压力调节器,对作用于制动轮缸内的制动液压力进行瞬时的自动控制,从而控制制动车轮上的制动器压力,使制动车轮尽可能保持在

最佳的滑移率范围内运动，使汽车的实际制动过程接近最佳制动状态。

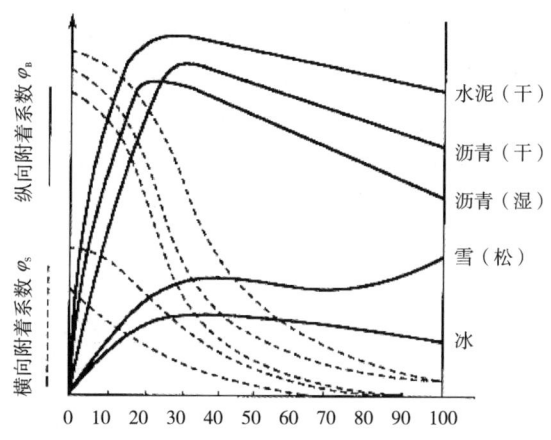

图 5-52 不同道路条件下滑移率与附着系数的关系

5.9.3 制动防抱死系统的组成及工作过程

1. 制动防抱死系统的组成。

无论是气压制动系统还是液压制动系统，汽车的制动防抱死系统都由三大部分组成：车轮转速传感器、制动压力调节器和电子控制单元，见图 5-53 所示。

汽车制动时，首先由轮速传感器检测出车轮转速信号，并传输给电控单元（ECU）。ECU 中的运算单元根据轮速信号按一定的逻辑计算出车轮速度、滑动率及车轮加速度，然后由 ECU 中的控制单元对这些信号进行分析比较后，向制动压力调节器发出制动压力控制指令。制动压力调节器在接收到 ECU 的控制指令后，执行相应的操作，从而改变制动管路中的油压（或气压）以调节制动器的制动力矩，使之与地面附着状况相适应，防止制动车轮抱死。

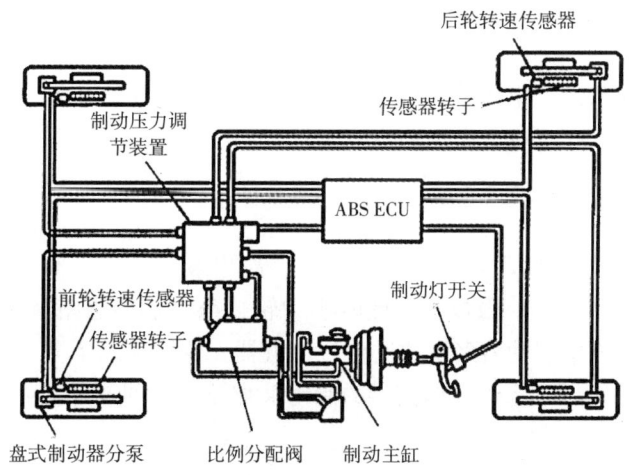

图 5-53 ABS 的组成

在 ABS 中，能够独立进行制动压力调节的管路称为通道，如图 5-54 所示。如果对某车轮的制动压力单独进行调节，则称这种控制方式为独立控制。对两个或两个以上车轮的制动压力一起进行调节，则称这种控制方式为一同控制。在对两个车轮的制动压力进行一同控制时，如果以保证附着力较大的车轮不发生制动抱死为原则进行制动压力调节，则称这种控制方式为按高选原则一同控制；如果以保证附着力较小的车轮不发生制动抱死为原则进行制动压力调节，则称这种控制方式为按低选原则一同控制。按照控制通道数目的不同，ABS 可分为四通道、三通道、双通道和单通道四种形式，而其布置形式却有多种多样。

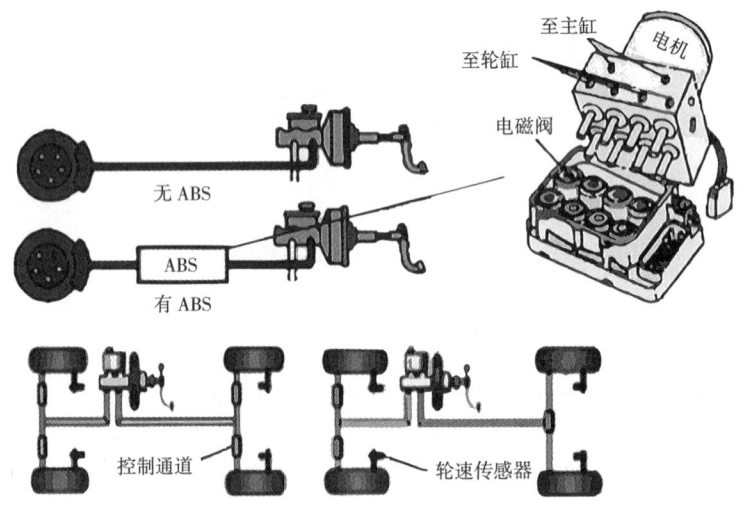

图 5-54　ABS 装置的布置

2. 制动防抱死系统的工作过程。

ABS 根据其制动压力调节方式的不同，分为循环调压式和变容积式两种。下面以循环调压式 ABS 为例，说明其工作过程。

（1）常规制动

ABS 未进入工作状态，电磁线圈中无电流通过，柱塞处于下极限位置，此时制动主缸与轮缸直通，如图 5-55（a），由制动主缸来的制动液直接进入轮缸，轮缸压力随主缸压力而增减。

（2）减压过程

当 ECU 检测到车轮有抱死趋势（车轮滑移率超出最佳范围）时，便向电磁线圈通入一个最大电流，柱塞移至上极限位置，此时制动轮缸与主缸的通路被切断而与回油接通，如图 5-55（b），轮缸中制动液经电磁阀流入储液器，轮缸压力下降。与此同时，ECU 驱动电动机工作，带动液压泵将流回储液器的制动液加压后送回制动主缸，为下一制动过程做准备。

（3）保压过程

当 ECU 分析判断出车轮滑移率处于最佳范围时，便向电磁线圈通入一个较小的保持电流,约为最大电流的1/2,柱塞处于中间的"保压"位置,如图5-55(c)。此时,制动轮缸、主缸和储液器相互隔离密封,制动轮缸中保持恒定的制动压力。

(4) 增压过程

当车轮滑移率趋于零时,ECU使电磁阀断电,柱塞又回到上极限位置,制动轮缸与主缸再次相通,使制动轮缸压力增加,如图5-55(d)。

制动时,上述过程反复进行,直到解除制动为止。上述过程的压力调节是脉动式的,其频率约为4~10Hz。

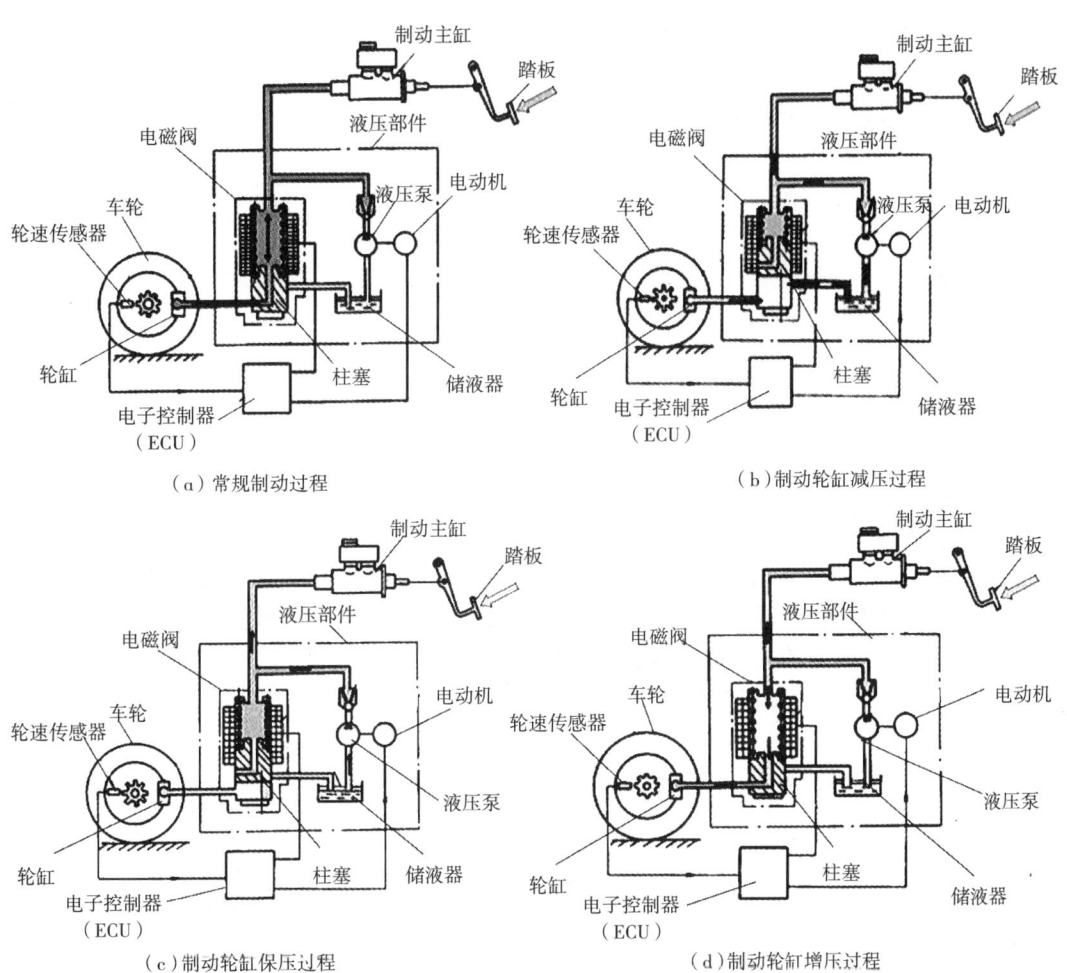

图5-55 ABS工作过程

5.10 制动系统常见故障及检修

汽车的制动性能直接影响着行车安全,制动系统的技术状况决定了制动性能的好坏。在行车过程中发现制动系统有故障或存在隐患,要及时查明原因并排除,以保证行车安全。

5.10.1 真空助力液压制动系统常见故障诊断

1. 制动失效或制动不灵。

现象：踩下制动踏板制动时，车轮制动器没有制动或制动力不足，制动距离过长；制动时，需要比平常早踩制动踏板或增大踏板行程和踏板力，才能取得预期的效果；在紧急制动时，制动距离明显增长，容易出现交通事故。

常见原因：

（1）制动液不足，储液罐内液面太低；制动液内进水或混进其他液体。
（2）制动管路内进入空气，或产生气阻。
（3）总泵与分泵的活塞磨损过多，配合松旷。
（4）皮碗老化，密封不良；以及制动软管老化。
（5）管路有漏油处。
（6）制动器方面的原因。

2. 制动突然失灵。

现象：汽车在行驶中制动突然失灵。

常见原因：

（1）储液罐内无油。
（2）制动踏板与制动主缸突然脱开。
（3）制动系统主缸的皮碗被踩翻，或是油管断裂等。

3. 制动跑偏与制动侧滑。

制动跑偏与制动侧滑既有区别也有联系，区别在于，制动跑偏时虽然行驶方向出现了偏离，但车轮与地面没有横向的相对滑移；联系在于，严重跑偏有时会引起后轴侧滑，易于发生侧滑的汽车往往存在跑偏现象。制动跑偏与制动侧滑对行车安全的影响十分严重，交通事故中有30%以上与制动跑偏或制动侧滑有关。

（1）制动跑偏

现象：汽车在制动过程中自动向左或向右偏离汽车行驶方向。

常见原因：主要是左、右两侧车轮的制动力不等造成的，左、右两侧制动生效和解除的时间不一致，制动力的增减规律不对称，也会造成制动跑偏。具体原因如下：

①左、右两侧车轮制动器的某些参数相差较大，如制动间隙、蹄与鼓（或制动块与制动盘）接触面积、压紧力均匀性、制动鼓内径及回位弹簧弹力等。
②左、右两侧车轮轮胎气压相差过大。
③左、右两侧车轮轮缸活塞与缸筒间隙过大；制动软管老化发软；制动鼓失圆，磨出沟槽；制动盘不平，制动块偏磨；摩擦片有油污，进水；铆钉外露等。
④前、后轴不平行。
⑤车架、车桥变形，转向机构及行驶机构故障等。

（2）制动侧滑

现象：制动时汽车的某一轴或两轴发生横向滑移。高速制动时发生后轴侧滑，会使汽车发生不规则的急剧回转运动而失去控制，引起恶性交通事故。

常见原因：

①汽车制动时，制动器摩擦力矩所产生的地面制动力相差过大。

②车轮上还受到侧向干扰力（侧向风，道路横坡引起的重力的侧向分力，或转向时的离心力等）的作用。

③汽车制动时尤其是车轮抱死后，车轮所能承受的侧向力很小。当制动过程中后轮先于前轮抱死，就容易引起后轴侧滑，特别是在高速制动时，路面越滑、制动距离和时间越长，后轴侧滑越剧烈。

对于普通制动系统，防止侧滑的措施是尽量避免紧急制动，尤其是高速行驶时的紧急制动；部分车型可调整前、后轮制动力的分配，使前轮先于后轮制动可减轻后轮侧滑的危险，消除汽车制动跑偏的故障。

4. 制动"发咬"或拖滞。

现象：汽车在行驶中，不踩制动踏板时即存在制动现象，导致汽车行驶阻力增大。经一段路程的行驶后，制动器温度明显升高，为制动"发咬"。将制动踏板松开后，制动解除时间太长，为制动拖滞。

常见原因：

（1）制动踏板没有自由行程，或者制动踏板回位弹簧脱落、断裂，踏板回位困难。

（2）制动主缸故障，如活塞回位困难或补偿阀堵塞等。

（3）制动轮缸故障，如皮碗胀大、活塞变形甚至粘住等。

（4）制动器故障，如制动间隙过小，回位弹簧过软、折断等。

（5）制动液黏度太大或者太脏，致使流动阻力过大等。

5.10.2 气压制动系统常见故障诊断

1. 制动失效。

现象：踩下制动踏板，车辆不减速，即使连踩几下制动踏板也无明显减速作用。

常见原因：

（1）空气压缩机工作不良，而使储气筒内气压低或无气。可能是空气压缩机皮带过松或折断、空气压缩机排气阀漏气、空气压缩机排气阀弹簧过软或折断、活塞或活塞环漏气。

（2）气管破裂或接头松动。

（3）制动阀膜片或制动气室膜片破裂。

（4）制动踏板自由行程过大。

（5）制动臂蜗杆调整不当，使制动气室推杆伸出过多。

（6）摩擦片与制动鼓间隙过大或摩擦片有油污。

2. 制动不灵。

现象：汽车在减速或停车踩制动踏板时，减速程度明显不足。紧急制动时，不能很快停车，制动时间和距离太长。停车察看时，地面没有轮胎拖擦印迹或拖擦印迹很短。

常见原因：

（1）制动踏板自由行程过大。

(2) 储气筒气压不足。

(3) 制动系统漏气或管路堵塞。

(4) 制动阀调整不当或工作不良。

(5) 车轮制动器调整不当或工作不良。

3. 制动拖滞。

现象：汽车制动后，制动蹄片不能从制动鼓上完全脱开，分离不彻底；汽车行驶阻力大，感到要多加油才能正常行驶；检查制动鼓时会发现制动鼓过热，用手试烫手，用水试蒸发快。

常见原因：

(1) 制动蹄摩擦片与制动鼓之间的间隙过小。

(2) 制动凸轮卡滞不回位，凸轮轴与凸轮轴支承座偏斜，致使制动时受力错位。

(3) 制动蹄支承销（蹄片轴）锈蚀，影响回位。

(4) 制动蹄片复位弹簧变软或折断。

(5) 制动气室推杆调整不当，歪斜发卡，不能回位；泥土堵塞或积雪结冰冻住，回位发滞；制动气室膜片老化变形，单层胶膜破裂、鼓起或制动软管老化，气流阻滞不畅。

(6) 制动踏板自由行程调整不当，制动阀工作不良，致使排气阀排气不畅，排气口堵塞。

(7) 半轴套管与其后桥壳或轮毂轴承配合处磨损，造成松动。

4. 制动跑偏。

现象：汽车行驶中使用制动时，其行驶方向发生偏斜，在紧急制动时，车辆出现推头或甩尾现象，不能沿直线方向停车。

常见原因：

(1) 车轮制动器产生的制动力不均。

(2) 左、右车轮轮胎的花纹、气压不一致。

(3) 前钢板弹簧有断片或弹簧的弹力不均匀。

(4) 前轮前束调整不当或拉杆球头松旷。

(5) 车辆装载不均匀或车架在使用中变形。

5. 制动尖叫声。

现象：当汽车减速和停车工况需要用到制动时，后轮制动器均发出不同程度的尖叫声。尤其是满载时尖叫严重，叫声刺耳，一时找不到发生尖叫声的原因。

常见原因：

(1) 制动鼓尺寸大，容易受到损伤。安装时发生偏斜，或是定位面偏斜；制动时，摩擦蹄片表面与制动鼓内壁接触不均匀，加速了制动鼓的损伤。

(2) 制动蹄片尺寸大，在使用中较易产生变形，容易磨偏、烧损。

(3) 制动摩擦片在使用中磨耗露出铆钉；制动摩擦片局部硬心或空洞或质地不均匀；在多次制动过程中，局部损坏、断裂、剥落。

(4) 制动底板变形，引起制动蹄片安装位置变形。

(5) 车轮轴承间隙调整不当，造成轴承磨损，间隙变大，引起车轮和制动鼓的安装和工作位置偏斜，从而引起非正常磨损。

（6）制动底板上支承销松弛，制动凸轮轴松弛或制动轮缸中的活塞磨损，使制动蹄位置偏斜。

（7）制动气压过高，产生的制动力过大，只要一踩制动踏板，即发生不正常的制动动作，产生不应有的制动噪声。

（8）制动鼓和制动蹄片设计不够合理，使得制动器件的固有振动频率在听阈中的较高频率段，在制动时制动鼓和制动底板以及制动蹄和制动摩擦片等产生共振共鸣，发出刺耳的尖叫声。

思考与练习题

一、判断题

1. 最佳的制动状态是车轮完全被抱死而发生滑移时。（   ）
2. 自增力式车轮制动器在汽车前进和后退时，制动力大小相等。（   ）
3. 液压制动主缸出油阀损坏，会使制动不灵。（   ）
4. 液压制动主缸的补偿孔和通气孔堵塞，会造成制动不灵。（   ）
5. 液压制动最好没有自由行程。（   ）
6. 膜片制动气室的膜片破裂会使制动不灵。（   ）
7. 无论制动鼓是正向还是反向旋转，领从蹄式制动器的前蹄都是领蹄，后蹄都是从蹄。（   ）
8. 只要增大制动管路内的制动压力，就可增大制动器的制动力矩，从而制动力就可随之增大。（   ）

二、选择题

1. 汽车行驶的安全性，在很大程度上取决于汽车制动装置工作的可靠性。下列哪些属于汽车制动系统的功用？（   ）。
   A. 使已停驶的汽车保持不动　　　　B. 使汽车保持正常工作
   C. 让行驶中的汽车减速甚至停车　　D. 让车轮产生行驶阻力
2. 汽车制动系统按其功能的不同可分很多类，其中在制动系统失效后使用的制动系统称为（   ）。
   A. 行车制动系统　　　　　　　　　B. 驻车制动系统
   C. 应急制动系统　　　　　　　　　D. 辅助制动系统
3. 任何制动系统都由供能装置、控制装置、传动装置和制动器四个基本组成部分组成，其中制动踏板机构属于（   ）。
   A. 供能装置　　　　　　　　　　　B. 控制装置
   C. 传动装置　　　　　　　　　　　D. 制动器
4. 任何制动系统都由供能装置、控制装置、传动装置和制动器四个基本组成部分组成，其中制动主缸和制动轮缸属于（   ）。

A. 供能装置 B. 控制装置
C. 传动装置 D. 制动器

5. 制动器的旋转元件固装在传动轴上，制动力矩需经过驱动桥再分配到两侧车轮上的制动器称为（　　）。
   A. 盘式制动器 B. 鼓式制动器
   C. 领从蹄式制动器 D. 中央制动器

6. 鼓式制动器是利用制动蹄片挤压制动鼓来获得制动力，按驱动制动蹄张开装置的形式不同，鼓式制动器可分为（　　）。
   A. 轮缸式制动器 B. 凸轮式制动器
   C. 领蹄式制动器 D. 从蹄式制动器

7. 制动器在不工作时，其摩擦片与制动鼓或制动钳之间应保持合适间隙，如果制动间隙（　　），就不易保证彻底解除制动，会造成摩擦副的拖磨。
   A. 过小 B. 过大
   C. 正常 D. 第二种和第三种情况

8. 为了提高汽车制动的可靠性和行车安全性，现代汽车广泛采用的是（　　）制动传动装置。
   A. 单回路 B. 双回路
   C. 三回路 D. 四回路

9. 汽车制动时，制动力的大小取决于（　　）。
   A. 汽车的载质量 B. 制动力矩
   C. 车速 D. 轮胎与地面的附着条件

10. 我国国家标准规定任何一辆汽车都必须具有（　　）。
    A. 行车制动系统 B. 驻车制动系统
    C. 第二制动系统 D. 辅助制动系统

11. 汽车制动时，当车轮制动力 F_B 等于车轮与地面之间的附着力 F_A 时，则车轮（　　）。
    A. 做纯滚动 B. 做纯滑移
    C. 边滚边滑 D. 不动

12. 在汽车制动过程中，当车轮抱死滑移时，路面对车轮的侧向力（　　）。
    A. 大于0 B. 小于0
    C. 等于0 D. 不一定

三、简述题

1. 制动系统的功能有哪些？它由哪些装置组成？
2. 鼓式制动器有几种形式？说明各种结构的特点及其应用。
3. 常见的盘式制动器有几种形式？各具有什么特点？
4. 鼓式制动器与盘式制动器相比，各具有哪些优缺点？
5. 液压制动系统具有哪些典型部件？各部件有何作用？
6. 简述制动器制动力、地面附着力和地面制动力三者之间的关系。
7. ABS（制动防抱死系统）有何作用？它主要由哪几部分组成？它是如何工作的？

项目6　汽车运用与维修1+X（底盘部分）职业技能基础

知识目标

1. 了解汽车零部件常见的材料及特点；
2. 熟悉燃料的标号、性能及选用；
3. 熟悉润滑油、润滑脂的规格和性能；
4. 熟悉汽车各种工作液的性能和使用；
5. 了解汽车零部件的分类；
6. 熟悉常见的汽车维修工量器具和检测仪器设备；
7. 了解汽车技术状况基础知识。

技能目标

1. 掌握常见的汽车零部件使用材料和特点；
2. 掌握汽车燃料的标号和使用性能；
3. 掌握汽车各种润滑油、润滑脂的规格和使用性能；
4. 掌握汽车工作液的规格和使用性能；
5. 能够熟练使用汽车维修工具、量具和设备仪器；
6. 基本掌握汽车悬架、车轮定位、转向系统、制动系统和传动系统等的检测维修技能。

6.1　汽车零部件材料及应用

汽车大致由1万多个零件组成，使用了各种各样的材料，包括：金属、塑料、纤维、复合材料、橡胶、摩擦材料和玻璃等各种材料，其中金属材料占大多数。

6.1.1　钢铁材料

1. 钢板及钢材。

汽车用钢板及钢材主要包括：

（1）高强度钢板

高强度钢板具有强度高，延展性、韧性等好的力学性能，可减轻汽车重量和提高汽车的结构安全性。它主要用于汽车的外覆盖件、结构件和悬挂装置等。

汽车的发动机盖、车顶盖、车门外板、车架纵梁、车身底板、前后悬架和车门防撞梁等多用高强度钢板制造,如图6-1所示。

图6-1 车用高强度钢板

(2) 防锈钢板

汽车用钢板经过镀锌、镀锡、镀铝等表面处理,可防止汽车受到腐蚀损坏。汽车的外板、消声器、排气管、加强肋和托架类零件等可采用防锈钢板。

(3) 机械结构用钢

机械结构用钢主要包括调质结构钢、表面硬化结构钢、冷塑性成型用钢、弹簧钢等机械结构用的合金钢和非合金钢。承受高动载荷的重要安全零件均应采用机械结构用钢,包括碳钢、硼钢、锰钢、铬钢、锰铬钢、铬钼钢、镍铬钼钢等。其能有效提高车辆的碰撞性能,使车身轻量化。成型性好的机械结构用钢可用于制造形状复杂和尺寸精度高的零件。汽车的车顶纵梁、A柱、B柱等安全结构件应采用机械结构用钢,如图6-2所示。

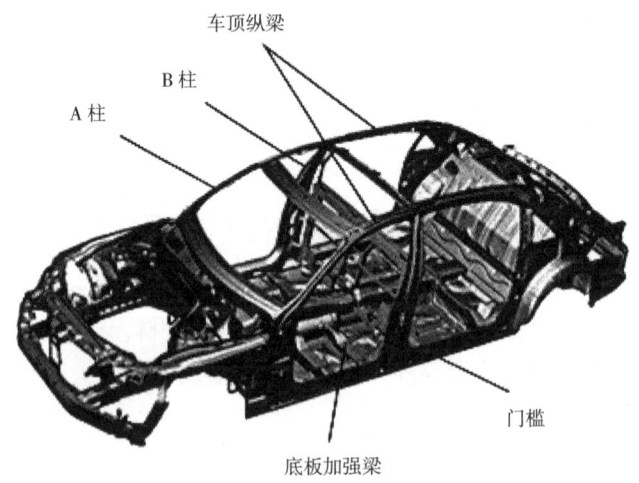

图6-2 机械结构用钢

(4) 耐热钢、耐热合金

耐热材料主要用于发动机燃烧室的高温部位(柴油机的预燃室等)、排气系统、涡轮增压器、发动机的气门及气门座等零部件。

(5) 钢管

钢管用来替代棒材、型材等实心断面钢材，可减轻车身重量、增加强度和提高使用安全性。汽车的传动轴、后桥车轴、凸轮轴、横向稳定杆、扭力杆等可采用钢管制造。采用镀铝钢管和不锈钢管的排气管可满足耐高温的要求。

(6) 复合钢板、钢管

复合钢板、钢管是钢材与塑料等非金属材料黏结的叠层材料，具有重量轻、强度高、刚度好的特点，以及可达到耐蚀、减振、隔声和轻量化目的。发动机的油底壳、气缸盖罩等零部件及驾驶室地板等采用减振复合钢板，可有效降低车辆的噪声，如图6-3所示。

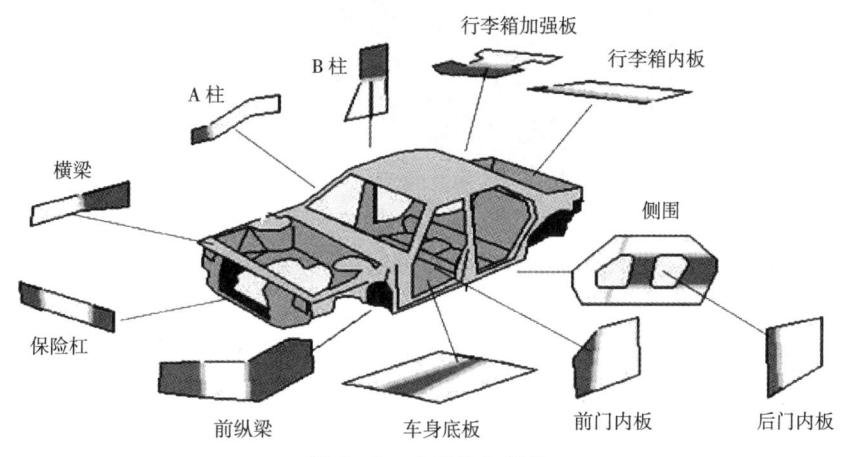

图6-3 车用复合钢板

2. 铸铁。

铸铁属于成本较低的材料。通常用普通铸铁（灰口铁）来铸造发动机的缸体；球墨铸铁用来制造曲轴、气门摇臂、差速器壳、转向器、齿轮箱、轮毂等对韧性要求较高的零件；合金铸铁用来制造凸轮轴、气门挺杆等耐磨的零件；奥贝球铁用来制造曲轴、凸轮轴、连杆和支座托架等强韧性要求比较高的零件。

3. 烧结合金。

烧结合金，也称为粉末冶金，是以金属合金粉末为原料，经压制、烧结而制成的合金材料。其特点是质量轻，能做成各种复杂的形状，在汽车上主要用于各种形状复杂的零件和摩擦零件材料等。

汽车常见的烧结合金零件有：连杆、活塞、皮带轮、水泵叶轮、正时齿轮、起动机齿轮、气门导管、气门座、离合器摩擦片、制动摩擦衬垫、同步器零件等。

6.1.2 轻金属材料

替代钢材的轻量化材料主要是铝、镁、钛等轻金属。其中，铝在汽车上使用较为广泛。

1. 铝及其合金。

铝最适合于作为不产生高应力的毂状结构件的轻量化代用材料，以铝代钢可减轻重量的50%。铝表面自然形成的氧化膜有优良的耐蚀性，不易生锈，易保持美观的表面。铝合金可用于车轮、活塞、气缸盖、气缸体等零件以及必须要散热的热交换器零件上,如图6-4所示。

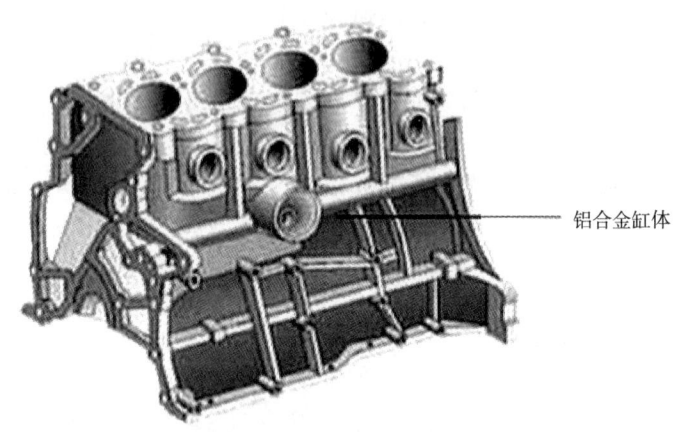

图6-4 铝合金缸体

2. 镁及镁合金。

镁在实用金属中是最轻的,机械加工性比铝好,延展性好,但耐蚀性比铝的差、成本高。镁合金压铸件适合做汽车仪表板、汽车座椅骨架、变速箱壳体、方向盘操纵机构部件、发动机零部件、车门框架、轮毂、离合器壳体和车身支架等。镁合金的凸轮轴盖与铝的相比,可降低重量和噪声。

3. 钛及钛合金。

钛的耐蚀性比不锈钢好,密度只是铁的1/2,韧性与钢铁相当。钛合金可提高零件的高温强度、加工性、焊接和耐蚀性。钛合金连杆、钛合金气门,比钢制的连杆、气门轻30%~40%,可提高极限转速20%。钛合金排气门提高了高温强度。钛合金弹簧具有体积小、重量轻、耐腐蚀性优良和抗疲劳等优点,可用作气门弹簧和悬架弹簧。

6.1.3 新型金属

新型金属材料具有某些特殊物理性能,在汽车上的应用越来越受到重视。

1. 非晶态合金。

非晶态合金是指物质从液态(或气态)急速冷却时,因来不及结晶而在室温或低温保留液态(或气态)原子无序排列的凝聚状态的固态金属,具有独特的物理性能。用非晶态合金制成的轮胎帘线的抗拉强度是碳钢帘线的5倍,可实现轻量化。此外,非晶态合金具有特别高的耐蚀性,可用于汽车外部的弹簧及传感元件。非晶态合金能产生极低的铁损,常用于制造高效率的电动机和发电机。

2. 形状记忆合金。

形状记忆合金主要用于传感器和控制器的促动元件。形状记忆合金弹簧既是传感元件又是执行元件,发动机冷却系统中的节温器使用了记忆合金弹簧,如图6-5所示。

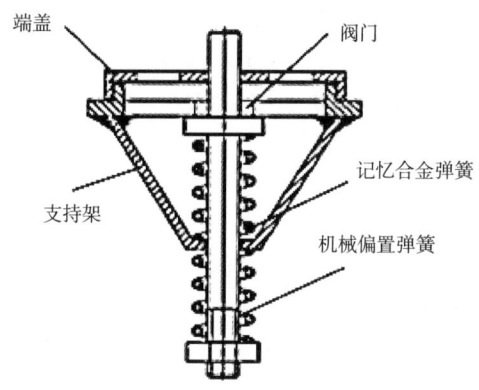

图 6-5　记忆合金节温器结构

3. 热发电元件。

利用两种不同电导体或半导体之间温度差异引起的两种物质间电压差的热电现象，将一端加热，在冷端即可产生电压。利用这一原理，从热能直接获取电能，这就是热发电元件，如图 6-6 所示。对于汽车的排气热，如能利用高效率的热发电元件回收电能，作为辅助电源是大有用途的。

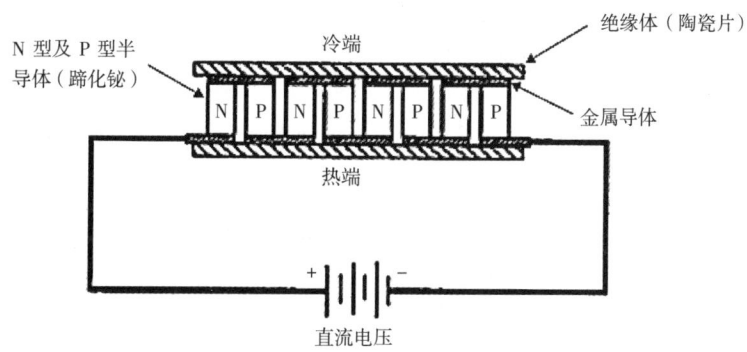

图 6-6　热发电工作原理

4. 减振合金。

减振合金是利用合金内部所具有的大的内耗值，对机械或装置等的振动及噪声起控制作用，从而达到减振降噪、延长机件寿命的目的。减振合金广泛应用于各种机座、框架、高速箱体，各类齿轮、螺钉及垫片等，汽车发动机和传动系统产生的振动，可采用衰减能高的减振合金零部件加以防止。

5. 粉末金属。

粉末金属的性能优越、相对成本比较低，并且可以在原材料中加入合金元素，增强产品的性能。发动机的进、排气门座，汽车雨刮器用的含油轴承，汽车车门的轴套等采用粉末金属制造可提高耐磨性能。

6. 弥散粒子型强化合金。

使氧化物、氮化物、碳化物等在高温下稳定的陶瓷微粒子均匀地分散在金属中，利用其阻止位错在金属晶体中的运动以提高强度，特别是高温强度的这种合金被称作弥散粒子型强化合金。其在塑性和韧性下降不大的情况下,可显著提高合金强度和硬度。汽车上空调压缩机的转子和叶片、车轮的轮毂、底盘零件(如上摆臂、下摆臂、横梁和制动器卡钳)等强度要求高的零件可用弥散强化铝合金制造。

6.1.4 塑料

塑料是以石油、天然气、煤等为基础原料通过复杂化学反应生成的高分子材料,可分为热塑性塑料和热固性塑料两大类。

1. 热塑性塑料。

热塑性塑料是在成形前高分子状态,将其加热到软化点流动成形的材料,其冷却变硬的过程是物理变化。其中 ABS 塑料用于制造散热器格栅、仪表板装饰等;聚丙烯(PP)用来制造保险杠;聚乙烯(PE)用来制造挡泥帘、后车门、门内板等。

2. 热固性塑料。

热固性塑料是指在受热或其他条件下能固化或具有不溶(熔)特性的塑料,其第一次加热时可以软化流动,加热到一定温度,产生化学反应而变硬,这种变化是不可逆的。热固性塑料具有较好的机械强度、较高的使用温度和较佳的尺寸稳定性。其中聚氨酯(PUR)可用于汽车的保险杠、阻流板等;不饱和聚酯(UP)可用于汽车的侧挡泥板、阻流板等。许多热固性塑料也属于工程塑料。

3. 工程塑料。

工程塑料是一个特定的名称,是用于工业零件或外壳材料的工业用塑料,其强度、耐冲击性、耐热性、硬度及抗老化性均优,比通用塑料(PE、PP、PVC、ABS 等热塑性塑料)的强度与耐热性优异,可在某些零部件上代替金属材料。工程塑料广泛用在汽车的仪表板、门板、方向盘、保险杠、灯罩、挡泥板、散热器格栅、前照灯透镜、门控开关按钮、冷却风扇、蓄电池外壳、滤清器、油管和燃油箱等零部件上,如图 6-7 所示。

图 6-7 工程塑料在汽车上的应用

6.1.5 汽车用其他材料

1. 黏接剂。

随着轻质金属、复合材料和塑料在汽车上的广泛应用，黏接剂成为汽车制造和修理过程所必需的重要辅助材料。采用黏接技术可以提高汽车驾乘的舒适性、降噪、减振、减轻重量、降低能耗、简化工艺和提高产品质量，达到其他连接方法难以达到的效果。

汽车的内饰件材料多为非金属材料，大多采用非结构型黏接剂进行黏接密封。主要用常温固化黏接剂，分为顶篷黏接剂、车门密封条固定用胶等种类，用于黏接挡风玻璃密封条、皮革顶篷、行李箱盖密封带、车门玻璃密封带、翼子板和车顶消声衬垫等。

结构型黏接剂能将金属和塑料很牢固地连接，并具有密封作用。配合防锈剂使用可防止接合部位生锈。结构型黏接剂可用于制动器摩擦片、离合器摩擦片、电机磁铁等零部件的牢固连接。

2. 涂料。

汽车涂料用来涂装在车辆的车身及零部件上，一般指新车的涂料及辅助材料和车辆修补用涂料。涂料可分为装饰涂料、防腐涂料、导电涂料、防锈涂料、耐高温涂料、示温涂料、隔热涂料、防火涂料、防水涂料和隔音减振涂料等。

3. 纤维材料。

车用纤维材料以合成纤维为主，包括涤纶纤维、腈纶纤维、锦纶纤维和丙纶纤维等。90%以上车用装饰织物为涤纶纤维。其优点是耐磨性好，抗撕裂强度高，耐霉变，抗紫外线能力、回弹性和抗折皱性较好；缺点是吸湿性和舒适性较低。汽车内装饰纺织材料也采用天然纤维，主要是羊毛混纺面料，具有良好的热湿舒适性和抗静电能力，一般用在高档车上。

由于汽车的使用环境、使用特点及安全方面的限制，汽车用纺织品要求有耐磨性、耐光性、阻燃性、抗雾化和拒水、拒油等性能。此外，汽车内饰织物还应具有良好的染色牢度、导热、透气、透湿等其他性能。

4. 复合材料。

复合材料是由两种或两种以上化学本质不同的组分经人工合成的，为多相结构，一类组成相为基体，起黏接作用，另一类组成相为增强相。复合材料具有质量轻、强度高、刚度好的特点。常见的汽车用复合材料主要有玻纤—树脂类复合材料（玻璃钢）、碳纤维复合材料和金属基复合材料等。轮胎、雨刮条、内饰件、挡风玻璃、车顶、车门、保险杠、翼子板、轮毂、传动轴、气缸体、轴承、制动摩擦片等均可采用不同类型的复合材料制造，使车身和底盘的重量减轻。

5. 精细陶瓷。

陶瓷是汽车使用得越来越多的新材料之一。精细陶瓷也称为高性能陶瓷和高技术陶瓷，分为工程陶瓷和功能陶瓷两大类。利用陶瓷高硬度、高熔点、耐磨损、耐腐蚀性能的工程陶瓷，又称为结构陶瓷，而利用陶瓷的光、声、电、热、磁等物理特性的功能陶瓷，又称为电子陶瓷。

结构陶瓷用来替代耐热合金能大幅度地提高热机效率、降低能耗、节约贵重金属、达到轻量化效果。如涡轮增压器中采用新型陶瓷的涡轮具有优异的耐热性，且重量轻，可以补偿金属涡轮动态响应低的缺点。采用新型陶瓷的活塞销和活塞环等运动部件，由于重量的减轻，发动机效率可得到较好的提高。

功能陶瓷主要用于陶瓷传感器，如温度传感器、位置传感器、速度传感器等。其适用于汽车特有的恶劣环境（高温、低温、振动、加速、潮湿、噪声、废气），并具有小型轻量、重复使用性好、输出范围广等特点。

6. 橡胶、摩擦材料和玻璃。

橡胶件在汽车上的用处很广泛，主要有汽车橡胶管，如散热器管、空调管、水箱管、汽油管等；汽车橡胶密封件，如汽车前车门、车窗和前挡风玻璃等部位的各种密封、防水衬条；汽车减振橡胶制品，如轮胎、内胎、隔震块、底盘悬挂衬套和橡胶防尘罩等。

汽车用摩擦材料主要用于制动摩擦片、离合器摩擦片及手制动摩擦片等，要求具有耐磨损性、摩擦系数大和优良的隔热性能，是汽车消耗性较大的一类材料。主要使用无石棉摩擦材料，有半金属摩擦材料、无石棉有机（NAO）摩擦材料、粉末冶金摩擦材料和碳纤维摩擦材料等。

关于玻璃，汽车上使用的主要是窗玻璃，对透明性（要求透视的影像不产生变形）、耐候性（气温变化不会引起品质的改变）、机械强度（对一定的冲击或变曲、风压要有足够的强度）等有较高的要求。前挡风玻璃还特别要求有很高的安全性（保证视野和冲撞时不会伤害乘客）。汽车用安全玻璃，主要有钢化玻璃、区域钢化玻璃和夹层玻璃。钢化玻璃是指将普通玻璃淬火，使内部组织形成一定的内应力，从而使玻璃的强度得到加强，在受到冲击破碎时，玻璃会分裂成带钝边的小碎块，对乘员不易造成伤害；而区域钢化玻璃是钢化玻璃的一种新品种，它经过特殊处理，能够在受到冲击破裂时，其裂纹仍可以保持一定的清晰度，保证驾驶者的视野区域不受影响；夹层玻璃是用一种透明的可黏合性塑料膜贴在二层或三层玻璃之间，将塑料的强韧性和玻璃的坚硬性结合在一起，增加了玻璃的抗破碎能力，乘客头部在二次冲撞玻璃时，有不使其穿透的抗力，可以避免面部裂伤和失明的损伤，如图6-8所示。目前汽车前挡风玻璃以夹层钢化玻璃和夹层区域钢化玻璃为主，能承受较强的冲击力。

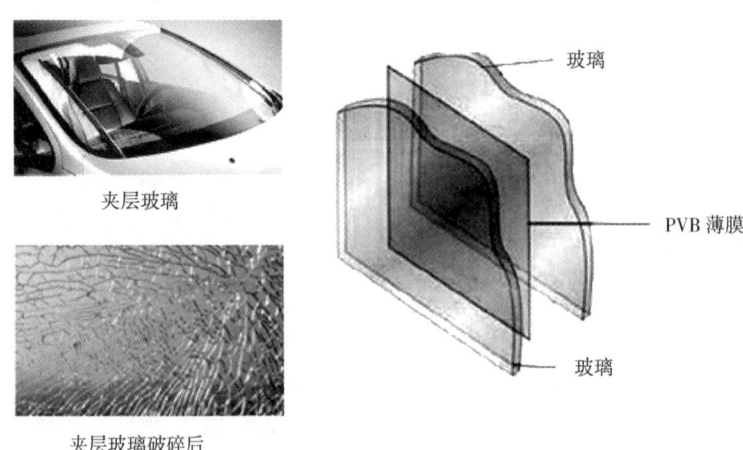

图6-8 汽车前挡风玻璃

6.2 汽车燃料的标号、性能及应用

汽车所使用的燃料主要有常规燃料,汽油和柴油;代用燃料,天然气、液化石油气、甲醇、乙醇、生物质燃料、氢气以及二甲基醚等。

6.2.1 汽油及其使用性能

汽油是汽油机的燃料。汽油使用性能的指标主要有抗爆性、蒸发性、热值、氧化安定性、腐蚀性、清净性以及化学组分。抗爆性是指在各种使用条件下抗爆震燃烧的能力,用辛烷值表示,辛烷值越高,抗爆性越好。汽油能否在进气系统形成良好的可燃混合气,汽油的蒸发性是主要因素,它对于发动机的冷起动、瞬态工况和燃油蒸发排放都有较大影响。另外,电喷车用的汽油还应加清净分散剂,防止喷油器、气门和燃烧室等处形成积炭,国外标准引入喷油器清洁度、气门清洁度表示汽油的清净性。

我国国家标准 GB 17930—2016《车用汽油》中采用研究法辛烷值(RON)来划分车用汽油牌号,按辛烷值从低到高将其划分为 89 号、92 号、95 号和 98 号四个牌号。应根据发动机压缩比的不同来选择不同标号的汽油,如图 6-9 所示。压缩比在 8.5~9.5 之间的中档轿车一般应使用 92 号汽油,压缩比大于 9.5 的轿车应使用 95 号汽油。

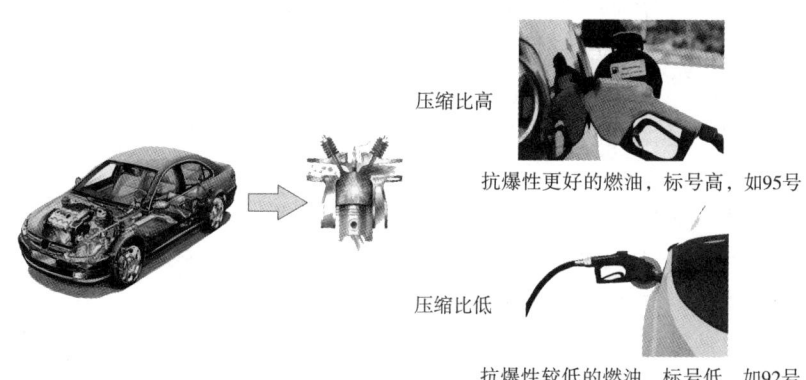

图 6-9 汽油的选择

6.2.2 柴油及其使用性能

柴油机的压缩比高,热效率高,燃油消耗率低。柴油机的燃料分为轻柴油和重柴油两类。一般加油站所销售的柴油均为轻柴油。在我国国家标准 GB 19147—2016《车用柴油》中,车用柴油按凝点分为 5 号、0 号、-10 号、-20 号、-35 号和 -50 号六个牌号。选用柴油时,应该根据当时当地的气温来确定,要求柴油的凝点低于气温 5℃以上。

轻柴油的使用性能指标主要包括发火性、蒸发性、低温流动性和含硫量等。发火性是指燃油的自燃能力,以十六烷值来表示,这是判断柴油着火难易的一个重要指标。十六烷

值越高，发火性越好。为了保证高速柴油机的正常运转，轻柴油还应具有良好的蒸发性。柴油的其他性能指标包括低温流动性、黏度、含硫量、机械杂质和水分等。

6.2.3 代用燃料

代用燃料是指替代常规传统汽车使用的汽油或柴油的燃料，主要包括天然气、液化石油气、甲醇、乙醇、生物质燃料、氢气以及二甲基醚等。其中醇类（甲醇和乙醇）、液化石油气（LPG）和压缩天然气（CNG）使用最为广泛，主要用来解决使用汽油和柴油造成的环境污染问题。

6.3 润滑油、润滑脂的性能及应用

润滑油和润滑脂是用在各种类型汽车、机械设备上以减少摩擦、保护机械及加工件的液体或半固体润滑剂，主要起润滑、辅助冷却、防锈、清洁、密封和缓冲等作用。

润滑油一般由基础油和添加剂两部分组成。基础油是润滑油的主要成分，决定着润滑油的基本性质；添加剂用于改善基础油的性能，赋予其某些新的性能。润滑油中基础油主要分矿物基础油和合成基础油。合成基础油抵抗外力的能力强，热稳定性、抗氧化性、黏温特性、抗剪切能力等都比矿物基础油强。

润滑油按用途主要分为：发动机润滑油、车辆齿轮油、汽车自动传动液、汽车刹车油、汽车防冻液、汽车润滑脂、汽车空调器油和液压油。

6.3.1 发动机润滑油

发动机润滑油，又称机油，其主要作用在于：润滑发动机曲轴、连杆、活塞环与缸套、凸轮与挺杆等摩擦部位；密封活塞环与缸套、活塞环与环槽之间的间隙；冷却和清洗发动机部件；以及减轻发动机部件的腐蚀和锈蚀。

发动机润滑油常见的分级标准有 SAE（Society of Automotive Engineers，美国机动车工程师学会）、API（American Petroleum Institute，美国石油学会）和 ACEA（Association des Constructeurs Europeans，欧洲汽车制造协会）分级标准。

1. SAE 分级标准。

市面上常见的机油都采用 SAE 标准对其黏度进行了分级。在机油的罐身上都会印有相应的机油黏度数值，如 0W30，0W30 中 W 前的 0 表示的是机油的低温黏度等级为等级 0，W 后的 30 表示的是机油的高温黏度等级为等级 30。

2. API 分级标准。

API 将汽车发动机润滑油分为 S-汽油机油，C-柴油机油。汽油机油从 SA 级至 SN 级，其中 SN 为最高级，机油品质最好。全合成机油的等级一般为 SM 或 SN，半合成机油的等级一般为 SL 或 SM，矿物油的等级一般为 SJ。满足 SN 等级要求的机油必定满足 SJ、SL、SM 的等级要求，依此类推。

3. ACEA 分级标准。

鉴于越来越多的乘用车采用汽油直喷（GDI）发动机或涡轮增压汽油直喷发动机（TGDI），针对新式发动机的常见问题，在 ACEA 2016 分级标准中，包含可用于评估润滑油控制黑油泥、涡轮增压器和活塞沉积物能力的新测试。

汽油和轻型柴油（低 SAPS）发动机用的油品分三个级数：ACEA A3/B3 – 16、A3/B4 – 16 和 A5/B5 – 16；带有后处理系统的汽油和轻型柴油发动机装置的油品（高 SAPS）分五个级数：ACEA C1 – 16、C2 – 16、C3 – 16、C4 – 16 和 C5 – 16；重型柴油机油分四个级数：ACEA E4 – 16、E6 – 16、E7 – 16 和 E9 – 16。其中 SAPS 指硫酸盐灰分，与排放有关，灰分高了就会影响 DPF/GPF（颗粒捕捉器）的寿命。

4. 机油的性能参数与选用。

通常采用四个重要的性能参数来评估和选用机油：

（1）倾点

国际上通用倾点来衡量润滑油的低温流动性，同一油品的倾点比凝点略高几度。倾点或凝点偏高，油品的低温流动性就差。

可根据油品倾点的高低评估某些油品的低温使用性能。SAE 规定了 0W 机油、5W 机油、10W 机油、15W 机油、20W 机油分别在 – 35℃、– 30℃、– 15℃、– 10℃、– 5℃下的表观黏度值范围。W 前的数字越小，表示这种机油的低温流动性越好。建议偏冷地区选择倾点比冬季最低温度低 10℃左右的机油。

（2）高温黏度

高温黏度等级是根据机油 100℃动态黏度数值来标定的。它表示在发动机暖机工况（一般为 100℃左右）下机油的黏度。高温黏度等级越高，发动机暖机工作时机油的黏度越大。机油 100℃动态黏度低些能降低油耗并减少发动机噪音，100℃动态黏度高些对于发动机在超高速运转时有更好的保护。一般根据厂商在说明书上标出的保养数据选择高温黏度参数。

（3）总碱值（TBN）

总碱值指在规定的条件下滴定时，中和 1g 试样中全部碱性组分所需高氯酸的量，以当量氢氧化钾的毫克数表示，称为润滑油或添加剂的总碱值。总碱值是测定润滑油中有效添加剂成分的一个指标，表示内燃机油的清净性与中和能力。

（4）高温高剪切黏度（HTHS）

高温高剪切黏度是指机油在高温、高剪切下黏度稳定性的指标，也反映了机油在高温、高剪切条件下的润滑保持能力，即保持油膜强度的能力。经常性高转速行驶的车辆对 HTHS 的要求就要提高，建议用 HTHS≥3.5 的机油。涡轮增压、大排量轿车或者 SUV，这类发动机的特点为转速快、发动机温度高，需配合使用 HTHS≥3.5 及黏度指数高的全合成机油。

6.3.2 车辆齿轮油

齿轮油又名传动润滑油，主要用于润滑汽车传动系统中的变速器、减速器和差速器的各种齿轮，齿轮油的黏度较润滑油大。

按不同齿轮齿形对齿轮油的要求不同,齿轮油一般分为普通齿轮油和双曲线齿轮油。按齿轮油的质量水平,我国将齿轮油分为普通车辆齿轮油(GL-3)、中负荷车辆齿轮油(GL-4)、重负荷车辆齿轮油(GL-5)三级,分别与美国石油学会的 API GL-3、API GL-4、API GL-5 级油质量相当。

1. 普通车辆齿轮油(GL-3)。

普通车辆齿轮油(GL-3)是以石油润滑油、合成润滑油及石油润滑油和合成润滑油混合组分为原料,并加入抗氧剂、防锈剂、抗泡剂和少量极压剂等制成的,按黏度分为 80W/90、85W/90 和 90 标号。它适用于中等速度和负荷比较苛刻的手动变速器和螺旋锥齿轮驱动桥。

2. 中负荷车辆齿轮油(GL-4)。

中负荷车辆齿轮油(GL-4),以精制矿油加抗氧剂、防锈剂、抗泡剂和极压剂等制成,按黏度分为 75W、80W/90、85W/90、90、85W/40 等标号。它适用于在低速高扭矩、高速低扭矩下工作的齿轮,以及使用条件不太苛刻的准双曲线齿轮的驱动桥。

3. 重负荷车辆齿轮油(GL-5)。

重负荷车辆齿轮油(GL-5),以精制矿油加抗氧剂、防锈剂、抗泡剂和极压剂等制成,按黏度分为 75W、80W/90、90、85W/140、85W/90 等标号。它适用于在高速冲击负荷、高速低扭矩和低速高扭矩下工作的各种齿轮,特别是轿车和其他各种车辆的准双曲面齿轮。

6.3.3 润滑脂

1. 润滑脂的类型。

润滑脂是由基础油、增稠剂和添加剂调制而成的半固态的润滑剂。根据汽车的使用部位可分为:汽车轮毂轴承脂、汽车底盘脂和等速万向节脂等几类。

(1)汽车轮毂轴承脂

汽车轮毂轴承使用的润滑脂品种主要有:汽车通用锂基脂、多效能锂基脂(MP 脂)、重负荷高效脂(HP 脂)和重载车辆轮毂轴承脂。

(2)汽车底盘脂

底盘处在汽车最底部,是最容易受到外界影响的部位,水、泥土、杂质都容易对底盘造成损害,因此,底盘对润滑脂的密封性和保护性要求更高。汽车底盘用润滑脂主要有钙基脂、极压锂基脂、无水钙基脂、MP 脂和 HP 脂,其中有部分润滑脂与轮毂轴承脂通用。

(3)等速万向节脂

等速万向节能使两轴以相同的速度传递动力,因此在汽车中被广泛使用。常用的等速万向节脂主要有万向节润滑脂、内(外)球笼润滑脂、KL 内球和外球笼脂等品种。

(4)其他车用润滑脂

其他车用润滑脂还包括汽车天窗轨道的 TC 润滑脂、门把手和镀铬辐条的 KLF 专用润滑脂、电力系统的 801 电力脂等。

2. 润滑脂的选用。

根据汽车用润滑脂部位的工作条件,要求润滑脂具有适当的稠度、良好的耐热性、抗水性、抗磨性、防锈性、防腐性和胶体安定性等。

例如十字轴万向节传动装置，由于该连接部位零件较小，承载力大、转动频率高且同时具有径向力，条件苛刻，要求润滑脂具有极好的抗磨性和极压性、良好的高低温性能、优异的抗水性能、较好的黏附性、对密封圈有很好的相容性。

根据润滑部位的工作环境及温度不同，汽车底盘用润滑脂可选择钙基润滑脂、汽车通用锂基润滑脂、复合锂基润滑脂、聚脲润滑脂等产品。

6.4 汽车常用工作液的性能及应用

6.4.1 汽车用制动液

制动液又称刹车油，是液压制动系统中传递制动压力的液态介质，制动总泵输出的压力通过制动液直接传递至分泵之中。制动液质量的优劣直接关系到刹车的可靠程度和行车的安全性。

我国现行的国家标准 GB 12981—2012《机动车辆制动液》为强制性标准，制动液的性能应满足：黏温性好、凝固点低和低温流动性好；沸点高、高温下不产生气阻；使用过程中品质变化小，并不会引起金属件和橡胶件的腐蚀和变质等要求。并且应在高温、严寒、高速、湿热等工况条件下能够保证灵活传递制动力，能够有效润滑刹车系统的运动部件，延长制动分泵和皮碗的使用寿命。

常用的进口制动液有 DOT3、DOT4 两种。DOT 是美国汽车安全标准规定标称，其数字越大，级别越高。DOT4 比 DOT3 更耐高温。

国产制动液依据其平衡回流沸点，可分为 JG0、JG1、JG2、JG3、JG4、JG5 等六个质量等级。数字越大平衡回流沸点越高，高温抗气阻性越好，行车制动安全性越高。

正常情况下刹车油的更换周期为 2～3 年（4 万～6 万千米），在实际使用中要根据使用环境和保养手册建议信息进行定期检查，查看刹车油是否发生氧化、变质等。

6.4.2 冷却防冻液

冷却防冻液又称冷却液，由水、防冻剂、添加剂三部分组成，防冻剂可以防止在寒冷冬季停车时冷却液结冰而胀裂散热器和冻坏发动机气缸体或盖。冷却防冻液具有冬天防冻、夏天防沸、全年防水垢、防腐蚀等性能。因此冷却防冻液全年都要使用。

国内外发动机所使用的冷却液绝大多数为乙二醇型冷却液。这种冷却液是用乙二醇作为防冻剂，添加少量抗泡沫、防腐蚀等综合添加剂配制而成的。由于乙二醇易溶于水，可以任意配成有着各种冰点的冷却液，其最低冰点可达 -68℃，并且沸点高，通常超过 105℃都不会沸腾。同时，这种冷却液泡沫倾向低、黏温性能好，具有防腐和防垢等特点，是一种较为理想的冷却液。

使用冷却液时，其冰点要低于环境最低温度 10℃ 左右。

6.4.3 液力传动油

液力传动油又称自动变速器油(ATF)或自动传动油,用于由液力变矩器和机械变速器构成的车辆自动变速器中作为工作介质,借助液体的动能发挥传递动力的作用。

国外液力传动油的分类用的是 ASTM(美国材料试验学会)和 API 的使用分类方案,将液力传动油划分为 PTF-1、PTF-2、PTF-3 等三类。我国按 100℃时的运动黏度将液力传动油分为 6 号和 8 号两种。

6 号液力传动油:其性能接近 PTF-2 级油,比 8 号液力传动油具有更好的抗磨性,但黏温性稍差。它主要用于内燃机车、重负荷货车、履带车、越野车等大型车辆液力变矩器和液力耦合器,还可用于工程机械的液力传动系统。

8 号液力传动油:具有良好的黏温性、抗磨性和较低的摩擦系数,它接近 PTF-1 级油,主要用于各种小轿车、轻型卡车的液力自动传动系统。

液力传动油应根据不同车型和厂家的指导来进行选择,不可以将不同品牌、不同厂家及不同质量的液力传动油混合使用。

6.4.4 动力转向传动液和减振器液压油

1. 动力转向传动液。

动力转向传动液是汽车助力转向泵里面用的一种特殊液体。通过液压作用,其可以使方向盘的操纵变得轻巧,与自动变速器油液、制动油液以及减振器油液类似。

通常用作动力转向传动液的润滑油品种包括:ATF 自动传动液或合成液力传动油、6 号或 8 号液力传动油和多级发动机油。新型或高档车型多选用液力传动油或合成液力传动油。不同车型的动力转向系统的精密程度和使用要求有所差异,一般应根据汽车厂商的车辆保养手册中液压油的选择和换油周期规定进行选择。

2. 减振器油。

减振器油是汽车减振器的工作介质。其主要作用是将振动能转变为热能,起到减振或阻尼的效果。减振器油的性质须安定,不含杂质和水分,并要有适当的黏度和良好的低温流动性。

减振器油一般用深度精制的矿物油作为基础油料,再加入油性剂等功能添加剂调制而成,具有优良的抗剪切稳定性、低温性能、抗磨性和低蒸发性等性能,而且与橡胶等密封件有较好的配伍性。

6.4.5 制冷剂

制冷剂是在制冷系统中不断循环并通过其本身的状态变化以实现制冷的工作物质。制冷剂在蒸发器内吸收被冷却介质(水或空气等)的热量而汽化,在冷凝器中将热量传递给周围空气或水而冷凝。

车用制冷剂属于中温(中压)制冷剂,有 R134a、R404a 等。制冷剂 R134a 的标准蒸发温度为-26.5℃,凝固点为-101℃,属中温制冷剂。无色、无味、无毒、不易燃、不爆炸、无刺激性、无腐蚀性。对大气臭氧层无破坏作用,传热性能好,因此制冷剂的用量可大大减少,但仍会产生一定的温室效应。制冷剂R404a适用于低温冷藏车。

6.5 汽车零配件的分类及应用

6.5.1 汽车零配件分类

汽车零件是指汽车最基本的组成部分,是一个不可拆卸的整体。而构成汽车整体的零件又称为汽车配件。

汽车的零件通常包括汽车专用零件和汽车通用标准件及通用标准件三种。汽车专用零件因车型而异,通用性很小,如活塞、气门等属于专用零件;汽车通用标准件是指只适用于汽车上的标准件,如带Q字的螺栓、螺母、汽车专用轴承等标准件;而通用标准件是指适用于各种机械的标准件,如螺丝、垫圈、通用轴承等。

合件指两个以上零件装合成一体,起单一零件的作用。其名称以其中的主要件来确定。如带盖的连杆以杆身为主定名为连杆。

组合件指由几个零件或合件装成一体,但不能单独完成某机构的作用。如变速器盖,是由拨叉轴、拨叉、自锁装置、互锁装置、变速杆、盖板构成一体,装在变速器上方,不能单独起作用的。

总成件由若干零件、合件、组合件装配成一体,能单独完成某机构的作用,如发动机总成等。

6.5.2 汽车零配件

随着汽车行驶里程的增加或使用时间的延长,汽车零件难免会磨损,导致尺寸和几何形状改变,精度下降,零件之间的配合关系变差,从而使汽车的技术状况越来越差,故障增多,需要通过维修和更换零件来恢复汽车良好的使用性能。

易损件是指容易磨损或损坏的零件,一般指在汽车使用寿命期间须更换两次以上的零件,如活塞环等零件。

纯正部品是进口汽车配件中的一个常用名词,指各汽车厂原厂生产的配件,或称为原厂件。纯正部品价格较高,但质量可靠,经久耐用。而配套厂生产的配件称为协作件。

车辆识别代码VIN(vehicle identification number)是制造厂为了对车辆进行标识而给某辆车指定的一组编码,由17位字母和数字组成,具有对车辆的唯一识别性。VIN码包含了车辆生产国和生产厂家、生产日期以及技术参数等诸多车辆相关的信息,具有全球通用性、最大限度的信息承载性、规律性和可检索性。通过VIN码,结合车辆制造档案就可以明确各批次车辆及零部件的去向和车辆的生产、销售及使用状况。

汽车产品零部件按国家行业标准QC/T 265—2004《汽车编号规则》进行编号。国外汽车配件编号比较复杂,各厂自行规定,各不相同,需要认真查对原厂的零件目录和手册。另外，对于国外车型的配件还必须注意其生产年份和生产日期，这是国外汽车零件编号的普遍规律。

购买或更换零件必须先查出车辆型号和车辆识别代码，由车辆识别代码查出车辆生产日期、查出发动机型号，再从有关目录查出零件编号。通常国产零件用国内编号，进口零件用进口国编号。

6.6 常见汽车维修设备、工量具和仪器

汽车维修常见的设备、工量具和仪器主要包括：举升和吊装设备、电动工具、气动工具、手动工具、量具、检测与诊断仪器及其他设备设施等。

6.6.1 举升和吊装设备

举升机用于举升汽车离开地面至一定的高度。汽车进行维修保养，如维修底盘、更换机油、更换轮胎时常要用到举升机。举升机按功能和形状分为单柱、双柱、四柱和剪式举升机等，如图6-10所示。

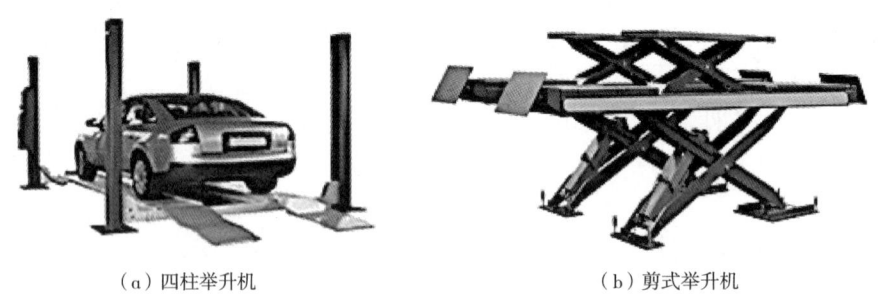

(a) 四柱举升机　　　　　　　　(b) 剪式举升机

图6-10　举升机

另外，在单独维修手动或自动变速器、更换正时带而不需要拆下发动机总成时，往往要用到一种暂时吊住发动机的吊装工具，如图6-11所示。

图6-11　发动机吊装工具

6.6.2 电动和气动工具

电动工具是通过电能带动电动机向外输出动能工作的工具，而气动工具主要是利用压缩空气带动气动马达而对外输出动能工作的工具。汽修厂常见的电动工具有：空气压缩机、充电式手电钻、充电式冲击钻、吸尘器、电钻、电动角磨机；气动工具有：喷枪、气动扳手、气钻、气动砂轮机、气剪、机油/黄油加注机等。

空气压缩机：主要用途是向气动工具提供压缩空气，为轮胎充气、喷漆，此外还用于吹洗灰尘，如图6-12（a）所示。

电动角磨机：如图6-12（b）所示，它利用高速旋转的薄片砂轮以及橡胶砂轮、钢丝轮等对金属车身进行磨削、切削、除锈、磨光加工。主要用途有车架、车身各部骨架及其覆盖件的焊缝以及大型铸锻件的飞边、毛刺等的磨削。

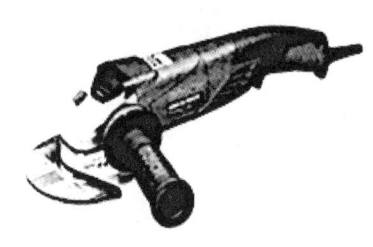

（a）空气压缩机　　　　　　（b）电动角磨机

图6-12　空气压缩机和电动角磨机

气动扳手：气动扳手以压缩空气作为动力源，压缩空气进入风炮气缸之后带动里面的叶轮转动而产生旋转动力，同时叶轮再带动相连接的打击部位进行类似锤打的运动。这是一种高效、安全的拆装螺栓的气动工具，如图6-13所示。

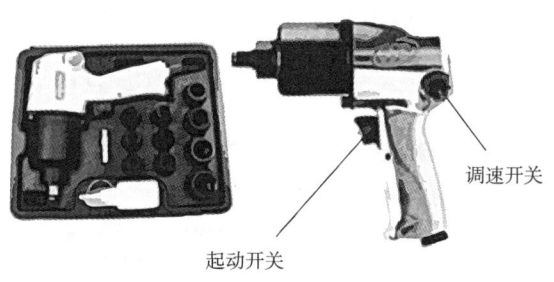

图6-13　气动扳手（风炮）

6.6.3 通用工具

通用工具包括锤子、螺钉旋具、钳子、扳手等。

锤子：锤子是敲打物体使其移动或变形的工具。锤子分为钢（铁）锤和橡胶锤，如图6-14所示。

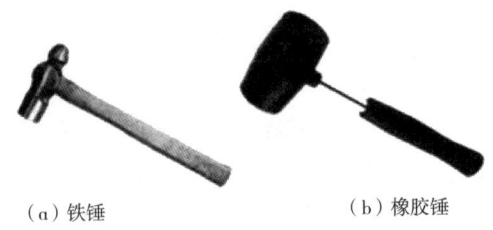

图 6-14　铁锤和橡胶锤

螺丝刀：螺丝刀主要用于松开或紧固螺丝钉，有三种基本类型：标准螺丝刀（最常见）、十字螺丝刀和偏置型螺丝刀，如图 6-15 所示。偏置型螺丝刀两端头分别为标准螺丝刀，用于头部空间间隙小的地方。

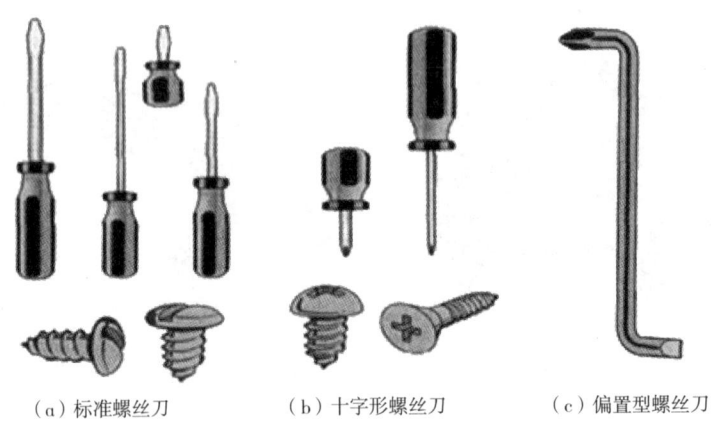

图 6-15　螺丝刀的类型

钳子：钳子是一种用于夹持、固定加工工件或者扭转、弯曲、剪断金属丝线的手工工具。钳子种类很多，汽车修理常用鲤鱼钳、尖嘴钳和卡簧钳三种，如图 6-16 所示。

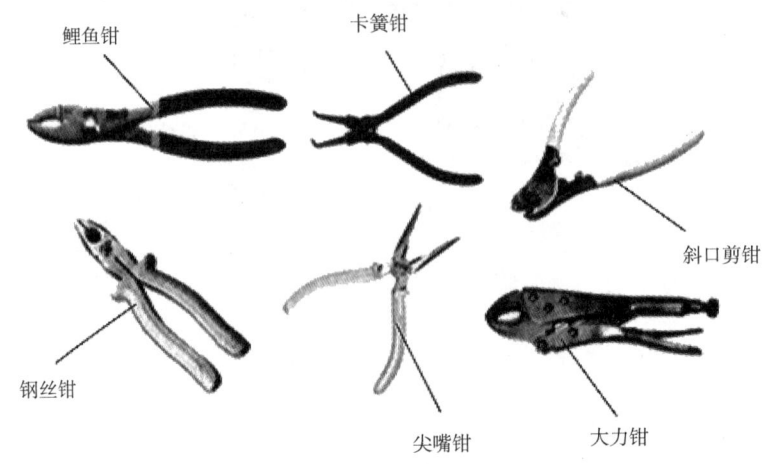

图 6-16　钳子的类型

扳手：扳手用于拆装有棱角的螺栓和螺母。汽车修理常用的有开口扳手、梅花扳手、两用扳手、套筒扳手、活动扳手、扭力扳手、钩形扳手和内六角扳手等，如图 6-17 所示。

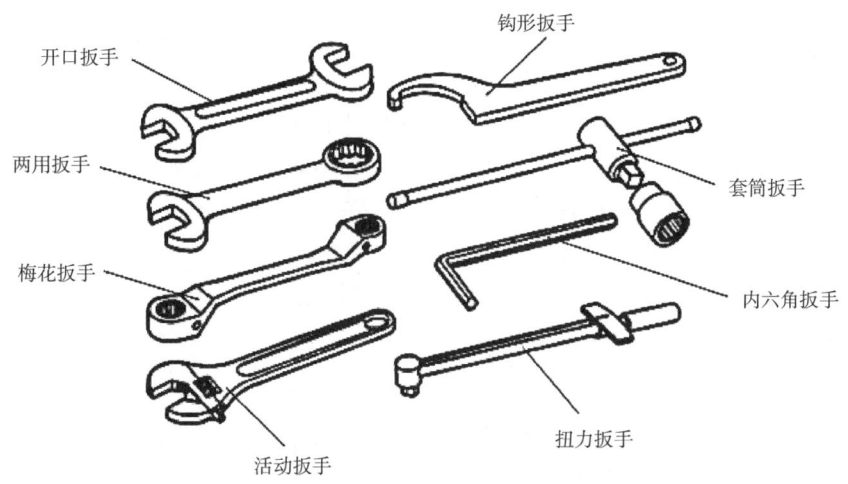

图 6-17 扳手的类型

6.6.4 专用工具

汽车修理常用的专用工具有火花塞套筒扳手、活塞环拆装钳、气门弹簧拆装钳、机油滤清器扳手、千斤顶和拉器等，如图 6-18 所示。

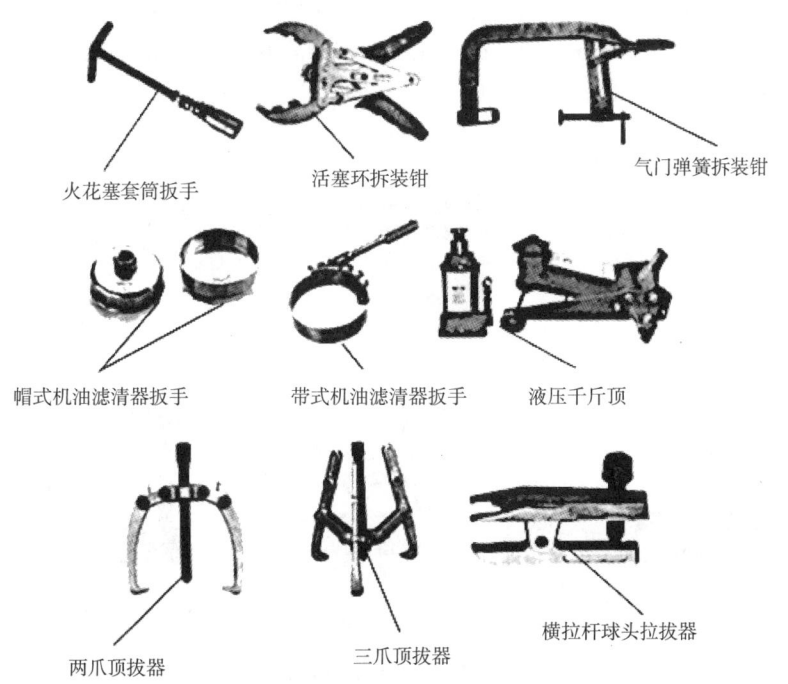

图 6-18 汽车维修专用工具

6.6.5 量具

汽车和发动机要正常运行,对各机械零部件的维修精度要求非常高。维修时,要准确测量这些尺寸和公差范围,需要使用各种不同精度的量具,包括塞尺、游标卡尺、千分尺、千分表和机工规尺等。其中千分尺的精度可以达到 0.001mm。

塞尺:塞尺是用于检验间隙的测量器具之一,如图 6-19 所示。塞尺可以用来测量气门间隙、曲轴端部自由间隙、连杆边隙、活塞环端隙,以及在其他量具无法准确测量时使用。

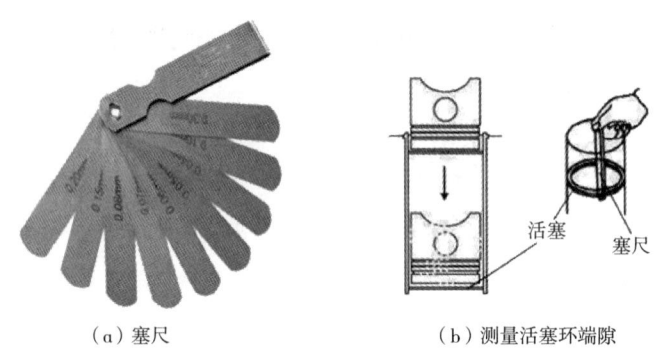

图 6-19 塞尺及测量使用

游标卡尺:游标卡尺是一种测量长度、内外径、深度的量具,由主尺和附在主尺上能滑动的游标两部分构成,如图 6-20(a)所示。它通常用来测量精度较高的工件,可测量工件的外直线尺寸、宽度和高度,有的还可用来测量槽的深度,如图 6-20(b)所示。

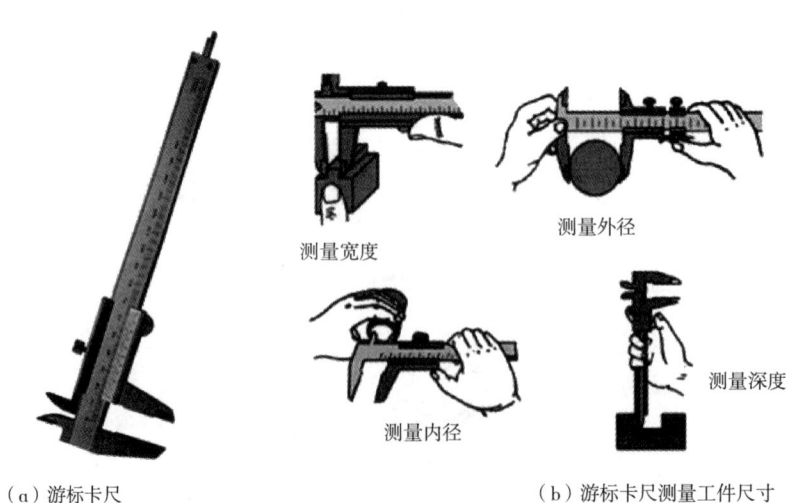

图 6-20 游标卡尺的使用

千分尺:千分尺又称螺旋测微器,是比游标卡尺更精密的测量长度的工具,如图 6-21

所示。大多数千分尺的精度是 0.01mm。然而,某些零部件的精度非常高,测量时就会用到精度高达 0.001mm 的千分尺。千分尺有三种类型,分别用于外径、内径和深度的测量。

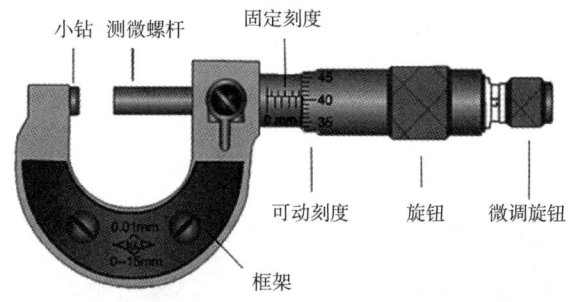

图 6-21　外径千分尺

百分表:百分表常用于形状和位置误差以及小位移的长度测量,如图 6-22 所示。百分表的圆表盘上印制了 100 个等分刻度,即每一分度值相当于量杆移动 0.01mm。若在圆表盘上有 1000 个等分刻度,则每一分度值为 0.001mm,这种测量工具即称为千分表。

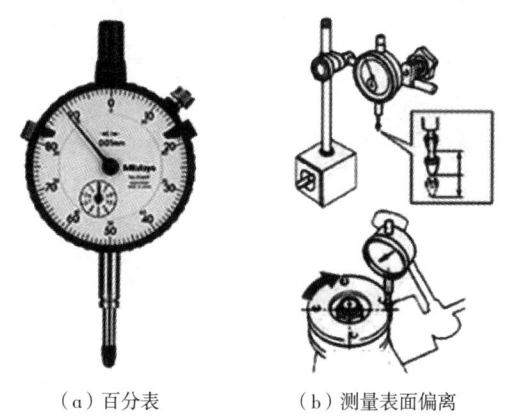

(a)百分表　　(b)测量表面偏离

图 6-22　百分表及其应用

伸缩规:主要用于管件内径的测量,如图 6-23 所示。合上伸缩规锁止螺旋可以实现伸缩柱塞的压缩并锁止。测量时,将伸缩规插入要测管件,松开锁止螺旋,将伸缩规固定在最大尺寸处,锁定锁止螺旋,将伸缩规从管件中取出,用外径千分尺测量伸缩规柱塞两断面间的距离,即为管件的内径。

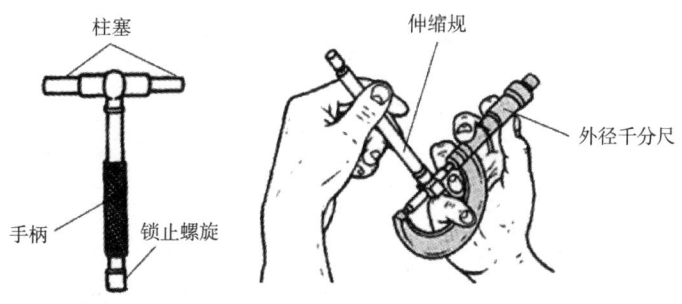

图 6-23　伸缩规的使用

6.6.6 检测设备与诊断仪器

检测设备与诊断仪器可以使维修工作更快捷、简单，并且有助于维修技术人员诊断的准确性。

轮胎气压表：轮胎气压表主要用于给专用车轮胎充气、放气、测压等方面，是车辆轮胎安全性的重要识别工具，如图 6-24 所示。

图 6-24 轮胎气压表

气缸压力表：气缸压力表是用于检测气缸压缩压力的专用仪表，如图 6-25 所示。气缸压缩压力的大小与气缸密封性的好坏有直接的关系。气缸压力表有两种基本类型：压入式和螺纹旋入式。

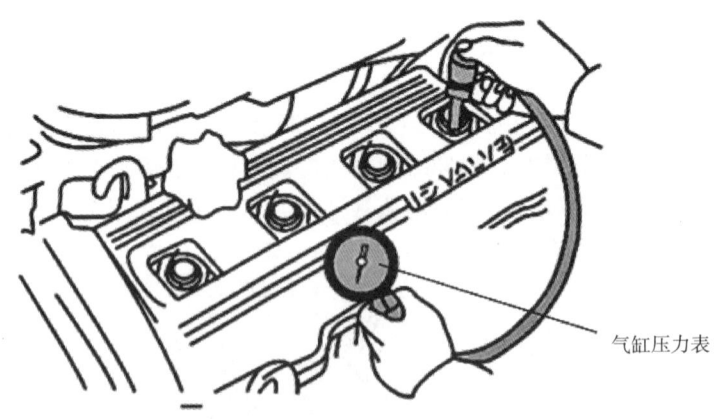

图 6-25 气缸压力表

真空表：真空表是用于测量进气歧管的真空度，诊断发动机工作状况，如图 6-26 所示。如果进气歧管的压力低于大气压力，就存在真空度。真空度的检测是在发动机运转时进行的。比较好的真空读数通常在 50~60kPa 之间，低的或波动的读数表明存在问题。

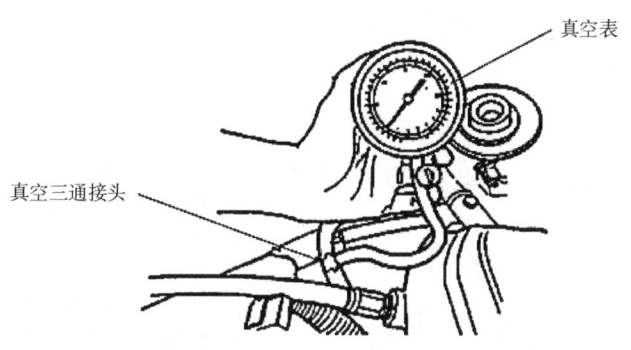

图 6-26 真空表

废气分析仪:废气分析仪是非常有用的诊断工具,如图 6-27 所示。采用不分光红外吸收原理测量汽车排放废气中的 CO、HC、CO_2,采用电化学电池原理测量 O_2、NO 浓度,通过观察和分析发动机排气的成分,维修技术人员可以了解燃烧过程的效果。任何故障都能造成排气成分的变化,排气量及排气成分的变化可以作为故障诊断的依据。

图 6-27 废气分析仪

汽车故障诊断仪:汽车故障诊断仪又称汽车解码器,如图 6-28 所示,主要用来对汽车故障进行诊断和定位,能实时检测和诊断车辆故障,并对提出车辆故障的解决方法提供帮助和建议,同时也能做车辆的日常检测,实时掌握车辆的状况和性能,对现代汽车维修诊断技术有很大的帮助。汽车故障诊断仪有很多,通常分为专用型和通用型。

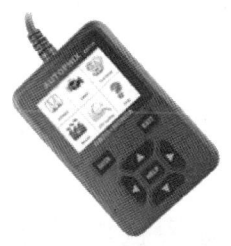

图 6-28 汽车故障诊断仪

汽车四轮定位仪:汽车四轮定位仪是用于检测汽车车轮定位参数,并与原厂设计参数进行对比,指导使用者对车轮定位参数进行相应调整,使其符合原设计要求,以达到理想的汽车行驶性能的精密测量仪器,如图 6-29(a)所示。

通过四轮定位参数的检测和调整,如图 6-29 (b) 所示,使汽车保持稳定的直线行驶和轻便的转向,并减少汽车在行驶中轮胎和转向机件的磨损。

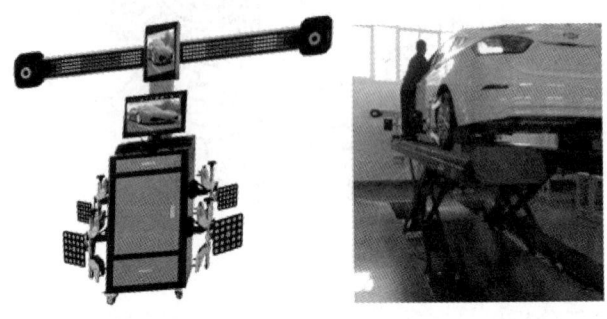

(a) 汽车四轮定位仪　　　　(b) 检测四轮定位参数

图 6-29　四轮定位仪

轮胎动平衡试验机:汽车的车轮是由轮胎、轮毂组成的一个整体。但由于制造上的原因,车轮各部分的质量分布不可能非常均匀。当汽车车轮高速旋转时,就会形成动不平衡的状态,造成车辆在行驶中车轮抖动、方向盘摆振的现象。

轮胎动平衡试验机用于检测轮胎的力偶、两平面的不平衡度和角度位置等,通过增加配重的方法(如图 6-30 所示),使车轮校正各边缘部分的平衡。这样做可延长轮胎寿命,提高汽车行驶时的稳定性,避免在高速行驶时因轮胎摆动、跳动,失去控制而造成交通事故。

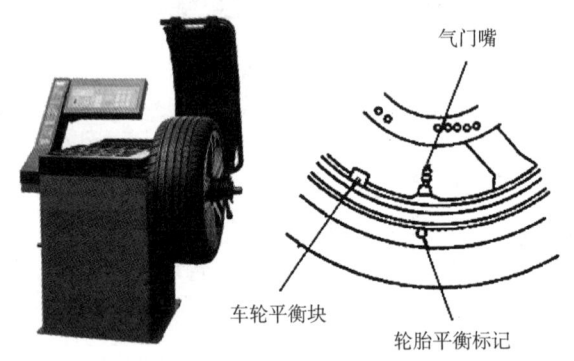

(a) 轮胎动平衡试验机　　　　(b) 增加车轮平衡块

图 6-30　轮胎的动平衡试验

6.7　汽车技术状况的判别

6.7.1　汽车的技术状况

汽车技术状况是表征汽车工作能力的某一时刻汽车外观和性能参数值的总和,决定了汽车运行的效率、安全性和对环境产生的影响。在汽车的使用过程中，随着行驶里程（或使用时间）的增加，汽车零部件的磨损、变形、断裂、疲劳损坏、腐蚀、老化等原因，使原有尺寸、形状、表面品质等发生变化，破坏了零部件间的配合关系、相互位置关系，以及机构工作的协调性，从而导致汽车技术状况逐渐变得越来越差，动力性、经济性、可靠性和安全性随之下降，对环境的危害增加。

汽车技术状况变化的主要标志是：最高车速下降、加速时间延长、制动迟缓、转向沉重、汽车抖动且有异响、燃油润滑油消耗增加、排放烟色异常且有异味。根据这些性能指标的不同程度，汽车的技术状况分为完好、不良和极限三种状况：

（1）完好技术状况：完好技术状况是汽车完全符合技术文件规定要求的技术状况。

（2）不良技术状况：不良技术状况是汽车不符合技术文件规定的任一要求的技术状况。

（3）极限技术状况：极限技术状况是汽车的技术状况参数达到了技术文件规定的极限值的技术状况。

6.7.2 汽车技术状况的判别

汽车的技术状况一般用汽车使用性能指标、汽车装备的完善程度以及车辆外部完好状况来进行综合分析与判断。汽车技术状况是否良好，可按以下的一些主要指标来进行判别：

（1）发动机容易起动，运转均匀，动力性能和加速性能良好，无异常响声，温度和压力正常；

（2）空气滤清器、机油滤清器、汽油滤清器清洁完好；

（3）离合器分离彻底，接合平稳可靠，无异常响声；

（4）变速器、驱动桥和传动机件等无异常响声，无过热现象，工作可靠；

（5）轮胎气压正常，外观完好，无异常磨损，装配合理可靠；

（6）减振弹簧和减振器连接可靠，性能良好；

（7）前轮定位符合技术要求，转向装置调整适当，操纵轻便灵活，工作可靠，能保持直线行驶，无跑偏及摆振现象；

（8）行车制动调整适当，效能良好，制动不跑偏侧滑，制动距离符合要求，驻车制动调整适当，工作可靠；

（9）发电、起动、照明、信号、仪表及附属装置齐全，性能良好；

（10）全车线路齐全，连接及固定可靠；

（11）蓄电池清洁完整，固定可靠，电解液密度和液面高度适当；

（12）全车各润滑点润滑充分；

（13）底盘各部件调整适当，汽车滑行性能良好；

（14）全车清洁，无漏气、漏油、漏水现象，各部件连接、紧固可靠；

（15）尾气排放合格，达到环保标准要求；

（16）车身正直，车厢坚固，牵引装置工作可靠，随车工具及附件无丢失、损坏和锈蚀现象。

6.8 汽车底盘 1+X 考核项目技能实操

6.8.1 悬架检测与维修

实操练习：悬架检测与维修		
1. 项目内容 ①车辆或台架信息记录； ②检查和更换滑柱夹头或总成； ③检查和更换上下控制臂、衬套、轴和缓冲块； ④检查和更换前悬架系统螺旋弹簧和弹簧垫（消音装置）； ⑤检查、调整、更换滑柱（压缩/伸张）和衬套。		
2. 实操练习评分细项		评分
（1）安全/7S/态度 （15分）	①能进行工位整理、整顿、清理、清洁、素养、节约和安全7S操作； ②能进行设备和工具安全检查； ③能进行设备安全防护操作； ④能进行工具清洁、校准、存放操作； ⑤作业过程做到"工具、零件、油水"三不落地操作。	3分 3分 3分 3分 3分
（2）专业技能能力 （50分）	①能正确使用诊断设备、拆装工具、维修工具和量具等诊断悬架系统故障部位； ②能正确查询、检测螺旋弹簧、减振器等悬架部件的参数、规格和型号。	25分 25分
（3）工具及设备的使用能力（10分）	①能正确选用拆装工具、维修工具、测量设备和诊断设备； ②能正确使用举升设备。	7分 3分
（4）资料信息查询能力（10分）	①能在规定时间内正确使用维修手册查询资料； ②能正确记录所查询资料的章节页码和所需维修信息。	5分 5分
（5）数据判读和分析能力（10分）	①能诊断、检查、维修、调整、更换独立悬架部件； ②能诊断、检查、维修、调整、更换非独立悬架部件。	5分 5分
（6）表单填写与报告的撰写能力（5分）	①能正确填写表单和撰写实训报告； ②做到字迹清晰、语句通顺、无错别字、无涂改、无抄袭。	3分 2分
备注 操作过程中，不得：	①举升机上升完毕后未落锁； ②千斤顶举升完毕未使用脚架支撑； ③戴手套接触转动物体（设备、车辆等）； ④戴手套释放高温、高压液体（机油、冷却液等）。	

6.8.2 四轮定位平衡检测与维修

实操练习：四轮定位平衡检测与维修		
1. 项目内容 ①车辆或台架信息记录； ②能按照流程使用四轮定位仪进行检测； ③检查读取四轮定位数据； ④检查不可调整悬架系统的前、后车轮外倾角，确定维修内容； ⑤检查不可调整悬架系统的主销后倾角，确定维修内容； ⑥检查和调整前轮前束。		
2. 实操练习评分细项		评分
（1）安全/7S/态度 （15分）	①能进行工位整理、整顿、清理、清洁、素养、节约和安全7S操作； ②能进行设备和工具安全检查； ③能进行设备安全防护操作； ④能进行工具清洁、校准、存放操作； ⑤作业过程做到"工具、零件、油水"三不落地操作。	3分 3分 3分 3分 3分
（2）专业技能能力 （50分）	①检查车辆停放位置、燃油液位、车辆载荷、车轮和测量汽车行驶高度； ②检查轮胎规格、气压、磨损情况，轮胎和车轮跳动量，轴承间隙； ③正确安装调试四轮定位仪传感器，正确推动车辆完成车轮补偿，检查转向角和正确读取四轮定位数据； ④检测并调整异常定位参数； ⑤能准确确定维修或调整内容。	10分 10分 10分 10分 10分
（3）工具及设备的使用能力（10分）	①能正确选用拆装工具、维修工具、测量设备和诊断设备； ②能正确使用举升设备。	7分 3分
（4）资料信息查询能力（10分）	①能在规定时间内正确使用维修手册查询资料； ②能正确记录所查询资料的章节页码和所需维修信息。	5分 5分
（5）数据判读和分析能力（10分）	①能判读四轮定位数据是否正常； ②能调整四轮定位参数和确定维修内容。	5分 5分
（6）表单填写与报告的撰写能力（5分）	①能正确填写表单和撰写实训报告； ②做到字迹清晰、语句通顺、无错别字、无涂改、无抄袭。	3分 2分
备注 操作过程中，不得：	①举升机上升完毕后未落锁； ②千斤顶举升完毕未使用脚架支撑； ③戴手套接触转动物体（设备、车辆等）； ④戴手套释放高温、高压液体（机油、冷却液等）。	

6.8.3 汽车转向系统检测与维修

实操练习：汽车转向系统检测与维修		
1. 项目内容 ①检查和更换转向柱、转向轴、万向节、挠性联轴节、伸缩柱、方向盘； ②拆卸、调整和更换循环球式或齿轮齿条式转向机及组件； ③拆卸和更换动力转向泵，检查泵的固定情况和固定支架； ④检查和更换动力转向泵传动带轮； ⑤检查和调整前、后转向传动机构； ⑥检查、调整和更换横拉杆及套管、卡头和球节。		
2. 实操练习评分细项		评分
(1) 安全/7S/态度 (15分)	①能进行工位整理、整顿、清理、清洁、素养、节约和安全7S操作； ②能进行设备和工具安全检查； ③能进行设备安全防护操作； ④能进行工具清洁、校准、存放操作； ⑤作业过程做到"工具、零件、油水"三不落地操作。	3分 3分 3分 3分 3分
(2) 专业技能能力 (50分)	①检查轮胎气压、转向盘自由行程、转向轴、转向器、万向节、转向拉杆和动力转向油泵连接、传动等情况； ②能检查和更换转向柱、转向轴、万向节、挠性联轴节、伸缩柱、方向盘； ③能检查、调整齿轮齿条式或循环球式转向机； ④能检查和调整前、后转向传动机构； ⑤能检查、调整动力转向泵、传动带和张紧装置。	10分 10分 10分 10分 10分
(3) 工具及设备的使用能力（10分）	①能正确选用拆装工具、维修工具、测量设备和诊断设备； ②能正确使用举升设备。	7分 3分
(4) 资料信息查询能力（10分）	①能在规定时间内正确使用维修手册查询资料； ②能正确记录所查询资料的章节页码和所需维修信息。	5分 5分
(5) 数据判读和分析能力（10分）	①能判断、分析动力转向装置部件情况和确定维修项目； ②能判断操纵机构、转向器和传动机构的情况，确定维修项目，并进行检修。	5分 5分
(6) 表单填写与报告的撰写能力（5分）	①能正确填写表单和撰写实训报告； ②做到字迹清晰、语句通顺、无错别字、无涂改、无抄袭。	3分 2分
备注 操作过程中，不得	①举升机上升完毕后未落锁； ②千斤顶举升完毕未使用脚架支撑； ③戴手套接触转动物体（设备、车辆等）； ④戴手套释放高温、高压液体（机油、冷却液等）。	

6.8.4 汽车制动系统检测与维修

实操练习：汽车制动系统检测与维修		
1. 项目内容 ①车辆或台架信息记录； ②检查制动踏板高度、行程和踩踏感觉，检查主缸、制动管路、软管和部件外表与连接情况； ③拆卸和安装主缸，选用和加注合适的制动液，主缸放气； ④拆装、清理、检修鼓式制动器，确定要修理和更换的零件； ⑤拆装、清理、检修盘式制动器，确定要修理和更换的零件； ⑥拆装、检修真空型助力器，确定要修理和更换的零件； ⑦拆装、检修手制动器，确定要修理和更换的零件。		
2. 实操练习评分细项		评分
（1）安全/7S/态度 （15分）	①能进行工位整理、整顿、清理、清洁、素养、节约和安全7S操作； ②能进行设备和工具安全检查； ③能进行设备安全防护操作； ④能进行工具清洁、校准、存放操作； ⑤作业过程做到"工具、零件、油水"三不落地操作。	3分 3分 3分 3分 3分
（2）专业技能能力 （50分）	①检查制动踏板、主缸、制动管路、软管连接情况，有无松动泄漏、损坏和磨损等； ②能拆装、检测、更换盘式制动器零部件； ③能拆装、检测、更换鼓式制动器零部件； ④检查助力器的工作情况，根据需要维修、调整或更换零件； ⑤能检查驻车制动器工作情况，根据需要维修、调整或更换零件。	10分 10分 10分 10分 10分
（3）工具及设备的使用能力（10分）	①能正确选用拆装工具、维修工具、测量设备和诊断设备； ②能正确使用举升设备。	7分 3分
（4）资料信息查询能力（10分）	①能在规定时间内正确使用维修手册查询资料； ②能正确记录所查询资料的章节页码和所需维修信息。	5分 5分
（5）数据判读和分析能力（10分）	①能判断和分析行车制动系统部件工作情况和确定维修项目； ②能判断驻车制动机构工作状况，确定维修项目，并进行检修。	7分 3分
（6）表单填写与报告的撰写能力（5分）	①能正确填写表单和撰写实训报告； ②做到字迹清晰、语句通顺、无错别字、无涂改、无抄袭。	3分 2分
备注 操作过程中，不得：	①举升机上升完毕后未落锁； ②千斤顶举升完毕未使用脚架支撑； ③戴手套接触转动物体（设备、车辆等）； ④戴手套释放高温、高压液体（机油、冷却液等）。	

6.8.5 离合器、手动变速器检测与维修

实操练习：离合器、手动变速器检测与维修		
1. 项目内容 ①车辆或台架信息记录； ②检查、调整离合器主缸液面，检查液压系统有无泄漏，清洗液压系统； ③拆装、清理、检修离合器操纵机构，确定要修理和更换的零件； ④拆装、清理、检修离合器分离轴承、轴承座、分离推杆、轴销、从动盘和压盘总成，确定要修理和更换的零件； ⑤拆装、清理、检修变速器换挡机构，确定要修理和更换的零件； ⑥拆装、清理、检修变速器各挡齿轮传动机构、同步器，确定要修理和更换的零件； ⑦检查变速器外伸壳体和变速箱壳体的接合面及接口、衬套和通孔，确定维修内容。		
2. 实操练习评分细项		评分
（1）安全/7S/态度 （15分）	①能进行工位整理、整顿、清理、清洁、素养、节约和安全7S操作； ②能进行设备和工具安全检查； ③能进行设备安全防护操作； ④能进行工具清洁、校准、存放操作； ⑤作业过程做到"工具、零件、油水"三不落地操作。	3分 3分 3分 3分 3分
（2）专业技能能力 （50分）	①检查、调整和更换离合器踏板、液压系统，掌握维修技术规范； ②能调整、更换分离轴承、轴承座、分离推杆和轴销等； ③能调整和更换从动盘和压盘总成零部件； ④检查、调整和更换变速器换挡机构； ⑤变速器传动机构、同步器的拆装、检修、调整和更换； ⑥检查外伸壳体和变速器壳体的接合面及接口、衬套和通孔。	5分 10分 10分 10分 10分 5分
（3）工具及设备的使用能力（10分）	①能正确选用拆装工具、维修工具、测量设备和诊断设备； ②能正确使用举升设备。	7分 3分
（4）资料信息查询能力（10分）	①能在规定时间内正确使用维修手册查询资料； ②能正确记录所查询资料的章节页码和所需维修信息。	5分 5分
（5）数据判读和分析能力（10分）	①能分析离合器各部件工作情况和确定维修项目； ②能判断变速器操纵机构和传动机构工作状况，确定维修项目，并进行检修。	5分 5分
（6）表单填写与报告的撰写能力（5分）	①能正确填写表单和撰写实训报告； ②做到字迹清晰、语句通顺、无错别字、无涂改、无抄袭。	3分 2分
备注 操作过程中，不得：	①举升机上升完毕后未落锁； ②千斤顶举升完毕未使用脚架支撑； ③戴手套接触转动物体（设备、车辆等）； ④戴手套释放高温、高压液体（机油、冷却液等）。	

6.8.6 万向传动装置、驱动桥检测与维修

实操练习：万向传动装置、驱动桥检测与维修		
1. 项目内容 ①车辆或台架信息记录； ②检查、维修、更换传动轴、万向节叉、万向节（等速万向节）和中间支承； ③测量和调整传动轴的工作角； ④检查和更换齿圈、主动小齿轮，检查和调整齿圈和主动小齿轮的啮合量； ⑤检查、测量、调整和更换差速器行星齿轮、齿轮轴、半轴齿轮、止推垫圈和壳体； ⑥检查、拆卸和更换半轴、花键、油封、轴承和轴承座。		
2. 实操练习评分细项		评分
（1）安全/7S/态度（15分）	①能进行工位整理、整顿、清理、清洁、素养、节约和安全7S操作； ②能进行设备和工具安全检查； ③能进行设备安全防护操作； ④能进行工具清洁、校准、存放操作； ⑤作业过程做到"工具、零件、油水"三不落地操作。	3分 3分 3分 3分 3分
（2）专业技能能力（50分）	①能调整、更换传动轴、万向节叉和万向节（等速万向节）； ②能检查和调整齿圈和主动小齿轮的啮合量，测量和调整主动小齿轮轴承预紧力； ③能检查和更换齿圈、主动小齿轮； ④能检查、测量、调整和更换差速器行星齿轮、齿轮轴、半轴齿轮、止推垫圈和壳体； ⑤调整、更换半轴、花键、油封、轴承和轴承座。	10分 10分 10分 10分 10分
（3）工具及设备的使用能力（10分）	①能正确选用拆装工具、维修工具、测量设备和诊断设备； ②能正确使用举升设备。	7分 3分
（4）资料信息查询能力（10分）	①能在规定时间内正确使用维修手册查询资料； ②能正确记录所查询资料的章节页码和所需维修信息。	5分 5分
（5）数据判读和分析能力（10分）	①能判断和分析主减速器各部件工作情况和确定维修项目； ②能判断差速器、半轴各部件工作情况，确定维修项目，并进行检修。	5分 5分
（6）表单填写与报告的撰写能力（5分）	①能正确填写表单和撰写实训报告； ②做到字迹清晰、语句通顺、无错别字、无涂改、无抄袭。	3分 2分
备注 操作过程中，不得：	①举升机上升完毕后未落锁； ②千斤顶举升完毕未使用脚架支撑； ③戴手套接触转动物体（设备、车辆等）； ④戴手套释放高温、高压液体（机油、冷却液等）。	

参考文献

[1] 钱锦武. 汽车底盘构造与维修 [M]. 大连：大连理工大学出版社，2018.

[2] 韩东. 汽车底盘结构、原理与维修 [M]. 北京：机械工业出版社，2017.

[3] 张芳玲，梁旭升. 汽车底盘构造与维修 [M]. 哈尔滨：哈尔滨工业大学出版社，2017.

[4] 施托德（Staudt）. 汽车机电技术（三）学习领域 9~14 [M]. 华晨宝马汽车有限公司，组译. 北京：机械工业出版社，2009.

[5] 白鸿辉. 汽车构造 [M]. 北京：机械工业出版社，2014.

[6] 施明香. 汽车转向、行驶与制动系统检修 [M]. 北京：机械工业出版社，2014.

[7] 李彦. 汽车构造与维修（下册 底盘与车身）[M]. 北京：化学工业出版社，2009.

[8] 余志生. 汽车理论 [M]. 北京：机械工业出版社，2006.

[9] 鲁民巧. 汽车构造 [M]. 北京：高等教育出版社，2008.

[10] 蔡兴旺. 汽车构造与原理习题集 [M]. 北京：机械工业出版社，2006.

本书作者开发的"汽车底盘结构题库"计算机软件，包含约 500 道判断题、单选题、多选题，可配合任课教师进行信息化教学，满足学生掌握汽车底盘基础理论和基本技能知识等需要。有意者请直接联系：王文杰老师，邮箱：wenjiewang2@126.com。